EL PERIODISMO LITERARIO
DE JORGE MAÑACH

COLECCION MENTE Y PALABRA

JORGE L. MARTÍ

EL PERIODISMO LITERARIO DE JORGE MAÑACH

EDITORIAL UNIVERSITARIA
UNIVERSIDAD DE PUERTO RICO
1977

Primera Edición, 1977

Catalogación de la Biblioteca del Congreso
Library of Congress Cataloging in Publication Data

Martí, Jorge Luis.
  El periodismo literario de Jorge Mañach.

  (Colección Mente y palabra)
  Includes index.
  Bibliography: p.

  1. Mañach, Jorge, 1898-1961—Criticism and interpretation. I. Title.
PQ7389.185Z8 868 76-27678

ISBN 0-8477-0542-0
ISBN 0-8477-0543-9 pbk.

Depósito Legal: B. 17.645 - 1977

Imprime: Manuel Pareja - Montaña, 16 - Barcelona

Printed in Spain   Impreso en España

A la memoria
de Angela,

mi madre,
mi maestra.

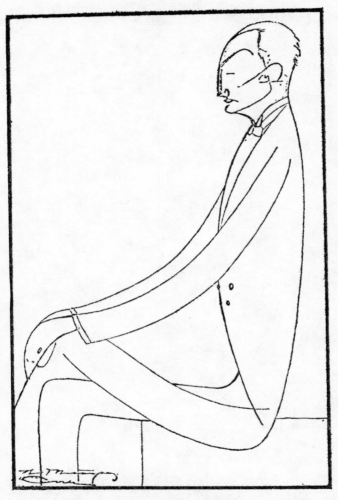

Perfil de Jorge Mañach, según caricatura que ilustra su libro *Glosario*, de 1924.

INDICE GENERAL

AGRADECIMIENTO

El autor deja constancia de su agradecimiento a las personas cuyo auxilio ha sido muy eficaz.

A Margot Baños de Mañach, quien facilitó los documentos a su disposición y numerosas informaciones.

A George O. Schanzer, profesor de Literatura Hispanoamericana de The State University of New York at Buffalo y director de la tesis doctoral que ha servido de base para este libro, por su consejo, asistencia y estímulo. Y a Carlos Ripoll, por la revisión de ese manuscrito.

A Anita Arroyo, María Natalia de Castro y Julio C. Trujillo, por sus valiosos informes y generosa diligencia en la localización de documentos.

Al inolvidable Fermín Peraza, y a Marilyn Strong, Norma Lawrence, Ernesto Ardura, Leví Marrero, Alberto J. Varona, Rosa Abella y Octavio de la Suarée, por sus aportes de libros y artículos de difícil obtención.

Y a María, mi esposa, por su infatigable ayuda y estímulo en la investigación, preparación y revisión de esta obra.

PREFACIO

Jorge Mañach (1898-1961) ocupa un lugar eminente en la literatura cubana contemporánea, y una posición distinguida en las letras hispanoamericanas. Estudió en Harvard, la Sorbona y La Habana. En la universidad habanera obtuvo dos doctorados: uno en Derecho y otro en Filosofía y Letras. Ejerció la docencia en Columbia, La Habana y Middlebury College. Fue uno de los paladines de la revolución vanguardista en Cuba; pero el libro que lo consagró —su Biografía de José Martí— responde estilísticamente a lo que Gabriela Mistral llamó el nuevo clasicismo americano. Mañach fue también un heraldo de la libertad política, y por sus campañas en tal sentido fue dos veces legislador; la primera, Delegado a una Asamblea Constituyente que transformó la organización social de Cuba; y la segunda, Senador. Además, también dos veces desempeñó funciones administrativas: Secretario de Educación y Ministro de Estado. Sufrió tres destierros y murió en el exilio, en San Juan, cuando profesaba en la Universidad de Puerto Rico.

Sus méritos como ensayista, crítico, orador, biógrafo y periodista han sido bien apreciados, y hay algunos trabajos al respecto; pero su labor periodística no ha sido sistemáticamente estudiada, pese a su abundancia, belleza formal e interesante contenido. Y puesto que ella constituye una parte muy importante de su producción, ésta no puede ser evaluada de modo cabal a menos que se haga la investigación correspondiente. De ahí que el propósito de este libro sea contribuir a llenar ese vacío con el análisis de su periodismo literario.

Durante casi dos terceras partes de su vida (1922-1960), Mañach ejerció el periodismo con ejemplaridad ética y estética. Intentó poner sus aptitudes al servicio del interés nacional y de la dignidad humana, a la luz de sus convicciones políticas y de sus interpretaciones de la historia de Cuba. Tales ideas eran armonizadas por una filosofía pragmático-vitalista que daba un sentido de militancia a su existencia. De todo lo cual resultaba que sus convicciones se transformaban en actividades congeniantes entre sí, íntimamente condicionadas por el temperamento y el carácter, y exteriorizadas en una vigorosa personalidad.

El periodismo que Mañach ejerció puede clasificarse en dos categorías: política y literaria. La primera integra el grupo, muy ampliamente mayoritario, de los varios millares de trabajos que publicó. La segunda, aunque minoritaria, se compone de joyeles en que el lenguaje se protagoniza seductoramente, es gema engastada en los temas. Aquélla, raras veces partidista, generalmente preocupada por el destino de la nación, predica la armonía entre los ideales de libertad individual y justicia social. Esta se deleita con el costumbrismo, las semblanzas, las críticas y las polémicas de arte y literatura. Ambas coinciden en un humanismo humanitario que suele borrar la frontera entre lo literario y lo político.

Si ambas vocaciones, la política y la literaria, anidaban en su ánimo, las dos revoloteaban en casi cada obra, aunque fuera con variante preponderancia. En Mañach, con mucho de humanista clásico, había de renacentista y de reformador laico: le interesaban todos los problemas del hombre —del hombre como ente concreto, individual, con nombre propio—; rendía culto a la belleza, que, en cierta forma, identificaba con la virtud, en el sentido de eficacia; y confiaba en la fraternidad de la libertad individual con la justicia social, como base de un orden espontáneo. Alentaba, pues, cierto utopismo y, como todo el que acepta la bondad esencial del hombre, atribuía los males de la sociedad a causas específicas, cuyos promotores o agentes eran determinados políticos. En consecuencia, los combatía por lo que a su juicio representaban. Ese combate lo libraba por medio de la palabra, de suerte que en ésta sintetizaba el dualismo renacentista de las armas y las letras.

La justicia social y la libertad individual sólo pueden congeniarse teóricamente cuando se tiene una gran confianza en las aptitudes racionales del hombre. Este era, precisamente, un rasgo distintivo de la filosofía de Mañach. A la luz de su racionalismo hay que entender su posición en la vida. No era el suyo un racionalismo abstracto, sino vitalista. En la vinculación de la razón y la vida, frente a toda tendencia que someta la conducta mayormente al instinto, está la clave filosófica que explica sus criterios estéticos, su interpretación de la historia, sus actitudes políticas. Todo eso integra un bloque ideológico trabajosamente construido en el curso de muchos años de pensamiento y acción.

Los frutos de su pensamiento y de su acción, en cuanto ésta condicionó a aquél, no se presentaron al consumo del público culto en maduros tratados. Mañach dispersó las semillas al voleo en la intemperie del vulgo, para desvulgarizarlo con el alimento espiritual que le prodigaba en millares de hojuelas periodísticas. Algunas semillas germinaron. A otras les viene bien el calificativo de obra efímera, que él mismo les dio con exagerada largueza. Las que se desarrollaron en más lozanas plantas se lograron en ensayos. Muchos de éstos coordinan ideas anticipadas en la prensa periódica. Algunos, incluso, las reproducen. Por lo general, las pulen y completan. Esta es su obra más fácilmente perdurable, por sus méritos y por su concreción en libros. Pero ahí no está todo. Muchas otras semillas también germinaron, prosperaron y frutecieron en lo más espontáneo y vívido de sus creaciones: las nacidas del motivo circunstancial, las que proyectan la anécdota en la historia o en el concepto, lo accidental en lo permanente: el periodismo opinante, intérprete y conductor.

No es posible intentar una medición del significado profundo de Mañach en la vida republicana de Cuba sin una minuciosa indagación de la interrelación entre su periodismo y el proceso de las ideas y la transformación de las estructuras sociales cubanas. A ese intento dedico un libro en preparación, *Cuba en la vida y la obra de Jorge Mañach*. Tampoco se alcanza una visión aceptablemente completa del escritor Mañach si se descarta su periodismo literario. Y esto es así, no porque éste sea lo más valioso de su literatura, que no lo es, simplemente, porque no es literatura. Quede la aclaración de este asunto para el Capítulo I. Mientras tanto, baste con advertir que el estudio de estas páginas volanderas, cualquiera que sea su valor, como espora o seroja, permite apreciar la evolución de su estilo. Así puede verse cómo la erosión del diarismo y de las experiencias vitales desgasta la ganga de citas eludibles, cultismos antiperiodísticos, extranjerismos innecesarios, acrobacias sintácticas, y lustra el metal noble para que realce el verbo dinámico, el sustantivo elocuente, el adjetivo exacto, la sintaxis fluida. Esto es lo que se propone explorar *El periodismo literario de Jorge Mañach*.

Esta exploración se aventura por territorios prácticamente vírgenes, o sólo contemplados de soslayo, pese a lo mucho que se ha publicado y dicho sobre Mañach. Para ubicar este libro en el mapa de la abundante crítica mañachiana, hay que tomar como punto de referencia sólo los estudios más acuciosos.

En vida de Mañach se produjeron dos trabajos de rango académico, sin que fuera posible incluir en ellos sus últimos veinte años. El primero fue de Emeterio S. Santovenia, *Discurso en la recepción pública del Dr. Jorge Mañach en la Academia de la Historia* (1943); y el segundo, de Antonio Sánchez de Bustamante y Montoro, "Contestación al discurso de ingreso del académico Dr. Jorge Mañach y Robato," publicado en los *Anales de la Academia Nacional de Artes y Letras* (1944).

Después de su muerte, el autor de este libro redactó una "Bío-bibliografía de Jorge Mañach" (1966), que contiene el primer estudio de la totalidad de su vida, una visión panorámica de su obra y una amplia relación de las mismas. Este trabajo, inédito, es una tesis para la Maestría en Artes, en The State University of New York at Buffalo.

En 1968, Andrés Valdespino presentó a The New York University una tesis doctoral titulada "Significación literaria de Jorge Mañach," después impresa bajo el rubro de *Jorge Mañach y su generación en las letras cubanas* (1971). Esta es la obra más comprensiva y sistemática de cuantas se han publicado hasta hoy sobre los ensayos, las estampas costumbristas recogidas en libros, la crítica literaria y la biografía de Martí.

En 1970, Rosalyn K. O'Cherony presentó a Northwestern University su tesis doctoral, "The Critical Essays of Jorge Mañach," todavía inédita, en la que hace una minuciosa presentación y análisis de sus ensayos estéticos, históricos y sociológicos.

En los estudios mencionados, el periodismo de Mañach es sólo ocasionalmente aludido o brevemente considerado. Nunca es el objeto de un estudio específico. Para atender a este periodismo, quien esto escribe presentó en 1971, a la misma Universidad de Buffalo, la tesis doctoral "El periodismo literario de Jorge Mañach." Inclúyese ahí casi todo el contenido del presente libro, salvo la bibliografía activa y pasiva referida específicamente al tema de la obra, que es aquí mucho más extensa. En cambio, se excluyen de este libro la biografía y el periodismo políticos de Mañach, que se incorporan, con mucha mayor documentación, a la obra que está preparándose. De tal suerte, queda *El periodismo literario de Jorge Mañach* estrictamente ceñido al tema que su título especifica.

En 1973 (según *Hispania*), Nicolás Emilio Alvarez terminó una tesis doctoral para The University of California at Berkeley, sobre "La obra literaria de Jorge Mañach (1898-1961)," que no me ha sido accesible. Y en 1974 (también según *Hispania*), Amalia de la Torre comenzó otra tesis doctoral para Indiana University at Bloomington, sobre "Jorge Mañach, maestro del ensayo."

Estas cinco tesis doctorales, más los numerosos artículos que se le han dedicado, indican que la estimación de Mañach aumenta con el tiempo. A ese general aprecio se suma este libro.

Para alcanzar ese cometido, se analiza aquí el estilo del periodismo literario de Mañach, a la luz de cuatro décadas de relaciones entre él y la sociedad cubana. El punto de partida es un dato empírico: a pesar de haber sido una figura polémica en literatura y en política, Mañach gozó siempre del aprecio estético del medio social para el cual escribía. Su estilo fue transformándose, la sociedad cubana también evolucionó, pero la estimación fue invariable. El propósito de esta investigación es averiguar y describir el sistema expresivo que dotó de eficacia a su periodismo literario.

Al intentar esa exploración —adviértase bien: intento de exploración— se tienen en cuenta los elementos significativos del lenguaje. Es el lenguaje periodístico literario de Mañach el que se investiga. No a Jorge Mañach individuo —entidad psicológica— o personaje —ente social—. Tampoco se le ignora, pues a fin de apreciar ese sistema expresivo se transitan diversas vías. Una de ellas es la biográfica, no para que la vida del autor venga a explicar sus creaciones, sino para que éstas sean vistas en la perspectiva de su desarrollo vital, no en mero orden cronólogico. Por desarrollo vital se entiende aquí el de su personalidad dentro del marco histórico en que se desenvolvió su existencia. (Todo lo cual se presenta de modo muy sucinto en el capítulo II.) Otro de los caminos de acceso a su obra conduce a un mirador panorámico de los temas abordados por el autor. Esto permite esquematizar su actitud ante tales cuestiones (capítulo III).

Se procura realizar un análisis de su sistema expresivo, para señalar los recursos de que se valió en los diversos géneros periodísticos que trabajó. Ese estudio estilístico por géneros, a su vez, demanda una investigación previa de las ideas estéticas que regían el pensamiento y la acción del escritor (y a ello se dedica el capítulo IV). Es indispensable precisar tales ideas para evaluar su crítica literaria periodística, y es conveniente tenerlas en cuenta al apreciar sus demás creaciones, dentro del marco (delimitado en el capítulo I) de lo que es el periodismo literario.

Problema específico de este trabajo es el acceso a producción tan extensa. La solución encontrada aquí es la de partir de una selección intuitiva, inspirada en la lectura de centenares de escritos. Esa selección sirve para crear un muestrario. Las piezas del muestrario se clasifican por géneros, porque éstos imponen formas de conducta institucionalizada. En cada grupo se determinan, primero, los rasgos comunes, en visión de conjunto; después, se pasa al examen detallado del lenguaje, para indicar sus significados conceptuales, imaginativos y afectivos. A ese efecto, se analizan la estructura, las figuras retóricas y el vocabulario, con sus tipicidades y anomalías. En la búsqueda de la intencionalidad inplícita y de la eficacia comunicativa de la obra, se subrayan las posibilidades y limitaciones impuestas por los temas, los géneros y las circunstancias personales y sociales. Finalmente, se llega a la evaluación del conjunto. Trátase, pues, de ensayar un análisis periodístico literario, que va siguiéndose desde el capítulo V al IX; y para contrastar y relacionar lo periodístico literario con el resto de la obra literaria mañachiana, sobre ésta se echa una mirada panorámica en el capítulo X.

Brockport, New York, 1975.

NOTA

Debido a que esta investigación se basa principalmente en centenares de artículos periodísticos, en las notas y la bibliografía se ha omitido el nombre de la ciudad en que se editan los diarios, semanarios y mensuarios de información general; pero aquí se anticipa ese dato de la manera siguiente:

Bohemia, La Habana
Bohemia Libre, Caracas
Carteles, La Habana
Cuba Nueva, Coral Gables
Cuba Nueva en Acción, La Habana
Diario de la Marina, La Habana
Diario las Américas, Miami
El Avance Criollo, Miami
El Mundo, La Habana
El Mundo en el Exilio, Miami
El País, La Habana
Grafos, La Habana
Social, La Habana

En la Bibliografía Activa (págs. 258-312), las iniciales antepuestas a los títulos significan:

G., Glosas
G. T., Glosas trashumantes
R., Relieves.

En el Indice Onomástico se relaciona por el Seudónimo a los autores que usaron uno consistentemente.

I. LITERATURA Y PERIODISMO

1. UN ARTE DE COMUNICACIÓN MASIVA

La conjunción, en el título de este capítulo, expresa el criterio que orienta al presente estudio: la literatura y el periodismo son sustantivamente distintos, pero están relacionados. Difieren por las funciones y coinciden en el medio expresivo. Siguiendo a Wellek y Warren, se estima aquí que la función de la literatura es eminentemente estética, y que se desarrolla en una realidad mayormente creada por la fantasía del autor.[1] Tal creación se refiere, en algún modo, a la realidad objetiva, pues no existe el creacionismo absoluto.

En cambio, la finalidad esencial del periodismo es la difusión del conocimiento de cuanto ocurre y de la apreciación de la realidad objetiva presente. Más la complejidad de esta realidad impone una selección temática y una síntesis expresiva que no pueden efectuarse sin juicios de valor y sin resúmenes significativos. Lo que el periodismo comunica es la expresión de una recreación intelectual (lógica, imaginativa y afectiva) de una realidad que le viene dada. Es un quehacer artístico por medio de la palabra.

Por eso acertó Juan Valera al afirmar "que el periodista debe ser literato".[2] No obstante, como él dice, el periodismo no es un género de la literatura. Periodismo y literatura coinciden en la recreación intelectual, pero lo hacen al proyectarse en direcciones diversas y con propósitos distintos. Ambos tienen un contenido estético, pero esto no los identifica, como cree Martín Alonso.[3] Si no se distingue entre literatura y periodismo es redundante hablar de periodismo literario. A fin de llegar a la enunciación de este concepto es necesario hacer una determinación genérica —en el sentido de conducta institucionalizada— de lo que es el periodismo como fenómeno artístico de comunicación masiva. Para esto, dentro de la

---

1. René Wellek y Austin Warren, *Teoría literaria* (Madrid, 1966), pág. 271.
2. Juan Valera, «El periodismo en la literatura,» *Obras completas* (Madrid, 1958), II, 1180.
3. Martín Alonso, *Ciencia del lenguaje y arte del estilo* (Madrid, 1966), pág. 456.

gama de manifestaciones del periodismo, hay que atender a cuatro aspectos principales: la función, la frecuencia, el contenido y el género.

Desde el punto de vista de la función hay dos categorías primarias: la informativa y la orientadora; y otras dos secundarias: la explicativa y la emotiva. Teóricamente, la primera se limita a presentar ante el lector los datos objetivos; en tanto que la segunda intenta llevarlo a un convencimiento. La separación de esas funciones fue durante mucho tiempo uno de los ideales de la prensa norteamericana; pero hoy está en vías de desaparición. Según Lester Markel, codirector de *The New York Times*, las noticias son demasiado complejas, y los hechos escuetos carecen de sentido si no se explican.[4] De ahí que, prácticamente, esas dos funciones primarias se complementen con las dos secundarias. La complejidad de la sociedad contemporánea y la participación, cada vez más activa, de las grandes masas de población en la vida pública hacen necesario que al lector, radioescucha y televidente se les expliquen los antecedentes o las posibles consecuencias de los sucesos importantes. Tal es el servicio que se intenta realizar mediante el reportaje interpretativo.[5] La interpretación es necesaria para explicar la vinculación entre el lector y su mundo.[6] Hay, pues, una relación vital que el periodismo expresa, más que con datos, con emociones, mediante la comunicación de vivencias. Este es el más artístico de sus cometidos, al que puede llamársele crónica, reportaje de interés humano, artículo literario, etc.

A propósito de estas funciones es interesante recordar lo dicho por el periodista chileno Edgardo Henry Ríos: "Hay un curioso paralelismo entre los géneros literarios básicos y los géneros periodísticos fundamentales. La épica y el género informativo son objetivos; la dramática y el periodismo explicativo mezclan lo objetivo y lo subjetivo; y la lírica y el género de opinión son subjetivos."[7]

La frecuencia y regularidad de la publicación tienen consecuencias estilísticas. El tiempo transcurrido entre el hecho y el relato

---

4. «The news is exceedingly complex. Bare facts are insufficient without meaning.» Citado por Robert A. Juran, «The decline and fall? of objectivity,» *Quill*, LVI (August, 1968), 23.

5. Curtis D. MacDougall, *Interpretative Reporting* (5th. ed., New York, 1968), págs. 13-14.

6. En otros términos: «Le rôle principal de la presse est de fournir au lecteur un résumé accesible et utile du monde dans lequel il vit, ce monde sur lequel il agit et qui, réciproquement, bien qu'il n'ait guère avec lui que des rapports indirects, agit sur lui.» Kingsley Martin, «Le rôle éducateur de la presse,» en *Le Rôle intellectuel de la presse*, ed. Institut International de Coopération Intellectuelle (Paris, 1933), pág. 81.

7. Edgardo Henry Ríos, «Literatura y periodismo,» *Atenea*, XLIII, 144 (1966), 210-11.

influye en el modo de presentación de los acontecimientos. Esto se advierte, por ejemplo, cuando una revista trata de una noticia ya conocida, por haberla publicado un diario. En tal caso, más que noticiar el hecho original, importa destacar sus aspectos nuevos y, si es posible, su interés humano, con lo que se pasa del reportaje a la crónica.[8] Históricamente, en el siglo XVII, al hacerse periódica la tarea de informar, aumentaron su valor político y sus posibilidades estéticas. En el mundo hispánico, esto significó el tránsito de las *Relaciones* a los *Correos, Gacetas y Noticias*.[9] Fenómeno similar ocurrió casi simultáneamente en toda Europa occidental. Con esto se facilitó, sobre todo en Inglaterra, la aparición de nuevas formas de periodismo, como las cartas públicas y el artículo.

En Hispanoamérica, el protoperiodismo apareció con las *Relaciones* y los *Noticiarios*. La primera se publicó en México, en 1541, con un título hoy inverosímil, "Relación del espantable terremoto que agora nuevamente ha acontecido en la ciudad de Guatemala: es cosa de grande admiración y de grande exemplo para que todos nos enmendemos a nuestros pecados y estemos apersibidos (sic) para cuando Dios fuere seruído de nos llamar." También hubo *Relaciones* en Lima, desde 1594, y *Noticiarios* desde 1618. Se caracterizaban éstos por no referirse sólo a un asunto, sino por contener informaciones de toda índole. En contraste con la temprana aparición de las *Relaciones*, no hubo *Gacetas* hasta el siglo XVIII. La primera nació también en México, con el título de *Gazeta de México y Noticias de Nueva España*, el 1 de enero de 1722. La siguieron la *Gazeta de Gohatemala*, 1729; la *Gazeta de Lima*, 1743; la *Gazeta de la Havana*, 1764; el *Papel Periódico de Bogotá*, 1791; y las *Primicias de la Cultura de Quito*, 1792. "Las gacetas americanas de este período están vivamente influenciadas por las gacetas que se publican en Madrid."[10]

Respecto del contenido, éste es tan diverso como los distintos ángulos desde los cuales puede contemplarse la sociedad. De ahí la creación de especialidades como periodismo político, científico, económico, deportivo, educacional, policíaco, artístico, literario, etc. Según el Parlamento Británico, en 1881, el periódico es una publicación que consiste en noticias políticas y de otra índole, en artículos relativos a ellas o en otros tópicos de actualidad, con o sin anuncios.[11]

---

8. Giorgio Mottana, *Il mestiere del giornalista* (Milano, 1967), págs. 126-28.
9. Henry F. Schulte, *The Spanish Press. 1470-1966* (Urbana, 1968), pág. 73.
10. Gustavo Adolfo Otero, *La cultura y el periodismo en América* (Quito, 1953), pág. 83.
11. Textualmente, el periódico es «any publication consisting wholly or in great part of political or other news, or of articles relating thereto, or to other current topics, with or without advertisements.» Y agregaba: en «numbers, at intervals of not more than seven days...» Citado por John W. Moore, *Historical Notes on Printers and Printing, 1420 to 1886*, reedición de Burt Franklin (New York, 1968), pág. 41.

Estilísticamente, las posibilidades y los modos de satisfacer el masivo afán de conocimientos dependen de factores objetivos y subjetivos. Los primeros se relacionan principalmente con las circunstancias políticas y técnicas en que se opera, tales como la libertad de expresión, las facilidades de acceso a las fuentes de información, la eficacia de los medios de comunicación, etc.[12] Y los segundos están vinculados a la habilidad expositiva y a la calidad ética del periodista. Sin desconocer la preeminencia de tales factores, aquí se han de considerar ahora las condiciones objetivas y subjetivas capaces de afectar al periodismo como expresión literaria.

Desde el punto de vista recién aludido, hay que partir de la naturaleza de medio de comunicación masiva que tiene el periodismo. De ahí que tenga frecuentemente un lenguaje que pone énfasis en la objetividad o neutralidad mediante un pronombre personal indefinido: "le langage de l'on".[13] Así ha sido desde que en 1556 el Senado de Venecia comenzó a distribuir el primer periódico moderno: *Notizie Scritte*. Para llegar a las masas, los redactores de *Gazzette, Gazette, Gacetas, Avisos, Papeles, Relaciones, Correos, Courants, News Letters, Mercuries, Zeitungen, Courriers,* etc., usaban un lenguaje adecuado a esa finalidad.

En una gran proporción, los pliegos informativos se nutrían de cartas noticiosas enviadas por corresponsales burgueses: comerciantes o letrados.[14] Su estilo epistolar coincidía con el lenguaje coloquial de sus lectores. El condicionamiento social del estilo es hoy tan vigoroso como entonces. En un discurso, James Russell Wiggins, ex director de *The Washington Post*, dijo a este respecto que resulta cada día más difícil que los sectores discrepantes en la sociedad acepten la declarada imparcialidad de una prensa que intenta servir a todos los intereses en conflicto.[15] En resumen, la trabazón de intereses culturales y clasistas hizo posible la aparición de la prensa y va influyéndola, según aquéllos cambian.

---

12. Aún en condiciones óptimas, existen limitaciones que Octavio de la Suarée llama las «tiranías»: económica, del anunciante; social, del lector; ideológica, de los núcleos políticos y religiosos; temporal, de la hora de edición y de los competidores; sindical, de los obreros; y temperamental, del vendedor de periódicos. *Moralética del periodismo* (La Habana, 1946), págs. 200-212.

13. Bernard Voyenne, *La Presse dans la société contemporaine* (Paris, 1962), pág. 19.

14. La correspondencia que se publicaba no era sólo la enviada a los periódicos por sus corresponsales, sino también, en América, la que facilitaban los lectores que habían recibido cartas de sus familiares, amigos y asociados en otras ciudades y, sobre todo, en Europa. Frank Luther Mott, *American Journalism. A History: 1690-1960* (New York, 1962), pág. 50.

15. «It is becoming increasingly difficult for quarreling and wrangling fragments of society to accept the claims of objectivity and impartiality made for a press attempting to serve them all.» James Russell Wiggins, «The Press in an Age of Controversy,» *Quill*, LVII (April, 1969), 9.

El factor subjetivo se encuentra en la actitud que adopta el escritor periodista ante su público —lectores, radioescuchas o televidentes—. Para la evaluación de este factor conviene recordar lo dicho por Wolfgang Kayser:

> El concepto de actitud significa, en cuanto a su contenido, la postura psíquica (en el más amplio sentido de la palabra) desde la que se habla: formalmente, significa la unidad de esa postura, y funcionalmente, la propiedad y, si no nos repugna la palabra, el artificio propio de tal postura. Así, pues, todo análisis descubre una actitud. Esa actitud puede ser la de una personalidad artística, puede ser la de un género, de una fase de la vida, de una época, etc. Pero la actitud es también lo último que se deduce del análisis estilístico, de una demostración matemática, de un artículo periodístico, de una redacción escolar.[16]

Dentro de los límites que impone la función periodística, la actitud del escritor se ve influida por dos factores: uno externo, el tema; y otro íntimo, la intención.

El tema ejerce presión sobre el escritor. Es posible que le lleve a las fronteras del lenguaje científico, aunque sea vulgarizador. Así sucede, en nuestros días, al informar sobre un vuelo interplanetario. Y puede acercarlo al lenguaje imaginativo, cuando tiene que formular hipótesis para indagar las causas o efectos de algunos problemas sociales. Eso suele ocurrir cuando se trata de acontecimientos tan complejos y emocionantes como las revoluciones o las campañas militares. El poder emotivo de tales asuntos, y el modo de tratarlos, pueden hacer que el lector experimente una vivencia del acontecimiento en consonancia con la del escritor.[17] Tal es el valor literario, por el interés humano compartido entre el periodista y su público, de las crónicas de Ernie Pyle.

La intención trasciende al escrito periodístico. Ella puede consistir principalmente en un deseo de informar, explicar, convencer, deleitar o conmover. En el primer caso, debe esperarse que el relato sea preponderantemente informativo; en el segundo y el tercero, será analítico, dirigido al intelecto del lector para llevarlo a una conclusión racional; en el cuarto y quinto será emotivo, con varias posibilidades: placentero, optimista, patético, estimulante, deprimente, etc. En las dos últimas situaciones, la comunicación entre el escritor y el público es directa, personal, íntima; y hace pensar en lo dicho por Archibald MacLeish, al indicar que la poesía y el periodismo no se oponen, ni pueden oponerse entre sí, pero son diferentes, porque

---

16. Wolfgang Kayser, *Interpretación y análisis de la obra literaria* (Madrid, 1961), págs. 388-89.

17. Thomas Clark Pollock, *The Nature of Literature* (New York, 1965), págs. 96-97.

aquélla se ocupa de los sentimientos, y éste, de los acontecimientos.[18] El estilo periodístico emotivo parte de un hecho real para exaltar el sentimiento.

Así como el contenido da origen a las especialidades, y la función se desenvuelve en cuatro categorías, las variaciones formales determinan los géneros. Estos son: el reportaje, la carta, el artículo, la crónica y la entrevista. Todos pueden cultivarse en consonancia con las actitudes citadas; con variable frecuencia; y siempre partiendo de un hecho, una situación o una eventualidad, dentro de alguna de las especialidades. Entre éstas, hay una de particular interés para el periodismo literario, y es la crítica literaria periodística, cuyo desarrollo puede ocurrir dentro de cualquiera de los géneros periodísticos que vamos a considerar.

2. EL PERIODISMO LITERARIO

De conformidad con lo expuesto, se entiende aquí que un trabajo periodístico es literario (sin ser literatura), y no político, mercantil, etc., cuando tiene un preponderante valor estético. El término "preponderante" es la clave del concepto, pues valor estético lo hay en todo proceso de comunicación. La obra periodístico-literaria vale como joya artística producida mediante la palabra. Puede darse en el desarrollo de cualesquiera funciones, frecuencias, contenidos y géneros periodísticos. Y sólo es posible en ellos, por ser las maneras que tiene el periodismo a su disposición para realizarse. Al mismo tiempo, es inevitable que, siendo su elemento determinante la preeminencia de un valor, el estético, su apreciación resulte controversial.

Antes de continuar, es preciso avalar, con un ejemplo, lo dicho acerca de la realización del periodismo literario. Y para ello basta recordar la famosa crónica de José Martí sobre el terremoto de Charleston, publicada en *La Nación*, de Buenos Aires, los días 14 y 15 de octubre de 1886. Lo que Martí quería trasmitir a sus lectores no era la noticia del cataclismo, pues la conocían por las informaciones cablegráficas, sino una vivencia de lo ocurrido: la sorpresa, el pánico, el heroísmo, el horror, la muerte, el dolor físico y el espiritual, la ruina económica, etc. Según Hughes, el escritor, al componer su relato, va adoptando, alternativamente, el punto de vista

18. «Poetry and journalism —to put it in more inclusive terms, poetry and history— are not opposites and cannot be opposites, and the notion that they are is a delusion.» Pero son diferentes: «Journalism is concerned with events, poetry with feelings.» Archibald MacLeish, *Poetry and Journalism* (Minneapolis, 1958), pág. 13.

suyo y el del lector, para seleccionar los detalles efectistas.[19] En otros términos, Martí produjo una obra literaria explotando el interés humano de la catástrofe; y, para lograrlo, trajo a sus lectores a una posición de copartícipes emocionales del hecho; más esto no lo habría conseguido si no hubiese podido imaginarse cuáles eran los mecanismos emotivos de sus lectores, que estaban predispuestos favorablemente a la recepción de su mensaje precisamente por haber tenido una anterior noticia del suceso comentado.

Ahora bien, la circunstancia de aparecer en un diario o semanario no convierte en periodístico un trabajo literario. Una muestra de explícita diferenciación entre lo periodístico y lo literario apareció en el editorial del número inaugural del *Papel Periódico de la Havana*, el 24 de octubre de 1790. Después de explicar que la ciudad necesitaba que se le diera "noticia del proceso de los efectos comerciales y de los bastimentos que algunas personas quieren vender o comprar, de los espectáculos, de las obras nuevas de toda clase, de todo aquello que puede contribuir a las necesidades de la vida", agregaba que: "A imitación de otros que se publican en Europa comenzarán también nuestros papeles con algunos retazos de literatura, que procuraremos recoger con el mayor esmero."[20]

En el siglo XVIII, como aún hoy en el mundo hispánico, el periódico y la revista de noticias solían incluir en sus páginas temas filosóficos, científicos y de literatura imaginativa. Esto lo hacían, y lo hacen, no porque la mayoría de los lectores se interese en tales asuntos, sino porque los editores saben que, según Breton, la manera de halagar al lector moderno es anticiparle que él es más inteligente de lo que piensa que uno cree que él es.[21]

Función similar a la de los "retazos" del *Papel Periódico* realizaban algunos artículos literarios de Jorge Mañach en la revista *Bohemia*, cuya gran circulación se debía al sensacionalismo político. Un ejemplo de lo dicho es el trabajo "Entre Camus y Alfonso Reyes," publicado en *Bohemia* el 17 de enero de 1960, en el cual simula un diálogo *post mortem*. También son literatura, y no periodismo, los artículos sobre José María Heredia, aparecidos en el *Diario de la Marina*, entre el 6 de julio y el 8 de agosto de 1956, y después reelaborados, con el título de "Heredia y el romanticismo", para *Cuadernos*

---

19. «The writer, then, is constructing a story, and, at the same time, he takes his reader's viewpoint to it. He plays what might be described as alternating roles when he selects details for their effect.» Hellen MacGill Hughes, *News and the Human Interest Story* (Chicago, 1940), pág. 89.

20. Rafael Soto Paz, *Antología de periodistas cubanos* (La Habana, 1943), pág. 241.

21. «The way to flatter the modern reader is to tell him in advance that he is more intelligent than he thinks you think he is.» Pierre Breton, «Whither the Press and Periodicals,» *The Arts as Communication*, ed. D. C. Williams (Toronto, 1961), pág. 43.

Hispanoamericanos, en febrero de 1957. Estos son ejemplos de literatura —uno de ficción y el otro de crítica— llevados a las páginas de órganos de información noticiosa.

También puede ocurrir lo contrario, y es que se inserte en una revista especializada un trabajo esencialmente periodístico. Esto sucedió, por ejemplo, con el artículo "Santayana y D'Ors", de Mañach, publicado en *Cuadernos Americanos*, en el número de septiembre-octubre de 1955, con motivo de los fallecimientos de esos escritores, ocurridos en 1952 y 1954, respectivamente. El tema había sido abordado por Mañach en dos artículos del *Diario de la Marina*: "Jorge Santayana", el 12 de octubre de 1952; y "Lo que a D'Ors le debemos", el 29 de septiembre de 1954. Esto no es lo que determina su condición de periodísticos, sino el ser productos de acontecimientos recientes, el acento de experiencia personal y el estilo de coloquio. Esta calificación se ajusta a una comprensiva definición del periodismo, según la cual: "Periodismo es la oportuna comunicación de información, ideas, consejo, guía, actitudes emocionales y anuncios a un público variable por medio de agencias organizadas y símbolos escritos, orales o pictóricos." [22]

En este libro se considera periodístico todo escrito destinado a la comunicación masiva —reportaje, carta, artículo, crónica o entrevista— cuyo objeto es noticiar, convencer, explicar o conmover al lector en relación con un acontecimiento actual. Tal escrito es periodístico-literario si tiene un preponderante valor estético. A continuación se estudian los rasgos característicos de los géneros periodísticos citados, excepto el reportaje, porque éste no lo practicó Mañach.

3. LA CARTA

Ya se ha visto cómo, desde sus orígenes, el periodismo dependía del correo para el servicio noticioso de sus agentes o corresponsales. A esto se agregó, a fines del siglo XVII, un renovado auge del género epistolar, gracias a los dones literarios de la que hoy sería magnífica cronista social, Mme. de Sévigné. En el XVIII, Montesquieu, en *Lettres persanes* (1721), y Voltaire, en *Lettres philosophiques* (1734), desarrollaron el ensayo epistolar. En Inglaterra, esta invención francesa se adaptó al periodismo: Oliver Goldsmith, en *The Public Ledger*, de Londres, publicó en 1760-61 las cartas chinas, que después reunió en

---

22. «Journalism is the conveyance of timely information, ideas, counsel, guidance, emotional attitudes and advertising to a varying audience by means of organized media and written, oral or pictorial symbols.» Bryant Kearl, «Journalism —What is it? A Re-definition,» *Journalism Quarterly*. XX (March, 1943), 42.

The Citizen of the World (1762). Las cartas de Goldsmith son artículos periodísticos en que se critican las costumbres inglesas. La versión española de este tipo de comentario es la serie de "Cartas marruecas", publicadas por José Cadalso en el *Correo de los Ciegos de Madrid*, en 1789, y son periodismo literario.[23]

En Hispanoamérica, la carta-crónica remonta su abolengo a Cristóbal Colón, y se enriquece con las *Cartas de Relación* de Hernán Cortés. En el período barroco, sobresale la epístola discursiva en la *Respuesta a Sor Filotea*, por Sor Juana Inés de la Cruz. En la época del neoclasicismo, son notables la ensayística *Carta de Jamaica*, de Simón Bolívar, las patrióticas de Bernardo Monteagudo, y las filosóficas *Cartas a Elpidio*, de Félix Varela. En el romanticismo, llévanse la palma las amorosas de Gertrudis Gómez de Avellaneda. Y en el modernismo, las del extenso epistolario patriótico, íntimo y literario de José Martí; y como precursoras de algunas que después escribiría Mañach, las mundanas e impresionistas de Enrique Gómez Carrillo. El talante frívolo del guatemalteco se refleja en las crónicas epistolares contenidas en las "Glosas trashumantes", de los primeros meses del cubano en el *Diario de la Marina*. Mañach también escribió algunas cartas personales de mucho interés, como las dirigidas a Rómulo Gallegos y Alfonso Reyes.

Pero, es necesario regresar a las cartas del siglo XVIII para encontrar otro antecedente del periodismo literario decimonónico: el artículo y la crónica costumbristas. En tal sentido, Mariano José de Larra es, entre 1828 y 1837, el continuador de Cadalso. En *El Duende Satírico del Día*, *El Redactor General* y *El Mundo*, Larra muestra la misma preocupación cívica que su antecesor, aunque la expresara en otro tono y conforme a las ideas liberales de su época. Eliminados su pesimismo y amarga ironía, el costumbrismo preferentemente anecdótico se abrió paso en los trabajos de Ramón de Mesonero Romanos, publicados originalmente en revistas como *Cartas Españolas* y *Semanario Pintoresco*, y reunidos en varios volúmenes, entre los que sobresalen los de *Escenas matritenses* (1836-42). Este es el tipo de costumbrismo que pasó a Cuba en las "Escenas cotidianas", que Gaspar Betancourt Cisneros publicó en la *Gaceta de Puerto Príncipe* (1838-39). En relación con la rama epistolar que hay en la genealogía del tema costumbrista, debe observarse, como indica Max Henríquez Ureña, que: "Aún sus artículos periodísticos, hechos con desenfado, eran a modo de cartas por medio de las cuales conversaba con el público familiar."[24] Con esta tradición engarzan las "Glosas trashu-

23. Katherine Reding, «Influence of Oliver Goldsmith's *Citizen of the World* upon *Cartas marruecas* of Cadalso,» *Hispanic Review*, II (1934), 226-234.

24. Max Henríquez Ureña, *Panorama histórico de la literatura cubana* (Puerto Rico, 1963), I, 240.

2.

mantes" costumbristas de Mañach, y también, pero ya sin la forma de cartas, las crónicas que publicó en el diario *El País* (1925), La Habana, y reunió en *Estampas de San Cristóbal* (1926).

4. EL ARTÍCULO

Entre los géneros periodísticos, el artículo se distingue por ser el más susceptible de ajustarse a una preceptiva. Con esa tendencia congenia su nombre, tomado del latín, *articulus*, a su vez derivado de *artus*, nudo, nudillo de los dedos, artejo. De *articulus* proviene también *articulatio*, articulación. Todo revela un sentido de trabazón funcional, de conformidad con su original estructura discursiva. En su oportunidad ha de verse cómo el más famoso de los artículos de Mañach se ajusta en su estructura a las prescripciones de la oratoria, según la retórica clásica. Este rigor extremado es, por supuesto, excepcional en la actualidad, porque suelen utilizarse recursos impresionistas. Pero, aún en estos casos, la disposición de tales recursos obedece a un plan comunicativo que va provocando un acomodo en las emociones del lector para llevarlo a un convencimiento intuitivo, o a un estado de ánimo preconcebido, tan íntimamente arraigado como el convencimiento racional derivado de un exacto silogismo, y acaso más que éste. Por otra parte, cuando la emotividad y la lógica concurren aportando sus estímulos, éstos alcanzan su máxima eficacia, como ha de verse al considerar el aludido artículo de Mañach.

Debido a ese poder convincente, el artículo periodístico ha sido un instrumento político desde que así lo empleó uno de sus primeros cultivadores, el cardenal Richelieu.[25] Por supuesto que donde mejor pudo desarrollarse fue en la atmósfera de libre debate típica de la Inglaterra dieciochesca, cuando *tories* y *whigs* debatían cuestiones tanto en la prensa como en el Parlamento. Con la Revolución Americana de 1776 y la Francesa de 1789, y el consiguiente ascenso político de la clase media, se amplió el círculo de lectores interesados en el debate público y proliferaron los periódicos y los articulistas. Tan importante resultó este medio de comunicación que Napoleón lo consideró parte de su equipo bélico, y así, por ejemplo, durante la campaña de Italia fundó el *Courrier de l'Armée d'Italie*, y en la de Egipto, el *Courrier d'Egypte*. El ejemplo fue aprovechado durante la Revolución Hispanoamericana cuando, entre otros casos, Bolívar dispuso en Angostura la creación del *Correo de Orinoco*, y luego la del *Correo de la Ciudad de Bogotá*, en la época de la organización de

---

25. Eugène Hatin, *Histoire politique et littéraire de la presse en France,* I (París, 1859), 105.

la Gran Colombia; y José de San Martín ordenó la impresión del *Boletín del Ejército Unido Libertador del Perú*, y después *El Pacificador del Perú*. Similar función desempeñó *El Despertador Americano*, publicado en Guadalajara por iniciativa de Miguel Hidalgo, y más tarde *El Cubano Libre*, editado en Cuba durante la Guerra de los Diez Años (1868-78) contra España, y *Patria*, fundado e inspirado por Martí para orientar la lucha por la independencia.[26] Ese carácter, predominantemente político, del artículo periodístico, se mantiene desde sus orígenes, y en Mañach ha de verse cómo se mezcla con el literario.

Esto último no es nuevo, pues viene ocurriendo desde los tiempos del *Journal des Savants;* pero no es a los franceses sino a los ingleses a quienes debe acreditárseles la innovación de utilizar y desarrollar el artículo periodístico como instrumento literario. A principios del siglo XVIII, Richard Steele, en *Tatler* (1709-11), y Joseph Addison, en *Spectator* (1711-12), ajustaron el ensayo, creado por Montaigne, en Francia, y Bacon, en Inglaterra, a las posibilidades del periodismo. A partir de entonces, afirma Whitmore, el desarrollo del periodismo crea el artículo y el editorial, abriendo así un canal para la corriente argumentativa, que había fluido del ensayo.[27] El artículo fue confirmado en *Review* (1704-1713), por Daniel Defoe, quien, además, como inventor del folletín, estableció la convicencia y la clara distinción entre la literatura y el periodismo.[28]

La corriente argumentativa de que habla Whitmore fluye de modo similar en el artículo periodístico literario, en el político y en el de cualquiera otro tema. Parte de un hecho o una situación recientes, se ajusta a un asunto, mantiene un tono argumentativo o expositivo, y es breve. El artículo no periodístico, el erudito, no tiene por qué arraigarse en la actualidad, es generalmente más extenso y suele documentarse con citas. Este rigor académico lo distingue del ensayo, el cual, desde Montaigne hasta Ortega y Gasset (dicho sea para hacer referencia al ensayista que más influyó en Mañach), se caracteriza por la espontaneidad y el subjetivismo. Al primero se le considera aquí como una forma de periodismo literario cuando se dan en él las condiciones estéticas ya señaladas.

---

26. Jorge L. Martí, «El periodismo como instrumento de política internacional,» *Sociedad Cubana de Derecho Internacional. Anuario, 1947*, La Habana, 18 (abril, 1947), 325-26.

27. «the development of journalism creates the article and the editorial, thereby, we may note, furnishing a channel for the argumentative stream which had flowed from the essay as we now understand it.» Charles E. Whitmore, «The Field of Essay,» *PMLA*, XXXVI (December, 1921), 555.

28. J. D. Symon, *The Press and Its Story* (London, 1914), pág. 10.

5. LA CRÓNICA

La palabra "crónica" tiene una larga vida y no ha logrado precisar su campo semántico. Por eso es necesario precisar en qué sentido se la usa aquí.[29] En los orígenes de la prosa castellana, según se infiere del contenido de la *Crónica general*, compuesta en el siglo XIII para Alfonso X, el término incluía cualquier narración del pasado, pues con aquel título se bautizaba una mezcla de historia sagrada y clásica, mitología y cantares de gesta prosificados. Es evidente que la palabra no expresaba un concepto específico, porque no lo había. Es en el tránsito del XIV al XV cuando se perfila en castellano, bajo el rubro de "crónica", una prosa narrativa que reseña y comenta, para la actualidad y la posteridad, hechos contemporáneos de interés general, que el autor ha conocido como testigo o participante en ellos, o de los cuales tiene referencias cercanas. No habla del pasado distante, sino del presente y, a lo sumo, de un pretérito tan inmediato que es todavía parte emocional de ese presente. Esa no es la faena de la historia, que es la reseña e interpretación de los momentos culminantes de un proceso ya pasado. Este concepto, a su vez, contiene numerosos presupuestos gnoseológicos y axiológicos que no son del caso precisar ahora. Baste con que se contrasten los empeños del historiador y del cronista: el historiador trae el pasado a la consideración del presente, y el cronista registra el presente para hoy y para mañana. Ambos enjuician, porque el juicio de valor es inevitable, aunque no sea más que para seleccionar los datos que se estiman significativos.[30]

---

29. Como testimonio de esa indeterminación, véase lo que respecto del término «crónica» expone Martín Alonso: «ensancha tanto los límites de su significado en el periodismo, que sirve de denominador común a las informaciones telegráficas de los corresponsales, a las narraciones de los sucesos políticos y sociales, ecos de sociedad, deportes, noticias literarias, espectáculos, sección financiera, tribunales, etc.» *Ciencia del lenguaje*, pág. 154. Por el contrario, Francisco J. Santamaría especifica: «Artículo literario, generalmente de no mucha extensión, que versa sobre algún comentario o juicio de sucedidos.» *Diccionario general de americanismos* (México, 1942), I, 413. Y la Real Academia Española dice: «Historia en que se observa el orden de los tiempos. 2. Artículo periodístico sobre temas de actualidad.» *Diccionario de la lengua española* (Madrid, 1970), pág. 380.

30. El concepto de crónica aquí expuesto difiere de otros en los que se asemeja la crónica con la historia, la monografía y la biografía, pero sin crítica. Por ejemplo: «Crónica. Historia detallada de un país, de una época, de un año, de un hombre, escrita por un testigo ocular o por un contemporáneo que ha registrado, sin comentarios, todos los pormenores que ha visto o que le han sido trasmitidos. La crónica se distingue de la historia en que en aquélla falta la crítica. La crónica, además, sigue un orden cronológico para sus recuerdos.» Federico Saínz de Robles, *Ensayo de un diccionario de la literatura* (Madrid, 1965), I, 246-247.

En esencia, ese recrear intelectualmente el presente, tal como él lo veía, para su presente y para su mañana, era lo que hacía el canciller Pedro López de Ayala cuando escribía sobre los reinados de Pedro I, Enrique II, Juan I, y Enrique III, sus contemporáneos, personalmente conocidos. Se ha acusado al Canciller por su interpolación de opiniones, y porque habiendo participado en querellas principescas tenía que ser parcial; pues bien, esa obvia proyección del yo (fuera él justo o injusto en sus juicios, pues esto no importa ahora) es una de las características de la crónica, desde que ese notable escritor la legó a las letras hispánicas.

Herederas de la rica prosa castellana del siglo xv, son las crónicas del descubrimiento y la conquista de América. La contemporaneidad con los sucesos, la experiencia personal y la impronta del apasionamiento en los juicios caracterizan a la *Brevísima relación de la destrucción de las Indias*, de Bartolomé de las Casas. El ánimo polémico, y las declaraciones avaladas como testimonios, son rasgos notorios en la *Verdadera historia de los sucesos de la conquista de Nueva España*, en la que Bernal Díaz del Castillo reclama para sí beneficios inmediatos y un sitio en la posteridad.

Ese legado literario se enriquece —aunque no sea siempre con la calidad de la prosa— con la recreación intelectual de una realidad maravillosa. A veces es contemplada a través de los mitos clásicos, como le ocurre a Gaspar de Carvajal con las indias que transforma en amazonas, en su *Relación del nuevo descubrimiento del famoso río Grande de las Amazonas*. En otras ocasiones, es vivida en andanzas que envidiaría Ulises, como le sucede a Alvar Núñez Cabeza de Vaca, en sus *Naufragios* y marcha inverosímil, pero cierta, desde la Florida hasta la costa del Pacífico. O es idealizada, como lo hace el Inca Garcilaso de la Vega en sus *Comentarios reales*, y con ello realza su filiación materna y reivindica su nombre paterno, con lenguaje eximio que lo inmortaliza.

Del linaje de esas crónicas renacentistas son las modernistas hispanoamericanas que en las dos últimas décadas del siglo xix escriben José Martí y Manuel Gutiérrez Nájera, y pasan, entre otras grandes plumas, por la de Rubén Darío, hasta culminar en Gómez Carrillo. El sistema expresivo de esta legión de "raros" es diferente al de sus predecesores del renacimiento y la conquista. Hay tres siglos de por medio. Ahora, como entonces, el vocabulario se remoza y enriquece, pero la adjetivación es más impresionista que impresionante —no se trata de provocar "espanto", como decían los clásicos, sino de provocar asociaciones sensoriales—; la sintaxis se flexibiliza y, sobre todo, se reforma la estructura discursiva.

¿Por qué? Hay varios motivos, pero el que más interesa aquí es éste: los modernistas utilizan la prensa periódica. Renacentistas y modernistas coinciden en la actitud de espectadores que narran y comentan. Aquéllos difunden sus relatos mediante libros, escritos e impresos en el pausado ritmo de su época. Estos utilizan diarios y revistas para comunicar sus informes, impresiones y juicios. Están forzados a hacerlo con más premura y mayor cercanía temporal de los acontecimientos, para un público también contemporáneo de los hechos reseñados. Tienen que elaborar sus crónicas al filo de los hechos y con una extensión predeterminada. Tales requerimientos, aparte de otras razones para ello, inducen a estructurar la exposición como quien habla de prisa, no en un orden cronológico, ni siquiera lógico, a veces, sino yuxtaponiendo impresiones que faciliten al lector la rápida aprehensión del mensaje, recomponiéndolo mentalmente en sus trazos esenciales. La brevedad estimula los resúmenes metafóricos, más efectivos cuanto más se acojan a convenciones simbólicas preestablecidas entre cada escritor y su público —de ahí la conveniencia de un estilo personal. Este es el tipo de crónica que, bajo el influjo directo de estos modernistas, en particular Martí y Gómez Carrillo, y escritores de otras lenguas, escribe Mañach en su juventud, muchas de las cuales recopila en *Glosario* (1924). En la senectud, durante su última estancia en España, vuelve a escribir crónicas, con un estilo muy diferente, y las reúne bajo el título genérico de "Lugares", en su libro *Visitas españolas* (1960).

6. La entrevista

La entrevista es otro de los géneros periodísticos trabajados por Mañach. Su estructura es compleja. Aunque es mayormente un diálogo, requiere técnicas del reportaje, de donde nació, para explicar la importancia del tema; y de la biografía, tanto para justificar la selección de la persona entrevistada, como para ofrecer de ella una impresión vívida. A veces, incluye procedimientos de interrogatorio que hacen recordar los judiciales y, en efecto, algunos de esta índole han servido para redactar entrevistas importantes. Como en toda narración (aunque sea dialogada), el autor recrea intelectualmente su experiencia, en este caso, la de la conversación en que ha participado. Esto último la diferencia del memorando en que se responde por escrito a un cuestionario. El entrevistado queda, pues, a merced de la buena fe y la habilidad del entrevistador.

Esa circunstancia acaso explica el por qué, el dónde y el cuándo se arraigó la entrevista como práctica informativa. Su motivación fue satisfacer la curiosidad pública, ante los acontecimientos del día, mediante el testimonio de sus protagonistas. Para hacerlo se requerían dos condiciones: un ambiente de libertad de expresión, y fácil acceso a los personajes del momento. Durante el siglo XIX, la primera la hubo en varios países de Europa e Hispanoamérica; y ambas concurrieron sólo en los Estados Unidos. En este país, además, se desarrolló antes, durante y después de la Guerra Civil, una situación extremadamente polémica, en la que los dirigentes políticos procuraban ganarse la opinión pública utilizando todos los medios disponibles. Esto favoreció la aceptación de la entrevista periodística.

Ello no significa que la entrevista fuera creada entonces *ex nihilo*. Ya en 1839 publicó el *Herald* de Nueva York una carta-reportaje de James Gordon Bennet narrando una conversación con el presidente Martín van Buren.[31] Y mucho antes, en 1719, el *News-Letter*, de Boston, difundió los detalles de cómo murió el pirata Barbanegra, basándose el redactor en conversaciones con un capitán de navío.[32] Similar antecedente se encuentra en la *Gazeta de La Havana*, en 1782, donde Diego de la Barrera informó pormenorizadamente sobre un encuentro naval entre franceses e ingleses, cerca de Filadelfia, y consiguientes operaciones del general Washington. Se basó el reportaje en conversaciones sostenidas por el periodista con un marino francés que fue apresado y luego canjeado por los ingleses, y con un oficial naval francés, ambos llegados a La Habana.[33]

Los ejemplos citados son anticipos del nuevo género que, por vez primera, se formaliza con la entrevista de Horace Greely a Brigham Young, en el *Tribune*, de Nueva York, en 1859; y se consagra con la de J. B. McCullagh, en el *Globe-Democrat* de St. Louis, al presidente Andrew Johnson. Mas a medida que el uso y el abuso de la entrevista fue generalizándose, surgieron las objeciones. Se alegó, y a veces con razón, que los entrevistadores invadían la vida privada de sus entrevistados, o que desfiguraban sus palabras con interpretaciones personales, podas inexcusables, o exagerada exaltación de ciertos pasajes o dichos incidentales, y también se les acusó de antagonizar al interlocutor con preguntas mal intencionadas.

No obstante esos peligros, la atracción de la publicidad siempre ha suministrado candidatos para las entrevistas. Entre los que impulsaron esta nueva forma de noticiar, sobresalió Henry O'Grady, en la década de 1870, primero en el *Atlanta Herald* y después en el *Atlanta Constitution*.[34] O'Grady tuvo la habilidad de acentuar el aspecto dialogado, refinando la técnica de reunir e interpretar las noticias. El género, pues, se extendió a Europa, aunque no incluyese tantas figuras políticas como en América, sino más escritores y artistas; y, sobre todo, poniendo el énfasis en un elemento de teatra-

---

31. George S. Turnbull, «Some notes on the History of the Interview,» *Journalism Quarterly*, XIII (September, 1936), 273-74.

32. Mott, *American Journalism*, pág. 386.

33. Diego de la Barrera, «Crónica del puerto,» en Soto Paz, *Antología*, págs. 20-21.

34. Edwin Emery, *The Press and America. An Interpretative History of Journalism* (Englewood Cliffs, N. J., 1962), págs. 357, 388.

lidad que anticipa las biografías noveladas, tan populares en el siglo actual. Por eso decía Gómez Carrillo, con palabras que atribuye "a mi amigo Paul Acker":

> En las *interviews*, por el contrario, lo primero es pintar con detalles característicos, con repeticiones peculiares, procediendo como los actores que imitan o como los poetas que parodian. Un gesto, cogido al vuelo, da mejor la idea de un alma que las más cuidadosas y prolijas pinceladas. Es preciso, en fin, que el lector, al oir las palabras del interrogado, le vea gesticular, andar, sentarse, sonreir. Y con esto y con mucha buena fe, no hay temor de que los modelos se quejen de nuestras obrillas efímeras.[35]

No es fácil lograr una reconstrucción impresionista sin reducir el modelo a aquellos rasgos, tonos y colores con que la sensibilidad del pintor es más excitable. Sin embargo esa presentación es la que mejor se adapta a los requerimientos periodísticos. De ahí que, en una breve y excelente preceptiva sobre el género se aconseje al entrevistador que oiga con el oído interno, para que capte las emociones del entrevistado, que estudie sus ademanes y que jamás olvide que el tema de la conversación y el interlocutor son lo más importante, y las opiniones del periodista, lo menos interesante de la entrevista.[36]

Tales cometidos no son fáciles, y menos cuando el periodista es demasiado joven y propenso a declarar sus opiniones. Por eso Brisson, en *Psychologie de l'interview*, citado por Gómez Carrillo, estima que el reportero ideal debe tener más de veinticinco y menos de cincuenta años de edad. La exactitud de esos límites de edades es debatible, pero es pertinente mencionarlos aquí porque la evolución del estilo en las entrevistas de Mañach mejora, con la madurez intelectual, en el curso de su cincuentena (véase capítulo VIII). Aparte de considerar esa evolución en su oportunidad, ahora ha de hacerse referencia a dos empeños moceriles, ilustrativos de algunas situaciones recién mencionadas.

Su primer conato de entrevista se convierte en crónica de una visita a Monseñor Guerra, obispo de Santiago de Cuba. El relato es ameno, y no puede iniciarse de modo más casual: el encuentro del narrador con el mastín del prelado, lo cual ocupa un tercio del escrito. A esto siguen las impresiones del periodista, y cuando Monseñor dice algo —sin que Mañach revele lo que el Obispo expresa— aquél apunta: "El forastero no lo olvidará." No faltan, por supuesto,

---

35. Enrique Gómez Carrillo, «El arte de la 'interview',» en *El Modernismo* (Madrid, F. Beltrán, s. f.), págs. 130-31.
36. Hugh C. Sherwood, *The Journalistic Interview* (New York, 1969), págs. 16, 17, 65.

cuidadosas referencias a las pinturas del obispado.[37] La inexperiencia profesional del novel entrevistador sirve para recordar, *a contrario sensu*, que la entrevista nació de la narración, porque, en este caso, ésta la frustra.

En su segunda salida al campo de la entrevista se dispone a hacerle frente a la tarea, siguiendo todas las reglas. Debe visitar al Cardenal Benlloch, y obtener de él alguna opinión importante no revelada todavía. Por eso se dice a sí mismo en el escrito, como quien piensa en voz alta: "Porque, si bien se mira, una entrevista, una *interview*, no debe ser sino eso: la indagación de lo privado en público. Es como si dijéramos, el género chismográfico dentro de la disciplina periodística." [38] Ahí plantea la cuestión de la privacidad antes tratada; pero no sospecha que Su Eminencia es impermeable a la curiosidad, y está predispuesto al mutismo. No lo recibe. Lo refiere a su secretario. Mañach se cree a punto de fracasar en su empeño y salta al proscenio: "Así es, lector, que no se me ha de reprochar el que esta entrevista no sea un modelo en su género..." (pág. 16). Sin embargo, al fin logra que el Cardenal lo atienda, más sólo por diez minutos; pero éstos le bastan para formular una interrogación inédita, ante la cual no hay posibles ambigüedades ni reticencias. Indaga cuál es su criterio ante la difusión en Cuba de las doctrinas protestantes, al amparo constitucional de la libertad de pensamiento: ¿debe aceptarse o rechazarse esa penetración ideológica? (pág. 16). No debe olvidarse que la escena ocurre en 1923. Su Eminencia es español. El Cardenal Benlloch responde clara y terminantemente. Y Mañach salva su entrevista con sólo una pregunta.

Lo expuesto atañe a la tarea informativa, pero ¿y la literaria? Para apreciarla, dentro de los citados cánones de Gómez Carrillo y Sherwood, basta esta muestra:

> El Cardenal Benlloch es un hombre alto, apretado, anguloso. Su venerabilidad no consiste en canas lacias o en rotunda catadura. Hay algo de enérgico, de militante y hasta de agresivo en las acusadas facciones valencianas y la decisión escueta de sus gestos. Se piensa en un verdadero príncipe, no de la Iglesia, sino de la sangre; en un príncipe a la manera renacentista, apto a la vez para contender en las pugnas de la diplomacia palaciega y de la ardua apologética o para cualquier moderna humillación de Canossa. Me figuro que Hildebrando, aquel bravo cura de Soana, que llegó a ser Gregorio VII, debió tener en lo físico, y puede que hasta en lo moral, una personalidad semejante a la de este nobilísimo emba-

---

37. Jorge Mañach, «Glosas. Del prelado amable,» *Diario de la Marina*, Ed. de la tarde, octubre 30, 1923, pág. 1.

38. Jorge Mañach, «Diez minutos de charla con el Cardenal Benlloch. Veinte con su secretario,» *Diario de la Marina*, Ed. de la mañana, diciembre 14, 1923, pág. 1. En el texto se indica la página de las demás citas.

jador de la Sede suprema y del Trono de España. Pero esto no es más que una conjetura (pág. 16).

7. La crítica literaria periodística

Finalmente, hay una clase de periodismo que es doblemente literario: por la especialidad y por la forma. Trátase de la crítica literaria. Al igual que las modalidades descritas, ésta no apareció de repente con todos sus atributos. Sus antecedentes se remontan al siglo XVIII y corresponden principalmente a Francia y Alemania, porque en Inglaterra los mejores ingenios periodísticos, como Steele, Addison, Defoe, Swift, Bolinbroke y Fielding, se vieron arrastrados al debate político. Las crónicas literarias y mundanas se publicaban en el *Mercure de France* (1724). La influencia renovadora de los periodistas ingleses asomó primero en el *Journal des Savants*, gracias al abate Desfontaines, cuyos empeños fueron prohibidos en 1743; y después en *L'Année litteraire* (1754-1776), de Fréron. En Alemania, la crítica literaria periodística comenzó a ganar prestigio cuando la *Gazette de Voss* se la confió a Lessing (1751-1775).[39]

En Madrid, por influencia francesa, los comentarios literarios empezaron en el *Diario de los literatos de España*, en 1737. Pero quien recogió la iniciativa de Desfontaines y Fréron fue Francisco Nipho, en su semanario *Caxón de Sastre* (1760-61), aunque, según su biógrafo, se limitó a: "algunos comentarios a pie de página relativos, bien a la obra que se exhuma, bien al autor y *rara avis*, a materias de erudición, sobre todo literarias".[40] Sin que sea posible seguir las peripecias de otros intentos y realizaciones, baste ahora señalar que la crítica literaria periodística quedó definitivamente establecida en España con los artículos de Mariano José de Larra, y consolidada con los "Paliques" y "Solos de 'Clarín'," de Leopoldo Alas, y la extensísima labor de Juan Valera, cuyas "Cartas americanas" son de gran interés para los hispanoamericanistas. Después, los hombres de la Generación del 98, sobre todo Azorín y Unamuno, la cultivaron con elegancia y profundidad. Estos, junto con D'Ors y Ortega y Gasset, son los españoles que más han influido en el periodismo crítico cubano del siglo XX.

En Cuba, la crítica literaria nace con el *Papel Periódico*, caracterizada por el subjetivismo y la agresividad, el apego a formalismos

---

39. Georges Weill, *Le Journal. Origines, évolution et rôle de la presse périodique* (París, 1934), págs. 87-103 y 108-116.
40. Luis Miguel Enciso Recio, *Nipho y el periodismo español del siglo* XVIII (Madrid, 1956), pág. 201.

retóricos neoclásicos y la censura gramatical.[41] Hay en esa actitud, aparte de las simpatías y odios personales, la inseguridad cultural de la factoría. Esos mismos rasgos reaparecen en *El Regañón de la Havana*, donde Buenaventura Pascual Ferrer ataca a los agresores del buen gusto con vituperios suficientemente enérgicos como para evitarles el deseo de reincidir.[42] Contra ese sistema protesta José María Heredia, primer crítico literario valioso con que cuenta Cuba.

Durante el segundo cuarto del siglo pasado, la crítica neoclásica se refugia en la tertulia de Domingo del Monte, quien, además, colabora en *Revista Bimestre* y otras publicaciones. En el resto del XIX predominan el romanticismo literario y el positivismo filosófico franceses. Por eso dice Iraizós que, desde 1840, "la influencia de la cultura francesa es irrefrenable".[43] Sainte-Beuve, Taine y Renan son los teóricos admirados. La del primero es obvia en los *Estudios críticos* de Rafael María Merchán; y la del segundo en Enrique Piñeyro, en la *Revista Cubana*, de Enrique José Varona, y en las *Hojas Literarias*, de Manuel Sanguily, pese a que estos dos abrigan reservas respecto de Taine (ver capítulo IV). Con esa tradición ha de engarzar el pensamiento crítico de Mañach.

Más o menos coetáneamente, se desarrolla una trilogía de notorios críticos periodistas. Ricardo del Monte, acucioso y certero; Emilio Bobadilla ("Fray Candil"), satírico; y José de Armas y Cárdenas ("Justo de Lara"), igualmente valioso en el diarismo y la obra erudita. No son todos los legados por el XIX pero son cimeros. En el siglo XX, la crítica tiene un importante vehículo en la revista *Cuba Contemporánea* (1913-27), en la que colaboran algunos jóvenes de la primera generación republicana, como Max Henríquez Ureña, Mario Guiral Moreno y Julio Villoldo. *Cuba Contemporánea* desaparece justamente al nacer *1927. revista de avance*, en la que Mañach desarrolla, en su juventud, parte de su crítica artística y literaria.

8. RESUMEN

La anterior revista histórica indica que el periodismo fue el resultado de una concurrencia de circunstancias en la alborada de la modernidad. En lo técnico, se desarrolló gracias a la invención de la imprenta. En lo político, las conveniencias de las repúblicas italianas

---

41. José A. Portuondo, «La crítica literaria en el 'Papel Periódico',» en *El sesquicentenario del Papel Periódico de la Havana*, ed. Emilio Roig de Leuchsenring, Cuadernos de Historia Habanera, 20 (La Habana, 1941), pág. 64.
42. Salvador Bueno, «Surgimiento de la crítica literaria en Cuba,» *Unión*, IV, 3 (1965), 129.
43. Antonio Iraizós, *La crítica en la literatura cubana* (La Habana, 1930), pág. 14.

y de los estados nacionales facilitaron su consolidación. En lo administrativo, la regularización del correo aseguró el suministro de noticias. En lo económico, lo impulsó el mercantilismo. En lo cultural, se benefició con el humanismo renacentista, que acrecentó el interés por conocer todos los hechos humanos. Al mismo tiempo, en su desenvolvimiento se advierte que nació para satisfacer necesidades extrañas a la literatura, sobre todo políticas, económicas y de mera curiosidad. En un principio, adaptó formas literarias antiguas, como las cartas y las crónicas, para llenar sus fines noticiosos. Después buscó la compañía de la literatura imaginativa para beneficiarse con el prestigio de esa asociación.

Más tarde desarrolló el artículo, cuya finalidad orientadora fue diferenciándolo de las crónicas, las cuales, a su vez, evolucionaron hasta generar el reportaje; a medida que éste iba definiéndose, la crónica literaria renacentista sobrevivía, también en proceso evolutivo hacia la crónica moderna, con una acentuada función estética; asimismo, las cartas cambiaban de tono, haciéndose ensayísticas o articulísticas; y, finalmente, con elementos dialogales y biográficos o novelescos, se creó la entrevista. Al mismo tiempo que estas distinciones iban acentuándose, el periodismo iba también dotándose de una retórica adecuada a sus fines.

Por último, la noción de actividad artística, para su esmerado cultivo, ha desplazado a la antigua improvisación. De ahí que Celso Kelly haya subrayado, con acierto, su "condición estética".[44] Ya se ha dicho aquí que, en todo proceso comunicativo hay un elemento estético, pero se reserva la calificación de periodismo literario al que pone énfasis especial en la creación artística, y logra, con ello, darle a la obra periodística un valor literario, capaz de redimirla de la condición de efímera que le es inherente. Por supuesto que también puede salvarse para la posteridad si su contenido, por tener significación documental, le da rango de testimonio histórico.

Desde luego, es muy borrosa la línea divisoria entre esos dos tipos de periodismo. Eso se debe tanto a lo subjetiva que es toda valoración estética como a lo imposible que es prever la durabilidad de una estimación. Además, porque toda clasificación es un intento de ordenar la apreciación de la realidad, simplificándola, y ésta, por espontánea y compleja, es rebelde a la catalogación. Lo dicho es aplicable a las distinciones genérico-periodísticas aquí establecidas (reportaje, carta, artículo, crónica y entrevista), aceptables como guías para el estudio, pero no como marcos inflexibles.

---

44. «Ja é tempo de atribuir ao jornalismo condição estética. Pelo que tem de criativo, de communicabilidade, de integração social, de emoção coletiva, de valorição do cotidiano, de mensagem para o futuro, de perenidade até.» Celso Kelly, *As Novas Dimensões do Jornalismo* (Río de Janeiro, 1966), pág. 25.

Finalmente, debe insistirse en que los elementos estéticos del periodismo literario, aunque le dan a éste un valor artístico, no lo convierten en literatura, por las razones dichas al principio. Max Eastman ha señalado con exactitud la distinción, pero la ha basado, erróneamente, en el aspecto mercantil del periodismo. Acierta al indicar sus beneficiosos aportes a la tradición literaria, y exagera al juzgarlo como la única realización literaria de nuestra época.[45]

---

45. «Journalism is the unique literary achievement of this age. And journalism has brought some benefit to literary tradition. It has elevated lucidity and human interest to the high place of esteem where in a democratic society they belong.»... «But journalism is not literature: it is business. And with some accidental exceptions the tendency of journalism to insert itself into the place of literature is a disaster to the art of writing.» Max Eastman, *Journalism Versus Art* (New York, 1916), pág. 89.

II. EL ESCRITOR

Durante cuarenta años de su vida, Jorge Mañach escribió incesantemente. Según le refirió a Luis Gutiérrez Delgado en una entrevista, a los dieciocho años ya ponía ideas en letra de molde. Estas son sus palabras: "Dejando aparte los pininos [1] de adolescente, creo que lo primero que publiqué fue en inglés, allá por el año 16, en una revistilla de la cual era coeditor en la Escuela Superior de Cambridge. Escribía en inglés, pero pensaba y sentía en español. Recuerdo un cuentecillo titulado "Little Dieho," de lo más patético... Después, hacia el año 20, ya estaba mandando desde los Estados Unidos colaboraciones a *Bohemia* —traducciones de Oscar Wilde, cuentos, críticas de arte y de libros, artículos nostálgicos..." [2] El último artículo de su larga carrera apareció también en *Bohemia*, en 10 de julio de 1960, y se refería a un manifiesto de la Federación Estudiantil Universitaria, con algunos de cuyos puntos discrepaba.

Sin embargo, no fue en *Bohemia* sino en el *Diario de la Marina* donde publicó el mayor número de sus artículos. Según Gutiérrez Delgado, Mañach le dijo: "En 1922, desde París, mandé algunas cosillas que recibieron la bendición de Pepín y los auxilios espirituales de don León Ichaso y Rafael Suárez Solís. A mi regreso definitivo a Cuba, en 1922 o 1923, ya Pepín me hizo el honor de asignar mis 'Glosas' a la primera plana del 'alcance' de la tarde, al otro lado de las 'Impresiones'." [3]

---

1. «PININO. m. La forma más usual y general de *pinito*, que también se dice *penino* y también se ha usado en España, esencialmente en la frase *hacer pininos*. Y si a alteraciones vamos, en Salamanca dicen *penene*.» Santamaría, *Diccionario*, II, 478.

2. Luis Gutiérrez Delgado, «El mundo de los libros,» *Diario de la Marina*, julio 22, 1956, pág. 6-D.

3. Pepín era el apelativo popular, y en este caso afectuoso, del doctor José Ignacio Rivero (1895-1944) quien fue director del *Diario de la Marina* (1919-1944) y redactor de la mencionada columna. León Ichaso (1869-1938), periodista nacido en España y establecido en Cuba, fue también redactor del *Diario*, y padre de Francisco Ichaso (1900-1962). Rafael Suárez Solís (1882-1968), español de origen, redactor del *Diario* hasta que éste fue clausurado el 12 de mayo de 1960, y después de *El Mundo*.

En estos años, las colaboraciones de Mañach para el *Diario* se titularon así: las dos primeras, "Impresiones," en octubre 13 y 14, 1922; después, "Glosas trashumantes," desde octubre 16 hasta enero 13, 1923; seguidamente, "Glosas," desde enero 16, 1923 hasta diciembre 24, 1925; y finalmente, "Ensayos breves," desde diciembre 31, 1925, hasta marzo 22, 1926, fecha de su última columna en esta primera etapa de su vinculación con el *Diario*. Muchas de estas crónicas, como se ha dicho, las recogió en su primer libro, *Glosario* (1925). De esta época es también su novelita, *Belén, el Ashanti* (1925).

Entre 1925 y 1933, publicó sus "Glosas" en el diario *El País*, de La Habana. Algunas de estas publicaciones integraron después el ya aludido *Estampas de San Cristóbal* (1926), y otras, escritas entre 1930 y 1933, formaron después el cuerpo de *Pasado vigente* (1939). Además, entre 1934 y 1944, colaboró irregularmente en *Acción*, diario oficial del ABC, del cual fue Mañach el primer Director.

Contribuyó a numerosas revistas literarias y políticas de Europa y América. Su producción se compone en su gran mayoría de trabajos cortos que, en 1956, se calculaban en unos ocho mil títulos, según le informó Mañach a Gutiérrez Delgado, al mencionar una bibliografía de su obra, emprendida por Antonio Barreras. La investigación que aquí se hace no cubre tantos escritos, pues no se han encontrado las colecciones completas de *El País* y *Acción;* e incluso en las de *Bohemia* hay grandes lagunas. Por otra parte, ocho mil títulos no significan exactamente ocho mil trabajos, pues Mañach solía retocar los que más le interesaban y publicarlos varias veces. Una de las reelaboraciones más notorias es la de su ensayo sobre Heredia, que pasó del *Diario de la Marina*, en 1956, a *Cuadernos Hispanoamericanos*, en 1957; pues bien, refiriéndose a ese estudio, Mañach le dijo a Gutiérrez Delgado: "Aquí entre usted y yo, esos artículos que estoy publicando en el *Diario* no son enteramente nuevos. Con algún que otro retoque, reproducen la conferencia que di en la Universidad de Columbia en 1939 con motivo del centenario del poeta. Al año siguiente la leí en el Lyceum, y en 1941 en el Congreso de Escritores de la Universidad de Puerto Rico, cuya Asociación de Graduadas la publicó en su revista."

Mañach simultaneaba esas tareas de escritor con otras muy variadas. Así, a la vez que comenzaba su carrera periodística, en el otoño de 1922, reanudaba en la Universidad de La Habana los estudios de leyes que había iniciado en París, en 1921. Graduado de Doctor en Derecho Civil en 1924, fue nombrado Fiscal de la Audiencia de La Habana y, entretanto, empezó a estudiar en la misma Universidad para el Doctorado en Filosofía y Letras, que obtuvo en 1928.

Coincidía todo eso con sus actividades en el Grupo Minorista, integrado por escritores y artistas, entre los que figuraban algunos que después alcanzarían nombradía internacional, como Alejo Carpentier, Max Henríquez Ureña y Mariano Brull. Se interesaban por una renovación de las letras y la política, y por esta última razón, trece de ellos, entre los cuales estaba Mañach, hicieron una protesta pública, el 18 de marzo de 1923, contra el Secretario de Obras Públicas, a quien acusaban de haber amparado un mal uso de los fondos públicos. Mañach, el escritor novel, participó en ese acto, porque ya pensaba, según criterio que mantendría siempre, que el intelectual tiene deberes cívicos. Política y arte o literatura eran ya, para él, faces de una misma realidad.

Por eso, al examinar la historia de la pintura cubana y proponerle guías para lo futuro, expresaba: "yo me atrevería a decir, no sé si como vaticinio o como exhortación, que todo el porvenir inmediato de la pintura en Cuba ha de cifrarse en la producción honrada de un *arte cubano*".[4]

Idéntica preocupación nacional revela al hablar de literatura. Esta preocupación es la que inspira su clarinada de 1925, en la Sociedad Económica de Amigos del País, cuando va presentando un desarrollo paralelo entre la conciencia nacional y el curso de las letras, al hablar de "La crisis de la alta cultura en Cuba," durante el primer cuarto de este siglo. En esas páginas juveniles, a veces exageradas en la crítica, hállanse en germen las ideas que después explayó en ensayos mayores. Ahí se encuentra ya la sagaz observación sobre el oculto significado de los términos "Patria," "Isla" y "País," aplicados a Cuba. Así, también, la contrapartida cultural del esfuerzo bélico libertador: "La guerra de independencia, pues, al destruir la unidad espiritual de la cultura, desterró de entre nosotros la contemplación, nodriza perenne del saber, y nos conquistó la dignidad política a cambio del estancamiento intelectual."[5] Vino después la independencia, el desarrollo económico, "la irresponsabilidad individualista y el prurito adquisitivo" (pág. 18), y con esto el "choteo." Y agrega: "El choteo, no sólo invadió las actitudes y criterios de los individuos, sino que trascendió, por consecuencia, al orden social, intelectual y político" (Ibid). Mañach anticipa otro de sus afortunados temas. Su crítica no excluía sectores, ni siquiera aquél en que se desenvolvía, y por eso, al juzgar al periodismo denuncia un doble rebajamiento, "el de los conceptos morales y el de los conceptos intelectuales", concordante con la "degeneración dual que se advierte en el tono corriente de nuestra ideología política" (pág. 27). Lógicamente, al enumerar males como "el analfabetismo, la subordinación económica, la corrupción administrativa, el atraso y el desorden jurídicos" (pág. 28), concluye: "Nuestra cultura, digámoslo sin peligro-

---

4. Jorge Mañach, *La pintura en Cuba* (La Habana, 1925), pág. 39.
5. Jorge Mañach, *La crisis de la alta cultura en Cuba* (La Habana, 1925), pág. 17. La paginación de las demás citas de este trabajo se indica en el texto.

sos disimulos, está también de capa caída desde el punto de vista literario" (pág. 29).

Es a la luz de esos criterios como es preciso juzgar al escritor, cualquiera que sea el medio que utilice para expresarse. Ese es el hombre que dos años después fue cofundador y codirector de *1927. revista de avance*, al mismo tiempo que, como fiscal, se enfrentaba con las influencias del Presidente de la República para que no acusara a un ex Alcalde habanero a quien se le imputaba venalidad. Mañach, quien un año antes se había casado con Margot Baños y Fernández Villamil, acababa de ser padre de su único hijo, Jorge, y renunció a la fiscalía al recibir instrucciones concretas incompatibles con su opinión.

Los tiempos comenzaban a hacerse críticos, y a las medidas cada vez más autoritarias del gobierno, respondieron algunos sectores de la intelectualidad joven con una radicalización progresiva, que vino a resumirse en la declaración que formuló el Grupo Minorista el 7 de mayo de 1927. Al definir su actitud pública, el Grupo dijo: "Colectiva e individualmente, sus verdaderos componentes han laborado y laboran: Por la revisión de los valores falsos gastados. Por el arte vernáculo y, en general, por el arte nuevo en sus diversas manifestaciones. Por la introducción y vulgarización en Cuba de las últimas doctrinas, teorías y prácticas, artísticas y científicas. Por la reforma de la enseñanza pública y contra los corrompidos sistemas de oposiciones a cátedras. Por la autonomía universitaria. Por la independencia económica de Cuba y contra el imperialismo yanqui. Contra las dictaduras políticas unipersonales, en el mundo, en América, en Cuba. Contra los desafueros de la pseudodemocracia, contra la farsa del sufragio y por la participación efectiva del pueblo en el gobierno. En pro del mejoramiento del agricultor, del colono y del obrero en Cuba. Por la cordialidad y la unión latinoamericanas."[6] Mañach susbribió esa declaración y además se adhirió a ella como uno de los Cinco directores de *1927. revista de avance*.

Los Cinco, que permanentemente dirigieron la revista, fueron: Jorge Mañach, Juan Marinello, Francisco Ichaso, Félix Lizaso y José Z. Tallet. En consonancia con su nombre, la publicación defendió el arte nuevo y la literatura de vanguardia, y a Mañach le correspondió la tarea de sistematizar los criterios al respecto. Lo hizo de la manera que se resume en el capítulo IV. La exposición de Mañach es más consistente en lo que niega que en lo que afirma, y así lo reconoció él mismo en un artículo (que se analiza en el capítulo VI) cuyo espíritu demoledor se sintetiza en esta frase: "Negábamos el sentimentalismo plañidero, el civismo hipócrita, los discursos sin médula social o política, el popularismo plebeyo y regalón; en fin, todo

---

6. «Declaración del Grupo Minorista,» *Social*, XII, 6 (Junio, 1927), 7.

lo que constituía aquel simulacro de república, aquella ilusión de nacionalidad de un pueblo colonizado y humillado." [7]

2. CENIT

Mañach no se contentó con la denuncia de esos males, sino que, además, intentó averiguar sus causas. Resultado de esa inquietud fue su conferencia de 1928, publicada en un folleto que tituló *Indagación del choteo*. En un momento en que el país contemplaba con temor el inicio de la dictadura de Machado, Mañach descubrió en la propensión cubana a la burla una expresión del sentimiento antiautoritario; y lo dijo con oportunidad. Según él, "una de las causas determinantes del choteo es la tendencia niveladora que nos caracteriza a los cubanos, eso que llamamos 'parejería' y que nos incita a decirle 'viejo' y 'chico' al hombre más encumbrado o venerable".[8]

El sentido periodístico de la oportunidad, unido a la elegancia del lenguaje, explican la favorable acogida que siempre tuvieron sus escritos. En el caso particular de *Indagación del choteo*, debe advertirse que ni era el primer intento de revelar algunas peculiaridades del carácter cubano, ni era tampoco este ensayo lo más profundo y ambicioso que se había escrito sobre el tema. Aún limitando al período republicano la relación de los principales trabajos sobre dicho asunto, es necesario mencionar, entre los antecedentes de *Indagación del choteo*, los siguientes: de Márquez Sterling, los artículos recogidos en *Alrededor de nuestra psicología* (1906) y *Burla burlando* (1907); de Fernando Ortiz, *Entre cubanos* (1914); entre los estudios publicados en *Cuba Contemporánea*, el de José Sixto de Sola, "El pesimismo cubano" (1913); el de Mario Guiral Moreno, "Aspectos censurables del carácter cubano" (1914); y el de Julio Villoldo, "Raíces del mal" (1914). Recordación especial merece el excelente ensayo de José Antonio Ramos, *Manual del perfecto fulanista* (1916). Por su empaque doctrinal, se distingue *El carácter cubano* (escrito en 1922 y publicado en 1941), de Calixto Masó; y, por su gracia picaresca, el folleto de José Manuel Muzaurrieta, *Manual del perfecto sinvergüenza*

---

7. Jorge Mañach, «El estilo de la Revolución,» *Acción* (1934), en *Historia y estilo* (La Habana, 1944), pág. 97. Para otros juicios ver: Mario Guiral Moreno, *Auge y decadencia del vanguardismo literario en Cuba* (La Habana, 1942); Carlos Ripoll, *La generación del 23 en Cuba y otros apuntes sobre el vanguardismo* (New York, 1968), págs. 85-107; Andrés Valdespino, *Jorge Mañach y su generación en las letras cubanas* (Miami, 1971), págs. 27-33. Como testimonios de codirectores, tienen especial importancia: Félix Lizaso, «La *Revista de Avance,*» *Boletín de la Academia Cubana de la Lengua*, X, iii-iv (julio-diciembre, 1961), 19-43; y Juan Marinello, «Notas sobre la *Revista de Avance,*» en *Indice de Revistas Cubanas*. Biblioteca Nacional José Martí (La Habana, 1969), I, 11-18.
8. Jorge Mañach, *Indagación del choteo* (La Habana, 1928), pág. 33.

(1922), prologado por Varona. No obstante el valor de estas investigaciones, sólo *Indagación del choteo* logró la resonancia y la perdurabilidad en la atención pública, indispensables para un empeño moralizador y político. Este, y no la fría investigación científica, a la que eran ajenos algunos de los citados trabajos, era el móvil de sus autores. Ese fue también el de Mañach, porque éste era, sobre todo, un escritor comprometido; pero comprometido exclusivamente con sus convicciones sociales y estéticas.

La preocupación cívica, en efecto, aflora en toda la obra de Mañach. Así se advierte, por ejemplo, en la conferencia que, con motivo del centenario de Goya, pronunció el 15 de abril de 1928 en la Institución Hispanocubana de Cultura. Según él: "lo esencial de Goya es esa prodigiosa aptitud que tuvo para ser vocero de su tierra, de su estirpe y de sí mismo en un instante de renuncias y de versiones espúreas. Quien no vea en Goya más que un gran pintor, es decir, un gran ilustrador, pierde la mitad de Goya. Quien suponga que el arte es cosa demasiado limitada en sus implicaciones para que un hombre pueda, con sólo cubrir lienzos, traducir todo un estado de psicología social, ignora el poder mágico de expresión que puede alcanzar el arte".[9]

Asimismo, la intención política se hace evidente en *Tiempo muerto*, una comedia en tres actos que escribió ese mismo año. En las palabras de Adriana, la protagonista, se expresa el deseo de crear en la juventud una preocupación social. Adriana, en efecto, apostrofa a los jóvenes frívolos en estos términos: "echa la vista alrededor, y verás cuánto conato de masculinidad se exhibe por esos salones; cuánto joven empolvado que ensaya posturas de maniquí; cuánto idiota que no tiene más orgullo que sus músculos..."[10]

A partir de 1928 crecen las tensiones políticas en Cuba. El presidente Machado lleva adelante sus planes de reforma constitucional, a fin de imponer su reelección por seis años (en vez de cuatro como estaba establecido). Consumados esos propósitos, aumenta la rebeldía; primero, entre los políticos llamados "viejos"; después entre los jóvenes, que en 1930 se organizan en el Directorio Estudiantil Universitario y el 30 de septiembre se lanzan a la lucha en motín que conmueve a la nación. A partir de entonces, Mañach deriva cada vez más, en su obra periodística, hacia la militancia política antigubernamental.[11] Más adelante, en este capítulo, se vuelve al tema, pero su tratamiento acucioso no corresponde a este libro, sino al ya mencionado *Cuba en la vida y la obra de Jorge Mañach*.

---

9. Jorge Mañach, *Goya* (La Habana, 1928), pág. 21.
10. Jorge Mañach, *Tiempo muerto* (La Habana, 1928), pág. 66.
11. Para un estudio de los efectos de la situación política en el periodismo cubano, ver: Octavio de la Suarée, *Socioperiodismo* (La Habana, 1948), págs. 475-77.

Además de combatir al Gobierno desde sus "Glosas," Mañach ingresó en la organización clandestina ABC, empeñada en el derrocamiento del régimen, y fue uno de los redactores de su *Manifiesto Programa*, de 1932, en el cual se abogaba por "una revolución integral de la vida pública cubana".[12]

Y, como siempre hermanaba la política con la cultura, en diciembre de 1932, Mañach fundó y dirigió en la radioemisora habanera de los hermanos Salas, una "Universidad del Aire," con un curso sobre "Civilización Contemporánea," que duró hasta noviembre de 1933. Ese experimento de difusión educacional fue reanudado en la radioemisora C.M.Q., en enero de 1949, y terminó en marzo de 1960. Asimismo, durante los años 1930 a 1933, preparó su famosa biografía sobre José Martí, *Martí, el Apóstol*, cuya primera edición hizo Espasa-Calpe, en Madrid, 1933, en su colección "Vidas españolas e hispanoamericanas del siglo XIX."

Casi inmediatamente se sucedieron los acontecimientos revolucionarios:

1) Renuncia de Machado, el 12 de agosto de 1933, y gobierno de Carlos Manuel de Céspedes, con el apoyo del Partido Unión Nacionalista y del ABC.

2) Sublevación militar-estudiantil del 4 de septiembre, que destituyó a Céspedes y, tras una breve pentarquía, estableció en la Presidencia a Ramón Grau San Martín, y en la Jefatura del Ejército a Fulgencio Batista.

3) Destitución de Grau y desplazamiento del Directorio Estudiantil Universitario. Entendimiento de Batista con la Unión Nacionalista y el ABC. Mañach es Secretario de Instrucción Pública durante cinco meses. Fundación del diario *Acción*, órgano del ABC, con Mañach como Director. Ahí publicó Mañach, en 1934, "El estilo de la Revolución," que ganó el premio "Justo de Lara," en 1935, para el mejor artículo del año.

4) Huelga revolucionaria contra Batista y el presidente Mendieta, en marzo de 1935, con participación del ABC. Fracasada, Mañach se expatrió a los Estados Unidos y enseñó español y literaturas española e hispanoamericana en la Universidad de Columbia hasta 1939. De esta época son sus colaboraciones en la *Revista Hispánica Moderna* donde publica sus estudios sobre Gabriela Mistral, Valle Inclán, González Prada, Carlos Reyles; y la crítica del *Don Fernando* de Somerset Maugham.

5) Se inicia en 1939 la solución del pleito político cubano mediante una Asamblea Constituyente, y Mañach regresa a Cuba, rea-

---

12. ABC, *Al pueblo de Cuba, Manifiesto Programa* (La Habana, 1932), pág. 3.

nudando sus campañas políticas en *Acción*. De este período es su folleto *El Militarismo en Cuba* (1939).

6) Reunión de la Asamblea Constituyente, en 1940, a la cual Mañach es elegido delegado por la provincia de Las Villas. La Constitución no consagra la deseada "revolución integral de la vida pública cubana", pero sí introduce cambios sustanciales en las relaciones entre los poderes estatales y entre las clases sociales, y nuevos conceptos sobre la propiedad, el matrimonio y la educación. Mañach se distinguió, principalmente, en los debates concernientes a la educación. La Constitución fue el colofón institucional del período revolucionario que diez años antes había entrado en su fase violenta.

3. PLENITUD

En ese mismo año, 1940, Mañach gana mediante oposiciones una cátedra de Historia de la Filosofía en la Universidad de La Habana. Veía así oficialmente reconocida una prominencia intelectual admitida, en general, hasta por sus enemigos políticos. Por eso, en una semblanza, escrita algún tiempo después, Riaño Jauma hizo esta observación:

> Mañach fue en un tiempo el guiador intelectual de la generación de 1925. Supo indicar las deficiencias de la obra ajena, dar el consejo oportuno y tender la mano a los iniciados. No en balde dijo una vez: "Suscitar vocaciones y protegerlas es, pues, el gran menester cubano." (Discurso pronunciado con motivo del homenaje rendido por la intelectualidad en ocasión de su ingreso como Profesor de la Universidad de La Habana. *Tiempo*, 23 de diciembre de 1940.) [13]

Aprobada la Constitución, hubo comicios generales en 1940, y Mañach, candidato a Senador por el ABC, fue elegido en la provincia de Oriente. Ese mismo año, Batista fue elegido Presidente. Durante la guerra mundial, en 1943, se organizó un gobierno de coalición nacional, con participación del ABC; y, en 1944, durante algunos meses, Mañach fue Ministro de Estado. De su paso por el Senado, aparte de numerosas intervenciones muy polémicas —sobre todo cuando el ABC estaba en la oposición y Mañach era su líder senatorial— queda el magistral discurso del 28 de enero de 1941 sobre la ideología políticosocial de Martí. El orador enfatizó la armonía entre el verbo y la acción martianos, y en la recapitulación, cuando ya la razón y el sentimiento del auditorio estaban conmovidos y propicios a la admonición, se la formuló en los siguientes términos:

---

13. Ricardo Riaño Jauma, «Jorge Mañach,» *Revista Cubana*, XX (julio-diciembre, 1945), 103.

No bastaba, por eso, el respeto de los gobernantes a los derechos del pueblo: era preciso que los gobernados mismos lo ejercieran con "pasión plena"; que la nación no permitiera nunca que nadie obrara en vez de ella, aun cuando fuera en su bien, "para que esta derogación voluntaria de su autoridad en un acto justo" no pudiera "ser tomada mañana como precedente por un tirano alevoso".[14]

Esa preocupación cívica le fue reconocida en 1943, cuando ingresó en la Academia de la Historia de Cuba y fue recibido por Santovenia con estas palabras: "Al daros la bienvenida en nombre de la Corporación, señor Académico, aparece en mi mente la verdad de que el trabajo consagrado a robustecer la idea y el hecho de la nación es otro antecedente que os une estrechamente a vuestro eminente predecesor. Varona estuvo al servicio de esa improba tarea durante más de medio siglo. Vos la asumísteis cuando ya sus potencias físicas declinaban, aunque se mantenía enhiesto su espíritu cívico, al que tanto y tan dignamente se asemeja el vuestro." [15] Veinte años más tarde, recién muerto Mañach, Ernesto Ardura hizo una observación similar: "Sustituyó a Enrique José Varona en el magisterio cultural y cívico." [16]

Un año después, en 1944, ingresó Mañach a la Academia Nacional de Artes y Letras. El ex rebelde contra las academias, se transformó en doblemente académico. Al recibirlo en esta institución, Bustamante y Montoro señaló: "nos parece evidente que el eje diamantino de la intelectualidad de Mañach, fiel a su formación clásica española, es el activismo, es la noble tradición senequista: 'vivere militare est'".[17] También fue nombrado miembro correspondiente de la Real Academia Española, y del Ateneo Hispanoamericano de Buenos Aires.

Otras muchas distinciones conquistó en ese período. Entre ellas, sobresale la condecoración de la Legión de Honor de Francia, la designación de Senador Honorífico por el Congreso de México, y varias insignias que le fueron otorgadas por México, Haití, Panamá, Uruguay, Perú y Chile. Además, fundó y dirigió el Pen Club de Cuba, y la Asociación Cubana del Congreso por la Libertad de la Cultura. Fue dirigente internacional del Congreso y de la revista *Cuadernos*.

---

14. Jorge Mañach, *El pensamiento político y social de Martí* (La Habana, 1941), pág. 36.

15. Emeterio S. Santovenia, «La nación y Jorge Mañach,» *Discursos en la recepción pública del Dr. Jorge Mañach en la Academia de la Historia de Cuba* (La Habana, 1943), pág. 74.

16. Ernesto Ardura, «Un recuerdo para Jorge Mañach,» *El Mundo en el Exilio*, julio 15, 1961, pág. A-5.

17. Antonio Sánchez de Bustamante y Montoro, «Contestación al discurso de ingreso del Académico Dr. Jorge Mañach y Robato,» *Anales de la Academia Nacional de Artes y Letras* (enero-diciembre, 1944), 97.

Uno de los más interesantes reconocimientos de su labor fue la invitación que en 1945 le hizo el presidente Charles de Gaulle para visitar Francia. Por cierto que, en el viaje, estuvo en riesgo de perecer. El avión en que iba voló hasta Buenos Aires, para recoger a otros periodistas, regresar a Brasil y pasar a Dakar. Mas, al acercarse a Montevideo, se incendió un motor y cayó la nave.[18]

En 1944 publicó uno de sus libros más importantes: *Historia y estilo*. En esta obra recogió un extenso artículo, "Esquema histórico del pensamiento cubano," publicado en 1932, en el número extraordinario del *Diario de la Marina* conmemorativo del centenario de ese periódico; y "El estilo de la revolución," ya mencionado. También contiene sus discursos de ingreso en las academias: "La nación y la formación histórica" y "El estilo en Cuba y su sentido histórico."

Terminado en 1944 su período senatorial, no volvió a ocupar ningún otro cargo electivo. Sin embargo, no se apartó de la política, pues cuando en 1948 el ABC se disolvió para integrarse en el Partido del Pueblo Cubano (Ortodoxo), Mañach se incorporó al mismo. Este Partido, acaudillado por un personaje muy popular, el senador Eduardo R. Chibás, fue una desgajadura del Partido Revolucionario Cubano (Auténtico), que había llegado al poder en 1944, con el presidente Ramón Grau San Martín. Chibás entendía que Grau se había apartado de los principios revolucionarios, y por eso llamó Ortodoxo a su partido. Como su campaña era moralizadora, le ofreció a Mañach la postulación para la Vicepresidencia de la República, pero éste la rehusó.

No obstante esa afiliación partidista, Mañach aclaró que su independencia de opinión, como ciudadano y periodista, no quedaba comprometida: "Estoy inscrito en un partido político, el Ortodoxo, porque me parece que es el cauce más limpio que le queda a la vieja ilusión revolucionaria, la cual creo que debo servir con algo más que la palabra pública; pero como periodista, no pienso subordinar mis criterios a los intereses de ese partido ni de nadie." [19]

Con motivo de su alusión al periodismo, debe recordarse que Mañach había vuelto a su ejercicio sistemático desde 1945. En febrero 11 reapareció con sus "Glosas" en el *Diario de la Marina*, y las mantuvo hasta el 14 de junio de 1950. Tras una ausencia veraniega en Middlebury College, regresó al *Diario*, el 14 de septiembre, con un nuevo nombre para su sección, "Relieves," que mantuvo hasta su última colaboración en ese periódico, el 13 de diciembre de 1959. El 17 de junio de 1945 comenzó a colaborar de modo regular en *Bohemia*, estrenándose con una serie de cuatro artículos sobre el

---

18. Jorge Mañach, «Glosas de viaje. Cómo se salvó el 'Leonel de Marmier',» *Diario de la Marina*, noviembre 16, 1945, pág. 4.
19. Jorge Mañach, «Examen de una contienda,» *Bohemia*, junio 13, 1948, pág. 39.

"Destino de la Revolución," y concluyó, como se ha dicho, el 10 de julio de 1960, con "La Universidad y la Revolución."

Durante esos años publicó dos libros, *Examen del quijotismo* (1950) y *Para una filosofía de la vida* (1951). Asimismo, de esta época es el ensayo titulado "De lo permanente en nuestro estilo" (1945) aparecido en *Asomante*. Trátase de una ampliación de la tesis desarrollada en "El estilo en Cuba y su sentido histórico," para establecer un paralelo entre aquélla y Puerto Rico. A tal efecto, señala las consecuencias que en la expresión literaria tienen el clima, la insularidad, la pequeñez territorial, y las influencias culturales española, africana y norteamericana.

Especial recordación merece la serie inconclusa "Perfil de nuestras letras," que en forma de ensayitos se publicó en el *Diario de la Marina*. Son cuarenta y nueve trabajos sobre el desarrollo histórico de la literatura cubana, desde los orígenes hasta Varela y Heredia. El proyecto era llegar hasta los tiempos actuales. Pese a haber quedado incompletos, en ellos puede advertirse la aplicación concreta de sus teorías estilísticas. Desgraciadamente, lo inconstante de su labor crítica hizo que aparecieran con irregularidad: veintiocho en 1947, seis en 1948 y quince en 1956. Las interrupciones se debieron a motivos políticos: en 1948, porque entonces fundó Mañach la Sociedad de Amigos de la República e ingresó en el Partido Ortodoxo; en 1956, porque tras el fracaso del Movimiento de la Nación se exilió en España.

Al lapso que ahora se considera, pertenecen varios de sus mejores artículos de periodismo literario. Entre ellos sobresalen los dos de polémica con José Lezama Lima: "El arcano de cierta poesía nueva" y "Reacciones a un diálogo literario," en *Bohemia*, 1949. En ellos Mañach define su concepto de la poesía en general, y su actitud ante la contemporánea. De esos años es también "Estampa de Pedro Salinas" (1951), en *Bohemia*, con motivo de la muerte del poeta, en el cual evoca interesantes rasgos de su personalidad y cuenta anécdotas de sus relaciones, cuando ambos eran profesores en Middlebury College.

Lo más abundante y espontáneo apareció en el *Diario de la Marina*. Por ejemplo: "Valéry o la angustia de la inteligencia" (1945); "Mauriac en su celda," "La pintura de Wilfredo Lam," "Xirau y don Pedro," "De arte viejo y nuevo," "O matarlos o entenderlos" (1946); "Ana María Borrero" (1947); "Recuerdo de Gustavo Sánchez Galarraga" (1948); "La ausente presencia de Sanín Cano," "Carmina y la recitación," "Maeterlinck," "Traslado sobre el pulso de nuestra cultura," "Silueta de Roberto Frost," "Para los 'amigos de lo bello'," "Enrique García Cabrera," "Labrador Ruiz: *Trailer de sueños*" (1949); "La aventura crítica," "Una consulta literaria," "Versos de Fernández Arrondo" (1950); y "¿Qué es poesía?" (1951).

De 1951 es *El espíritu de Martí*, obra que contiene las conferencias que con ese título ofreció en la Cátedra Martiana de la Universidad de La Habana. La creación de esta cátedra se debió a una iniciativa de Mañach y otros admiradores de José Martí, y cada año era desempeñada por un especialista distinto.[20] También en 1951, cuando se estableció la televisión en Cuba, Mañach inició una nueva actividad por la televisora C.M.Q., como moderador permanente en el programa "Ante la prensa," inspirado en el norteamericano "Meet the Press."

El 10 de marzo de 1952, con el golpe militar dirigido por Fulgencio Batista, se abrió en Cuba otro período de violencia en gran escala. Mañach se enfrentó con la situación creada y condenó el cuartelazo.[21]

Aunque el estudio de su actuación política no corresponde a esta obra, es conveniente resumirla para apreciar el ambiente dentro del cual desarrolló su periodismo literario durante esos años:

1) En mayo de 1952 fue agredido cuando actuaba en "Ante la prensa," por un grupo de jóvenes gubernamentales.

2) Entre noviembre de 1953 y enero de 1954 publicó en *Bohemia* una serie de artículos titulada "Programa para después," en la que preveía que la sacudida dada a los poderes estatales tendría repercusiones muy profundas.

3) En abril de 1955 organizó y presidió el Movimiento de la Nación Cubana, con la ilusión de crear un instrumento político capaz de reorganizar al Estado y a la Sociedad.[22] El empeño fracasó a los pocos meses.

No obstante esos empeños, en el verano de 1955 Mañach se ausentó de Cuba para enseñar en Middlebury College un curso sobre el Modernismo literario. Para él, ambas funciones, la política y la literaria, en cualquiera de sus formas, eran parte de una misma empresa social. Esta afirmación no es una conjetura. En un artículo sobre Alfonso Reyes, a quien se había acusado de desinterés por

---

20. Mañach publicó buena parte de sus conferencias, con variados títulos, a medida que las pronunciaba, en su columna «Relieves,» del *Diario de la Marina*, entre el 28 de enero y el 27 de mayo de 1951. Además, aparecieron en su totalidad, impresas en mimeógrafo, bajo el rubro «El espíritu de Martí,» distribuidas por la Cooperativa Estudiantil Enrique José Varona, en La Habana, 1951. También se reprodujo un fragmento, con el mismo epígrafe de «Espíritu de Martí,» en *Revista Cubana*, New York, I, 2 (julio-diciembre, 1968), 289-305. Finalmente, se hizo una cuidadosa edición de *El espíritu de Martí*, con un estudio preliminar y notas de Anita Arroyo, por la Editorial San Juan, Puerto Rico, en 1973.

21. Jorge Mañach, «Relieves. Los principios y la fuerza,» *Diario de la Marina*, marzo 23, 1952, pág. 52.

22. «Expone el 'Movimiento de la Nación' puntos básicos de su programa,» *Diario de la Marina*, abril 8, 1955, págs. 1, 14-B.

los asuntos públicos, decía Mañach en 1954: "¿quién podrá calcular la extensión exacta de lo político, de lo cívico, de lo histórico? Difundir el culto de lo bello, la devoción a lo alto y claro, el fervor por lo más delicadamente humano, en fin, el celo del espíritu, ¿no es también un modo, y acaso el más puro, de servir al destino de nuestros pueblos?"[23]

Por cierto que el citado artículo tiene su historia. En su columna semanal de *El Mundo*, Félix Lizaso lanzó la iniciativa de rendirle un homenaje continental a Alfonso Reyes, con motivo de cumplir cincuenta años de presencia en las letras americanas.[24] Este era un proyecto con una segunda finalidad: apoyar la candidatura de Reyes para el Premio Nobel de Literatura; y Mañach abiertamente lo demandó, poniendo énfasis en la universalidad de la obra de Reyes. Este, aunque agradeció la proposición, se interesó por destacar el mexicanismo y el hispanoamericanismo de buena parte de su obra. Así se lo explicó a Mañach en una carta que éste publicó.[25] Diez años después, todavía duraban los ecos de ese intercambio epistolar.[26]

Esos dos trabajos periodísticos son antecedentes de dos literarios: "Universalidad de Alfonso Reyes," publicado en *Cuadernos del Congreso por la Libertad de la Cultura*, en 1955; y "Obra y gracia de Alfonso Reyes," en el *Boletín de la Academia Cubana de la Lengua*, en 1960. Aunque éstos no están escritos para el gran público, ambos tienen elementos de una forma que Mañach utilizó con frecuencia en el diarismo: la semblanza. La razón, según Mañach, es que: "Lo primero en él, como en todo escritor, no fue el verbo, sino el hombre: el modo de ser de que la expresión dependía."[27] Como más adelante se expone, este método de pasar del autor a la obra es uno de los rasgos de la crítica literaria periodística de Mañach, quien, en la plenitud de su madurez intelectual, la aplica en un discurso académico.

En un hombre de pensamiento tan analítico como el de Mañach, esto no ocurre por azar. Es que lo periodístico resulta cada vez más conscientemente importante en la totalidad de su producción literaria. Aunque ello, como se indica más adelante en este estudio, no le impide reconocer que, en una obra tan abundante, hay mucha prosa

---

23. Jorge Mañach, «Relieves. Homenaje a Alfonso Reyes,» *Diario de la Marina*, agosto 25, 1954, pág. 4-A.

24. Félix Lizaso, «Un homenaje continental a Alfonso Reyes,» *El Mundo*, agosto 24, 1954, pág. A-6.

25. Jorge Mañach, «Relieves. Correspondencia con Alfonso Reyes,» *Diario de la Marina*, septiembre 8, 1954, pág. 4-A.

26. Luis Alberto Sánchez cita esa carta del 30 de agosto de 1954, y otra del 20 de septiembre del mismo año, en *Escritores representativos de América*, segunda serie (Madrid, 1964), III, 121.

27. Jorge Mañach, «Obra y gracia de Alfonso Reyes,» *Boletín de la Academia Cubana de la Lengua*, IX, 1-4 (enero-diciembre, 1960), 22.

efímera. Mañach hace una evaluación de esta clase de periodismo, justamente en los años ahora analizados, al hablar de quien fue, en filosofía y en forma expresiva, uno de sus mentores:

> El propio Ortega declaró alguna vez que él había nacido en una rotativa. Creo recordar que justificaba así, no sólo el hecho de escribir filosofía en los periódicos, sino también su insaciable interés por el mundo de las cosas y los sucesos. A la mentalidad periodística suele hacérsele no poca injusticia, pues se la juzga comúnmente por sus medidas más ínfimas. Pero esa mentalidad es la forma más sólida de lo que hoy día los existencialistas llaman *engagée*, es decir, comprometida con lo vital, vocada a tomar posición ante los problemas, interesada por lo concreto. Cuando esta avidez de concreción y actualidad se conjuga con lo contrario, con la aptitud para la abstracción y para ver las cosas *sub specie aeterni*, se tiene una mente de cierto tipo: una dualidad que tenderá a resolverse haciendo de lo relativo un absoluto y orientándolo hacia lo vital.[28]

El mismo discurso académico en que Mañach hace esas observaciones, se divide en cinco partes, de las cuales, la primera y la última tienen un acusado estilo periodístico. Ahora bien, despojado de esos extremos y rigurosamente condensado el resto, queda una estricta crítica filosófica. Tal experimento se realizó cuando en *Papeles de Son Armadans* se publicó su "Dualidad y síntesis de Ortega" (1957).

Una explicación de las diferencias estilísticas entre esas dos formas de un mismo trabajo se encuentra en otro antes mencionado, en el cual, al hablar del ensayo, dice Mañach:

> Ya se sabe que aquel género es cosa ambigua, por la variedad de intenciones y prosas que en esa categoría se cuelan. Para mi gobierno, prefiero representármelo, en su forma más auténtica, como un género de prosa que se caracteriza no tanto por el *camino* como por el *paisaje* intelectual. Tal el ensayo en que sobre todo los ingleses son maestros: el de Swift, el de Lamb, el de Stevenson, el de Chesterton, autores, por cierto, a quienes Reyes había traducido.[29]

Lo que Mañach hizo, en la segunda versión de la imagen de Ortega, fue suprimir las consideraciones circunstanciales, o sea, según sus términos, quitar el paisaje. Dejó el puro razonamiento, el camino. La concurrencia de camino y paisaje es lo que hace atractivos otros ensayos de aquellos años, tales como "Santayana y D'Ors," en *Cuadernos Americanos* (1955), y "Heredia y el romanticismo," en *Cuader-*

---

28. Jorge Mañach, «Imagen de Ortega y Gasset,» *Revista Cubana de Filosofía*, IV, 13 (enero-junio, 1956), 105.
29. Jorge Mañach, «Universalidad de Alfonso Reyes,» *Cuadernos*, 15 (noviembre-diciembre, 1955), 23.

nos Hispanoamericanos (1957). Mañach amaba las grandes síntesis interpretativas y, siempre que era posible, incluía en aquéllas elementos biográficos o históricos, políticos, literarios y filosóficos. Así procedió en su estudio sobre "Religión y libertad en Latinoamérica," en *Cuadernos* (1955), y en el de la evolución de las ideas en Cuba, cuyo párrafo final se engarza con la actualidad:

> Durante los últimos cinco años, la República ha estado viviendo un angustioso paréntesis. Desde el punto de vista de este trabajo, sólo puede afirmarse que en las dos zonas polémicas —la de sustentación militar y la de reivindicación civil— el pensamiento se ha visto ahogado por la fuerza. En los momentos en que esto se escribe, la voluntad de rectificación profunda y decisiva parece más intensa que nunca. Es de desear que se logre bajo el signo, no sólo de nobles emociones, sino también de claras ideas.[30]

Otro ejemplo de esta manera de abordar y desarrollar un tema, esta vez filosófico, se encuentra en su ensayo *Dewey y el pensamiento americano* (1959). Este comienza con una anécdota, seguida de una descripción del ambiente natural e intelectual en que se desenvolvió el filósofo, entra después en el análisis de su pensamiento, y culmina en una apreciación de sus repercusiones políticas y sociales.

Si eso hace Mañach con la filosofía, es de esperar que en la crítica artística acentúe lo que él llama "paisaje". Así ocurre en una crónica sobre una exposición de pintura cubana en Madrid. En ese escrito, las provincias y las ciudades de Cuba van identificándose mediante colores y líneas. Más adelante se demuestra cómo la afición pictórica de Mañach se refleja en su estilo; por ahora, basta con anticipar una muestra:

> Las villas en cuestión no son todas de la misma pinta. Las del norte, como Caibarién, son villas blancas. Parecen espolvoreadas por el polvo de los caracoles molidos en las playas. ... Son alegres y miran al mar a través de sus persianas verdes de mimbre y los penachos de las palmas. Ya un poco más adentro, a Sagua la Grande, donde yo nací ... la van ganando unos grises perlados o argénteos. ... Remedios, la Villa Roja que dicen. Roja es, en efecto, la tierra que la rodea y la calza. Tiñe las calles, las fachadas, los vestidos, dándole a todo un aire un poco turbulento, como de aleluya de ciego. ...[31]

---

30. Jorge Mañach, «Evolución de las ideas y el pensamiento político en Cuba,» *Diario de la Marina, Suplemento*, septiembre 15, 1957, pág. 64.

31. Jorge Mañach, «Paisaje y pintura en Cuba,» *Mundo Hispánico*, XI, 120 (marzo, 1958), 48. El símil final es casi idéntico al que empleó treinta y seis años antes, para referirse a la misma ciudad, en una crónica titulada «De la tierra Roja,» *Diario de la Marina*, edición de la mañana, noviembre 12, 1922, pág. 15, en la que decía: «La tierra es roja, muy roja, como empapada de la sangre de un aleluya de ciegos.» Aquí se la estudia en el capítulo VII, al analizar *Glosario*, en donde también aparece, en la pág. 59.

Con excepción del citado ensayo sobre Dewey y de *El sentido trágico de la "Numancia"* (1959), una conferencia que la Academia Cubana de la Lengua editó en folleto, la producción de los últimos cuatro años de su vida fue periodística o tuvo marcado acento de esta índole. Y lo mejor fue el periodismo literario que escribió en Madrid para el *Diario de la Marina*, *A B C* e *Insula* y que aparece reunido en el volumen titulado *Visitas españolas. Lugares, personas*, editado por la *Revista de Occidente* en 1960.

Las citas y ejemplos ofrecidos indican cómo Mañach, a todo lo largo de su carrera, y en particular durante los años de su plenitud, dio lo mejor de sí, en el orden literario, mediante el cultivo del periodismo.

4. OCASO

El primero de enero de 1959 cayó el régimen de Batista. Desde este momento, hasta el 25 de junio de 1961, Mañach vivió treinta meses de gran emotividad política. Experimentó euforia y disforia, entusiasmo y decepción respecto de la Revolución encabezada por Fidel Castro.

En ambos momentos, la preocupación política era tan intensa que Mañach fue alejándose de los temas históricos y filosóficos para entregarse al debate de los acontecimientos del día. Esto contribuyó a que varios proyectos suyos quedaran inconclusos. Tales proyectos ya se habían interrumpido con motivo de su viaje a España. De ellos habló, recién llegado a Madrid, en el curso de una entrevista: "Y acopio notas de estudio para una Historia de las letras en Cuba y para un manual de Historia de la Filosofía, obras ambas que dejé mediadas en mi país." [32] Así se quedaron cuando volvió a Cuba, en febrero de 1959, y así las dejó cuando, en noviembre de 1960, salió para el exilio en Puerto Rico. De esas obras, lo único accesible hoy fuera de Cuba es la serie "Perfil de nuestras letras."

No obstante sus abrumadoras preocupaciones de índole política, Mañach no abandonó los temas periodístico-literarios. En su columna del *Diario de la Marina* dedicó, en 1959, sendos artículos a: Tennessee Williams, el pintor Eduardo Abela, Alejo Carpentier, el tema de "lo auténtico en poesía", José Vasconcelos, Rafael Marquina, "la subsistencia del intelectual", Luis Araquistáin, una polémica con el poeta José Guerra Flores, la poesía del padre Rubinos, la depuración de la lengua, Henri Bergson, Ventura García Calderón, Felipe Sassone, los problemas educativos universitarios, y un amistoso debate con Medardo Vitier.

---

32. José Luis Cano, «Jorge Mañach, en Madrid,» *Insula*, enero 15, 1957, pág. 10.

Desde su estancia en España, a donde había llegado enfermo y en donde sufrió una recaída, Mañach sabía que su salud andaba maltrecha. En tales circunstancias, era natural que se dedicara preferentemente a aquellas actividades que estimaba más importantes, de conformidad con sus deberes de escritor. Al hacer esa selección, se decidió por los temas políticos. En esta ocasión, como en las anteriores, se esforzó por elevar el debate a la altura de los principios morales, aunque no le faltaran ataques a su persona. En aquellos tiempos, además, la tensión política hacía que, aún en la minoría intelectual, la atención se desplazase de lo literario o filosófico hacia los problemas concretos de cada día. Hubo, pues, una concurrencia de vocación personal y circunstancia colectiva que hizo aplicables a Mañach los conceptos que él mismo había emitido en un ensayo sobre Manuel González Prada:

> La capacidad de creación intelectual o artística no halla alicientes para producirse, ni se goza a sí misma, en ambientes primarios, donde la sensibilidad y la resonancia son escasas. De ahí que la superioridad del espíritu en Hispano América se haya traducido casi siempre en un esfuerzo heroico por elevar el medio a la propia altura, en un sentido angustioso de responsabilidad pública, en un generoso sacrificio de la expresión individual a la tarea urgente de "hacer patria". Y así, más que grandes escritores, lo que América suele dar es grandes hombres que escriben.[33]

En 1960, el desarrollo de la Revolución colocó a Mañach en una situación dilemática: aceptar el monopolio oficial de los medios de expresión pública, o rechazarlo y quedar desplazado de los centros de trabajo. Optó por lo segundo. En marzo, cuando la C.M.Q. fue confiscada, renunció a sus programas de radio y televisión, "Universidad del Aire" y "Ante la prensa." En mayo, el gobierno clausuró el *Diario de la Marina*. En julio, al ser confiscada *Bohemia*, dejó de escribir en ella. Esas renuncias revelaban inconformidad, y en septiembre se le impuso una jubilación forzosa en la Universidad. En octubre se le ofreció restituirlo en esta posición, pero Mañach declinó la oferta. Escribió a varias universidades extranjeras, y el rector Jaime Benítez, de la de Puerto Rico, le ofreció empleo inmediatamente.

La doctora Florinda Alzaga de Romañach, en carta al autor de este libro, ha descrito los últimos tiempos de Mañach en La Habana, después de la jubilación:

> Era éste por entonces un hombre enfermo, había de llevar una vida moderada, tenía por orden médica que reposar determinadas

---

33. Jorge Mañach, «González Prada y su obra,» *Revista Hispánica Moderna*, IV, 4 (octubre, 1937), 14.

horas al día. El exilio equivalía a su muerte. El lo sabía. "Yo no resisto un tercer exilio, Florindita, sé que me cuesta la vida," me dijo poco antes de partir.

La última vez que estuve en su casa se veía muy abatido. Era una casa amplia, acogedora. Su biblioteca, su jardín, sus cuadros: reunía todas las cosas que él podía desear. "Tantos años para esto, y ahora dejarlo," me dijo sentado en la terraza, haciendo un ademán que lo abarcaba todo. Poco después partía hacia Puerto Rico.[34]

El 2 de noviembre, en efecto, salió de La Habana para San Juan. En Cuba tuvo que dejar, confiscadas por el gobierno que tanto había defendido, todas sus propiedades: la casa que, después de muchos años de intenso trabajo en empleos simultáneos, había logrado construir; sus libros; sus diplomas y condecoraciones; los cuadros que solía pintar en los escasos días de asueto y los que le regalaron pintores amigos o adquirió en el curso de largo tiempo; sus notas de trabajo; su correspondencia con intelectuales de todas partes del mundo; los archivos en que tenía copias o recortes de sus artículos, frutos de cuarenta años de incesante producción; los originales de las citadas obras inconclusas. Confiscada quedó también algo más importante que todo eso: su última y más grande ilusión, la que le hizo ver en proceso de realización el sueño de justicia social con libertad política, a cuyo servicio había puesto sus dotes intelectuales.

En la Universidad de Puerto Rico dictó un curso sobre José Martí y cuatro conferencias en las que, con el título de "Teoría de la frontera," enjuició las relaciones internacionales e interculturales en el área del Caribe. La obra fue impresa póstumamente (1970), por la Editorial de la Universidad de Puerto Rico, con una introducción de Concha Meléndez, "Jorge Mañach en su última frontera." [35]

Cuando Mañach realizaba estos esfuerzos académicos, ya le habían diagnosticado (el 24 de diciembre de 1960) un cáncer del pulmón, pero siguió trabajando hasta quedar sin fuerzas. Murió el 25 de junio de 1961, en Río Piedras, y está enterrado en el Cementerio Porta Coeli, en un panteón que Zenobia Camprubí había escogido para ella y Juan Ramón Jiménez. Al saberse en Cuba la noticia de su muerte, la Academia Cubana de la Lengua dedicó un número de su *Boletín*, julio-diciembre de 1961, a honrar su memoria. Y Cintio Vitier compuso el siguiente poema, titulado "Jorge Mañach":

34. Florinda Alzaga de Romañach, carta personal, Miami, noviembre 27, 1966. La doctora Alzaga fue profesora adscrita a la cátedra de Historia de la Filosofía, de la cual era titular Mañach.

35. La obra ha sido vertida al inglés por Philip H. Phenix, con el título *Frontiers in the Americas. A Global Perspective*. Introducción de Lambros Comitas, prefacio del Traductor y un apéndice, «Jorge Mañach on his Last Frontier,» por Concha Meléndez. Publicación de Teachers College Press, Columbia University, New York-London, 1975.

No sé por qué hoy aparece
ante mis ojos su figura
esbelta, escéptica, fallida
y siempre airosa sin embargo,
flexible palma de una patria
que no podía ser: tan fina,
sí, tan irónica, tan débil
en su elegante gesto, lúcido
para el dibujo y el fervor,
los relativismos y las
conciliaciones, con un fondo
de gusto amargo en la raíz.
  Ciegos sus ojos para el rapto,
usted no vio lo que veíamos.
Bien, pero en sombras y sabía,
mirándolo con hurañez,
lo que ahora llega iluminado:
Tener defectos es fatal
y nadie escapa a sus virtudes.
Tener estilo, en vida y obra,
no es fácil ni difícil: es
un don extraño que usted tuvo,
Jorge Mañach, para nosotros.
  Esta mañana es imposible
que usted haya muerto. Viene ágil
sin vanguardismos ni Academias,
de dril inmaculado, laico,
maduro, juvenil, iluso,
entre sajón y catalán,
a dar su clase de Aristóteles,
y en el destello de sus lentes
hay un perfil de Cuba, único,
que al sucumbir quedó en el aire,
grabado allí, temblando, solo... [36]

En la circular que el rector Jaime Benítez emitió con motivo de la muerte de Mañach se resumen su vida y su obra con estas palabras: "Su labor en la cátedra, en la lucha política, en el debate público, en el libro, vienen a prestigiarle como una de las primeras figuras de la intelectualidad de Cuba y de Hispanoamérica." [37] Y, en cuanto al modo de morir, se puede decir, con Anita Arroyo, que "en su muerte

---

36. Cintio Vitier, «Jorge Mañach,» *Asomante*, XXI, xxi, 1 (enero-marzo, 1965), 47.
37. Jaime Benítez, «Circular No. 25. Al claustro y al estudiantado universitario,» editada en mimeógrafo, Río Piedras, junio 26, 1961.

misma, silenciosa y triste, lejos de su tierra amada, roto su hogar, dispersos sus libros, perdido el sosiego familiar, acogido a la hospitalidad de un pueblo hermano, hay una infinita grandeza".[38]

La grandeza moral de Jorge Mañach, como escritor, radicó tanto en lo que hizo como en el voluntario sacrificio de una buena parte de sus dotes literarias en aras del deber patriótico. El término "aras" evoca el apotegma de José Martí: "la patria es ara y no pedestal"; porque así, como devoto martiano, la apreció Mañach, cuya vida se desarrolló en función del deber cívico. De ahí que su biografía resulte inevitablemente política, en el más noble sentido de esta palabra. Si se soslaya lo político, no se pueden entender sus ideas estéticas, históricas y filosóficas, porque se quedan desvitalizadas.

Al hablar de lo político en Mañach se suele minorar el tema constriñéndolo a la consideración de la militancia en el ABC, en la Ortodoxia, de su aceptación de cargos ministeriales, de la rebeldía cívica antimilitarista, de la defensa de lo que él creía que era la revolución; y a determinar sus errores y aciertos en cada momento. Pero lo importante es tener en cuenta que esas instancias, en su larga carrera pública, no son más que expresiones contingentes —sometidas a la tiranía de las circunstancias históricas— de un pensamiento humanista más profundo, que ya se ha resumido en su ideal de justicia social con libertad política.

Esa ideología era fruto del pensamiento y la acción en un doble sentido. Primero, porque su filosofía nacía de la especulación fecundada por la confrontación con una realidad arisca; segundo, porque razón y actuación formaban las dos faces de una misma medalla: la vida. Al pensamiento le correspondía depurar los valores; a la acción, probarlos en la práctica. En eso descansaba su sentido estoico de la existencia como milicia ciudadana, como deber cívico. Con razón indicó Humberto Medrano que a Mañach "se le recuerda por su prosa tersa, por su cultura. Pero más que todo debería invocársele por el insomnio de su alma criolla que nunca descansó buscándole caminos a la patria".[39]

Mañach sabía bien que esos caminos tenía que buscarlos en la conciencia de sus compatriotas. Por eso se dedicó a estudiar cómo eran —en su psicología y en su historia— y cómo vivían —en su política y en su economía—, para, al mismo tiempo, ayudarles a encontrar sus propias sendas. Presentía que eso había que hacerlo con urgencia, antes de que pudieran desviarse por rutas que consideraba incompatibles con sus posibilidades históricas, con sus intereses nacionales y con su vocación más profunda y constante. Por eso había

---

38. Rafael Fiol [Anita Arroyo], «Tributo a Jorge Mañach,» *Diario las Américas*, septiembre 6, 1961, pág. 7.

39. Humberto Medrano, «Padrenuestro cubano,» *Diario las Américas*, junio 24, 1963, pág. 4.

en su prédica tanta ansiedad de llegar directa y rápidamente a las
conciencias de los hombres y mujeres de todas las clases sociales.
Cubría esa ansiedad con una apariencia de serenidad, porque deseaba
llegar a la conciencia por la vía de la razón.Y para lograr accesibilidad a todos los niveles, se hizo periodista. La significación social
de su periodismo fue captada en la nota necrológica que le dedicó
la revista *Cuadernos del Congreso por la Libertad de la Cultura:*

> Era Jorge Mañach el más prestigioso de los intelectuales cubanos
> de nuestro tiempo. Notable profesor, conferenciante distinguido,
> político respetado, historiador ameno, ensayista de finísimo pensa-
> miento, fue sobre todo un periodista ágil y a la par profundo, que
> decidió elegir la prensa —lo mismo hizo en España su maestro
> Ortega y Gasset— como tribuna desde la cual explicar lisa y llana-
> mente a sus lectores, con una de las plumas más precisas y ele-
> gantes de nuestro idioma, los problemas fundamentales de la cul-
> tura, así como los otros más circunstanciales inherentes a la situa-
> ción política de su patria.[40]

Al ser "sobre todo un periodista" en incesante prédica cívica,
tuvo que dejar de ser otras cosas. Pudo haber sido más ensayista
filosófico, más historiador, más crítico literario, pues para ello estaba superiormente dotado; pudo haber concluido los libros que
dejó sin terminar. Mañach lo sabía y tenía conciencia de lo que sa-
crificaba. Pero, aún sin desconocer el valor moral de esa actitud, eso
es lo que, con admiración para su talento, le ha reprochado Gastón
Baquero. Baquero, además, ve su caso con perspectiva continental, y
ello aumenta su preocupación:

> Ese proceso de destrucción de la inteligencia, sacrificándola a
> una polis, a una multitud en convulsión y en fiebre de irracional
> obediencia a los instintos, se está escenificando, en grado de mayor
> o menor intensidad, en todos los países hispanoamericanos.
>
> . . . .
>
> El ejemplo cubano de esto que señalo es Jorge Mañach.[41]

Guardando las distancias que imponen los genios, debe recordarse
que es el mismo reproche que le hizo Rubén Darío a José Martí cuando se enteró de la tragedia de Dos Ríos.

---

40. «Jorge Mañach ha muerto,» *Cuadernos*, 53 (octubre, 1961), 2.
41. Gastón Baquero, «Jorge Mañach o La tragedia de la inteligencia en la
América Hispana,» *Cuba Nueva*, septiembre 1, 1962, pág. 20.

III. TEMATICA

Desde un punto de vista temático, toda la obra de Mañach puede clasificarse según el siguiente cuadro:

Literaria
- de viajes
- costumbrista
- cultural
- de ficción
  - narrativa
  - dramática
- biográfica
  - de Martí
  - de otros patriotas y escritores
- sobre periodismo
- crítica
  - literaria
  - pictórica
  - semblanzas

Política
- cubana
  - nacional
  - racial
  - educacional
- de otros países
  - española
  - norteamericana
  - latinoamericana
  - europea y asiática

Filosófica
- histórica
- general

El primer grupo se compone de escritos literarios periodísticos y de otra índole. Baste por ahora una somera presentación, porque esta parte es analizada en varios capítulos subsiguientes. Mañach se estrenó en las letras cubanas con sus crónicas desde el extranjero, y por esa razón cronológica se encabeza esta sección con las notas de viaje. Estas fueron objeto de su interés a lo largo de su carrera de escritor, para lo cual aprovechó sus frecuentes visitas a otros países. No trataba de "escribir con afanes descriptivos de paisajes y monumentos lejanos", sino de brindar "algunas impresiones de ambiente. Espuma breve y leve. Comentarios invariablemente superficiales y subjetivos, cuando de un viaje rápido se trata".[1]

Lo costumbrista, en cambio, sólo afloró ocasionalmente, salvo en la serie que tituló *Estampas de San Cristóbal*. Su costumbrismo tenía rasgos muy en consonancia con su personalidad. No era amargo, como el de Larra; ni anecdótico, como el de Mesonero Romanos y, en Cuba, el de Eladio Secades; ni humorístico, como el de Miguel de Marcos.[2] Mañach prefería referirse a una costumbre para derivar conclusiones sociales o políticas, envolviendo su mensaje en un tono evocador y afectivo. Además, muy periodísticamente, aprovechaba la ocasión oportuna para conciliar esos procedimientos. Un ejemplo de esto es su artículo sobre los Reyes Magos, en el cual comienza con una rememoración de sus ilusiones infantiles en las vísperas del 6 de enero, y después señala cómo los tres personajes van siendo desplazados por Santa Claus, debido a la influencia de los Estados Unidos; y termina con un pronunciamiento en contra del materialismo, cualquiera que sea su origen: "La crisis, repito, tiene un grave trasfondo histórico: es un reflejo de la gran crisis del mundo. El democratismo norteamericano, naturalmente, trata de desacreditar a los Reyes —aunque a veces se entienda con los dictadores. ... Cuando hoy decimos "Oriente", lo decimos con pavor. ... Es un Oriente cuyos pujos de imperio nunca los crió el Norte."[3]

Tampoco fue abundante su obra de ficción: se compone de una pieza teatral y varios cuentos. También dejó dos fragmentos de novelas. Lo parco de esa labor creadora no se debió a falta de vocación. Al contrario, preguntado una vez: "¿Cree usted que ha realizado su destino de escritor?," respondió: "No. He vivido demasiado la servidumbre del periodismo y de otras cosas." Y al insistirle su interlocutor: "¿Qué sueños literarios le quedan por realizar?," añadió: "Alguna obra de pensamiento riguroso, y otras en que descansase de los problemas y dejara soltar la visión y la imaginación: una novela, por ejemplo..."[4] Acaso el secreto de que no realizase esas

---

1. Jorge Mañach, «Relieves. Impresión de Inglaterra,» *Diario de la Marina,* agosto 26, 1951, pág. 48.

2. Eladio Secades, *Estampas de la época,* La Habana, 1958. Miguel de Marcos, *Fotuto,* La Habana, 1948.

3. Jorge Mañach, «Relieves. La crisis de los reyes,» *Diario de la Marina,* enero 6, 1951, pág. 4.

4. Octavio R. Costa, «Una entrevista sincera con Jorge Mañach,» *Diario de la Marina,* diciembre 5, 1954, pág. 1-C.

obras de imaginación radica en que las contemplaba como descanso de "los problemas", y no como otra forma de abordarlos.

En contraste con lo anterior, y precisamente por encontrarse el tema vinculado a "los problemas" cubanos, Mañach mostró gran interés por el género biográfico, sobre todo de pensadores, como Varona; de patriotas y oradores, como Figueroa; de escritores, como Ramos; y de quien reunía todos esos atributos: José Martí. Su dedicación al estudio de Martí se expresó en numerosos artículos, conferencias, cursos especializados y, sobre todo, en su famosa biografía. Sin embargo, como le dijo a Gutiérrez Delgado en la entrevista citada, nunca concluyó "un viejo estudio integral, cien veces interrumpido, sobre Martí".

Finalmente, están los artículos de crítica literaria, que son numerosísimos y, en su enorme mayoría, de corte periodístico, tanto por el estilo como por la motivación. En ellos le agradaba comentar recitales poéticos, libros recién aparecidos, premios otorgados, muertes de autores célebres o amigos suyos, conmemoraciones de natalicios, etc. El último de sus artículos en el *Diario de la Marina* tuvo esa motivación, que Mañach expresa al hablar de "Ventura García Calderón, muerto hace ya algunas semanas en París, y Felipe Sassone, la noticia de cuyo fallecimiento en Madrid nos trajo ayer el cable." [5] En ese trabajo, al hacer una comparación entre el estilo de Gómez Carrillo y el de García Calderón, emite un juicio que bien podría aplicársele al propio Mañach, cuando dice que ejercieron "una suerte de influencia indeliberada y difusa, de dimensión casi popular y casi periodística, procedente tanto en el guatemalteco como en el peruano de un modo suelto, amable y como 'casual' de escribir". Para ajustar ese juicio al cubano, bastaría eliminar el "casi" aplicado a "periodística".

3. CRÍTICA PICTÓRICA

Aunque forman parte de sus trabajos críticos, y tienen un valor literario por sus méritos estilísticos, ahora se consideran aparte los que se refieren a temas pictóricos, por haber sido la pintura un interés muy vivo en Mañach. Durante mucho tiempo vaciló entre el pincel y la pluma como instrumento preferido, y para el ejercicio de ambos se preparó desde niño. En Madrid, entre 1910 y 1912, hizo sus primeros estudios pictóricos con el maestro Alejandro Ferrant Fischermans. El mismo relató la fascinación que le produjo, a los catorce años, su encuentro con Sorolla, a quien sorprendió en plena tarea, en el jardín del Buen Retiro de Madrid: "No supo el chico después, a ciencia cierta, cuántas horas había estado allí de pie, ab-

---

5. Jorge Mañach, «Relieves. Dos americanos,» *Diario de la Marina*, diciembre 13, 1959, pág. 4-A.

sorto en la artística tarea." [6] Esa afición le llevó al intento de expresarse por medio de colores y formas y, aunque muy pronto cambió el pincel por la pluma, siempre cultivó la pintura como entretenimiento. Su mirada pictórica continuó proyectándose, durante toda su vida, sobre las cosas y las personas.

Puede apreciarse un ejemplo de dicha mirada pictórica sobre el paisaje en su breve crónica de una visita a la playa de Duaba, en Cuba, desde donde se ve una montaña llamada El Yunque. Ante ese espectáculo, decía Mañach: "El Yunque es bellísimo. Por la regularidad de sus líneas no parece obra de la Naturaleza, sino del hombre. Domina la serranía con una altivez serena, como desprendiéndose de la tierra y, sin embargo, resolviendo en ella su propio perfil abrupto. La línea cimera es de una absoluta horizontalidad. Vélala un poco el cendal de las nubes. Toda la masa era, en aquel mediodía rutilante, de un azul intenso." [7]

Muestra de su captación de la figura humana es esta visión de Azorín, en el curso de una entrevista con él: "Contra el retablo de luz del balcón se perfilaba ahora su torso erguido. En la cabeza delicadamente modelada, con algo de cabeza de ave, los pequeñísimos ojos redondos habían cobrado un incisivo destello. Creí explicarme entonces el seudónimo famoso." [8]

Periodísticamente, ese interés lo indujo a la crítica pictórica. Como se ha visto, sus balbuceos críticos datan de los tiempos de estudiante en Cambridge. Después, en *Glosario*, reunió ocho crónicas interesantes. Carrière, Ménard, Lucien Simon y Sorolla son objeto de su atención. Con el mismo cuidado que ponía al tratar de los consagrados extranjeros, se ocupaba de los artistas cubanos, principiantes o veteranos. Sus juicios, en tales casos, procuraban ser estimulantes. Véanse, por ejemplo, las frases dedicadas al entonces novel pintor Servando Cabrera Moreno: "Sus imágenes humanas e interiores, casi siempre, pues el paisaje no parece despertar en él solicitud alguna, se envuelven en gamas delicadas de grisura y en nubarradas de exaltación poética que, salvando todas las distancias, recuerdan a Whistler; un Whistler, desde luego, prendido aún de las angustias de la adolescencia técnica y moral." [9]

El más extenso de sus trabajos sobre arte apareció en el folleto ya citado: *La pintura en Cuba*. Se compone de dos conferencias dictadas en septiembre y octubre de 1924, en el Club Cubano de Bellas Artes. Es una revisión histórica, interesante en varios aspectos; sobre todo,

6. Jorge Mañach, «Joaquín Sorolla,» *Cuba Contemporánea*, XXXIII (1923), 275-76. (Conferencia pronunciada en la Asociación de Pintores y Escultores de La Habana, el 27 de agosto de 1923.)

7. Jorge Mañach, «El Yunque invertido (Pensamientos ante la playa de Duaba),» *Bohemia*, abril 9, 1950, pág. 93.

8. Jorge Mañach, *Visitas españolas. Lugares, personas* (Madrid, 1960), pág. 139.

9. Jorge Mañach, «Actualidad artística,» *Grafos*, XII (octubre, 1945), 18.

a los efectos de este estudio, porque ahí aflora la tesis, central en sus ideas estéticas, de que la aparición de un estilo nacional depende de la formación de una conciencia colectiva.

Sus últimos artículos de crítica artística datan de 1959 y 1960. Uno de ellos, en el *Diario de la Marina*, trata de una exposición de artes manuales presentada por Isabel Chapotín en la Sociedad Lyceum; y el otro, en *Bohemia*, de una exposición de artesanía en la Plaza Cívica de La Habana. Los trabajos, por sí mismos, no merecen especial consideración; sólo se los menciona para indicar el sostenido interés de Mañach por este tema. Lo cual, a su vez, induce a decir algo sobre la evolución del criterio estético-crítico de Mañach en el curso de esos cuarenta años.

En su juventud, afirmaba que se debía estudiar primero al artista y después la obra, y decía: "Sorprende que no se haya frecuentado más el camino de la averiguación estética partiendo del artista mismo. Del artista, no sólo como individuo —en su 'ecuación personal'— sino como variedad humana, como 'tipo' psicológico." [10] Esta aseveración dependía de la previa aceptación de un concepto orteguiano del arte, que exponía en esa misma ocasión, al decir: "Una obra de arte asume su más alto rango cuando está hecha de pura experiencia interior, de imágenes que parecen creadas, de tan remotas; y se rebaja en la medida en que, por lo contrario, reproduce la vida como espectáculo" (pág. 113).

En la madurez, Mañach estimaba que una de las principales funciones de la crítica contemporánea era la de servir de mediadora entre la obra y el público. Su argumento era el siguiente: "desde el momento en que las referencias del artista quedaron trasladadas a su propia intimidad y, a través de ella, a la intimidad de los demás hombres, se tuvo que contrariar un hábito inveterado de contemplación, desafiando todas las convenciones establecidas. Esta inversión en la óptica artística necesitaba por lo menos un período inicial de educación de la mirada pública".[11]

Implícito en ese cambio de apreciación funcional de la crítica había una evolución vital que el propio Mañach explicó en otro momento: "Nadie tiene la culpa de esto sino yo, que he pasado con mucho de la cuarentena, y siento que me voy quedando un poco atrás —un poco rezagado del entusiasmo militante, de la apasionada hipérbole, de la exquisita mezcla de beatitud y de ferocidad y del críptico e inventivo lenguaje con que la crítica joven cumple su noble tarea de defender el arte incomprendido." [12]

10. Jorge Mañach, «El artista y sus imágenes (Jaime Valls),» *1930. revista de avance*, abril 15, pág. 112.

11. Jorge Mañach, «Del arte moderno y su óptica,» *Max Jiménez*, ed. Max Jiménez (La Habana, 1944), pág. 16.

12. Jorge Mañach, «Amelia Peláez o el absolutismo plástico,» *Revista de La Habana* (septiembre, 1943), 32.

José Martí
1927, Oct. 30.

Jaime Torres Bodet
1928, mayo 15.

Eugenio Florit
1929, Ab. 15.

Carlos Montenegro
1929, Ab. 15.

Debe advertirse que los dibujos de Mañach, hechos para ilustrar trabajos de la *revista de avance,* no requieren interpretación alguna. Como obra artística, resultan lo opuesto a cuanto él mismo defendía en los artículos recién citados. Son retratos en los cuales los modelos resultan fácilmente identificables para todo el que los haya conocido. En ellos "se reproduce la vida como espectáculo". Si hay interpretación, es la mínima requerida para reducir una figura a sus trazos fundamentales. Mañach no intenta plasmar una vivencia. Sus dibujos responden a los cánones de un realismo muy económico en sus líneas, cuya máxima aspiración es la claridad. Son dibujos en los que predomina el rasgo exacto y la serenidad en la expresión; más hijos de la razón que de la emoción del artista.

4. POLÍTICA

El segundo grupo comprende la más extensa porción de su obra. Entre las "otras cosas" (aludidas al hablar con Costa) responsables de su desviación de la literatura, sobresale la política. Por eso le decía: "Eso de que el hombre se labra su destino no deja de ser una ilusión, o mera pedagogía moral. El destino es siempre una transacción entre el temperamento y las circunstancias."

El temperamento incluye, por supuesto, la sensibilidad en las relaciones humanas; y éstas, en última instancia, la política. Así, pues, cuando Mañach alude al temperamento está implícitamente refiriéndose al sentido de responsabilidad social. Es presumible que en la entrevista comentada eludiera, por obvias razones de elegancia, el reconocerse esa virtud. Sin embargo, en otra ocasión, en la que hablaba de las candidaturas de Rómulo Gallegos, José Ortega y Gasset y Alfonso Reyes para el Premio Nobel de Literatura, estableció con toda claridad la relación entre ambos conceptos. Después de contrastar las funciones del escritor de "creación" con las del crítico o ensayista, hizo esta observación: "El escritor de 'pensamiento' es, en cierto sentido muy genuino, un 'sacrificado': una conciencia que pone todo su afán en esclarecer la conciencia ajena o la de su cambiante ámbito social, renunciando así a la mayor elevación o perennidad. Ambos, el creador y el 'crítico' —llamémoslo así— eligen su propia materia y con ella realiza cada cual su correspondiente función. El elegir una u otra vía no es cuestión de talento, sino de temperamento." [13] Y el temperamento, a veces, exige aún más que la mera orientación: reclama la acción. Entonces, dice Mañach: "Un intelectual no puede ir a la política sin un gran sacrificio, tanto más doloroso cuanto más genuinamente 'intelectual'." [14]

13. Jorge Mañach, «La terna del idioma,» *Bohemia,* abril 16, 1950, pág. 91.
14. Jorge Mañach, «Relieves. Universidades y política,» *Diario de la Marina,* marzo 13, 1955, pág. 4-D.

Las circunstancias que exigen esa militancia vienen dadas por la vida social. Mañach consideraba que "los llamados intelectuales —palabra que nunca aceptaré con entusiasmo— no tienen ni más ni menos obligación moral de 'meterse en política' que cualquier otro tipo de ciudadano". Es más, estimaba que "en una sociedad madura y, por consiguiente, bien organizada, lo más deseable es que la política esté en manos de hombres vocados a esas tareas, preparados para ellas y a ellas dedicados totalmente", por evidentes requerimientos de especialización. Pero "hay épocas y momentos en que los pueblos necesitan que el intelectual esté presente en la política, si no con los actos, al menos con las actitudes; si no para regirla, al menos para orientarla. Esto ocurre en las épocas de *fundación*, en que se han de establecer los grandes moldes o principios en que ha de vaciarse la formación histórica del pueblo de que se trate; y también en los momentos *críticos*, cuando esos principios, y los valores que ellos implican se ven amenazados". Y concluye: "El intelectual es necesario entonces porque, si lo es de veras, si no se trata de un mero dilettante de la cultura o de un sofista de la inteligencia, es justamente eso: hombre de normas y valores, hombre de absolutos a los cuales toda relatividad histórica debe aproximarse en la medida de lo posible." [15]

Ese planteamiento es indispensable para comprender el alcance de la variadísima obra de Mañach relacionada, a veces imperceptiblemente, con la política. Para él, ésta es importante en cuanto contribuye al desarrollo y a la consolidación de la nación. Ello se advirtió al mencionar sus trabajos en *El País* y *Acción*, relativos a problemas políticos, económicos, raciales y educacionales. Tal criterio fue invariable, y para indicarlo basta señalar dos series de artículos sobre la reforma educacional. Una, anterior al triunfo de la revolución; y la otra, inmediatamente posterior a este acontecimiento. En la primera negó que se tratara de un mero problema técnico que debían resolver sólo los pedagogos, dadas sus implicaciones políticas.[16] En la segunda, reiteraba esta tesis y decía: "No sólo se trata de la enseñanza; se trata de la educación en general. Y siendo el primer educador o *deseducador* el ambiente social mismo, sólo en una coyuntura en que la sociedad toda está siendo profundamente reformada, podría intentarse aquel empeño con cierta promesa de plenitud y eficacia. Era necesario, sí, un fuerte poder revolucionario;

---

15. Jorge Mañach, «Relieves. Más sobre intelectuales y política,» *Diario de la Marina*, marzo 24, 1955, pág. 4-A.

16. Jorge Mañach, «Relieves. La reforma educacional,» *Diario de la Marina*, febrero 22, 1956, pág. 4-A.

pero también, y ante todo, un nuevo espíritu, una nueva concepción de la vida cubana a la cual ese poder se sintiera comprometido." [17]

También Mañach solía enjuiciar la política internacional desde un punto de vista cubano, y con similar emotividad. Un ejemplo de esto es su actitud ante la situación de Puerto Rico. Cuando era estudiante en Harvard, Mañach escribía un diario íntimo, y en éste, el primero de mayo de 1918, anotó que su compañero Pedro Albizu Campos acababa de incorporarse como voluntario al ejército norteamericano destinado a Francia. A continuación decía: "Ahora Pedro se nos va. En él arriesga el mundo, por una causa sin causa, un gran cerebro y un gran corazón." ... "Yo salgo perdiendo más. Pedro ha sido en Cambridge, desde que murió mi padre, un sustituto: él me ha dirigido en esta aspiración constante de llegar a ser..." [18] Esta devoción jamás se entibió; y, guiado por Albizu Campos, se adhirió a la causa de la independencia de Puerto Rico.

No obstante, cuando Luis Muñoz Marín tomó posesión como Gobernador, Mañach concurrió a la ceremonia y logró entrevistarlo. Hablaron de la independencia, y Mañach resumió así el punto de vista de su interlocutor: "Es un ideal —precisa Muñoz Marín— al que tenemos que ir acercándonos en la medida en que se puedan ir superando las condiciones concretas, de orden económico, que hoy le resisten. ... Lo que no creemos es que debamos comprar precisamente la independencia al precio de la miseria." [19] Mañach no quedó convencido. Estimaba que los Estados Unidos debían otorgar inmediatamente la independencia a Puerto Rico, ayudándolo en lo económico con un tratado comercial similar al concertado con Filipinas.

En otra ocasión, Mañach formuló esta pregunta: "¿Quién tiene realmente autoridad para decidir la suerte de la Isla?" Y se respondió a sí mismo: "Es fácil contestar simplemente: la mayoría." [20] En seguida rechazó esa contestación, y parecía que iba a abogar por una solución revolucionaria, impuesta por una minoría; pero, sin repudiarla, arguyó que si al puertorriqueño se le dice que votar por la independencia es votar por la miseria, es claro que la mayoría la rechazará; pero si se le promete lo contrario, la aceptará. Y como esa promesa sólo pueden hacerla los Estados Unidos, entiende que la solución es ejercer presión moral y política para obtenerla.

En fin de cuentas, Mañach confiaba en alcanzar la meta que

---

17. Jorge Mañach, «Ante la reforma de la enseñanza,» I, *Bohemia*, septiembre 27, 1959, pág. 63.

18. Jorge Mañach, «Recuerdos de Albizu Campos,» II, *Bohemia*, noviembre 19, 1950, pág. 73. Eugenio Mañach murió en La Habana, el 18 de febrero de 1915.

19. Jorge Mañach, «Situación y destino de Puerto Rico. Una entrevista con Muñoz Marín,» *Bohemia*, enero 16, 1949, pág. 72.

20. Jorge Mañach, «El problema de Puerto Rico,» *Bohemia*, noviembre 26, 1950, pág. 93.

estimaba justa mediante una fórmula conciliatoria. Esa misma fe tenía en la solución de los más complicados problemas universales y en el imperio de los derechos humanos.[21] Esa creencia se basaba en una interpretación de la historia, que veía la pugna entre el bloque liberal y el totalitario como "un desdoblamiento de la civilización occidental". En su último ensayo, "Teoría de la frontera" (1961), que fue publicado póstumamente, decía:

> Si este análisis es correcto, lo que pone de manifiesto es que toda la oposición entre la democracia liberal y la llamada democracia social gira en torno a ese dilema de trascendencia e inmanencia, que al cabo es el gran dilema de la cultura occidental desde el Renacimiento para acá. Por eso se dice con razón que estamos ante la crisis de una época. ¿Cuál puede ser la solución de ese conflicto?

Al responder a esa pregunta descartaba la violencia. Señalaba, además:

> que ninguna gran idea rectificadora del proceso humano ha perecido jamás ni ha podido ser suprimida. ... No lo será tampoco la idea socialista. Pero la historia también muestra que ninguna de esas grandes mutaciones se tradujo en una total sustitución de valores. El proceso humano absorbe todas las novedades, pero las absorbe incorporándolas a su propia sustancia acumulada, esto es, sin renunciar a las profundas conquistas que ya tiene hechas. ... La libertad es una de esas conquistas.[22]

Esa conciliación la creía no solamente necesaria sino también posible; y era natural que al sostener esa posición se viera asediado por los partidarios de actitudes extremas.

Mañach luchó toda su vida por el programa que había contribuido a trazar en el *Manifiesto al Pueblo de Cuba*, lanzado por el ABC en 1932, al cual ya se ha hecho referencia. Si alguna vez vaciló, fue después de 1959, y no por conservatismo, sino todo lo contrario, porque se negaba a aceptar, al menos públicamente, que la revolución tomaba un camino incongruente con el que él, primero, esperaba, y, después, deseaba con menguante esperanza. Lo que Mañach siempre había querido era el progreso mediante el cauteloso sistema de la prueba y el error, libre de dogmatismos. Todo lo demás conduciría al absolutismo o a la anarquía; a la desviación del destino histórico. No quería que a Cuba le aconteciera lo que le había sucedido a España en la alborada de la modernidad. Según él, hablando de España, "Cualesquiera que sean las causas coeficientes de esa 'decadencia,' ello es que sus manifestaciones principales traducen la falta, en el

---

21. Jorge Mañach, «La observancia de los derechos humanos.» *Bohemia*, enero 8, 1950, págs. 85, 88.
22. Jorge Mañach, *Teoría de la frontera* (San Juan, P. R., 1970) págs. 69-70.

espíritu español, de aquello que ha constituido, en cambio, lo dominante en el francés: su racionalismo tranquilo y objetivo, y lo pragmático del anglosajón: la consulta paciente con la experiencia, el sentido técnico y posibilista de la vida. A España le faltó una buena dosis de pragmatismo." [23]

5. FILOSÓFICA

Las anteriores alusiones al destino histórico y al pragmatismo se deben a las relaciones entre el pensamiento político y el filosófico de Mañach. Los temas correspondientes al último forman el tercer grupo de sus escritos, que pueden clasificarse en histórico-filosóficos y de filosofía general.

La expresión "destino histórico" trata de compendiar la interpretación de un largo proceso mediante el cual un conglomerado humano llega a constituir una nación. Esta es, por consiguiente, una meta en la evolución natural. Dicho en los términos del autor: "La forma más definida de los pueblos es la nación." [24] No todos los agrupamientos humanos alcanzan ese grado de desarrollo: unos porque no lo intentan y otros porque se frustran en el empeño. Al analizar el curso histórico de Cuba, Mañach estima que ésta ha pasado por varias etapas: primera, de simple posesión del conquistador; segunda, de refugio y escala en el tránsito de España a Tierra Firme; tercera, de factoría al servicio de hacendados criollos y comerciantes españoles; cuarta, de patria para una minoría heroica; y quinta, todavía no alcanzada plenamente, de nación (pág. 63).[25]

Según Mañach, y este es un punto central en su filosofía social aplicada a la historia del pueblo cubano, éste se organizó en república antes de haber alcanzado la madurez de nación. Para él: "La nación es una conciencia colectiva" (pág. 36). Y "un pueblo sólo llega a tener su conciencia hecha cuando todo él se siente íntimamente solidarizado en sus recuerdos y en sus aspiraciones; cuando no solamente

---

23. Jorge Mañach, «Vigencia de lo español en América,» *Cuadernos*, 22 (enero-febrero, 1957), 17.

24.   Jorge Mañach, «La nación y la formación histórica,» discurso de ingreso en la Academia de la Historia de Cuba, reproducido en *Historia y estilo* (La Habana, 1944), pág. 21. (Las sucesivas citas, correspondientes a este trabajo, son de la misma edición, y en el texto se indican las páginas respectivas.)

25. Esta interpretación, muy controvertida, fue objeto de un debate público entre Mañach y Ramón Infiesta, profesor e historiador del Derecho Constitucional de Cuba, quien afirmó la existencia de la nación cubana, como intuición colectiva, y de la patria, como emoción popular; y quien arguyó: «¿cómo separar Patria y Nación en la voluntad de los hombres para creer en la una y trabajar en la otra?» Reseña de esa argumentación: Ramón Infiesta, «Nación y Patria: un debate,» *El Avance Criollo*, mayo 4, 1962, págs. 20, 60.

ha acumulado experiencias en común, sino que posee, además, una común noción o ciencia de ellas y funda sobre esa noción una sola voluntad colectiva, un sentido único de su propio destino" (pág. 37), que no sólo lo hace sentirse "responsable de su pasado, de su presente y de su porvenir, sino que, además, vive inspirado en esa conciencia y de acuerdo con ella" (págs. 37-38). Cuando eso ocurre, "el pueblo ha devenido nación" (pág. 38). Por eso, "La nacionalidad es a los conjuntos humanos lo que la personalidad al individuo" (pág. 38).

Al describir los síntomas de una falta de conciencia colectiva, Mañach, sin nombrar a Cuba, hace un recuento de las manifestaciones de irresponsabilidad social más dolorosas para los cubanos cívicos (págs. 42-43). Aceptada la tesis de que el pueblo cubano todavía no constituye una nación, se imponen dos análisis: qué se necesita para llegar a serlo; qué puede dificultarlo o impedirlo. Entre los factores positivos sobresale la función creadora de las "minorías históricas" cuyo "destino heroico" consiste en "esforzarse por extender su propia conciencia a todo el agregado social" (pág. 33). Entre los negativos, señala algunos que son objetivos —"Economía precaria y de mando ajeno; tierra en fuga; moneda y banca extranjeras; españolidad enquistada y cubanidad en derrota; cultura perezosa y mimética; política vacía de sensibilidad social; conato de Estado en una patria sin nación" (pág. 64)— y otros subjetivos —"la dispersión de nuestra conciencia por obra de múltiples particularismos, a cual más estrecho en su militancia y más desatendido de su idea de un deber y un destino comunes" (pág. 64)—. Tales particularismos, decía en otra parte, son alentados por los "grupos religioso-políticos o económico-políticos" (pág. 32).

Finalmente, en su defensa de la nación, Mañach se opone a la fragmentación interior que lleva a anteponer el interés grupal sobre el general; y también a las tendencias cosmopolitas que tienden a disolver a la nación en la humanidad. Según él, hay "una jerarquía de valores colectivos: lo nacional, lo internacional, lo humano" (págs. 65-66), que se complementan. Y concluye: "El mundo del futuro tiene que ser una coordinación de naciones, como toda nación ha de ser una coordinación de personas, no de meros individuos. Una vez más, el deber de Cuba coincide con la vocación del mundo" (pág. 67).

Mañach persigue una integración histórica y conceptual, orientadora de la práctica política cubana, cuyos fundamentos se encuentran en sus ideas sobre la vida misma, que sistematizó algunos años después. Es así como, al final de las especulaciones estéticas y políticas, se encuentra a Mañach el estudioso con un trasfondo filosófico. Este es el que le da unidad al conjunto. Ese pensamiento es básicamente activo y omnicomprensivo de las actitudes humanas. Anticipando conclusiones, podría resumirse diciendo que es un pragmatismo vitalista.

Mañach comienza su ensayo sobre Dewey planteando el problema gnoseológico fundamental: ¿qué es la verdad? Es esa cuestión primaria la que ha de decidir la posición del hombre en el mundo; y él parte, con Peirce, de una tesis que, a primera vista, puede parecer agnóstica: no sabemos lo que es la verdad en sí; pero pronto se advierte que no hay agnosticismo, sino pragmatismo en esa aseveración, pues estima que "son verdaderas las ideas que *resultan ser verdaderas*".[26] De ahí pasa inmediatamente, con James, a una explicación activa de tal empirismo, para concluir que "la validez de una idea estriba en su eficacia para guiarnos en la acción, ya sea intelectual o práctica".[27] La noción de "acción" como parte del proceso de comprobación de la verdad saca el tema del ámbito estrictamente lógico, y esto es lo que permite a Dewey introducir la esencia voluntarista de tal indagación. Las ideas se convierten en instrumentos cuyo valor depende de su funcionalidad, en consonancia con los fines que se haya propuesto el hombre.

Mirado desde el punto de vista epistemológico, el problema del conocimiento de lo verdadero y de lo falso se mantiene, como en las ciencias, sometido a los rigores del procedimiento de la prueba y el error. Hay un impulso a la acción, que engendra opiniones, y éstas tienen que ser comprobadas. En el principio, pues, está el ímpetu vital. Ese afán, ese voluntarismo, es lo que fundamentalmente le interesa a Mañach, y por eso, en otro ensayo, dice: "Vivir de veras es, en suma, soñar, querer, hacer, ejercitar en alguna forma nuestra voluntad."[28] La voluntad es acción actual o potencial, de ahí que agregue: "No se olvide que todo espíritu, y todos los 'contenidos' de él —percepciones, ideas, imágenes, emociones, deseos, voliciones— no son, en última instancia, sino modos de movimiento" (pág. 27).

Consecuentemente, "Vivir es función de los seres que tienen aptitud para relacionarse, y la más alta vida, la humana, es la de aquel ser particularmente privilegiado que puede no sólo 'ensimismarse,' sino también 'alterarse' (para emplear el lenguaje de Ortega y Gasset); es decir, que puede entrar en cuentas consigo mismo y, además, con 'lo otro'" (pág. 37). Esta cita es muy elocuente, porque en ella se ve cómo Mañach engarza el pragmatismo de Dewey con el vitalismo de Ortega.

Todo esto tiene una profunda significación política. En primer lugar, si no hay verdades dogmáticas, sino experimentales, no es posible aceptar ningún autoritarismo, cualquiera que sea la metafísica en que se ampare, incluso la seudomaterialista. En segundo lu-

---

26. Jorge Mañach, *Dewey y el pensamiento americano* (Madrid, 1959), pág. 20.
27. Ibid., pág. 21.
28. Jorge Mañach, *Para una filosofía de la vida y otros ensayos* (La Habana, 1951), pág. 19. (Las citas siguientes corresponden a la misma obra y edición, y en el texto se indican las páginas respectivas.)

gar, el concepto de lo verdadero es flúido, según evolucionan las relaciones del mundo objetivo, de modo que la filosofía política pragmática tiene que ser dinámica. En tercer lugar, si el único modo de probar la verdad es la experiencia, resulta indispensable un ambiente de libertad para enunciar todas las tesis y someterlas a la prueba de su funcionalidad.[29]

Similares razonamientos son aplicables a la estética. Por eso Mañach se pronunció contra la rigidez académica y abogó por la libertad en el arte. Si rectificó sus criterios juveniles favorables a la deshumanización, ello fue consecuencia de su creciente interés por lo social, y es, además, como resultado de una experiencia, prueba de la sinceridad de su pragmatismo. De conformidad con su visión, la obra artística tiene que responder a la intención creadora; pero no resulta socialmente valedera, esto es, no llegará a ser plenamente una obra de arte, a menos que llegue a establecer, rápida o lentamente, una comunicación entre el artista y el público, conforme a gustos que, por ser parte de la vida social, son necesariamente evolutivos.

Queda todavía una cuestión final: ¿y todo eso, para qué? La respuesta es una: para la indefinida superación del hombre. Por eso, después de exponer una interesante teoría axiológica, Mañach concluye su ensayo *Para una filosofía de la vida* con estas palabras: "Lo que llamo condicionalismo no es sólo esa concepción bipolar de los valores; es también la idea implícita de que todo el destino humano inteligible, todo lo que el hombre puede llegar a ser y hacer, estriba en un progresivo y recíproco condicionamiento entre el sujeto y el objeto integrales, entre la totalidad del hombre y la totalidad del mundo; o dicho de otro modo, entre la conciencia y la voluntad humanas, de una parte, y, de la otra, cuanto a ella se opone en la naturaleza y en la sociedad" (pág. 91).

IV. CONSIDERACIONES ESTETICAS

1. SUMARIO

Antes de apreciar las principales manifestaciones del periodismo literario de Mañach, es conveniente exponer, a guisa de antecedentes, algunos juicios generales que de su estilo se le hicieron en vida. También es oportuno rendir ahora tributo de admiración a dos trabajos *post mortem*, citados en el Prefacio: el acucioso examen de Rosalyn K. O'Cherony sobre sus ensayos, y el documentado y comprensivo estudio de Andrés Valdespino sobre su labor literaria.[1]

Asimismo, para juzgar la obra periodística de Mañach, resulta provechoso revisar sus ideas sobre el estilo, la función, la comunicación y la crítica literarias. Estos asuntos sirven de antecedentes a los restantes capítulos, en los cuales se considera su modo de expresarse periodísticamente en la carta, el artículo, la crónica, la entrevista y, como un tipo especial de artículo, la crítica literaria en el diarismo. Finalmente, se presentan algunos ejemplos del resto de su producción.

2. "EL PROSADOR MÁS ELEGANTE"

Entre los elogios que en vida se le hicieron, algunos son reveladores, pero también genéricos. Así, en 1937, afirmaba Luis Alberto Sánchez que: "Jorge Mañach es, sin disputa, el prosador más elegante y el artista más puro de la Cuba de hoy."[2] Y Gabriela Mistral, once años más tarde, ratificaba y ampliaba esa apreciación al decir, en Bogotá, que "en las nobles personas que llamamos Alfonso Reyes, Sanín Cano, Vaz Ferreira, Henríquez Ureña y Jorge Mañach —y en otras menos conocidas—, van subiendo, para bien nuestro, los jalones de un nuevo clasicismo latinoamericano. El de Montalvo, el de

---

1. Ver: Carlos Ripoll, «Andrés Valdespino, *Jorge Mañach y su generación en las letras cubanas.* Miami, Fla., Ediciones Universal, 1971,» *Revista Iberoamericana,* 78 (enero-marzo, 1972), 173-76.
2. Luis Alberto Sánchez, *Breve historia de la literatura americana* (Santiago de Chile, 1937), pág. 567.

Bello y el de Palma fueron otra cosa, y entre los dos existe un corte tan profundo como el de los bloques de granito que cortó el canteador para la escalera de piedra".[3]

Si se investiga el porqué de esas observaciones, se descubre que la elegancia aludida se debe a dos virtudes básicas: agilidad y sobriedad. Hay en el estilo de Mañach una desenvoltura que le permite deambular de un concepto a otro sin esfuerzo, aparentando que se deja llevar por una causalidad amable; y que, en los relatos, se pasea por los incidentes del tema, como si las circunstancias de lugar y tiempo lo condujeran casualmente. Todo esto lo realiza con economía verbal. No suele emplear más sustantivos que los indispensables, ni más verbos que los realmente activos, ni más adjetivos que los certeros, en oraciones que se desarrollan con un mínimo de hipérbaton.

Tal estilo es parte del neoclasicismo mencionado, que tiene fisonomía propia en la selección del vocabulario, el cual suele ser americano, aunque no abunden los localismos. Mañach prefiere aquellos términos aceptados en la lengua vernácula, siempre que no sean vulgares. Escoge las voces del español más gratas al oído criollo, sin que sean necesariamente criollismos; por eso es más frecuente el uso de "lucir" que el de "parecer", y el de "lindo" que el de "hermoso"; pero, cuando no encuentra en el acervo nativo la expresión necesaria, no vacila en utilizar la exacta, aunque no sea popular. Esto último fue, en ocasiones, interpretado como un desdén por lo criollo, pues solía olvidarse con qué alegría se regodeaba al extraerle a un buen vocablo cubano todo su jugo expresivo. Baste recordar el citado esclarecimiento de la palabra "parejería", en *Indagación del choteo*.

Estas características de la prosa de Mañach fueron evaluadas por Antonio Sánchez de Bustamante y Montoro de esta manera: "Mañach o el estilo: he ahí la frase que nos parece sintetizarlo todo. Su pluma es su obra maestra; una obra maestra que representa la síntesis artística de la cultura hispánica y de la cultura anglosajona, depurada en el clasicismo. La prosa que dibuja con ella es limpia y clara, sobria y de superficie un tanto fría y culterana; está dotada de un ritmo contenido y lento, aunque suave, y posee una gran riqueza lexicológica, aunque no gusta de las coloraciones tropicales. Si fuésemos a situar a Mañach artísticamente diríamos que pertenece, más que a la pintura, a la escultura de las letras, y prefiere cincelar sus estatuas en mármol gris."[4]

Varios aspectos del precedente resumen merecen ulterior conside-

---

3. Gabriela Mistral, «Algo sobre Jorge Mañach,» *Revista de América* (julio-agosto, 1948), 36.

4. Sánchez de Bustamante y Montoro, «Contestación a Jorge Mañach,» pág 97.

ración; por el momento, basta advertir que la alusión a la superficie fría es correcta si se concreta a eso, a la impresión superficial. Efectivamente, Mañach parecía frío, debido a la sobriedad; pero en el fondo era un apasionado. Esta cualidad era tan intensa que tenía a veces repercusiones estilísticas excepcionales en él. Un ejemplo de esto es el desmedro en la serenidad que sufre su delicado artículo motivado por la muerte de Andrés Eloy Blanco, cuando llama a Juan Vicente Gómez con el despectivo mote de "Juan Bisonte."[5] Las pasiones de Mañach no solían excitarse con estímulos meramente circunstanciales, sino con aquellos acontecimientos capaces de afectar algunos valores permanentes. En el caso mencionado, a los de la dignidad humana, que habían sido atropellados en la persona del poeta cuando éste fue un prisionero político de Gómez. Su reacción emotiva le hizo descender a lo vulgar, para herir en una forma que todos sus lectores pudieran entender. En otros momentos, con visión periodística, sabía captar lo atractivo de un instante; pero con mirada crítica, filosófica y sociológica, calaba en lo profundo para descubrir las causas permanentes de lo incidental. Esto le daba una encantadora dualidad a sus temas, a la vez ligeros y graves.

Mañach, hablando de Alfonso Reyes, brinda la clave de ese modo de apreciar el mundo. Lo que observa en Reyes resulta aplicable al propio Mañach. En efecto, decía éste: "El arte de lo mínimo consiste entonces en tomar la flor de la meditación o de la experiencia estética: su más fino fruto, su primor. En Reyes esto tiene, además, un relieve psicológico. Es un escritor de detalles, no de grandes masas. Hasta sus libros mayores parecen hechos en función de lo pequeño, por acumulación. Lo grande, para Reyes, es lo que cata, no lo que se extiende. Su vastedad está en la obra total: en la Suma alfonsina."[6]

De igual modo, a Mañach hay que apreciarlo en la totalidad de la obra y de su intención. No es posible quedarse en la anécdota, hay que seguirle la pista, y al final se encuentra uno, por lo general, con un afán de descifrar el sentido de las relaciones humanas. Los orígenes de esta técnica se encuentran en la sociología formalista de Jorge Simmel, a quien Mañach cita.[7] La *Sociología* de Simmel, traducida al español, llegó a Cuba con unos veinte años de retraso, y su impacto fue intenso, aunque no extenso, en los círculos intelectuales.

Esta sociología neokantiana contrastaba con los dos sistemas que hasta entonces acaparaban la atención de los estudiosos en Cuba

---

5. Jorge Mañach, «Relieves. Andrés Eloy Blanco,» *Diario de la Marina,* mayo 29, 1955, pág. 4-D.
6. Mañach, «Universalidad de Alfonso Reyes,» pág. 21.
7. Mañach, *Indagación del choteo,* pág. 10.

—el positivismo y el materialismo dialéctico— porque no postulaba interpretaciones globales, sino que intentaba descubrir la realidad social más profunda en los fenómenos circunstanciales. Era una especie de microscopía social, merced a la cual era posible percibir los dos elementos integrantes de la realidad, los formales —racionales— y los esenciales —motivos— inclusos en cada hecho.

Mañach transportó esta técnica a la literatura, aplicándola expresamente en el ensayo sobre el choteo y, además, de un modo tácito, en sus crónicas de *Glosario*. En éstas, bajo el ropaje del costumbrismo, que es lo formal, lo atinente a las relaciones, la ironía de Mañach descubre los íntimos motivos, lo esencial, en cada una de las escenas, aparentemente triviales, con lo que afloran sus valores permanentes. Mañach se hallaba favorablemente predispuesto a la adopción de este método, debido a la influencia que sobre él ejercían dos escritores hispanos, Azorín y D'Ors, artífices, respectivamente, de la miniatura estética y de la condensación estético-filosófica.

Al estudiar las raíces de la estética de Mañach se encuentra uno, como explicación final, con una interpretación social. Este es un rasgo permanente de sus ideas, que va acentuándose con el decurso de su vida. Por eso, con los años, su obra va haciéndose más profunda, pero menos literaria. No menos bella; distinta. Hubo un cambio de énfasis en la intención del autor. En sus años aurorales perseguía, ante todo, la belleza, y tangencialmente aludía a lo social. Después fue a la inversa. Si el sociólogo no sacrificó al literato, como antes sucediera con Hostos y Varona, fue gracias al periodismo literario que Mañach cultivó hasta el último momento. Ya se ha visto cómo él explicó la naturaleza de ese sacrificio al escribir sobre la candidaturas de Gallegos, Reyes y Ortega y Gasset para el Premio Nobel; y cómo él atribuía al temperamento la selección del género literario.

En el escrito recién aludido, Mañach dice, a propósito de esto, que "la literatura no es sino la expresión estética de la conciencia humana".[8] Este juicio está cargado de sentido social, porque para Mañach, siguiendo a Dewey en la investigación etimológica, "Conciencia significa 'con-saber'; esto es, un saber, una ciencia que se tiene en comunidad, que es 'con-sabida.'"[9] Según tal punto de vista, la conciencia no es sólo una aptitud individual de apreciar valores morales, políticos, estéticos, etc., sino una actitud en función de ellos. Esta concepción activista es vital en Mañach. Los valores, en sus perfiles, son trazados por la sociedad y con ella evolucionan. De tal suerte, la literatura resulta, en última instancia, un fenómeno social.

---

8. Mañach, «La terna del idioma,» pág. 71.
9. Mañach, «La nación y la formación histórica,» pág. 36.

Aunque contemplada como un objeto la literatura es un fenómeno social, sentida como una actividad vocacional era, para Mañach, una preocupación social subjetiva. Esta preocupación era el noúmeno de toda su obra. Por eso evolucionó desde la literatura pura, anterior a sus años de la *revista de avance*, a la comprometida, que empezó a apuntar en ésta. Tal evolución la realizó sin perjuicio de la forma. Llevado a una temática sociológica y filosófica, por virtud de sus preocupaciones políticas, se vio forzado a tallar sus frases, a precisar sus contornos, para que expresaran exactamente lo que él quería decir, sin vaguedades de interpretación, sin claroscuros y sin ironías. Su lenguaje se hizo cada vez más nítido y translúcido, a fin de lograr una mayor eficacia pública. Gabriela Mistral apuntó estas características formales al decir: "Del pecho de este contador, el asunto pasa, sin interferencia a la escritura, y el resultado de esa técnica es una frase de nervadura delicada, transparente y sensitiva como la de los radiados." [10]

3. Ideas estéticas

Imbuido de un sentido histórico, a Mañach, hegelianamente, le interesaba la sociedad como un proceso, como un desarrollo en el tiempo hacia una meta de superación humana para la realización de la libertad.[11] Pero también hay otros elementos en su ideología. Ya se vio en el capítulo III que Mañach resumía la idea de la nación al decir que "es una conciencia colectiva". Para llegar a esta conclusión, partía del sujeto particular y decía: "La conciencia del individuo es una intuición interna que éste tiene de su propia unidad." [12] Para él, siguiendo a Jung, la personalidad consiste en vivir

---

10. «Algo sobre Jorge Mañach,» pág. 36.
11. A Hegel se debe la sistematización filosófica de la ilusión romántica que interpreta la historia como una marcha hacia la libertad: «Wie die substanz der Materie die Schwere ist, so, müssen wir sagen, ist die Substanz, das Wesen des Geistes die Freiheit.» G. W. F. Hegel, *Vorlesungen über die Philosophie der Geschichte*. Mit einem Vorwort von Eduard Gans und Karl Hegel (Stuttgart, 1961), pág. 44. Y: «Die Weltgeschichte ist der Fortschritt im Bewusstsein der Freiheit.» *Ibid.*, pág. 46. Mañach, por su parte, apuntaba: «el espíritu me parece tener, como esencial característica, una vocación de libertad.» *Para una filosofía de la vida*, pág. 24; y agregaba: «el espíritu, esencia del hombre en cuanto tal, tiene por signo la libertad.» *Ibid.*, pág. 28. La estilística histórica de Mañach se vincula con la Filosofía de la Historia hegeliana, además de por otras razones, porque «entre esas circunstancias sociales [las que integran lo que llama «clima histórico»], la de la aspiración a la libertad y sus vicisitudes intervienen mucho en el estilo (por lo que éste supone de mayor o menor albedrío espiritual para elegir).» Ver: «El estilo en Cuba y su sentido histórico,» en *Historia y estilo*, pág. 112. Por todo eso es que Mañach estudia la evolución estilística cubana en función del desarrollo de la «conciencia histórica» y de la aspiración a la libertad.
12. «La nación,» págs. 36-37.

conforme a esa integración profunda.[13] Y en la misma página, aclara: "Cuando hablamos de conciencia de un pueblo, estamos elevando a rango colectivo un concepto idéntico." Esa elevación la justificaba al explicar cómo las experiencias compartidas en el curso de la historia de un pueblo van creando hábitos, normas y valores que condicionan los modos de reaccionar y fijan metas comunes para el desarrollo de la voluntad colectiva. Cuando esto ocurre, ya el pueblo se ha vuelto nación; y cuando hay nación hay un estilo de vida, un modo de actuar concordantemente con la unidad espiritual del grupo; hay, en suma, una personalidad.[14]

Una vez más, el pensamiento de Mañach, aunque cite a Dewey y a Jung, se fundamenta en el positivismo francés. Su concepto de lo que es una nación está tomado de Renan, cuya definición traduce: "es 'un alma, un principio espiritual. Dos cosas, que en rigor son sólo una, la constituyen: la posesión en común de un rico legado de memorias, y el consentimiento actual, el deseo de vivir juntos, la voluntad de seguir haciendo valer la herencia que se recibió indivisa. ... Una nación es, pues, una gran solidaridad, constituida por el sentimiento de los sacrificios que se han hecho y de los que se está dispuesto a hacer todavía'." [15]

Por otra parte, lo que Mañach llama "voluntad colectiva" es una versión de la "voluntad general" de Rousseau. La aceptación de la

---

13. *Ibid.*, pág. 37.

14. Esta idea tiene un antecedente en Hipólito Taine. En un artículo periodístico (*Débats*, noviembre 6, 1865), Taine comenta la obra de Karl Otfried Müller, *Histoire de la littérature grecque*, traducción de Hillebrand; y, al hablar de la concepción histórica de Müller, dice Taine: «L'histoire n'est devenue scientifique, organisée et positive, qu'en sortant de la philosophie vague et des dissertations éparpillées pour reconnaître dans chaque nation une personne morale qui se développe par elle même, et comme une plante, à travers les modifications que lui impriment les circonstances et le dehors.» Artículo parcialmente reproducido por Victor Giraud, *Essai sur Taine, son oeuvre et son influence. D'après des documents inédits avec des extraits de quarante articles de Taine non recueillis dans ses oeuvres*, 7me. ed. (Paris, s. f. [1926]), pág. 236. Si, como me parece, esta concepción palpita ya en *Reden an die deutsche Nation* (1808), de Fichte, esta planta ideológica profundiza sus raíces hasta el idealismo romántico alemán.

15. Mañach, «La nación,» pág. 38. En efecto, dice Renan: «Une nation est une âme, un principe spirituel. Deux choses qui, à vrai dire, n'en font qu'une, constituent cette âme, ce principe spirituel. L'une est dans le passé, l'autre dans le présent. L'une est la possession commune d'un riche legs de souvenirs: l'autre est le consentement actuel, le désir de vivre ensemble, la volonté de continuer à faire valoir l'héritage qu'on a reçu indivis. L'homme, messieurs, ne s'improvise pas. La nation, comme l'individu, est l'aboutissant d'un long passé d'efforts, de sacrifices et de dévouements.» Y agrega, en la página siguiente: «Une nation est donc une grande solidarité, constituée par le sentiment des sacrifices qu'on a faits et de ceux qu'on est disposé à faire encore.» Ernest Renan, «Qu'est-ce qu'une nation?» Conférence faite en Sorbonne, le 11 mars 1882. *Discours et conférences*, 3e. ed. (París, 1887), págs. 306-307.

presencia determinante de esa voluntad trae al cubano similares problemas teóricos que al ginebrino, cuando ambos se enfrentan con la
pluralidad de tendencias volitivas que pululan en toda sociedad. La
solución de Mañach, aunque distinta, tiene rasgos idealistas. Según
él, las intérpretes de la "voluntad colectiva" son las "minorías históricas", dotadas del "destino heroico" de orientar a la nación y de
la aptitud para rastrear ese destino. Mañach rechaza la especulación
de Marx sobre el mesianismo proletario, y la de Lenin, respecto a
que la conciencia del proletariado se expresa a través de un partido.
Mañach alega que las "minorías heroicas" no se identifican necesariamente con un equipo gobernante, sino con los grupos que, en
cada período de la evolución nacional, asumen la rectoría espiritual,
y, aunque a veces no ocupen el poder, le abren nuevos senderos al
porvenir. Tales "minorías" son muy semejantes a las "especies proféticas" que cita Rodó.[16] Aquéllas se integran con individuos de todas
las clases sociales: son personas sensibles a lo que estiman el interés
colectivo, y están en actitud de alerta y de beligerancia en defensa
de sus ideas; y entre ellas, por supuesto, sobresalen los pensadores,
escritores y artistas. Los predicadores, literatos, etc. tienen necesariamente que tratar asuntos, escoger géneros, adoptar un tono y seleccionar todas aquellas formas expresivas que sean concordantes con
sus propósitos. Es así como esta filosofía histórica engarza con la
interpretación histórica de la estilística. Por eso, en "El estilo en
Cuba y su sentido histórico," Mañach señala las condiciones sociales
que han propiciado la adopción de formas de expresión típicas de
cada época de la evolución literaria cubana.

Al llegar a este punto, nos encontramos de nuevo con antecedentes
franceses. Estos se remontan a los comienzos del siglo pasado, cuando
la crítica pone el énfasis en el relativismo histórico y en la consideración de la obra como un producto de la sociedad. La tendencia
se origina en Francia con Madame de Staël (1766-1817) y el vizconde
de Bonald (1754-1840), y continúa con varios historiadores y críticos;
pero basta con las referencias a las ideas de los autores mencionados
para advertir cómo las de Mañach se acercan a las de esa escuela

---

16. «Edgard Quinet, que tan profundamente he penetrado en las armonías
de la historia y la Naturaleza, observa que para preparar el advenimiento de
un nuevo tipo humano, de una nueva unidad social, de una personificación
nueva de la civilización, suele precederles de lejos un grupo disperso y prema-
turo, cuyo papel es análogo en la vida de las sociedades al de las *especies
proféticas* de que a propósito de la evolución biológica habla Héer. El tipo
nuevo empieza por significar, apenas, diferencias individuales y aisladas; los
individualismos se organizan más tarde en 'variedad'; y por último, la variedad
encuentra para propagarse un medio que la favorece, y entonces ella asciende
quizá al rango específico: entonces —digámoslo con las palabras de Quinet— *el
grupo se hace muchedumbre, y reina.*» José Enrique Rodó, «Ariel,» en *Obras
completas*, ed. Emir Rodríguez Monegal (Madrid, 1957), pág. 241.

de pensamiento, incluso en la fraseología. Efectivamente, Madame de
Staël, en *La literatura considerada en sus relaciones con las instituciones sociales* (1800), aplica a la crítica literaria las consecuencias
que se derivan del determinismo sociogeográfico que Montesquieu
desarrolla en *El espíritu de las leyes* (1748), y dice que se propone
examinar la influencia de la religión, las costumbres y las leyes sobre
la literatura, y viceversa.[17] Y el vizconde de Bonald, en un artículo
de 1802, para el *Mercure de France*, después reproducido en *Législation
primitive* (1829), presenta de manera incidental la tesis del relativismo histórico adaptado a la crítica literaria. De Bonald niega que
puedan aplicarse los mismos patrones al juzgar a los clásicos griegos
y latinos y al evaluar a los contemporáneos, porque las respectivas
sociedades son distintas, y la literatura es la expresión de la vida
social.[18] La filiación ideológica se acentúa en otro artículo, de 1806,
sobre "El estilo y la literatura," reproducido en las *Misceláneas literarias, políticas y filosóficas* (1818), en el cual, partiendo de Buffon
—como también lo hace Mañach— declara que: "*El estilo es la expresión del hombre. La literatura es la expresión de la sociedad.* Se
ve de inmediato que la literatura es a la sociedad lo que el estilo
es al hombre, y que se podría definir la literatura en cada pueblo
como *el estilo de la sociedad.* Así, cada sociedad tiene su estilo, como
cada pueblo tiene su lenguaje." [19] (Las cursivas aparecen así en el

---

17. «Je me suis proposée d'examiner quelle est l'influence de la religion, des
moeurs et des lois sur la littérature, et quelle est l'influence de la littérature
sur la religion, les moeurs et les lois. Il existe, dans la langue française, sur
l'art d'écrire et les principes du goût, des traités qui ne laissent rien à
désirer; mais il me semble qu l'on n'a pas suffisament analysé les causes morales et politiques, qui modifient l'esprit de la littérature.» Madame de Staël. *De la
littérature considerée dans ses rapports avec les institucions sociales.* Edition
critique sur la seconde édition revue, corrigée et augmentée, par Paul van
Tieghem (Genève, 1959). I. 17. También Mañach se propone examinar la infuen-
cia de las causas morales y políticas, si no en la totalidad de la literatura
cubana, por lo menos en el estilo literario, pero con una amplia concepción
de lo que es el estilo. Mme. de Staël se fija un programa más ambicioso: «Je
vais examiner d'abord la littérature d'une manière générale dans ses rapports
avec la vertu, la gloire, la liberté et le bonheur» (pág. 18).
18. «Avant de comparer la littérature ancienne et la littérature moderne, il
eût fallu peut-être examiner si une comparaison entre elles étoit possible, si
notre apologue étoit l'apologue des anciens, notre tragédie la tragédie des anciens, notre épopée l'épopée des anciens, notre société enfin la société des
anciens, car la littérature est l'expression de la société; comme la parole est
l'expression de l'homme.» M. le vicomte de Bonald, *Législation primitive, considerée dès les derniers temps par les seules lumières de la raison, suivi de
divers tratés et discours politiques.* 3e. ed revue et corrigée (París, 1829), II,
223.
19. «*Le style est l'homme* même, a dit M. de Buffon, et l'on a dit après
lui: *La littérature est l'expression de la société.* ... Ces deux propositions ont
entre elles un rapport certain et ce rapport serait évident, si M. de Buffon se
fût contenté de dire: *Le style est l'expression de l'homme.* ...

original.) Quizás Mañach no recibió directamente la influencia de estos escritores, pero sin duda alguna le llegó, por lo menos, a través de Taine. Le llegó cuando esa apreciación social de la literatura se había enriquecido con el historicismo idealista germánico, que le insufló nacionalismo y rigor dialéctico, se había vigorizado con el romanticismo francés para enfatizar su liberalismo, y se había teñido de positivismo al aceptar el determinismo racial y geográfico.[20]

Volviendo, pues, al título bimembre de su discurso —"el estilo" y "su sentido histórico"— se advierte que la segunda parte había sido ya expuesta en el discurso de la Academia de la Historia, en el cual explicó cómo la población ubicada en la Isla fue tomando características de nación, primero de modo inconsciente, y después por anhelo voluntario. De un modo concomitante, y "porque el estilo es ... *elección de forma* —ya se trate de elección inconsciente o deliberada, singular o colectiva, convencional o invencional— es posible hablar de estilización desde el momento en que hubo, siquiera fuese de modo muy primario, una voluntad de forma".[21] En cuanto a la primera parte del título, es preciso recordar que, según Mañach, en un sentido lato el estilo incluye todo lo sustantivo y lo adjetivo de la literatura; pues sólo deja fuera lo que no es literario, sino ideológico. Mañach pudo decir, con Dámaso Alonso, que: "El 'estilo' es la única realidad literaria." [22] Y, en efecto, dijo:

> ¿Qué extensión tiene la idea de estilo? ¿Ha de entenderse, como generalmente acontece, que el estilo es sólo la superficie de la forma, aquella última modulación expresiva en que más o menos visiblemente se acusa la sensibilidad personal del artista; o, por el contrario, se puede ya advertir la presencia estilística en los trá-

---

Dans ces deux propositions ainsi énnoncées: *Le style est l'expression de l'homme; La littérature est l'expression de la société*, on voit tout de suite que la littérature est à la société ce que le style est à l'homme, et qu'on pourrait définir la littérature chez chaque peuple, *le style de la société.* Ainsi chaque société a son style, comme chaque peuple a son langage.» M. le vicomte de Bonald, *Mélanges littéraires, politiques et philosophiques*, 3e. ed. (París, 1852), pág. 169.

20. Es posible que el primer acercamiento de Mañach a Taine haya ocurrido a través de Azorín. Cuando el escritor cubano va a entrevistar al español, comenta: «Toda una vida leyéndole, admirándole en su obra. ... «*Visitas españolas*, pág. 134. Mañach explica que desde sus tiempos de estudiante estaba familiarizado con la producción de Azorín. ¿Desde sus años de Madrid? ¿Desde los de Harvard? No lo dice, pero ¿cómo no suponer que Mañach no se encontrara desde muy temprano con los criterios taineanos de su admirado escritor? Para un buen resumen de tales criterios, véase: James H. Abbot, «Azorín and Taine's Determinism,» *Hispania*, XLVI, iii (septiembre, 1963), 476-79.

21. «El estilo en Cuba y su sentido histórico,» en *Historia y estilo*, pág. 111. Las sucesivas citas de este trabajo son de la misma edición, y en el texto se indica su paginación.

22. Dámaso Alonso, *Poesía española. Ensayo de métodos y límites estilísticos*, 5a. ed. (Madrid, 1966), pág. 482.

mites anteriores de la expresión, en el asunto elegido, en el "tono" con que se revela la actitud creadora, en el hecho de elegir tal o cual género, tales o cuales modos de composición? (pág. 109).

En consecuencia con tales premisas, es presumible que el crítico pase a explicar el sistema expresivo de las obras literarias seleccionadas como representativas.[23] Pero, como Mañach está presionado entre la amplitud del tema y los estrechos límites de un discurso académico, lo que hace es un bosquejo histórico de las posibilidades de una expresión típica, de un estilo, en la literatura cubana. Así explica cómo la carencia de un pasado autóctono, y el aislamiento cultural en que quedó la isla durante varios siglos, retrasaron las aspiraciones estilísticas, esto es, la aparición de una voluntad de forma. Existió la improvisación, que es un predominio de la intuición sobre la reflexión.

Hasta el siglo XIX no hay anhelos de estilo personal, lo que Mañach explica indicando: "El estilo como acento individual no se produce hasta que el individuo mismo logra, en un medio de cierta complejidad, posibilidades de resonancia y distingo, lo cual a su vez no ocurre en tanto que no se debilitan las rutinas sociales y culturales que limitan la personalidad imponiéndole normas comunes" (pág. 129). Sin embargo, "El arte propiamente dicho sólo se da cuando la expresión y la comunicación aspiran a una dignidad propia, independientemente del efecto social que puedan o no querer surtir" (pág. 135).

Tales factores comienzan a darse hacia el segundo tercio del siglo XIX, coincidiendo con la lenta formación de una conciencia colectiva insular. Mañach se adentra en la exposición detallada de su teoría, dilucidando las correlaciones histórico-estilísticas de cada momento, hasta llegar a la conclusión, lógica y factualmente comprobada, de que la máxima originalidad y libertad de estilo se ven en el hombre con voluntad de emancipación, cuyo paradigma es José Martí. El suyo "es el primer acento genuinamente personal que se da en la prosa cubana" (pág. 180).

En el siglo XX, con la inauguración de la República se reanuda la producción modernista, que había quedado en suspenso durante la guerra de independencia. Pero las realizaciones del modernismo cubano no son más afortunadas que los acontecimientos de la política. Sin que sea posible establecer una relación de causalidad —aunque Mañach parece suponerla—, lo cierto es que el descrédito de esa

---

23. «La estilística estudia, pues, el *sistema expresivo* de una obra, o de su autor, o de un grupo pariente de autores. Y *sistema expresivo* significa desde la constitución y estructura interna de la obra hasta el poder sugestivo de las palabras y de la eficacia estética de los juegos rítmicos.» Amado Alonso, *Materia y forma en poesía* (Madrid, 1960), págs. 85-86.

tendencia literaria y de las instituciones liberales del primer período de la vida republicana ocurren simultáneamente. Así se llega al momento en que el propio Mañach aparece como uno de los participantes en el debate estético y político.

Al tratar de su propia época, el autor esquematiza las tesis centrales de sus artículos sobre "Vanguardismo" (que se estudian en el acápite siguiente) y "El estilo de la Revolución" (que se analiza en el capítulo VI), para reproducir el paralelo de las crisis: la de las hueras instituciones políticas y sociales del primer tercio del siglo, y las del pomposo estilo literario de aquellos tiempos. Menciona después el neoconceptismo y el neoculteranismo vanguardistas, no ya sólo como fenómeno cubano sino también universal, porque: "El estilo, como el mundo, está en crisis" (pág. 204). Y concluye, volviendo a lo específicamente cubano: "Nuestro estilo no ha sido, en último análisis, sino el gesto artístico de nuestra conciencia en busca de plena realización histórica. Al través de él vemos indirectamente, pero con todos sus íntimos matices, el afán de un pueblo pequeño por superar todas sus limitaciones físicas e históricas y lograr algo más alto que el mero estilo artístico, un noble estilo de vida" (pág. 206).

La idea de las "limitaciones físicas e históricas" como factores estilísticos la desarrolla Mañach en "De lo permanente en nuestro estilo," resumiéndola en la frase: "los ámbitos de la expresión".[24] En este artículo, el término *ámbitos* incluye factores geográficos —clima e insularidad— y culturales —hispanos y africanos— presentes en Cuba y en Puerto Rico. Todos concurren y se ajustan recíprocamente, y les dan ciertos rasgos comunes a las manifestaciones literarias cubanas y borinqueñas. La simultánea influencia de tales factores produce los resultados siguientes: la insularidad, al crear una sensación de límite, atenúa la tendencia a la exuberancia verbal del trópico; por otra parte, las determinantes hispana y africana también se contrarrestan: la prolongada dominación española dejó un legado de intenso respeto por la norma expresiva peninsular, que se revela en el lenguaje; a su vez, al africano le gusta el vocablo sonoro; pero, al mismo tiempo, el blanco y el negro cubanos se influyen el uno al otro de tal modo que, con frecuencia, el buen escritor negro es más castizo que el blanco de parejas aptitudes, el cual es, en ocasiones, más negro que el negro mismo.

Es obvio que Mañach está esquematizando modos típicos de expresión: el tropical, el insular, el hispánico y el negro. Estos esquemas no son mas que abstracciones de muy difícil ajuste a la realidad. Con ellas forma cuatro categorías conceptuales dentro de las cuales pretende incluir la infinita pluralidad de los modos expresivos de

---

24. Jorge Mañach, «De lo permanente en nuestro estilo,» *Asomante*, I, 2 (1945), 16-22.

millones de individuos tropicales, isleños, españoles y negros. Esta simplificación de la realidad para ajustarla a un esquema obedece a los mismos patrones mentales de su maestro francés. Por eso, a Mañach pueden aplicársele los mismos reparos que a Taine le hizo Varona, cuando dijo:

> Con recelo voy a aventurar una idea que me sugiere Taine. Este gran artista pasa por historiador filosófico. A mí me parece que el filósofo ha perjudicado notablemente al historiador. La abstracción es una necesidad imperiosa del espíritu filosófico y aun del espíritu en general. Pero no hay nada que tome más pronto viento y se remonte a cien leguas de la realidad rastrera, que la abstracción. Al abstraer no vemos más que un lado, a veces una sola faceta, quizás una simple arista. Y la realidad es un poliedro de mil caras.

> Por eso se tropieza a cada paso en los escritos de Taine con conclusiones dogmáticas que imponen, pero no convencen. Son el resultado de una serie de abstracciones. De unos cuantos individuos, vistos por una sola fase, forma un tipo; el tipo se le vuelve molde entre las manos, y en él encaja millares y millones de individuos.[25]

En efecto, sobre todo al hablar de lo que él llama el casticismo negro, Mañach parece tener presente las figuras de Juan Gualberto Gómez y Martín Morúa Delgado, y por eso cree que, estilísticamente, son más blancos que los blancos. Pero, ¿dónde está la base para admitir que es típico de los blancos el ser castizos? Por otra parte, la afirmación de que el gusto por el vocablo sonoro es algo que distingue al negro resulta muy sorprendente. ¿Cómo es posible olvidar que la tradición oratoria cubana, saturada de verbalismo, y contra la cual se pronunció Mañach, tuvo entre los blancos sus principales voceros? ¿Y cómo conciliar esa manera expresiva, conocida por tropicalismo, con la tesis de la moderación insular? Y, volviendo a la pomposidad negra, ¿cómo congeniar esa tesis con las manifestaciones folklórico-literarias cubanas más puramente negras, menos contaminadas con lo español, como son los cuentos legados por los viejos negros de nación, cuya sobriedad expresiva es notoria? Cuando Mañach publicó ese artículo en *Asomante*, ya había aparecido la compilación de Lydia Cabrera, *Cuentos negros de Cuba* (La Habana, 1940).

A las cuatro condicionantes mencionadas añade Mañach la "pequeñez histórica", expresión que resume la concurrencia de la territorial y la demográfica, y a la cual atribuye el "provincialismo del estilo". Este resultado no es, sin embargo, inalterable, pues se ve influido por el curso de la vida social. A esto se debe la introducción

---

25. Enrique José Varona, «Algo sobre Taine, con motivo de Sorel,» artículo publicado originalmente en *Revista Cubana*, La Habana (julio, 1894), y reproducido en *Violetas y ortigas*, Biblioteca Andrés Bello, N.º 36 (Madrid: Editorial América, s. f.), pág. 42.

de la terminología "pequeñez histórica", con preferencia a cualquiera otra alusiva a las mencionadas dimensiones. Dicho curso se caracteriza por períodos autoritarios, en los que predomina la circunspección y el purismo de la expresión; períodos liberales, en los que las formas acogen todas las influencias y se hacen cosmopolitas; y períodos críticos, en los que el lenguaje se torna incisivo y agrio. De tal suerte, el estilo queda apreciado como una categoría histórico-política.

Todo lo explicado significa que Mañach ha preferido la técnica crítica sociológica de Taine, a la psicológica de Sainte-Beuve, que antes, sin declararlo, había aplicado. Al señalar esta evolución no se pretende contraponer ambos métodos como si fueran antagónicos. Si así fuera, Mañach habría experimentado una crisis en la evolución de su pensamiento estético, pero ése no es el caso. No hay un rompimiento, sino una evolucón que va desde el énfasis en lo psicológico al énfasis en las influencias biológicas y sociales sobre la vida espiritual del hombre, que es, justamente, lo que hace Taine. Esa evolución culminó entre 1943 y 1945, y representa la sistematización de un pensamiento estético en consonancia con su desvelo por la vida pública cubana, tanto en lo que se refiere a la política inmediata como al futuro de la nación, lo que llama su destino. Y ese mismo desvelo le impide afiliarse a otras tendencias estilísticas más modernas, en las cuales la obra literaria es el objeto central de la crítica. Mas, como la aplicación de los procedimientos analíticos es tema de otro acápite de este capítulo, el asunto queda en suspenso por ahora.

4. FUNCIÓN

En consecuencia con el método de estudiar el estilo, preferentemente, como una creación social, debe ahora averiguarse qué función viene a desempeñar esa criatura. Mañach no se planteó esta cuestión en tales términos, pero es así como aparece implícitamente incluida en sus trabajos juveniles sobre el vanguardismo literario. Aunque éstos son anteriores a las conclusiones estilísticas estudiadas, y no hay, por lo tanto, una secuencia cronológica, sí se advierte, en cambio, una de índole lógica. El pensamiento, aunque vaya articulándose según lo demanden los acontecimientos, y responda muchas veces a clarinadas de la intuición, suele obedecer a tendencias cardinales que no siempre llegan a descubrirse por entero. Sin embargo, en este caso, como ha de verse, asoman lo suficiente para que puedan ser detectadas en medio de aparentes contradicciones y vacilaciones.

Mañach realizó la defensa teórica del vanguardismo en sendos artículos de los tres números iniciales de 1927. En el primero, llama la atención sobre el uso del término "vanguardismo" en vez de "vanguardia", porque "ya aquella actitud petulante de innovación, aquel gesto desabrido hacia lo aquiescente, lo estático, lo prestigioso del tiempo, aquella furia de novedad que encarnaron Marinetti, Picasso, Max Jacob, han formado escuela".[26] Por eso, dice en la página siguiente que "ya no es posible tolerar más la vaguedad inicial de la doctrina", y se pregunta: "¿Cuál es el contenido ideal del vanguardismo? ¿Cuál su razón seria de ser?" Es evidente que Mañach está racionalizando sus propensiones temperamentales. Jamás habría podido responder al llamamiento de Marinetti para incendiar las bibliotecas, ni al de Tzara para la abolición de la memoria y renuncia a la historia. Ahora que, como bien dice, toda aquella algarada se ha trocado en una nueva escolástica, parece dispuesto a someterse a sus convenciones y propone nada menos que precisar una doctrina, o sea, darle reglas a lo que fue un desenfreno de la ilógica. Pero el autor del artículo no se adentra por esos vericuetos y lo termina sin responder a su propia encuesta.

El lector interesado en saber qué era el vanguardismo se quedó esperando quince días y, en el segundo número de la publicación, advirtió que Mañach volvía sobre el tema, pero que soslayaba la primera pregunta y se replanteaba la segunda. Visto desde hoy, no resulta tan interesante saber si Mañach tenía una idea positiva de lo que era el vanguardismo. La negativa es bien conocida, tanto en el ámbito estético como en el político y, además, había sido anticipada en los "antis" que proclamaban los minoristas. Lo más importante, a los efectos de buscar las raíces de su pensamiento estético, es determinar qué entendía él por "razón de ser" de su actitud. (El vanguardismo era una actitud, no una doctrina, pese a que él le otorgara esta jerarquía.) Y ocurre que, al hacer esa determinación se descubre que la repetida "razón de ser" se encuentra en la función social: satisfacer un aspecto —el estético— de las necesidades espirituales de la época. Mañach da la explicación en estos términos: "Es casi un axioma histórico, no poco en boga actualmente, el que establece que cada época tiene una morfología, una fisonomía peculiar." [27] Y luego ilustra esa afirmación con un ejemplo: "¿No aspiraban aquellos industriales incipientes de 1800 a un *laisez faire* económico, con el mismo espíritu histórico con que la gente de *Hernani* a un *laissez faire* artístico? ¿No eran ambas actitudes, cada una a su manera, una reacción contra el *ancien régime* en lo que respectivamente les concernía?" [28] La explicación, por relativista, es lo menos

---

26. Jorge Mañach, «Vanguardismo,» *1927. revista de avance*, marzo 15 pág. 2.
27. Jorge Mañach, «Vanguardismo. La fisonomía de la época,» *1927. revista de avance*, marzo 30, pág. 18.
28. Ibid., pág. 20. Al lector avispado de *1927*, el ejemplo del público que reaccionaba ante *Hernani* le resultaba familiar, porque es el mismo que presenta Ortega y Gasset en *La deshumanización del arte*, 8a. ed. (Madrid, 1964),

de vanguardia que pueda imaginarse. No hay en sus palabras la menor huella del dogmatismo ácrata, del autoritarismo, del absolutismo y, sobre todo, del antihistoricismo que pululaban en los manifiestos surrealistas, dadaístas, ultraístas, creacionistas, etc.

En el tercer artículo, Mañach adoptó una posición aún más conciliadora. En efecto, dijo que: "La manera vieja es lícita y justificable; pero ya no es fecunda ni vitalmente interesante." [29] En otros términos: ya no cumple su función social estética. Esto podía admitirlo en Cuba cualquiera que estuviera cansado de la rutina artística entonces imperante, sin que ello implicara una aceptación de las fórmulas vanguardistas. Cuando perdieron su eficacia funcional las antiguas formas, la minoría intelectual adoptó las vanguardistas porque eran las que estaban de moda en otros países, y también, como señala Mañach, porque eran las más aptas para expresar de modo ostensible el espíritu de rebeldía; pero de ninguna manera porque en Cuba se estuviera produciendo un movimiento antirracionalista como los antes mencionados. Todo lo contrario, Mañach, con su racionalismo historicista, tolerante y cortés (todo lo opuesto a la estética y a las actitudes que defendía), terminaba por justificar lo que nadie con un poco de buen gusto podía objetar: la urgencia de emprender una renovación.

La posición de Mañach no era excepcional en la revista. Los artículos de Marinello, Ichaso, Torres Bodet, Casanovas, Roa, Maestri, Chacón y Calvo, Fernando de los Ríos, Lizaso, Varona, etc. eran lógicos. En general, propugnaban un cambio, a veces radical, en todos los órdenes; pero la *revista de avance* jamás fue un órgano de la revolución contra la razón. Si algo hubo de drástico, ello fue en la poesía. Más tampoco en ésta predominó una hazañosa audacia: algunas piruetas tipográficas de Navarro Luna, una enumeración caótica de Unamuno, las expresiones intimistas de Marinello y Florit, la rebeldía proletaria de Pedroso y la contemplativa de Tallet, y una oda olvidable de Giménez Caballero. Nada de esto puede compararse en extremismo con los frutos coetáneos de otras latitudes. Por eso tienen un cierto sabor de exageración las palabras de Mañach ante la Academia de Artes y Letras: "Las minúsculas, las imágenes desaforadas, las 'jitanjáforas', el encabritamiento tipográfico, la defor-

---

pág. 16. Asimismo, advertía que ese determinismo económico de la vida intelectual tenía sabor marxista. Las doctrinas socialistas comenzaron a difundirse en Cuba a fines del siglo XIX. Después de 1925, el *Manifiesto comunista*, de Marx y Engels, comenzó a circular de modo sólo aparentemente clandestino; y, en los años de la *revista de avance* la *Crítica de la economía política*, de Marx, se vendía libremente en las librerías, en una versión española (Barcelona: Editorial Atlante, s. f.). Tanto en el *Manifiesto*, como en el prólogo de la *Crítica* se enuncia el citado determinismo.

29. Jorge Mañach, «Vanguardismo. El imperativo temporal,» *1927. revista de avance*, abril 15, pág. 43.

mación plástica, no eran sino la expresión concreta de aquel estado de ánimo."[30] Se refería, como se ha indicado, a la reacción contra la vulgaridad literaria y la sordidez política. Pero, lo más curioso del caso es que ninguno de los rasgos enumerados caracterizó a la *revista de avance*. Sin embargo, es sustancialmente verdadera la interpretación que Mañach expone, porque la *revista* estuvo eficazmente a la vanguardia de un movimiento favorable a una renovación progresista de las artes y las letras en Cuba.

Concretándose al "avancismo" de la publicación, el saldo adverso que pueda resultar de un balance de sus realizaciones lo resumió Lezama Lima, en el curso de una polémica con Mañach, en estos términos:

> Me pareció siempre un *bric-à-brac*, producto tal vez de las opuestas sensibilidades de sus directores. Alternaban allí poetas neoclásicos de México con delirantes hirsutos de Chile o Perú; se carecía de una línea sensible o de una proyección. Sus cualidades eran, como usted subraya, de polémica crítica, mas no de creación y comunicación de un júbilo en sus cuadros de escritores. En sus viñetistas y pintores se confundían Valls, Segura, Gattorno y Víctor Manuel, propiciando una confusión de actitudes y valoraciones. Ninguna traducción de Valéry, Claudel, Supervielle, Eliot, o los grandes poetas de aquellos momentos, que serán después de todos los momentos. Hasta Alberto Insúa irrumpía en algunas de sus páginas.[31]

Años después, otro colaborador de la revista *Orígenes*, Cintio Vitier, repetía algunos de estos conceptos:

> Ninguno de los grandes esfuerzos creadores de la época, poco o nada conocidos entonces en Cuba (la obra de Proust, de Joyce, de Valéry, de Eliot, de Claudel), halló eco decisivo en sus páginas, que se mantuvieron siempre sobre la más visible y fugaz espuma de "lo nuevo", cifrado en la hueca palabra "vanguardismo".[32]

En su haber, Mañach le reconoció dos aportes: "En un orden negativo, se logró efectivamente disolver la petrificación oficialista de la cultura." Y en lo positivo: "El vanguardismo le abrió definitivamente cauce a una expresión más fresca y original, más esencialmente creadora."[33] En resumen, Lezama (1949) y Vitier (1958) le regateaban al vanguardismo cubano y a su órgano, la *revista de avance*, su valor intrínseco; y Mañach (1943) ya lo había defendido como instrumento, como portada que cerraba vías al pasado y se las abría al futuro, en función estética y social.

---

30. «El estilo en Cuba,» en *Historia y estilo*, pág. 221.
31. José Lezama Lima, «Respuesta y nuevas interrogaciones. Carta abierta a Jorge Mañach,» *Bohemia*, octubre 2, 1949, pág. 77.
32. Cintio Vitier, *Lo cubano en la poesía* (Santa Clara, 1958), págs. 315-16.
33. «El estilo en Cuba,» pág. 202.

Al argüir de esa manera, Mañach era consecuente con un criterio mantenido desde 1929. En ese año, aprovechó unas declaraciones de Bela Bartok en favor del nacionalismo en el arte, y un artículo de Eugenio D'Ors en defensa del arte universalista. De esos datos pasó a la consideración de un tema general: "Vivimos una lucha de antinomias: arte humanizado o 'deshumanizado', arte puro contra arte descriptivo o anecdótico; arte societario contra arte individualista. Y, en definitiva, arte americano *versus* arte universal."[34] Todas esas dicotomías están, en último análisis, incluidas en la primera. De ésta, parte Mañach para ascender a sus conclusiones. Los escalones de su razonamiento son los siguientes:

1) "No ha solido haber sinceridad o decisión bastantes para reconocer que el único motivo determinante en el artista es el deseo instintivo de recrearse sintiéndose creador, y que el espectador ingenuo tampoco le pide a un cuadro o a una sinfonía más que una impresión deleitosa" (pág. 134).

2) "La estética se ha visto crónicamente disminuida, mediatizada: antes, por la teología o por la moral: ahora, por la sociología o por la política." ... "El nacionalismo artístico representa una intrusión análoga, porque tiende a convertir el arte en instrumento de un desideratum social, el acuse de la personalidad colectiva" (Ibid.).

3) "Ahora bien: yo no veo inconveniente —antes muy ciertas ventajas— en que el arte —o al menos una porción de él— además de ser arte, 'sirva para algo' —decorar objetos o redimir humanos." ... "Lo que me parece objetable, porque crea confusión y tiende a mermar la libertad creadora, es que se pretenda hacer residir en esa posibilidad ulterior o colateral del arte la autenticidad y valor de la obra artística" (Ibid.).

4) "A la insistencia en un arte humano, demasiado humano, se ha contestado con la insistencia, acaso no menos excesiva, en un arte 'deshumanizado'. La verdad, acaso, está en medio" (pág. 135).

5) "El arte de hoy, en su forma extrema, aspira a dar de la experiencia una síntesis emocional, intuitiva, pareja a la solución conceptual que la ciencia ofrece" (pág. 136).

6) "Hay tanto error y dogmatismo, sin embargo, en pretender la validez exclusiva de ese arte sensorial como en recabarla para el arte contrario, saturado de 'inspiraciones' humanas" (Ibid.).

7) "Ahora bien: si ambos son igualmente 'válidos', si de ninguno de los dos puede lícitamente decirse que sea imperativo, ¿le *convendrá* a nuestra cultura significar su preferencia por uno de ellos?" ... "El

---

34. Jorge Mañach, «Vértice del gusto nuevo,» *1929. revista de avance*, mayo 15, pág.131. En el texto se indica la paginación de las demás citas de este artículo.

problema es de *conveniencia*, de utilidad; y por consiguiente, extra-estético" (Ibid.).

8) El arte nacionalista "suscita una cierta complacencia patrió-tica y da pábulo a aquellos sentimientos de cohesión que suelen asis-tir al narcisismo colectivo" (pág. 137). "No me parece dudoso que esto sea una ventaja —para América" (Ibid.).

9) "Insistamos, sin embargo, en que éstas son ya cuestiones extra-estéticas. No creo que la filosofía del arte sea lo mismo que la estética: aquélla considera el arte en función humana, ésta en función individual. Estéticamente hay que reconocer por igual la validez (otra cosa es el interés, el valor, apreciaciones muy relativas) de un arte abstracto, concebido en el lenguaje universal de las formas, y la de un arte de preocupaciones humanas, expresado en el idioma de un estilo regional" (págs. 137-38).

En los peldaños iniciales de la escala discursiva, Mañach parece inclinarse a una estética solipsista: el artista vive en un microcos-mos deleitándose con su propia recreación en la obra, destinada a sí mismo. Independientemente, hay —o no hay— un espectador que también goza de la obra, pero no por ser creación humana cargada de sentido, sino por generar puras sensaciones. Si éstas son cromá-ticas, acaso sean estimuladas por una puesta de sol o por una acua-rela; si son acústicas, por el canto de un ave o por una sinfonía. La causa no importa.

Desde ese punto de vista, no hay relación entre el artista y el espectador o público. Son personajes tan recíprocamente indiferentes que no sólo resulta innecesaria una vinculación entre ellos sino que, además, cuando ésta se produce, es viciosa, puesto que acarrea un contenido de impurezas estéticas: moral, política, etc.

Es evidente que a Mañach no le satisfacen estas conclusiones, y por ello busca una solución de compromiso, y alega que no hay in-convenientes, sino ventajas, en que el arte sirva, accesoriamente, para crear una relación útil, fuera de sus propios fines. Mañach está abandonando la teoría del arte por el arte, pero no quiere todavía renunciar a ella, y se engolfa en una argumentación de la cual puede inferirse que cuanto contamina al arte beneficia al hombre. Para eludir esta conclusión, admite la legítima coexistencia de dos tipos de arte: uno, para sí (arte por el arte o arte puro); y el otro, para algo (arte social, impuro o comprometido, deleite útil para satisfacer otros fines). Defiende la legítima existencia de ambos, y dando un paso más, impulsado por sus desvelos políticos, considera los varios tipos de utilidades, es decir, la función más recomendable para un arte americano, y aboga por la complacencia patriótica. En campaña por el arte nuevo, y en el órgano del vanguardismo en Cuba, se declara ecléctico. Tal declaración, lejos de resultar inconsecuente con la *revista de avance*, congeniaba con su orientación (y era uno de los motivos de la crítica de Lezama), y con las tres proyecciones resultantes del vanguardismo cubano: la purista, con Florit y Ballagas; la negra, de Ballagas, Guillén y otros; y la proletaria, de Guillén, Pedroso y Navarro Luna.

Al cabo de tales especulaciones, el pensador social queda asociado con el esteticista; y esto ocurre en pleno auge del vanguardismo y de las teorías orteguianas de la deshumanización del arte y del arte como juego. Al final del artículo de Mañach bien puede advertirse que el pensador social prevalecerá sobre el esteta puro, y, en efecto, así resulta esclarecido en un debate sobre la comunicación poética.

5. Comunicación

La comunicación requiere, entre otros factores, la existencia de un agente emisor (el artista) y otro receptor (el público o espectador). Hasta el artista solitario, que produce para su exclusivo recreo, se desdobla de creador en espectador cuando aprecia su propia obra. Es más, todo el que escribe es el primer receptor de su mensaje a medida que lo produce, pero no ya como escritor, sino transfigurado, consciente o inconscientemente, en el papel de lector. Asimismo, el juglar que improvisa o el orador que arenga va constantemente transformándose de emisor en receptor, hasta unificar ambas funciones, y es sólo así como puede lograr la identificación con su público.[35]

Mañach no penetró en esa cuestión en el reseñado artículo de 1929, pero sí hay una referencia a ella en el curso de la mencionada polémica con Lezama, veinte años después. A reserva de considerar (capítulo IX) otros conceptos de Mañach sobre la poesía, es conveniente presentar ahora su punto de vista sobre la comunicabilidad poética, pues ésta es parte central de su concepción de la literatura, y también del periodismo literario. Al señalar los rasgos distintivos del género literario más individualista —la poesía lírica— dice Mañach:

¿no parece lógico que empecemos por mirar lo que de hecho ha sido la poesía a lo largo de los siglos?

---

35. Para una explicación de cómo es posible comprobar experimentalmente la integración psicológica de los procesos de emisión y recepción, ver, entre otros procedimientos, el indicado por Peter B. Denes y Eliot N. Pinson, «The Speech Chain,» en *The Physics and Biology of Spoken Language* (1963, rpt. New York: Bell Telephone Laboratories, 1970), págs. 4-5, 158.

Ha sido, sencillamente, la expresión y comunicación, eficazmente condensadas por medio de la palabra, de una experiencia emocional ante el mundo y ante la vida.[36]

En esta definición hay seis palabras determinantes: expresión, comunicación, experiencia emocional, mundo y vida. Todas concurren al empeño de destacar cómo el mundo y la vida —que necesariamente son un estar-con-otros— influyen sobre el poeta, quien reacciona expresando y comunicando, según Mañach, "una experiencia emocional". Al llegar a este punto, aclaramos que, en concordancia con el criterio aquí aceptado (capítulo I), el poeta no comunica una experiencia emocional, sino una recreación intelectual de una realidad anímica, producto de una experiencia emocional ocurrida o imaginada. En esta síntesis, ahíta de implicaciones que es necesario soslayar, se pone énfasis en el engarce social del poeta, y en general del escritor, como ser humano. Este peculiar ser humano inicia el proceso expresivo-comunicativo al adoptar el papel de poeta. Es, según Bousoño, un "personaje".[37] Este personaje trasmuta en símbolos (sonidos significativos o su representación gráfica) dicha recreación intelectual. Ese papel de poeta es sólo uno entre los muchos que cada ser humano desempeña en la vida social (ciudadano, cónyuge, feligrés, padre o madre, comprador, vendedor, etc)., durante el curso de las innumerables relaciones en que se va institucionalizando la conducta. De manera concomitante, el receptor del mensaje adopta el papel de lector o auditor, y se establece una relación espiritual convencional, entre éste y el poeta. El receptor, pues, adecúa sus mecanismos psíquicos como puede hacerlo quien sintoniza un aparato radiofónico, con similar fortuna y variadas posibilidades.

Ahora bien, un artista es poeta —y no pintor, músico, escultor o arquitecto— cuando utiliza la palabra como instrumento comunicador. Y es poeta —y no dramaturgo, novelista o narrador épico— cuando su expresión, según los términos de Mañach, es "eficazmente condensada por medio de la palabra"; porque la poesía, como indica en la misma página, es "un modo de lenguaje *esencial* en que el sentido se capta por una rápida intuición, sin los trámites discursivos de la prosa". La conclusión de Mañach, en cuanto a la comunicación lírica, está firmemente engarzada en la apreciación bíopsicosocial del ser humano. Por eso resume así su criterio:

---

36. Jorge Mañach, «Reacciones a un diálogo literario (Algo más sobre poesía vieja y nueva),» *Bohemia*, octubre 16, 1949, pág. 63.

37. «La persona que habla en el poema, aunque con frecuencia mayor o menor (no entramos en el asunto) coincide de algún modo con el yo empírico del poeta, es, pues, sustantivamente, un 'personaje', una composición que la fantasía logra a través de los datos de la experiencia.» Carlos Bousoño, *Teoría de la expresión poética*, 4a. ed. (Madrid, 1966), pág. 27.

Y aquí viene lo decisivo. La calidad más alta de materia poética es aquella que, al ser ponderada, le revela al poeta motivos profundos y universales, raíces que la vinculan al misterio del hombre y del mundo —al sentido o "sinsentido" de la vida, del dolor, del amor, de la Naturaleza, de la muerte...

El misterio —eso es, en definitiva, el tema mayor de la poesía, como lo es de la filosofía. El sentir que somos "juguetes del destino", náufragos en una realidad infinita, indigentes de sustancia y claridad o necesitados de Dios; el no saber por qué el amor nos agita, la injusticia nos ronda y la muerte nos acaba; la aprensión de la inocencia trágica en los ojos de un niño; la solicitación oscura de un paisaje y la desolación de un camino; la voz que se nos pierde en el turbión de la propia conciencia y el anhelo que se nos ahoga en la marejada de nuestros sueños.

Porque la poesía moderna —en sus manifestaciones más inequívocamente grandes— se aventura con predilección en esa zona misteriosa y casi inefable; soy un lector asiduo de esa poesía y creo que en ella la expresión poética ha alcanzado a veces alturas incalculadas. Pero la que a mí me impresiona es la que en efecto logra entregarme algún sentido dentro de ese misterio, la que logra *comunicármelo* y no, solamente, sumergirme en un fárrago de palabras y de imágenes.[38]

Las implicaciones humanísticas, sociales, de estas ideas estéticas, resultan evidentes; mas, por si alguna duda quedare, conviene recordar lo que, en ese mismo trabajo, Mañach puntualizó de manera bien explícita. Lezama, en el artículo citado, le había reprochado a Mañach que, al abandonar la actitud purista que se le atribuia a la *revista de avance*, había trocado "la *fede* por la *sede*". Mañach pudo argüirle que la *revista de avance* no fue un órgano purista; pero, al no hacerlo, y al limitarse a exponer sus decisiones personales, sus palabras resultan muy ilustrativas del punto que aquí se estudia. Mañach recogió la imputación de haber "cambiado la pura dedicación a las cosas de la inteligencia y de la sensibilidad por los halagos o las solicitaciones de la vida histórica", y el que "no nos hemos dedicado a ser poetas, o ensayistas químicamente puros, sino que hemos hecho política, periodismo, labor de animación cultural y otras cosas nauseabundas por el estilo". Y replicó: "Por supuesto que me declaro culpable. Salvadas todas las distancias, lo mismo hicieron, en sus respectivos momentos y lugares americanos, los Andrés Bello, los Sarmiento, los Alberdi, los Lastarria, los Montalvo, los Hostos y Varona y Martí. Esa es la gran tradición del intelectual americano: responder al menester público, no sustraerse a él; vivir en la historia,

---

38. «Reacciones a un diálogo literario,» pág. 107.

no al margen de ella." Y concluía diciendo: "En su día, pues, la Historia sacará sus cuentas, y dirá quiénes tuvieron más *fede* y menos *sede*, si los generosos en el desvelo o los soñadores... sedentarios" (pág. 63).

6. CRÍTICA

La posición sociológica sostenida por Mañach, tanto al estudiar el estilo, como la función y la comunicación literarias, se completa con su metodología crítica. Todo ese modo de pensar se desarrolló concordantemente, y en sus puntos de vista sobre la crítica se advierte una evolución similar a la ocurrida en las cuestiones ya consideradas.

En los primeros años de su carrera se adhirió a la escuela psicológica cuyo paradigma fue Sainte-Beuve, y nunca la abandonó totalmente.[39] No he encontrado indicios que permitan juzgar hasta dónde profundizó en la fundamentación doctrinal de ese método. Buffon es el único autor que aparece en sus escritos cuando invoca autoridades.[40] Sin embargo, aunque no lo nombra, su técnica crítica se asemeja a la de Sainte-Beuve. Pueden indicarse algunas similitudes entre el francés y el cubano, sin que se pretenda ni una equiparación cualitativa ni el establecimiento de una filiación ideológica directa, ya que no hay testimonios expresos que la confirmen. Ambos desarrollaron la mayor parte de sus trabajos en columnas periodísticas; al poner énfasis en lo psicológico, los dos se interesaban mayormente en el escritor como individuo; esto les llevó, por una parte, a lo biográfico, en la forma de semblanzas; por otra parte, a la preocupación por la tipología psicológica, aunque ésta, en Mañach, se quedó reducida a la descripción del tipo artístico; y, finalmente, coinciden en la percepción del "espíritu histórico", que ya se vio aparecer en la tesis de Mañach sobre el vanguardismo.

---

39. En esto, Mañach es también muy taineano. Entre otros numerosos testimonios de la preocupación de Taine por las cuestiones psicológicas, se encuentra el siguiente, en el cual llega al relativismo moral: «Changez une vertu de milieu, elle devient un vice; changez un vice de milieu, il devient une vertu.» ... «L'essence de l'homme se trouve cachée bien au-dessous de ces étiquettes morales.» ... «Notre véritable essence consiste dans les causes de nos qualités bonnes ou mauvaises, et ces causes se trouvent dans le tempérament, dans l'espèce et le degré d'imagination, dans la quantité et la vélocité de l'attention, dans la grandeur et la direction des passions primitives.» ... «C'est donc méconnaître l'homme que le réduire, comme fait Thackeray et comme fait la littérature anglaise, à un assemblage de vertus ou de vices; c'est négliger le fond intime et naturel. Vous trouverez le même défaut dans leur critique, toujours morale, jamais psychologique...» Taine, «William Thackeray,» en *Essais de critique et d'histoire* (Paris, 1858), págs. 212-13.
40. A Buffon alude dos veces en *Glosario*, págs. 33 y 363: una vez en «El estilo en Cuba,» *Historia y estilo*, pág. 111; y una en «Presencia de Hernández Catá,» en Jorge Mañach, Juan Marinello y Antonio Barreras, *Recordación de Alfonso Hernández Catá* (La Habana, 1941), pág. 13.

La reserva, en cuanto a determinar lo que Mañach pudo haber profundizado en la teoría crítica literaria psicológica, se debe a sus manifestaciones reticentes o ambiguas. Esto es una consecuencia de su estilo de vida intelectual. Como ya se ha visto al revisar sus actividades (capítulo II), vivió compelido por su temperamento, siempre acometiendo empeños intensos y variados. No dispuso de tiempo y serenidad para sistematizar en largos textos sus ideas acerca de la crítica. Por eso, éstas apenas se asoman a la publicidad en artículos periodísticos, conferencias de divulgación, dos discursos académicos y algunos ensayos literarios. Más que teorizar sobre la crítica, criticó. Al hacerlo, satisfacía su vocación reformadora. Para influir en el gusto artístico ejerció la crítica periodística sobre literatura y pintura, por las cuales, como se ha dicho, sintió vocación perpetua. También hizo ocasionales referencias, sin énfasis crítico, a la escultura y a la arquitectura; y se declaró incompetente para hablar de música.[41]

En el capítulo IX, al examinar cómo se aplicaron en la práctica periodística las ideas críticas de Mañach, se verá cómo, desde el comienzo, él fijó el método a que habría de ajustarse, dentro de las condiciones creadas por la actividad profesional. El periodismo, como ya se expuso en el capítulo I, requiere el arraigo del tema en un hecho o una situación actuales. Por lo general, Mañach aprovechó como motivo inmediato —pretexto para hablar de algo o de alguien— una publicación, una exposición, una polémica, un lauro o una muerte.

Sainte-Beuve hacía lo mismo, y por similares razones. Así, para mencionar un ejemplo interesante para el lector cubano, cuando apareció *Souvenirs et mémoires* (1836), de la habanera María de las Mercedes Santa Cruz y Montalvo (1789-1852), condesa de Merlin, Sainte-Beuve le dedicó una crónica que es una agradable "divagación" en torno al tema y al estilo de la obra, e incluye también referencias a *Mes douze premières années* (1833); pero lo más atractivo, lo que le da frescura e interés humano al relato es la semblanza de la autora, enmarcada en el ambiente donde nació.[42] Tal es el propó-

---

41. Compelido por la actualidad a escribir sobre un concierto del violinista Juan Manén, Mañach resolvió de la siguiente manera el problema creado por su incompetencia en música: «yo, que en mi vida he comprendido a satisfacción lo que significa 'decir bien una frase musical', que sólo sé reaccionar a la música con carne de gallina, y que no me avengo a la inmoralidad de razonar mis experiencias puramente sentimentales, callo en cuanto a su arte, y os hablo del hombre.» «Glosas. Juan Manén,» *Diario de la Marina*, Ed. de la tarde, abril 20, 1923, pág. 1. Reproducido como «Charla con Juan Manén,» en *Glosario*, págs. 363-66.

42. «Née dans des climats brillants où la terre est pétrie d'une meilleure argile, développée d'abord et grandie en liberté, un peu *sauvage*, comme elle dit, ayant puisé ses premiéres idées sur l'hiver dans les romans, nous la voyons, dans le cours de ces volumes, fidèle à ce culte de l'été de la vie, de la

sito real de esta clase de crítica, y eso mismo pensaba y hacía Mañach en su crítica periodístico-literaria. El libro era un pretexto para hablar del autor, porque en el exiguo espacio de una columna, y bajo el apremio de la faena a plazo fijo, no se puede hacer más, sin riesgo de incurrir en injusticia. De igual modo, Sainte-Beuve, en la misma crónica, señala cómo le ha interesado descubrir, en *Recuerdos y memorias*, rasgos que le permiten recomponer una imagen de la autora.[43]

Sainte-Beuve, en un prefacio a sus *Críticas y retratos literarios* (1836), defendía la crítica literaria periodística, aunque sin emplear esta terminología, al señalar las ventajas de estudiar las obras de los contemporáneos. Su argumentación descansaba en el hecho de que éstos pueden ser mejor conocidos que los autores del pasado, y agregaba que es fácil juzgar al escritor, pero no al hombre.[44] Tal planteamiento le llevó a contestar una pregunta ineludible: ¿por qué ocuparse del autor, si es la obra la que permanece, si merece permanecer?" (Mañach, como se verá, reconocía que "la obra es lo menos efímero".) La respuesta de Sainte-Beuve revela los aspectos sociales de este tipo de crítica, al mezclar las observaciones morales con las literarias.[45] En los juicios morales, Sainte-Beuve toma en consideración los factores condicionantes del carácter, y un buen ejemplo de ello es la crónica sobre la condesa de Merlin, en la cual empieza por indicar la influencia del "opulento clima" habanero. Y es también interesante advertir que Sainte-Beuve percibió el mismo contraste que Mañach describió al hablar del sofrenado tropicalismo insular.[46]

---

jeunesse, de la beauté dont elle aime à couronner en toute occasion ses louanges.» Charles-Augustin Sainte-Beuve, «La comtesse Merlin,» (1er avril 1836), en *Premiers lundis*, Nouvelle édition (Paris, 1885), II, 295.

43. «Mais ce qui ne nous a pas intéressé le moins dans la lecture de ces volumes, ce sont les divers endroits qui nous servaient à reconnaître et à composer dans notre pensée l'image de l'auteur même.» *Ibid.*, pág. 294.

44. «L'écrivain est toujours assez facile à juger, mais l'homme ne l'est également.» Y agrega en el mismo párrafo: «Dès qu'on cherche l'homme dans l'écrivain, le lien du moral au talent, on ne saurait étudier de trop près, de trop bonne heure, tandis et à mesure que l'objet vit.» Sainte-Beuve, «Deux Premiers lundis, Nouvelle édition (Paris, 1885), II, 295.

45. «'Mais à quoi bon s'occuper tant des détails, des minuties de l'individu? l'oeuvre reste, si elle doit rester; rien de grand ne se perd dans la mémoire des hommes'. On m'a souvent opposé ce genre de raisons sévères, et ce que je viens de dire y répond en partie. L'observation morale, mêlée à l'appréciation littéraire, n'est pas tenue de suivre, d'une marche inflexible, la chaussée romaine de l'histoire. Je remarquerai ensuite qu'historiquement parlant, ce qu'on appelle *la mémoire des hommes* tient souvent en littérature au rôle attentif et consciencieux de quelque écrivain contemporain dont le témoignage est consulté.» *Ibid.*, pág. 299.

46. «Il y a dans cette partie du récit une sobriété de style et une simplicité de tour qui est du tact par opposition à l'abondance même des sensations.» «La comtesse Merlin,» pág. 293.

Asimismo, hay en los dos la insinuación de una teoría de los tipos psicológicos, que Sainte-Beuve llama "familias de espíritus", con el objeto de explicar afinidades y antagonismos entre los escritores. Pues bien, Mañach, al referirse al pintor Jaime Valls (capítulo III), adopta un punto de vista similar cuando afirma: "Sorprende que no se haya frecuentado más el camino de la averiguación estética partiendo del artista mismo. Del artista, no sólo como individuo —en su 'ecuación personal'— sino como variedad humana, como 'tipo' psicológico." Es obvio que los términos "familia" y "variedad", en la forma que estos autores los emplean, tienen el mismo abolengo dentro de las ciencias naturales, tan extraordinariamente influyentes en el pensamiento décimonónico. Pero la similitud termina ahí, porque Sainte-Beuve utiliza la idea de "familias de espíritus" como acaba de decirse, en tanto que Mañach emplea su "variedad" para describir al artista "como un ser netamente diferenciado, más parecido a los demás de su clase que al resto de la fauna parlante".[47]

Hasta 1930, pues, Mañach sostiene un criterio psicológico de la crítica literaria, en el sentido de que para llegar a la apreciación de la obra es necesario conocer la personalidad del autor.[48] Seis años después, se advierte el inicio de un cambio hacia lo sociológico. El autor y la obra comienzan a ser vistos dentro del ámbito social. Esta evolución se insinúa en un juicio general sobre el arte. En efecto, en 1936, Mañach lee en Nueva York una conferencia, con motivo de una exposición de Picasso, y explica la conveniencia de una síntesis entre el arte puramente subjetivo y el arte objetivo. (Tesis presentada en "Vértice del gusto nuevo.") Y dice:

> La fusión de lo decorativo y lo representativo fue una de las tendencias más visibles del pre-cubismo. De su completo desarrollo ha surgido este arte sintético moderno, que tiene de lo decorativo la libertad, la gracia puramente formal y sin responsabilidades *humanas*, y de lo representativo el calor de la creación, la huella psicológica, la ironía y el misterio.[49]

En 1943, en la citada conferencia sobre Amelia Peláez (capítulo III), Mañach expresó que de la mencionada fusión dependería la

---

47. «El artista y sus imágenes,» pág. 112.
48. Criterio que nunca abandona por entero, por eso, en 1941, al hablar de Hernández Catá, dice: «Los que enjuician con impaciencia o con fastidio la psicología peculiar de los artistas, olvidan casi siempre que los excesos y defectos de ella no son sino el envés inevitable de sus virtudes específicas, es decir, de las calidades que les permiten servir como artistas al ennoblecimiento del hombre, al enriquecimiento de la conciencia humana. El narcisismo, la susceptibilidad, los celillos profesionales son los humos delatores de esa hoguera interior, de esa ansia ardiente de perennidad en que todo artista verdadero se abrasa. Sin ese afán, más o menos sentido y descubierto, no se ha dado nunca una real energía creadora.» *Recordación*, págs. 20-21.
49. Jorge Mañach, «Picasso,» *Universidad de La Habana*, 34 (1941), 64.

salvación del arte moderno. Salvación para la posteridad, como la logró, por ejemplo, la pintura del Giotto, de Leonardo, de Holbein y de Velázquez, cuya eternidad "tiene que ser porque hay en su arte cualidades permanentes, y éstas no lo serían si no fuesen esenciales a la naturaleza misma de la pintura como arte". Una de esas cualidades, dijo, es "la fuerza comunicativa, emotiva, si queréis, derivada de un cierto mínimo de referencia directa a lo humano. Dígase lo que se quiera, la gran pintura clásica no impresiona sólo por sus valores sensuales o de figuración plástica, sino también por su valor de sentido, de representación".[50]

La preocupación por lo humano y, consiguientemente, por la comunicación, crecía en Mañach junto con el sentido de la responsabilidad social del crítico y del artista. Fue por eso que, en 1944, en el trabajo sobre Max Jiménez, planteó, sin ambajes, lo que bien puede llamarse la crisis de la crítica ante el arte nuevo:

> ¿Cómo dejar por más tiempo sin alguna explicación el hecho, tan frecuente y ostensible, de que públicos informados, públicos viajados, públicos de reconocido refinamiento espiritual, tengan ante la obra contemporánea de arte un gesto de impermeabilidad, cuando no de repugnancia? La crítica que tal cosa contempla sin inquietud no es crítica en absoluto. A no ser que por crítica entendamos lo que tantos parecen entender hoy día: a saber, una especie de duplicación en palabras del misterio expresivo, un comentar la obra que no se entiende con palabras que tampoco se entienden.[51]

Tras la admonición a los críticos, dice a los artistas:

> Los públicos en general son lógicos a su manera. Lo son genéricamente, en el sentido de que rigen su conducta, norman sus gustos y aprecian la general actividad humana según su conformidad con algún sistema más o menos racional de convenciones. Para el hombre o la mujer corrientes —lo cual incluye a los corrientemente cultos— lo lógico es lo que no se aparte del sentido común. En el arte, particularmente, parece por lo pronto de sentido común que el artista se exprese para comunicarse y que esa comunicación sea lo más efectiva y universal posible apelando al fondo más "natural" y común de la experiencia de sus espectadores; es decir, no a la intimidad individual de cada uno de ellos, sino al ámbito de naturaleza en que todos se desenvuelven.[52]

La exaltación cartesiana del sentido común vuelve a ensartar el pensamiento de Mañach en la filosofía francesa. Esta vez, con la

---

50. «Amelia Peláez o El absolutismo plástico,» pág. 37.
51. «Del arte moderno y su óptica,» pág. 13.
52. *Ibid.*, pág. 15. Mañach parece tener en la mente la frase con que René Descartes abre su *Discours de la méthode:* «Le bon sens ets la chose du monde la mieux partagée.» *Oeuvres philosophiques* (Paris, 1963), I, 568.

del arte, sistematizada por Hipólito Taine, precisamente, al fijar ese "ámbito de naturaleza" en que adquieren unidad espiritual los miembros de una sociedad. En efecto, Mañach cita a Taine en sus dos trabajos mayores sobre el estilo, y lo hace con ánimo de aceptar y ampliar sus postulados.[53] Basta leer la "Introducción" de Taine a su *Historia de la literatura inglesa* para encontrar las fuentes de la interpretación sociológica del estilo, a la cual llegó Mañach al culminar la evolución de sus ideas estilísticas. Esclarecido este antecedente, se advierte que la novedad en el esfuerzo de Mañach, y ya es bastante, consiste en haber aplicado, por primera vez y de un modo consistente, el método de Taine a la interpretación del desarrollo literario en Cuba. Puede argüirse, en su contra, que lo aplicó a destiempo, cuando ya Taine estaba pasado de moda; pero no era la moda, sino el modo de Taine, lo que le interesaba a Mañach, de conformidad con sus desvelos políticos.

Taine señala tres factores determinantes del hecho literario: raza, medio y momento. El término "raza" incluye, según él, las disposiciones innatas y hereditarias que, acompañadas por específicos rasgos del temperamento y de la estructura corporal, distinguen a los miembros de un grupo humano.[54] La palabra "medio" comprende los factores ya señalados, entre otros, por Mme. de Staël y el vizconde de Bonald, al abarcar tanto los geográficos (clima, orografía, hidrografía, fertilidad del suelo, dimensiones del territorio, etc.), como los sociales (instituciones políticas, religiosas, económicas, etc.; costumbres, prejuicios colectivos, etc).[55] Y por "momento" se entiende una resultante de los dos primeros factores, la cual, a su vez, influye sobre el conglomerado social y provoca, en lo artístico, un producto específico, con peculiaridades que lo caracterizan y distinguen en el

---

53. «Concedida esa latitud al concepto de estilo, cobra alcances insospechables la idea taineana de que el estilo no es cosa ajena a la historia.» «El estilo en Cuba,» pág. 111. «Porque es evidente que existe una relación, mucho más íntima de lo que mostró Taine, y más cierta y segura de lo que parece suponer la nueva Estilística, entre los ámbitos de la expresión y los modos de ella, el más esquivo y sutil de los cuales es el estilo.» «De lo permanente en nuestro estilo,» pág. 16.

54. «Ce qu'on appelle *la race*, ce sont ces dispositions innées et héréditaires que l'homme apporte avec lui à la lumière, et qui ordinairement sont jointes à des différences marquées dans le tempérament et dans la structure du corps. Elles varient selon les peuples.» Hippolyte Taine, *Histoire de la littérature anglaise* (París, 1863), I, xxiii. En lo sucesivo, citada sólo como *Histoire*.

55. «Lorsqu'on a ainsi constaté la structure intérieure d'une race, il faut considérer le *milieu* dans lequel elle vit. Car l'homme n'est pas seul dans le monde; la nature l'enveloppe et les autres hommes l'entourent, sur le pli primitif et permanent viennent s'étaler les plis accidentels et secondaires, et les circonstances physiques ou sociales dérangent ou complètent le naturel qui leur est livré.» *Histoire*, I, xxv-xxvi.

curso de la historia, pero siempre dentro del marco forjado por la raza y el medio.[56]

Estas mismas determinantes son las que Mañach incluye en "los ámbitos de la expresión". Estos comprenden "factores permanentes". Uno es la raza, o las razas, en el caso de Cuba y Puerto Rico: el blanco español y el negro africano. Otros se deben al medio geográfico y social: insularidad y trópico, por una parte, e instituciones y valores de origen hispánico, por la otra. Además, los "ámbitos" comprenden factores temporales, a los cuales llama "peripecias históricas", o sea, sucesivos momentos característicos del desarrollo que, en la sociedad cubana, se deben a la alternación de ciclos autoritarios, críticos y liberales.

Como bien puede advertirse, Mañach no copia el esquema teórico de Taine, pues adapta la teoría del "momento" al curso histórico de Cuba. Además, en el lapso comprendido entre los años en que Taine alcanzó el máximo de su prestigio y el instante en que Mañach preparaba sus discursos académicos, el materialismo dialéctico de Marx y Engels fue ganando influencia. De este cuerpo de doctrinas, Mañach aceptó parcialmente la tesis de que las relaciones de la producción económica determinan la organización institucional de la sociedad, y que del entresijo de las recíprocas influencias, entre aquellas relaciones y estas instituciones, brotan los valores morales, políticos, estéticos, etc. Por eso, en la explicación de cada momento histórico, Mañach le reconoce un importantísimo y, a veces, decisivo papel, a las citadas relaciones de producción. Sin embargo, también le reservó un amplio margen decisivo a lo que llamó la "zona de autodeterminación del espíritu".[57]

Esta alusión al "espíritu" debe ser considerada a la luz de las propias palabras de Mañach, cuando dice: "En la más íntima instancia, es metafísicamente posible, y hasta probable, que lo que solemos

---

56. «Il y a pourtant un troisième ordre de causes; car avec les forces du dedans et du dehors, il y a l'oeuvre qu'elles ont déjà faite ensemble, et cette oeuvre elle-même contribue à produire celle qui suit. Outre l'impulsion permanente et le milieu donné, il y a la vitesse acquise. Quand le caractère national et les circonstances environnantes opèrent, ils n'opèrent point sur une table rase, mais sur une table où des empreintes sont déjà marquées. Selon qu'on prend la table à un *moment* ou à un autre, l'empreinte est différente; et cela suffit pour que l'effet total soit différent.» *Histoire*, I, xxviii-xxix.

57. «Hoy ya se advierte y reconoce que no hay determinismo económico absoluto; que el factor económico es sólo uno y probablemente el más imperioso, de los factores llamados 'materiales' que condicionan la conducta humana; pero que, al margen de éstos, queda siempre una misteriosa zona de autodeterminación del espíritu, donde juegan su papel, tan dramático a veces para el propio individuo, los puros impulsos emocionales, los narcisismos, los pudores y los orgullos, las ambiciones netas de gloria o de poder y hasta los más oscuros y seculares atavismos.» «La nación y la formación histórica,» pág. 51.

llamar materia y espíritu sean la misma cosa; que respondan a cierta primordial unidad de sustancia y destino." [58] A su vez, estas consideraciones, de un hegelianismo cauteloso, deben ser relacionadas con otras de la misma época, en las cuales sostenía "que lo material y lo espiritual se asisten y condicionan recíprocamente, y que el ser perfecto sería el resultado de la cabal evolución de uno y otro". Tesis que, en el mismo trabajo, ampliaba así:

> A tono con mi declarada preferencia, ¿no cabría ver en los contenidos superiores de la conciencia una especie de presentimiento, como si el espíritu resultara capaz de objetivar el sentido profundo que tiene el destino último de todo ser, y del ser humano en particular? Aventuro que ese destino, o no es racionalmente concebible, o tiene que ser pensado como una síntesis que, al cabo de la total evolución de las cosas, se logra entre las condicionantes que la transitoria actualidad del Ser presenta: una síntesis en que se conciliarían definitivamente materia y espíritu, cuerpo y alma, necesidad y libertad. [59]

La impronta de Hegel es clara, a pesar de la indicada cautela. Mañach parte de la "unidad primordial" de materia y espíritu; deja de lado, aparentemente, la aceptación de la Idea absoluta como principio generador; pero, al aceptar la identificación final del espíritu —tesis— con la materia —antítesis—, cuya integración la ve prevista en el destino de ambos, está implicando que, idealmente, la síntesis es una consagración de la teleología inmanente en las dos caras de una identidad preconcebida y predeterminada y, por lo tanto, idealmente preexistente.

Estas ideas hegelanas las aplicó Mañach, con diversa consistencia, en los variados campos de su actividad como escritor. Ya se han visto su concepción destinista de la historia, como una marcha hacia la libertad; su presunción política de que el mundo progresa hacia una gran síntesis de los sistemas capitalista y socialista; su vaticinio estético sobre la síntesis estilística que habría de ocurrir en la literatura cubana, una vez que triunfaran los ideales de la revolución de los años treinta; y ahora, en filosofía, la previsión de la síntesis de espíritu y materia. Aparte de la fundamentación ideológica, estas interpretaciones coincidían con el temperamento conciliador de Ma-

---

58. *Ibid.*, págs. 49-50.

59. *Para una filosofía de la vida*, págs. 24, 64. Si se soslaya, en la concepción hegeliana, la circunscripción a lo germánico y protestante, se encuentra que la interpretación de la historia universal como desarrollo de la idea de la libertad («die Weltgeschichte ist nichts als die Entwicklung des Begriffes der Freiheit.» Hegel, *Philosophie der Geschichte*, pág. 568) culmina en la síntesis de dos ámbitos, que Hegel llama Libertad Objetiva y Libertad Subjetiva. De donde parecen derivar los opuestos que Mañach respectivamente llama «materia y espíritu, cuerpo y alma, necesidad y libertad.»

ñach y su búsqueda del justo medio, aunque teóricamente no sean lo mismo. Bien podría imaginarse que el método dialéctico le sirvió para racionalizar sus propensiones.

Al llegar a este punto, resulta, una vez más lamentable la carencia de sus cuadernos de notas y los apuntes para sus clases de filosofía, en los que debe suponerse que pormenorizó sus criterios. Asimismo, es posible que en el manuscrito de su "Manual de historia de la filosofía" haya más claros indicios al respecto. Según el material que ha sido accesible al escribir estas páginas, Hegel dejó una huella profunda en su modo de pensar, pero no debe olvidarse que, en general, los rasgos hegelianos que se advierten en el pensamiento de Mañach coinciden con los que también son ostensibles en Taine.[60]

En Taine, la impronta de Hegel es más sistemática, entre otras razones, porque la obra de aquél es mucho más organizada y erudita que la de Mañach. No se puede esperar que el pensamiento filosófico de éste, forjado a lo largo de cuarenta años, durante los cuales fue manifestándose bajo el imperio de circunstancias variables y, a veces, en un marco periodístico, ofrezca la homogeneidad que sólo se logra en un tratado.

Sin negar que algunos rasgos hegelianos puedan haberse presentado antes, ellos apuntan ya en 1930, cuando Mañach señala la diferente actitud que ante la realidad exterior tienen el artista y el científico, y dice: "Para el artista, el mundo vale esencialmente como personal experiencia; para el sabio, como espectáculo."[61] Y para Hegel: "La ciencia describe lo que la naturaleza es; el artista intenta presentar aquello de lo cual la naturaleza es un signo."[62] También podría decirse, una evidencia o una revelación, porque la naturaleza, en la pluralidad de sus formas, pone de manifiesto concreciones de la Idea; y, según Taine: "Hay una filosofía en toda literatura. En el fondo de cada obra de arte hay una idea de la naturaleza y de la vida."[63] Porque debe revelar lo esencial, y no la mera apariencia,

---

60. En Cuba, el hegelianismo de Taine fue captado y resumido por Manuel Sanguily en un artículo titulado «H. Taine,» de su revista *Hojas literarias* (marzo de 1893), escrito al morir el crítico, de quien dijo: «pretendía conciliar un aspecto del hegelianismo con el positivismo, la concepción hegeliana de la naturaleza, del orden ideal del universo con el análisis francés, rehacer el mundo por la inducción, o lo que es igual, edificar una metafísica con los métodos de las ciencias experimentales.» Reproducido en *Literatura universal. Páginas de crítica.* Biblioteca Andrés Bello, Vol. III (Madrid: Editorial América, s. f.), págs. 35-36.

61. «El artista y sus imágenes,» pág. 113.

62. «Science describes what nature is; the artist seeks to present what nature is a sign of.» Jack Kaminski, *Hegel on Art. An Interpretation of Hegel's Aesthetics* (New York, 1962), págs. 30-31.

63. «C'est qu'il y a une philosophie sous toute littérature. Au fond de chaque oeuvre d'art est une idée de la nature et de la vie; c'est cette idée qui mène le poète; soit qu'il sache, soit qu'il l'ignore, il écrit pour la rendre sensible, et

aseveran Hegel y Taine, no es una mera copia de la naturaleza; y por similares razones expresa Mañach: "Una obra de arte asume su más alto rango cuando está hecha de pura experiencia interior, de imágenes que parecen creadas, de tan remotas; y se rebaja en la medida en que, por el contrario, reproduce la vida como espectáculo." [64]

Mañach no explica qué entiende él por esa "experiencia interior" que permite elaborar esa clase de imágenes, pero Taine sí lo hace en la *Filosofía del arte*, partiendo de una definición de la obra de arte como propósito de manifestar, más claramente que el objeto real, algún rasgo considerado esencial en éste.[65] Para lograr esto, el artista se forma una idea del carácter esencial del objeto, y luego transforma esa idea en otro objeto real.[66] En otros términos, el artista, para revelar lo esencial de las cosas, tiene que filtrarles sus apariencias por el tamiz de las ideas. A esta interpretación se ajusta el pensamiento de Mañach cuando, en el párrafo siguiente, agrega: "Pero entre esa pura experiencia y la simple transcripción, existe una posición intermedia en que el artista, proponiéndose fijar las imágenes inmediatas de las cosas externas, les imprime, sin embargo, su norma, su ideal. Surge así una representación naturalista, pero estilizada: una versión normativa de la realidad." [67]

El intento de esclarecer esa conclusión habría engolfado a Mañach en un análisis metafísico, en el cual no se adentró, pero al que sí hizo referencia diecinueve años después:

> Se da el caso curioso de que, si bien todos los filósofos convienen en que la poesía alcanza siempre, por vía intuitiva, un rango de verdad y hasta un sentido de dimensión trascendente, consideran poco menos que un agravio el que se diga que la filosofía cobra vuelo metafísico en la medida en que es también poesía. Pido pues, excusas para atreverme a opinar que entre una y otra —entre la poe-

---

les personnages qu'il façonne comme les événements qu'il arrange ne servent qu'à produire à la lumière la sourde conception créatrice qui les suscite et les unit.» *Histoire*, I, 229.

64. «El artista,» pág. 113.

65. «L'oeuvre d'art a pour but de manifester quelque caractère essentiel ou saillant, partant quelque idée importante, plus clairement et plus complétement que ne le font les objets réels. Elle y arrive en employant un ensemble de parties liées, dont elle modifie systématiquement les rapports. Dans les trois arts d'imitation, sculpture, peinture et poésie, ces ensembles correspondent à des objets réels.» *Philosophie de l'art* (París, 1865), pág. 64.

66. «Nous avons dit que l'oeuvre d'art a pour but de manifester quelque caractère, et, d'après, son idée, il transforme l'objet réel. Cet objet, ainsi caractère, etc, d'après, son idée, il transforme l'objet réel. Cet objet, ainsi transformé, se trouve *conforme à l'idée*, en d'austres termes, *idéal*. Ainsi, les choses passent du réel à l'idéal.» *Philosophie de l'art* (Paris, 1882), II, 224.

67. «El artista,» pág. 113.

sía y la metafísica— la diferencia de fondo sólo estriba en que sea
emocional o intelectual el coeficiente de las intuiciones.[68]

También en esto coincide con Taine y Hegel.[69] La única diferencia
con ellos es que éstos fueron más explícitos. Por su parte, Mañach
contempla la identidad del conocimiento estético y filosófico como
resultado de la unificación total del conocimiento. No como una
realidad metafísica actual. Esa integración ocurrirá, según él, cuando
el hombre llegue a esa etapa evolutiva, que el propio Mañach califica
de utópica, en que se producirá el "recíproco condicionamiento entre
el sujeto y el objeto integrales, entre la totalidad del hombre y la
totalidad del mundo: o dicho más concretamente, entre la conciencia
y la voluntad humanas, de una parte, y, de la otra, cuanto a ella se
opone en la naturaleza y la sociedad".[70] Este es, según él, el resultado
previsible de la historia en su marcha hacia el progreso. La dialéctica
de Mañach culmina, pues, en una síntesis universal y absoluta, para
la completa felicidad humana.

Este trasfondo hegeliano, que Mañach recoge, entre otras ocasiones, cuando dice que "la marcha del mundo tiene un sentido, una
dirección, acaso una meta", es lo que lo seduce.[71] Esa majestuosa
integración ideológica del acontecer natural y social era lo que más
podía satisfacer a su mente, grávida de preocupaciones humanas.
Estas sutiles lucubraciones del pensador alemán, iluminadas por la
gracia francesa de Taine, eran afines a su espíritu, amante de las
grandes síntesis. Por eso mismo, la teoría crítica de Taine, maridando
estética y sociología, satisfacía sus dos grandes intereses intelectuales,
según se infieren de este testimonio: "Me preocupa desde hace tiempo
el problema del estilo, no ya sólo en lo teórico, sino también, y principalmente, por lo que el estilo pueda valer como testimonio social

---

68. Jorge Mañach, «El filosofar de Varona,» conferencia en la Universidad
de La Habana, abril 13, 1949, reproducida en *Para una filosofía de la vida*,
págs. 175-76.

69. «Un disciple authentique de Hegel, l'auteur de la *Philosophie de l'art*
croit que la nature profonde de l'art est d'exprimer l'Idée, ou du moins une
idée générale, importante, une *vérité* générale. En d'autres termes, l'art, le
véritable art, celui qui seul mérite ce nom, manifeste la nature intime des
choses.» Y agrega inmediatamente: «Il y a par conséquent, selon l'hégélien
Taine, identité profonde entre le *beau* et le *vrai*, entre le rôle que l'art tient
dans l'économie de l'esprit et celui qu'y jouent, sur un autre plan, la science
et la philosophie.» D. D. Rosca, *L'Influence de Hegel sur Taine théoricien de
la connaissance et de l'art* (Paris, 1928), págs. 363-64. Rosca señala las fuentes
directas en Hegel: «...Die Schönheit ist nur einer bestimmte Weise der Äusserung
und Darstellung des Wahren. ... Die Schönheit ist der in sich selbst konkrete
absolute Begriff.» (*Werke*, X, *Vorlesungen über die Aesthetik*. H. G. Hotho, ed.
(Berlin, 1842), pág. 117.

70. *Para una filosofía de la vida*, pág. 91.

71. *Ibid.*, pág. 92.

y, por tanto, histórico, es decir, como indicio de nuestra intimidad colectiva." [72]

Es claro que también habría podido alcanzar ese fin mediante la aplicación de alguno de los métodos sincrónicos de la estilística contemporánea; pero estos requieren minuciosos análisis, que habrían resultado fatigosos para la vocación de Mañach por los grandes resúmenes intuitivos con atuendo racionalista. Al método diacrónico que él siguió se le ha reprochado el presumir relaciones causales entre fenómenos coetáneos, sin que, en todos los casos, tales vínculos sean comprobables o, al menos, hayan sido satisfactoriamente probados. De tales imputaciones es imposible escapar, haya o no fundamento para ellas, porque tal satisfacción es algo muy subjetivo. Acaso la objeción más seria es que este método —como todo método determinista, sea idealista o materialista— tiende a confundir la crítica literaria con la historia de las ideas o con la historia social, y pone más énfasis en los factores condicionantes, cualesquiera sean los que se hayan escogido como tales, que en el producto por aquéllos condicionado.[73]

Mas, pese a los reproches que se les han hecho a los métodos de sus maestros franceses, en ellos hay elementos aprovechables, y Mañach los aprovechó en la crítica periodística literaria. Los de Sainte-Beuve los utilizó hasta en sus últimos tiempos. Para ello solía acudir a la semblanza, y así lo hizo con Ballagas. Otras veces, a valoraciones impresionistas, como al juzgar los poemas de Gaztelu. El sistema de Taine lo aplicó parcialmente, para señalar, en unos casos, la influencia del medio, en el *Goya*, de Gómez de la Serna; de

---

72. «De lo permanente en nuestro estilo,» pág. 16.

73. Esa es la objeción que generalmente se ha hecho tanto al método psicológico de Sainte-Beuve como al sociológico de Taine. Objeción ya formulada por los contemporáneos de ambos críticos. Entre estos contemporáneos se destaca Gustavo Flaubert, tanto por la insistencia como por los términos con que se opone a tales métodos. En una carta a Mme. Roger des Genettes, decía el novelista, hablando de Taine: «Avec ce système-là, on explique la série, le groupe, mais jamais l'individualité, le fait spécial qui fait qu'on est *celui-là*. Cette méthode amène forcément à ne faire aucun cas du *talent*. Le chef-d'oeuvre n'a plus de signification que comme document historique.» En carta a George Sand apuntaba: «Quand sera-t-on artiste, rien qu'artiste, mais bien artiste? Où connaissez-vous une critique qui s'inquiète de l'oeuvre en soi, d'une façon intense? On analyse très finement le milieu... mais la poétique insciente? d'où elle résulte, sa composition, son style? le point de vue de l'auteur?» En carta a Louise Colet, reiteraba: «Je tâcherai de faire voir pourquoi la critique esthétique est restée si en retard de la critique historique et scientifique: on n'avait point de base. La connaissance qui leur manque à tous, c'est *l'anatomie du style.*» Y, finalmente, en otra carta a Sand insistía: «La valeur intrinsèque d'un livre n'est rien dans l'école Sainte-Beuve, Taine...» [Cursivas en el original] Charles Carlut, *La correspondance de Flaubert. Étude et répertoire critique* (Columbus, Ohio U. P., 1968), págs. 449-50, 452-53.

la raza, al valorar la pintura de Lam; y del momento, cuando juzgó el libro de Anita Arroyo sobre Sor Juana.

En sus ensayos mayores, se le ve, a veces, influido por Sainte-Beuve, como al juzgar a Heredia, y otras por Taine, según se ha indicado; y también por ambos, como en algunos artículos de "Perfil de nuestras letras."

La filosofía de Taine fue ganándoselo, de modo consciente, a medida que se desvelaba cada vez más por la historia y el destino de Cuba; pero, en realidad, él era taineano aún antes de admitirlo, y hasta cuando creía refutar ese método. Esta curiosa situación se dio al comentar el sistema histórico-crítico de Américo Castro, en su ensayo sobre "El gran duque de Osuna," y compararlo con el de Taine. Dijo Mañach en esa ocasión: "Pero este determinismo suyo [el de Américo Castro] no es aquél —un poco simple y mecánico— de Taine; sino el más vario y fluido: cuestión de raíces; pero también de atmósfera, de paisaje. El hecho artístico, el tema ideal o emocional, más que fruto de la tierra, lo es de un clima histórico, cargado de fulgores, ecos y fragancias a veces venidas de muy lejos." [74] Y hay que preguntarse: ¿no era ya taineano Mañach, a pesar de sí mismo? ¿No están ahí ya, engalanados, la raza ("raíces"), el medio ("atmósfera", "paisaje") y el momento ("clima histórico")? Es que ya comenzaba el insomnio patriótico del pensador político y social.

Ahí aparece retratado también el periodista literario, con sus toques impresionistas. Su vocación periodística probablemente influyó en la adopción de ese método crítico. En todo esto hay un factor temperamental. Los sistemas de Sainte-Beuve y de Taine le permitían aplicar las grandes síntesis ineludibles en el periodismo, congeniantes con sus gustos, y propicias al engarce estético-sociológico.

---

74. Jorge Mañach, «Letras. Américo Castro, *Santa Teresa y otros ensayos. Historia Nueva,* Madrid,» *1930, revista de avance,* febrero 15, pág. 57.

V. LA CARTA

Mañach escribió muchas cartas en el curso de su vida, y es probable que algunas de ellas, con valor literario o político hayan sido conservadas por sus destinatarios. Pero esas cartas son impertinentes a los efectos del presente estudio. Aquí interesan las que fueron concebidas y realizadas para el consumo público, como instrumentos de comunicación masiva, como documentos periodísticos. En todo caso, la carta va dirigida a alguien, personaje real o ficticio, determinado o indeterminado, individual o colectivo, que hace de receptor. La presunta identidad del que la recibe es elemento que se integra en el fondo y la forma del mensaje. A veces puede ser la clave de su cabal significado; y, para brindar un ejemplo, basta referirse a la misiva clandestina de una niña urgida de cariño (véase capítulo VI): "A quienquiera reciba esta carta: yo le quiero." En consecuencia, las cartas públicas que escribió Mañach se clasifican aquí en dos categorías: crónicas epistolares y cartas abiertas.

Las primeras, dirigidas a un personaje inventado, una Señora, cuya identidad varía según los requerimientos del tema, por lo que jamás se revela su nombre, quien, en una de sus personificaciones (figura activa en la sociedad elegante), tiene una hija apodada Cheché. En estos papeles, el escritor comenta asuntos de actualidad, sucesos, costumbres, con frecuentes alusiones librescas, y en un tono de liviana apariencia. El las llama "crónicas epistolares", y aparecieron principalmente en las setenta y cinco "Glosas trashumantes," de su iniciación periodística.

Las segundas incluyen las cursadas a Rómulo Gallegos, Alfonso Reyes, Medardo Vitier, Miguel de Marcos, Anita Arroyo, Agustín Acosta, José Lezama Lima y Antonio Barreras, y versan sobre temas relacionados con la literatura, la pintura o la cultura en general.

2. CRÓNICAS EPISTOLARES

En el otoño de 1922 entra Jorge Mañach en la escena periodística cubana. Antes se ha asomado discretamente por el foro con traducciones y alguna colaboración aislada, pero su estreno formal ocurre cuando, en la primera página del alcance vespertino del *Diario de la Marina*, aparece su crónica "San Cristóbal de La Habana," que es "un quiquiriquí de gallo fino y retador".[1] El recién llegado da la impresión de querer llamar la atención de inmediato, pues la emprende con un monumento nacional, "nuestro Morro", al que llama "una ingenuidad de cartón piedra". Bien puede encarecerlo o devaluarlo con anécdotas, como espantajo de corsarios y piratas, o como inutilidad ante la agresión inglesa de 1762. No lo hace. Prefiere atacarlo a fondo, como símbolo, que es su único valor actual, y dice: "Paradójicamente, ese castillo que fue prisión constituye nuestra Estatua de la Libertad."[2]

En esta crónica palpitan, en germen, los contenidos temáticos y los rasgos estilísticos que tipificarán su obra primeriza: la que produce entre 1922 y 1925, mayormente en el *Diario de la Marina*, en sus "Glosas trashumantes" y "Glosas." Entre los veinticuatro y los veintisiete años de edad, Mañach va puliendo su instrumento expresivo y va identificándose con el ambiente cubano. Hay una íntima relación entre los dos procesos.

Al comienzo, el mozo se reconoce extraño al medio, y se declara "repatriado ambiguo, injerto de español y de criollo". Tales calificaciones son exactas. Nacido en Sagua la Grande, el 14 de febrero de 1898, de una madre cubana, Consuelo Robato y Turró, con ascendencia italiana y catalana, y de un padre gallego, Eugenio Mañach y Couceiro, decidido opositor de la independencia de la Isla, es forzoso admitir que, en el momento de escribir, aquel "injerto" tiene más "de español" que "de criollo". Por eso es un "repatriado ambiguo", porque no está emotivamente seguro de cuál es su patria, y no le falta razón. En efecto, al establecerse la República, el padre regresó a España, y cinco años después, en 1907, la familia se le unió, en el pueblecito manchego donde aquél era notario. Los Mañach residieron un tiempo allí y después en Madrid, hasta 1913. Jorge vivió en España entre los nueve y los quince años. Regresó la familia a Cuba y se estableció en La Habana, y a fines de 1914 estaban Jorge y su hermano menor en Cambridge, Massachusetts, en donde terminaron la segunda enseñanza. En 1917, Jorge ingresó en la Universidad de Harvard, donde se graduó de Bachiller en Artes, en 1920, *magna cum laude*. Obtuvo, además, una beca para estudiar en Francia, y hacia allá se dirigió, tras pasar brevemente por La Habana. En la Universidad de París estudió hasta el otoño de 1922, época en que regresó a La Habana. Al llegar tiene veinticuatro años, de los cuales

1. Jorge L. Martí, «Mañach y su legado cívico,» en Jorge Mañach, *Homenaje de la Nación Cubana* (San Juan, P. R., 1972), pág. 25.
2. Jorge Mañach, «Impresiones. San Cristóbal de La Habana,» *Diario de la Marina*, Ed. de la tarde, octubre 13, 1922, pág. 1.

ha pasado, aproximadamente, seis en España, seis en los Estados Unidos y dos en Francia. Más de la mitad de su vida, incluyendo la adolescencia y el comienzo de su juventud, ha transcurrido en el extranjero. Pero ya apunta en él una voluntad de sentirse cubano, puesto que se considera "repatriado", aunque fuese "ambiguo".

Después de una estancia prolongada en Madrid, Boston y París, La Habana le parece una villa grande, en la que todavía, pese a la catástrofe financiera de 1921, se evidencia, en los palacetes del Vedado, la predominante psicología de los nuevos ricos. Por eso critica a las nuevas construcciones y elogia las casonas de La Habana Vieja y del Cerro. Es que viene con el gusto europeo por lo secular, lo asentado y maduro. Pronto esa predisposición habrá de transformársele en ironía cuando vaya percibiendo la frivolidad de las consiguientes relaciones sociales. Hay también, inevitablemente, la pedantería del joven viajado, leído y diplomado, urgido de hacerse notar en un medio que desconoce y donde es un desconocido. Esto repercute de inmediato en su estilo.

En la primera crónica castiga los oídos habaneros con palabritas —que debieron sonar como palabrotas— impropias del tono coloquial que viene manteniendo. Tales son, por ejemplo, "hegemónico", "heteróclito", "xenófoba" y "pastiche". En las sucesivas alterna cultismos con extranjerismos, tales como *mens summa, flaneur, esprit, foyer* y matritense, por madrileño (Oct. 18); *art nègre, fauves, art nouveau, dernier cri* y logogrifos (Oct. 22); Lutecia, por París (Oct. 28); y hieráticos (Nov. 13). Más ostentosa es la nómina de autores correspondiente a esos días: O. Henry y Hergesheimer (Oct. 13); D'Ors, Unamuno, Amiel y María Barkitzeff (Oct. 16); Platón, Kant, Baumgarten, Tolstoi, Nordau, Vargas Vila y Mark Twain (Oct. 22); Milton, Balzac, Azorín, R. L. Stevenson, Darío, Shakespeare, Meredith y Dickens (Oct. 26); Musset (Oct. 27); Ricardo León (Nov. 2); Baudelaire, Wilde, Shaw, Nietzche y Baroja (Nov. 9); y Mirbeau (Nov. 13). No hay duda de que, digámoslo como él lo habría dicho entonces, trata de *épater le bourgeois*. De esta petulancia fue curándose en las "Glosas," y ya se verá lo que decía respecto de las citas.

Adviértense, además, otros factores que van a influir en la temática y la estilística. No es fácil tarea la de escribir una columna diaria para un público cuyos gustos no se conocen, en un medio donde se es un extraño, y cuando, en la aurora de la juventud, se comienza una carrera. Es cierto que desde la adolescencia viene preparándose. Como ya se ha visto (capítulo II), comenzó a ejercitarse en las letras desde los tiempos de Cambridge. Pero escribir cuando se quiere es muy distinto de escribir cuando se debe. Tal es la diferencia de situaciones entre el aficionado y el profesional. En este caso, el bisoño, abrumado por la cotidianeidad, es además un alumno de leyes urgido de terminar en La Habana los estudios comenzados en París, y de salvar las diferencias que, no obstante el común origen, hay entre los sistemas jurídicos cubano-español y francés.

Al revisar sus trabajos de novicio se advierte que, para facilitar la solución de ese multifacético problema, echa mano, de vez en cuando, al cajón de sastre donde yacen notas de su viejo diario neo-inglés y apuntes de sus andanzas europeas.[3] Al mismo tiempo, va trayendo a sus comentarios las recientes experiencias de sus nuevas relaciones habaneras. Tales relaciones, dada la posición social de su familia, que no es acaudalada pero sí ventajosa, lo introducen en los clubes elegantes. Este calidoscopio de impresiones maduras y tiernas le suscita otra cuestión: ¿Cómo aprovechar todo eso en co-mentarios que, sin guardar una rígida ilación, inconveniente en el diarismo, puedan engarzarse en la actualidad preservándoles una iden-tidad estilística y una cierta similaridad temática?

La solución que se le ocurre, desde el primer escrito, es adoptar el género epistolar: cartas a una amiga cuya identidad se difumina, pero que sin duda es una mujer culta y activa en los clubes elegantes. La adopción de una corresponsal así le permite utilizar un tono con-fidencial de hombre de mundo, culto, refinado, y sesudo o frívolo, discreto o chismoso, según los requerimientos del tema.[4] Finalmente, a partir del tercer día de re-creaciones imaginativas, éstas aparecen bajo el título genérico de "Glosas trashumantes." Y en este mismo trance revela sus motivaciones demiúrgicas. La cita es larga, pero fundamenta lo dicho:

> Así como dice Eugenio D'Ors, señora, que hay dos especies de hombres: los que creen que el queso es un dulce y los que piensan que es un manjar, se podría decir también, con menos sutileza, pero idéntica verdad, que hay dos categorías paralelas a aquéllos: la de los románticos que se abochornan de su lirismo y lo esconden, y la de los bravos que lo proclaman con el gesto en alto.

---

3. A veces, la exhumación se revela al final, al indicar sitio y año del escrito. Por ejemplo: «Glosas trashumantes. El niño viejo,» *Diario de la Marina*, Ed. mañana, noviembre 16, 1922, pág. 13, aparece fechada en Boston, 1921. En otras ocasiones la declara al principio: «En estos días ruidosos, señora, yo gusto vanidosamente de leer una página de mi adolescencia; una página que escribí con un lirismo conmovedor y tres faltas de ortografía.» «Glosas tras-humantes. Intransigencia,» *Diario de la Marina*, Ed. tarde, diciembre 30, 1922, pág. 1.

4. En general, esto le dio a sus crónicas epistolares una versatilidad de expresión que fue tomada como inconsistencia. Alguien llegó incluso, a dudar, por esto, de sus condiciones de crítico: «¿Tiene derecho a esa crítica el joven papá de «Las Glosas Trashumantes,» aquellas señoritingas almidonadas y anfi-bológicas, que después se arrepintieron de la cursilería campesina de su ape-llido?» Ramón Rubiera, «Polémica y otras cosas,» *Bohemia*, abril 28, 1929, pág. 29.

Otro gran pensador español —Unamuno— nos quiso enseñar que el hombre que lleva un diario es un iluso.

Puede. Pero si bien es verdad que en ese ejercicio de contabilidad espiritual se tiende a crear una personalidad ficticia —"el hombre del diario"— a la que insensiblemente adaptamos luego nuestra vida actual y cotidiana, la crítica se aplica sólo a los intimistas e introspectivos como Amiel y María Barkitzeff. Otros diarios —como el mío, señora— que [ilegible] son de un egotismo más escondido e indirecto, relaciones impersonales de la varia experiencia, apenas otra cosa que cómodas agendas en que descargamos nuestra memoria.

Por esto, y porque además es su servidor, señora, de los que no se ruborizan de su lirismo, he pensado satisfacer la amable curiosidad que usted me muestra, sobre mis recientes andanzas, con algunas glosas de lo que fui escribiendo a la vera del camino.

. . . .

Hoy, por si le interesa, le transcribo de mi diario estas impresiones de Berlín.[5]

Es obvio que la mención de Unamuno es atinente para justificar, al refutarlo, su empleo del diario de viaje, en tanto que la supuesta petición de la amiga le permite traer a la actualidad un asunto que carece de ella. Pero la cita de D'Ors, y su comentario (quizás extraídos de su viejo diario de Cambridge), parecen innecesarios. Mas no lo son. Y desde ahora debe advertirse que en los textos de Mañach son reveladores los dichos que se nos presentan como aciertos, y los que se disfrazan de errores, o realmente lo son. En esta ocasión, el mensaje en clave es descifrable así: este título de "Glosas" está tomado de D'Ors, y Mañach se propone seguir a su maestro con observaciones breves y enjundiosas, de frases que resuman tesis, de atención a las novedades artísticas y literarias; pero estima que su interés centroeuropeísta es más genuino que el del modelo, porque es romántico y no clasicista.

¿Y lo de "trashumantes"? En esa carta no lo explica, pero unos días después lo hace para responder a irónicas inquisiciones: "¿Glosas trashumantes? ... ¡Pschi! Glosas: usted sabe lo que son. Trashumantes, por aquello de que trashuman ¿no? ... cambian de pasto, como usted dice bien ... Hablan de esto y de lo otro; discurren de aquí para allá con cierta gravedad de ... de carnero, en efecto; pero de carnero algo díscolo, que no se habitúa al rebaño."[6]

_____

5. Jorge Mañach, «Glosas trashumantes. Alemania,» *Diario de la Marina*, Ed. mañana, octubre 16, 1922, pág. 11.

6. Jorge Mañach, «Glosas trashumantes,» *Diario de la Marina*, Ed. de la mañana, noviembre 12, 1922, pág. 13.

En esa misma columna, Mañach designa el género periodístico escogido: "crónicas epistolares". Por tener rasgos de la crónica y de la carta, algunas son estudiadas en este capítulo, y otras en el VII. En el presente, se examinan sólo las que fueron publicadas como "Glosas trashumantes," y así quedaron, como mensajes independientes. En el VII se consideran sólo algunas de las que fueron recogidas en *Glosario* y, por lo tanto, son ya parte de un libro coherentemente organizado, del cual se da una apreciación de conjunto.

Las "Glosas trashumantes" poseen rasgos comunes que las distinguen. El más notorio es el estilo epistolar. Este se mantiene, más o menos obviamente, aunque a veces sólo sea mediante la interpolación de los vocativos "señora", o "amiga", o "usted". Nunca la nombra. Esta ficción le permite ciertas licencias, tales como alusiones retrospectivas; versatilidad temática, aun dentro de un mismo texto; alusiones librescas, puesto que la señora es asidua lectora; algunas coqueterías y liviandades, dichas al desgaire, mezcladas con observaciones sagaces; y un remate de conclusiones genéricas y rotundas. En suma, hay técnicas del maestro D'Ors. Trátase, en numerosas ocasiones, de pasar de la anécdota a la categoría, según la terminología del maestro catalán. Sistema milenario cuyos antecedentes se remontan, a través de los ejemplos medievales, y de las fábulas clásicas, hasta la antigua literatura india. Mañach es fiel a la tradición porque en sus generalizaciones finales suele haber una moraleja explícita o implícita. Y la brinda al lector con el viso jovial del costumbrista.

Las "Glosas trashumantes" apacientan a los lectores en diversos prados espirituales. Costumbristas son la mayoría. Las demás tratan de arte o literatura. Varias se refieren a Martí. Algunas, a sus viajes. Muy pocas, a la política. En todas hay un engarce con la actualidad y una prosa en que el lenguaje se protagoniza. Son periodismo literario.

No debe sorprender, por consiguiente, que abunden las "crónicas epistolares" dedicadas al lenguaje. Y para quien llega a La Habana, procedente de ambientes como Castilla, Nueva Inglaterra y Francia, lo más llamativo tiene que ser lo confianzuda que es la jerga popular habanera. Mañach recoge la impresión que ésta le produce en uno de sus primeros comentarios. El asunto es viejo, gustado y gastado en la farándula criolla del negrito, la mulata y el gallego, pero él lo actualiza con una referencia personal inmediata:

De la calle soleada, con el pregón de *la Marina*, el bocinazo de un ford y el pasodoble frenético de un organillo, acaba de subir hasta mi, por el balcón abierto, una frase trivial: "¡Adiós, viejito!"... [7]

Vienen seguidamente el vocativo y la primera apostilla:

> Nada más, señora. El saludo criollo que, a diario, pone un calorcillo de intimidad en el ambiente.

De inicio adecúa el léxico al ambiente que retrata, al sustituir el vocablo "automóvil" con el vulgarísimo "ford". Ya el lector está preparado emocionalmente para la sucesión de anécdotas en que un policía le dice al narrador: "Bamo, biejito." Un conductor de tranvía lo llama "Viejito." Y un vendedor de periódicos le habla de "compadre" y "chico". Y tras eso viene la segunda acotación:

> Pero hay más, señora, mucho más sentido en esa frase que acaba de colarse por mi balcón. La democracia aquí (y no me desligo de mi tesis de ayer), asume entre ciudadanos una forma familiar, sonreída y burlona que no tiene en los Estados Unidos, que no tiene en Suiza, ni en Francia.

Vuelve entonces a la anécdota: para corroborar el dicho relata una del Rey de Bélgica en las cataratas del Niágara. Además, en ara del coloquio epistolar hace una referencia a una supuesta "tesis de ayer". Pura ficción. En la crónica del día anterior, sobre los tranvías madrileños, nada hay que se relacione al tema de ese día. Todo esto, más otras historietas y apuntes, van predisponiendo al lector. Algunas de sus notas son específicos excitantes de la imaginación, mediante contrastes y paralelismos. Así, "Este hábito de familiaridad está en el individuo, en casi todos los individuos; pero no en la nación, que tiene 'delirio' de seriedad en sus gestos." Y, "La vida cotidiana no admite distancias ni desniveles; 'la República no reconoce fueros ni privilegios personales'. Todos somos compadres." De tal suerte, navegando entre anécdotas y escolios, arriba a la categoría de lo nacional:

> En nuestro "chico" o "compadre", no hay ningún laconismo admirativo; no hay, a lo sumo, más que el convencimiento subconsciente, embebido en el pueblo, de que todos somos igualmente menudos, "listos", desaprensivos, inocuos. Y si así es, ¿cómo esperar que el pueblo sepa distinguir a sus directores, si todos son "viejitos"? ¿Cómo extrañarse de que tengamos que importar mandatarios que, por lo menos son Místers y todo el mundo los respeta hasta que aprenden a "chiquearnos"?

---

7. Jorge Mañach, «Glosas trashumantes. Demos Kratos,» *Diario de la Marina*, Ed. mañana, octubre 20, 1922, pág. 13.
Reproducido en Jorge Mañach, *Glosario*, pág. 263.

Lo pintoresco del lenguaje callejero cubano le sirve de medio para descubrir presupuestos inconscientes de imperantes valores sociales. La postal costumbrista es una aplicación artística de tesis lingüísticas contemporáneas.

Otro día es la evolución del lenguaje el objeto de su comentario. Está haciendo un disparo parabólico contra los puristas que intentan congelar el idioma. En La Habana de entonces sobrevivía, sobre todo en el diarismo, la crítica literaria reducida a la puntualización de tiquismiquis gramaticales. Y Mañach, hasta cierto punto, les enmienda la plana: "El avance de las lenguas es como un proceso de corrupción lenta, que nuestra pereza vocal activa, y en el curso del cual, el error de hoy acaba por consagrarse y hacerse norma de mañana." [8] Y agrega, tras oportunas divulgaciones filológicas, el dato anecdótico, al recordar que él mismo le ha oído a Ramón Menéndez Pidal, en una conferencia, "discurriendo sobre esos trueques, que 'el fenómeno estaba *probao*...!" Asegura que en el futuro se dirá así, y que habrá otros cambios, por lo que (y aquí resurge la forma epistolar):

> En vista de todo esto, ¿que razón tiene usted para impacientarse con Cheché, que "se le come todas las eses"? Usted misma se come algunas, y acaso ella, y no usted. sea la precursora del gran futuro.

Por supuesto que no sanciona todas las corruptelas: "no ha de confundirse la pureza interna con la autonomía del habla. Evolucione el castellano, pero que sea siempre bajo sus leyes peculiares y dentro de su filiación latina". Ese criterio le lleva, en otra crónica epistolar, a condenar la incorporación creciente de palabras inglesas en el vocabulario habanero, y se queja de ello en carta a la Señora contra los rótulos en las puertas de los comercios: "*Drug Store, Barber Shop, Laundry*, un *lawyer* y mil 'Pérez, Rodríguez, Fernández and Co.'..." Y, como de costumbre, la moraleja con la preocupación nacional:

> Fuera de Cuba, el extranjero tiene ya, por desgracia, la impresión de que somos semi-americanos por supeditación, es decir, de derecho; cuando llega a Cuba se convence, con sólo mirar a nuestras fachadas y leer nuestros periódicos e ir a nuestros cinematógrafos, que, además, somos semi-americanos, por imitación, de hecho. [9]

En cierta ocasión armoniza lo estético, lo martiano y lo nacional, y para traerlo al diarismo imagina un incidente: "De lo que nos ocu-

---

8. Jorge Mañach, «Glosas trashumantes. La endogamia del idioma,» *Diario de la Marina*, Ed. tarde, enero 6, 1923, pág. 1.

9. Jorge Mañach, «Glosas trashumantes. Contra el aguijón,» *Diario de la Marina*, Ed. mañana, noviembre 4, 1922, pág. 13.

rrió a usted y a mí ayer mañana, ¿qué quiere usted que piense?" Lo sucedido es un fugaz altercado entre un vago ("habitante", en el vocabulario habanero) y la Señora. ¿Motivo? Aquél confunde una crítica a la estatua de José Martí, en el Parque Central, con un desacato al Apóstol. Al final todo se aclara, pero entretanto, Mañach, como interlocutor, le hace objeciones, y como escritor se expresa a través de ella:

> —¿Quién no admira ese prodigio escultórico? Usted, que ha visto corrida de toros, fíjese... Martí está como Gaona en las buenas tardes. Acaba de dar una estocada: el brazo derecho levantado, como deteniendo con el gesto al bicho; el izquierdo plegado hacia atrás, y en la mano el ondulante capote. La cara —¡venga! venga y vea— con una expresión de "¡Dejarme solo!" El todo, ¡una faena de oreja!

> Entonces, amiga mía, yo recuerdo que le observé a usted con un pequeño escrúpulo:
> —¡Qué irreverencia, señora ...! [10]

Pero la Señora continúa su obra demoledora al describir el pedestal y la moldura. Cuando el "habitante" se convence de que se condena al monumento porque es indigno del héroe, quiere demolerlo. Mas, y ahora viene la moraleja:

> De vuelta a casa, iba yo considerando lo característico que fue ese incidente de nuestra vida criolla... Esos gestos de patriotismo tuerto, esa hipersensibilidad, ese humor susceptible a toda crítica que atañe, en bien o en mal, a nuestros temas sublimes, ese culto de los símbolos con descuido de la realidad, ese *hero-worship* que no tolera comentarios ni contra la estatua del héroe, ¿no representa un extremo de nuestra opinión nacional, el prejuicio que pudiéramos decir plebeyo?

> Frente a él está el otro: el de los patricios del día, que ya "no se hacen ilusiones y lo ven todo perdido".

> ¡Qué rica amalgama, amiga mía, pudiera hacerse entre ese romanticismo de los de abajo y ese cinismo de los de arriba!...

¿Amalgama de cinismo y romanticismo? Sí. Por supuesto que el escritor no emplea el vocablo "cinismo" como sinónimo de "impudicia", sino como "sinceridad llevada a la exageración", cualidad que resulta antisocial. De consiguiente: "En nuestra época, algunas esferas de exacerbación o de decadencia han producido tipos de sin-

---

10. Jorge Mañach, «Glosas trashumantes. El Apóstol y el habitante,» *Diario de la Marina*, Ed. mañana, noviembre 5, 1922, pág. 15.

ceridad mutilada."[11] Es la única posible. Aunque en esta ocasión se refiere al pseudocinismo literario, la tesis es aplicable a la filosofía social, y esto es lo que parece tener en mente al hablar de "los patricios del día". En 1922, algunos pensadores cubanos, patricios intelectuales, están dominados por un pesimismo que proviene de la catástrofe bursátil de dos años antes, y de la mediatización republicana a intereses financieros y políticos extranjeros. En cambio, entre los jóvenes escritores y artistas, que comienzan a sobresalir, hay indicios de una romántica fe en el pueblo, que inevitablemente les lleva a abogar por amplias reformas. De modo que, cuando Mañach habla de esa paradójica simbiosis de cinismo y romanticismo, está abogando por una combinación de menos pesimismo y lirismo. Quiere una alianza entre la experiencia y el entusiasmo. Pero eso no aparece definido en su escrito porque todavía no lo está en su mente. El párrafo descubre un instante germinal del espíritu: el de una intuición aún no florecida en raciocinio.[12]

Finalmente, como ejemplo de un costumbrismo tan genuino que no necesita apoyarse en palabras ni en estructuras sintácticas típicas del habanero, reclama la atención una crónica epistolar de perenne actualidad en cuanto se reunen tres cubanos. La escena —todos en torno a una mesa de comer— se abre con una invitación de la Señora, ahora en el papel de anfitriona: "—Coma, doctor. No deje que por el gusto de oírle, abusemos de su elocuencia." Podemos imaginarnos al médico cerrando la laringe y abriendo el esófago, y a los otros comensales, que le habían aventajado y andaban por los postres, haciendo lo contrario. Al poco rato:

> Los ánimos empezaron a interesarse. Prevaleció una controversia sobre no recuerdo qué asunto. Todos terciamos a más y mejor, y aquello se hizo un guirigay divertidísimo.[13]

La Señora reclama que se discuta "con orden y claridad", y sobreviene el silencio. Y Mañach le advierte:

> El error fue suyo y del Doctor, amiga mía. Estuvo en querer intelectualizar aquello ingenuamente. Ya en otra ocasión le dije de cómo a nuestra psicología cubana no le gustan las cosas serias, a menos que haya posibilidad de bulla.

---

11. Jorge Mañach, «Glosas trashumantes. La sombra de Alejandro,» *Diario de la Marina*, Ed. Mañana, noviembre 9, 1922, pág. 13.

12. La interrelación entre el desarrollo del pensamiento de Mañach y la evolución espiritual de la sociedad cubana republicana es objeto del libro en preparación, *Cuba en la vida y la obra de Jorge Mañach*.

13. Jorge Mañach, «Glosas trashumantes. Del discutir,» *Diario de la Marina*, Ed. mañana, diciembre 6, 1922, pág. 12.

Y más adelante expresa:

> Que de la discusión salga la luz, a mí siempre me ha parecido
> muy poco luminoso. En realidad, nosotros siempre lo decimos para
> justificar nuestro prurito latino de dialéctica; es a lo sumo una
> excusa, un pretexto para discutir por el sólo placer de discutir.
> Y este placer, créamelo usted, es mayor personalmente cuanto más
> éxito tenemos en confundir y enmarañar a nuestro antagonista.

De conformidad con su técnica, alterna generalizaciones y concreciones. Por ejemplo: "El espíritu de contradicción es fundamentalmente el odio a la concordancia de parecer; en otras palabras, es
una forma del espíritu de diversión, de la jovialidad." Y puntualiza:
"Por eso crearon los antiguos la cátedra de los sofistas." Abandona
los malabaristas verbales y observa: los cubanos no nos ponemos de
acuerdo porque no nos entendemos; y no nos entendemos porque a
veces usamos las mismas palabras con distintos sentidos:

> Pero en la gran mayoría de los casos no nos entendemos porque
> no nos oímos. Usted no me pone atención cuando yo hablo, ni yo
> se la pongo cuando le toca a usted su turno. ... Los argumentos
> que maduro, no se forman en oposición a los de usted, sino en
> contra de los que yo mismo me pongo a su favor, mientras usted
> habla sin que yo la oiga.

Y aborda la moraleja categórica desde la anécdota inventada:

> Nunca, amiga mía —sobre todo si es usted huésped y quiere
> ser hospitalaria— nunca recomiende a sus contertulios que dis-
> cutan con orden y claridad. No lo conseguirá usted sin aguarles la
> fiesta.

> Además, acuérdese de que cuando los hombres están en sociedad,
> aún los más inteligentes se vuelven como el pueblo, que prefiere
> la elocuencia al raciocinio, y la mentira amena al abstruso silogismo.

Etre las cartas de aquellos días hay otras dos, también referentes
a apreciaciones de psicología social, que son interesantes por incluir
aspectos de otras culturas. Una de ellas habla de los chinos, y la
otra de los haitianos. Las motivaciones de tales escritos son distintas, pero tienen una coincidencia: ambos tratan de comunidades
de inmigrantes no absorbidas en el torrente hispanoafricano de
Cuba.

El tema chino parte de una ocurrencia insignificante: "¿Por qué
me reprochó usted aquella limosna de ayer?" Trátase de la dada
a un chino pordiosero, y esto le sirve de pretexto, al señalarlo como
atípico, para elogiar al resto: "el chino es verdaderamente laborioso,
disciplinado, económico, sobrio — y el que perdió o falseó esas
cualidades ha dejado de ser chino". Y añade una enumeración ad-

versativa en que resume toda una psicología colectiva. Aquí apunta ya el escritor de las grandes síntesis:

> Además de esa superioridad utilitaria, tiene cualidades de índole moral y social. Su psiquis es la psiquis admirable del gato. Es despegado y desdeñoso; constante, sin ser leal; servicial, sin ser solícito ni humilde; generalmente interesado, pero sin que oculte su interés; antes bien lo manifiesta con sequedad, y no se rebaja nunca a favorecerlo con la genuflexión o la zalema. Es serio y olímpico como los gatos, y sugiere casi siempre, como ellos, el arisco aislamiento de un censor filosófico y algo cínico... Calla: conoce la prestancia del silencio. Si tiene *humour* es para sí; apenas sonríe; no exuda sus emociones, sus opiniones, ni sus apetitos. Es, en suma, ejemplarmente digno.[14]

La segunda crónica incluye más problemas literarios y sociológicos. Comienza nada menos que con el de la distancia temporal entre el acontecimiento y la narración:

> Días pasados, señora, nos hablaba usted, en una de sus cartas, del caso de la Niña Cuca, inmolada por los brujos.
>
> No le contesté a usted entonces, porque el tema era de actualidad, y yo le tengo cierto miedo a la actualidad.
>
> .   .   .   .
>
> Pero mi psicología de lector no concuerda en esto con la del comentarista. Para escribir sobre las cosas, como usted sabe, conviene no interesarse demasiado en ellas; y a mí me hace palpitar enormemente la actualidad palpitante. Por eso rehuyo el auscultarla.[15]

Mañach plantea, de entrada, una cuestión de perspectiva. Sabe que, al principio, sólo tiene la del lector; esto es, la de quien conoce el hecho a través de las reconstrucciones intelectuales y emotivas de quienes tuvieron una información más cercana, aunque no fueran testigos. Tiene que opinar sobre una realidad de segunda mano, no la de los actos mismos, sino la lingüística, derivada de aquéllos. Y ésta incluye la histeria de periodistas que claman por la aplicación de la Ley de Lynch; o la de otros, "igualmente admirables", que se indignan contra los abogados que puedan defender a los acusados; aparte de quienes recomiendan la expulsión en masa de todos esos "elementos exóticos y semi-salvajes"; y sin contar a los que recomiendan

---

14. Jorge Mañach, «Glosas trashumantes. Con la mano derecha,» *Diario de la Marina*, Ed. mañana, noviembre 13, 1922, pág. 11.
15. Jorge Mañach, «Glosas trashumantes. Contra la actualidad palpitante,» *Diario de la Marina*, Ed. mañana, noviembre 28, 1922, pág. 13.

"un degüello oficial de esos mismos elementos de barbarie". La palabra airada anda haciendo de las suyas. La gente no comprende que el crimen, perpetrado por los "semi-salvajes", ha salvajizado al público, al añadirse, a la humana compasión por la víctima, el tóxico verbal contra los victimarios. Esa psicología es propia de la actualidad palpitante.

Para reconstruir intelectualmente otra realidad, algo depurada de esas pasiones, es necesario que pase el tiempo y se le calmen los ánimos tanto al escritor como a su público. Cuando empieza a refluir la marea pasional, Mañach aborda el tema partiendo, no del hecho original, sino de sus recreaciones periodísticas:

> El periodista no es juez, no es crítico, no es profeta: es vocero —uno de la masa que habla. Y él se ciega con ella: y en un crimen como éste de la pobre niña Cuca, ve el crimen y no la inmolación; ve la salvajada, pero no el espíritu que la imbuye.

Ya ha deslizado una palabra clave, "inmolación", para esgrimir una tesis de relativismo cultural y, por tanto, moral. Después le dice a los que abjuran de la legalidad en nombre de la venganza: "Si los principios no han de servir para gobernar nuestras crisis, ¿para qué sirven?" Y luego contempla la situación de los jueces, que han de decidir el caso, y explica su perspectiva, que impone una apreciación cautelosa. Concluye estimando que la concurrencia de todos esos puntos de vista:

> Nos harán ver cómo estamos ante una doble y seria alternativa: que la brujería es un culto, un culto bárbaro y de modalidades anti-sociales, pero un culto al fin; y que una de dos, o a fuer de pueblo liberal y moderno, la permitimos, quitándole su color clandestino y sus prácticas salvajes; o reconociendo que esa depuración es imposible, porque no hay leyes humanas que alcancen al fondo emocional de una superstición, la extirpamos franca y abiertamente de nuestro seno.

A lo largo de su análisis, Mañach va presentando criterios que difieren según los ángulos desde los cuales se contempla el hecho. Literariamente, este es el aspecto más interesante de la epístola.

3. CARTAS ABIERTAS

El perspectivismo es también una consideración central en la carta que en 1957 dirigió a Antonio Barreras, al interrelacionar temas literarios y políticos. De esta última índole es la mayoría de las cartas abiertas de Mañach. Aquí se han de considerar las de preponderante importancia literaria. Mañach andaba entonces por España.

Barreras le había instado a que enviara crónicas con sus impresiones de viaje, y aquél le contesta:

> ¿Cómo escribir para La Habana sobre los castillos de la meseta, que he estado visitando en andanzas inolvidables, sobre estas maravillosas ciudades y pueblos de Castilla, sobre las entretelas de este Madrid, que todavía se pone un poco castizo en las Navidades y demás fiestas de guardar, sobre el ambiente universitario con su horizonte de Guadarrama, sobre la Exposición de Cien Años de Pintura Española en el Retiro; en fin, sobre las tertulias, las Academias y la vida literaria a que he podido asomarme —cómo, digo, hablar de todo eso, con inevitable acento placentero, cuando nuestra Cuba se estaba desangrando en una pavorosa lucha fratricida? [16]

El autor percibe, desde la otra orilla del Atlántico, cómo habrían de apreciarse en Cuba esas crónicas: "Aparte de que mi estado de ánimo a duras penas lo hubiera consentido, ¿no se hubiera visto como una frivolidad a distancia?" Y a continuación habla de su perspectiva desde España: "Al cabo, quizás conviniera que todos, ante una situación como la que vive nuestra patria, nos pusiéramos en cura de distanciamiento. Ya se sabe que eso 'da perspectiva'. Sitúa las cosas en sus verdaderos planos. Destaca lo que realmente vale la pena, y lo que no." Además:

> La pasión, en el sentido menos noble de la palabra —se origina siempre de una excesiva presencia del hombre en lo adverso; es un sentir que eso le pasa a él. A distancia, lo que se advierte más bien es que lo adverso pasa o está inexorablemente llamado a pasar, a quedarse atrás.

A continuación hace interesantes consideraciones políticas y comentarios de sucesos españoles, para concluir con una observación singular: "Pero eso no es lo eterno de España. Lo eterno es lo trivial, o por los menos lo vial, lo corriente y consueto, lo que se presenta sin aire demasiado trascendente."

En relación con la importancia de lo trivial, hay otra carta en que replantea la cuestión desde un punto de vista diferente. Escribe al profesor de filosofía Medardo Vitier, y al periodista Miguel de Marcos, cultivador del humorismo. Les habla de sus respectivos libros, *La filosofía en Cuba*, y *Fotuto*, acabados de publicar. El primero es una historia de ideas. El segundo, una novela picaresca. Es una epístola muy amistosa, resultante del interés despertado por las dos obras, en cuya lectura, aún inconclusa, está engolfado. Tratan de dos modos antagónicos de contemplar el mundo: una mirada busca lo permanente en lo circunstancial; la otra, lo circunstancial en lo

---

16. Jorge Mañach, «Carta a Antonio Barreras,» *Diario de la Marina*, enero 24, 1957, pág. 4-A.

permanente. Mañach no plantea así el distingo, pero lo reconoce cuando, siguiendo sus impulsos temperamentales, y sus pautas dialécticas, prevé una síntesis de las mentalidades filosóficas y truhanescas:

> Pero que no haya injusticia para "Fotuto". También él es sustancia, aunque sin molde. Uno tiene la impresión, leyendo las páginas donde Vitier hace inventario —y a veces crítica— de nuestras doctrinas más ilustres, que había mucho de postizo, de importado, de pegadizo en toda aquella ideación, que, con todo su mérito, aquellos plutárquicos varones no se sintieron con fuerzas todavía para entender en sus propios términos la realidad de su país en formación, y para sacarle la norma de su propia entraña pensaron demasiado a través del eco europeo. Y "Fotuto", por consiguiente, medró a sus anchas, con su propia filosofía de cafetín. ¿Quién sabe si después de todo, la gran fórmula del futuro no radicará en alguna síntesis feliz de aquella idea con esta espontaneidad?[17]

La preocupación social es tan constante en Mañach que le hace soslayar los valores didácticos de una obra y los literarios de la otra. No hace crítica, sino consideraciones generales derivadas de la lectura. Más bien, la publicación de los libros le sirve para actualizar ideas que ya tenía pensadas, y para darles valor periodístico al arraigarlas en lo circunstancial. El género epistolar, le "excusa de traer las presentes intimidades a estas columnas".

Ese mismo tono intimista es el que da una delicada entonación afectuosa y artística a la carta que escribió a Rómulo Gallegos al ser destituido por el golpe militar de 1948. El mensaje es político:

> Ya usted nos contará lo que pasó. Nos lo contará cuando lo dejen irse con su dignidad a otra parte, muy por extenso tal vez, en algún libro fuerte y claro, y ardiente de amor venezolano, de ésos que usted sabe escribir; y estamos seguros de que pondrá en el relato toda la honradez que le conocemos, toda su veracidad de hombre que sabe que si a menudo se juega con la historia, no debe jugarse nunca con la conciencia de estos pueblos nuestros, que es como jugar con su destino.[18]

Mañach no cree, por supuesto, en las calumnias que se inventaron para justificar el cuartelazo, y alude al discurso de toma de posesión de Gallegos: "Nos decía usted, lo recuerdo bien, que jamás le había dado en la frente el aletazo de la ambición; que usted no era sino

---

17. Jorge Mañach, «Glosas. Epístola a Vitier y Miguel de Marcos,» *Diario de la Marina*, junio 24, 1948, pág. 4. Mañach les dedicó sendos elogios póstumos: «La sonrisa de Miguel de Marcos,» *Bohemia*, enero 9, 1955, págs. 51, 74; y «Duelo por Medardo Vitier,» *Bohemia*, marzo 27, 1960, págs. 52, 78.

18. Jorge Mañach, «Glosas. Carta abierta a Rómulo Gallegos,» *Diario de la Marina*, noviembre 28, 1948, pág. 36.

un hombre de letras, un hombre al servicio del espíritu, que creía
por lo tanto en la libertad, pero también en la justicia, y en el orden,
sin el cual aquéllas nunca prosperan ni se consolidan." La carta revela un sincero acercamiento emotivo, vocacional y político del redactor al destinatario del mensaje.

Similar es su actitud en una carta a Alfonso Reyes, quien había
rectificado algunos extremos en un artículo de Mañach, por otra
parte muy encomiástico:

> Gracias, querido Alfonso Reyes, por esa *mise au point*. Veo que,
> con la mejor de las intenciones, saqué a relucir un puntillo desmen-
> tido, pero que aún le produce cierto escozor a usted, como toda
> injusticia. A la merced de esas desfiguraciones simplistas andamos
> siempre. Yo mismo, que tan poca cosa soy, me he tenido que jus-
> tificar más de una vez en Cuba, frente al cargo contrario más me-
> recido: el de haber sacrificado en exceso "la pureza" a lo político
> y a lo histórico.
>
> Nuestros países aún necesitan de trincheras de letras. Pero también
> han menester de "auxilios espirituales" para bien vivir. Si por unas
> razones o por otras, usted nunca ha sido peleador, ha tenido, en
> cambio, algo que no importa menos: cura de almas —de posibili-
> dades, de conciencias, de inteligencias.[19]

Esa interpretación del ejercicio literario como tarea social la aplica
Mañach constantemente, tanto al referirse a las letras como a otras
artes. Así lo hace, por ejemplo, al comentar una visita suya a la
exposición, "La Pintura Colonial en Cuba," instalada en el Capitolio
de La Habana en coincidencia con los carnavales de 1950. Dos quintas
partes de la carta que con tal motivo dirige a la escritora Anita
Arroyo, una de las organizadoras de la exhibición, contienen juicios
sociales y alusiones políticas.

Comienza por observar que "las glorietas mayores se hallan al pie
mismo de la escalinata del Palacio de las Leyes; en este bendito
país nuestro lo más grave siempre tiende a confundirse con lo más
frívolo". Y esta observación, como diría un trovador cubano, le da
el pie para la décima. ¿Quiénes son los frívolos, y qué es la frivolidad? A propósito de lo primero, advierte que la mayoría del público
que se aparta del espectáculo carnavalesco para examinar las pinturas y grabados antiguos pertenece a las clases "humildes y muni-
cipales", en tanto que "esas 'gentes de sociedad'" ni siquiera se han
enterado de la exposición: "Y es —bien lo sabe usted— que la frivolidad no es sólo levedad; es más bien una falta de consistencia, de
cohesión, de espiritual entereza." De tales premisas se deriva la conclusión inexorable:

---

19. Mañach, «Correspondencia con Alfonso Reyes.» Antecedentes de esta
carta, en el capítulo II.

Es que el pueblo, mal que bien, siente todavía sus raíces, se interesa por su pasado, tiene un sentido como instintivo de su continuidad en el tiempo, no se considera de visita en su propia tierra, sino consustanciado con ella, comprometido en el destino que de su propia entraña se ha ido modulando. Pero los otros, los que dicen mucho "all right" y toman mucho *cocktail* y sólo se resignan a Cuba por lo que tiene de ámbito productivo, nada saben ya, ni quieren saber, de nuestra historia, son gente dividida, con media alma, si no más, fuera de su propio almario. Esto es grave, Anita, ¿no le parece a usted? Grave que no hayamos logrado formar en Cuba una clase superior, superior en su cultura y en su economía, que lo sea también por su conciencia, por la entereza cubana de su espíritu, por su capacidad para consustanciarse con nuestra historia y con nuestro destino.[20]

Acaso la más cabal expresión de su habilidad para entretejer lo literario con lo político y lo social sea la carta que escribió en 1954 a Agustín Acosta, "la gran voz poética de Cuba". Es una epístola rebosante de evocaciones. La motiva la imposibilidad que Mañach sufre de asistir personalmente al homenaje que se le tributa al poeta en el cincuentenario de sus primeros versos. Para traer al presente un amistoso tercio de siglo, Mañach revisa y comenta algunas de las numerosas cartas cursadas entre ellos. Hace una carta sobre cartas, como quien lleva el teatro al teatro: "¡Y qué hermosas eran aquellas cartas tuyas, Agustín!... Las conservo casi todas, para cuando te llegue la hora —que ojalá tarde aún mucho— de la posteridad absoluta: esa hora en que a la gloria colmada se le empiezan a recoger sus intimidades, y se hace, entre amigos, cosecha de cartas ilustres." En la primera, la mirada pictórica de Mañach comienza por fijarse en la firma: "Tu nombre, ya entonces un gallardete en nuestras letras, parecían navegar sobre un pequeño mar de tinta. Las letras avanzaban rápidas y seguras, a todo velamen, codiciosas de horizontes, y la rúbrica se llenaba hacia atrás, como la estela de gloria que ya ibas dejando." La carta que inauguró esa correspondencia se debió a una crítica periodística-literaria que Mañach le hizo, y éste apunta ahora: "Yo no recuerdo bien lo que sobre él escribí." (Lo que escribió aparece comentado en el capítulo IX de este libro.) Se acuerda, sin embargo del ambiente socioliterario:

Aquélla era una época en que le teníamos, tú lo recuerdas, fobia a todo lo que llevase demasiada carga verbal. Empezábamos a sentir que la mejor tradición de nuestra cultura, y la mejor vocación de

---

20. Jorge Mañach, «Imágenes de lo viejo cubano. Carta a Anita Arroyo,» *Bohemia*, marzo 26, 1950, pág. 88.

nuestra república, se nos estaban quedando anegadas bajo una perenne catarata de palabras.[21]

Es interesante seguir el curso de los recíprocos elogios y reparos que motivan las respectivas obras: Mañach ensalza "La Zafra," y Acosta, "Glosario." Mañach hace algunas objeciones a *Hermanita* (el libro cuya crítica motiva la primera carta), y Acosta, a *La crisis de la alta cultura en Cuba*, de la cual decía: "como cubano me duele, como poeta de hoy me entristece, porque veo que nuestra labor no tiene estímulo de los más altos espíritus llamados a comprenderla" (pág. 95). En otra carta, Acosta hace un agudo distingo: "Tu cultura es metódica, preparada, busca un fin. La mía no tiene método, porque no busca fin alguno..." (*Ibid.*). Y Mañach observa: "Más que dos 'culturas' eran, Agustín, dos temperamentos" (*Ibid.*).

Hay otras dos observaciones de Acosta que revelan un conocimiento profundo e inmediato de Mañach. El poeta zahorí descubre al Mañach esencial, que acabaría por imponerse, escondido dentro de lo aparente del momento. La primera observación revela la intuición: "Todos somos en el fondo un poco de lo que no queremos ser. Así, por ejemplo: ¿no se da Jorge Mañach espiritualmente a la música de los más bellos versos antes que a la fanfarria *gangá* de las metáforas vanguardistas?" (*Ibid.*). La segunda confirma lo percibido, al aparecer *Indagación del choteo*: "...Observo aquella transparencia que parece ser el distintivo de cuanto, fuera de toda escuela, llega algún día a tenerse como clásico" (*Ibid.*).

En 1929, Acosta le envió unos fragmentos del poema "Babilonia," según Mañach, "Poesía de gran treno profético, de tempestuoso aliento":

> *Vendrán los días negros. Los magos vieron soles*
> *negros en cielos rojos. La más sabia síbila*
> *quedó muda, y ya nadie esperará más horas*
> *que éstas de torres truncas y templos destrozados.*

Y llegaron los días negros. Acosta fue a la cárcel y Mañach a la lucha clandestina. Después, los dos fueron senadores. Estaban más cerca físicamente y ya no hubo más cartas. La carta sobre cartas concluye con un ruego y un encomio:

> Perdóname, querido Agustín, si me he tomado esta venia de despedazar tus cartas, de revelar, indiscretamente, aquello a que sólo tu posteridad tiene derecho. ... Yo he querido unir al tributo estos recuerdos personales, que son un poco del trasfondo de tu poesía, y un pedazo de nuestras vidas paralelas. Tanto como tus

---

21. Jorge Mañach, «Carta a Agustín Acosta (En el cincuentenario de sus primeros versos),» *Bohemia*, diciembre 5, 1954, pág. 38. Las citas siguientes son del mismo trabajo, y la paginación se indica en el texto.

versos, muchos fuimos entonces a disfrutar de tus cartas bellísimas, que tantas veces nos hicieron pensar en el gran prosista que le estabas hurtando a Cuba; de tu enorme simpatía criolla, estilizada en el más fino humorismo; del regalo constante, aún a distancia, de una amistad que hasta ponerse "brava" sabía con el más generoso talante; del ejemplo, en fin, de tu gallarda ciudadanía... *(Ibid.)*.

En esta carta, de expresión mesurada, de lenguaje coloquial con elevación de principios y graves preocupaciones nacionales, aparecen resumidas las esperanzas, las coincidencias y las divergencias de dos hombres que ejercieron notoria influencia en la vida intelectual y en las ideas sociales de sus contemporáneos en Cuba. *La Zafra* (1926) e *Indagación del choteo* (1928) fueron, con *Azúcar y población en las Antillas* (1928), de Ramiro Guerra, la trilogía de obras rectoras en la época de las cartas glosadas en la de Mañach (1954).

4. RESUMEN

En las cartas de Mañach se aprecia, con la evolución de su estilo, la de su personalidad. Las crónicas epistolares de la juventud son exhuberantes y contradictorias. El escritor, al mismo tiempo que condena la pomposidad entonces predominante en la literatura oficiosa, sobre todo en la oratoria cuajada de lugares comunes, está incurriendo en otra ostentación, al abusar de cultismos y extranjerismos. En las cartas de la madurez, la expresión es sobria, muy en consonancia con la gravedad de los temas y la mayor seriedad de Mañach, a medida que crecían los males políticos de la nación.

En todo tiempo, aunque en diversa proporción, lo literario aparece entreverado con lo social. Este es un rasgo notorio en toda su obra. Rasgo que corresponde al temperamento de Mañach, y por eso se impone aunque él reconozca ante Alfonso Reyes que ha sacrificado "la pureza" artística "a lo político y a lo histórico".

Según estos temas predominan, la ficción de las crónicas epistolares de los primeros meses se desvanece. Si ha de fijarse una fecha del cambio estilístico, de la carta al artículo y a la crónica, puede indicarse la del 17 de enero de 1923, en que el título de la sección se reduce a una palabra: "Glosas". Todavía emplea el vocativo "Señora," pero el mensaje va obviamente dirigido a cualquier lector. Esa primera "Glosa" es un artículo, en el cual sobresalen las consideraciones generales sobre las personales. En la del día siguiente emplea dos fórmulas: "los lectores" y "Señora." Esto revela una indecisión transitoria respecto a cómo acercarse a su público. Vacila entre la segunda persona del singular, "Señora," alguien concreto; y la tercera del plural, "los lectores", recipientes genéricos. Es un vaivén de acercamiento y alejamiento a su público, que resulta inconsecuente. El lector no sabe si ha de identificarse con la "Señora," o diluirse entre los lectores".

Después, cuando, en artículos o crónicas, retorna al tono coloquial, apela al "vosotros", segunda persona del plural. El lector se incorpora a un grupo a quien se le habla. No hay, por supuesto, el acento de intimidad, de relación interpersonal que distingue a las cartas, anticipado por el "Señora," de las crónicas epistolares, o por el nombre propio en las cartas abiertas. Ante toda carta, como ante todo diálogo, el lector va situándose en el lugar de cada interlocutor, para "vivir" la escena. Ahora bien, como en Cuba el "vosotros" no es usado en la conversación, su empleo da un tono oratorio a la expresión, por lo que su uso periodístico coloca al lector en la situación de público, no de interlocutor.

Finalmente, cuando se propone desindividualizar por completo a los receptores del mensaje, los reduce a "los lectores", meros puntos de referencia en el desarrollo de un discurso. El tono, el vocabulario y la estructura de la exposición congenian, en este caso y en los anteriores, con la identidad que se le atribuye o reconoce al receptor del mensaje.

VI. EL ARTICULO

El artículo fue el modo de expresión periodística que Mañach cultivó más asiduamente. Lo utilizó, como se ha visto en el capítulo III, para tratar una pluralidad de temas: y lo hizo con diversas intenciones. Según éstas, es posible distinguir entre artículos de tesis, polémicos, descriptivos, líricos e interpretativos. La intención determina el tono del lenguaje. Los efectos estilísticos del tema y el tono se advierten en la organización del discurso, la estructura sintáctica y el vocabulario.

Con frecuencia, la organización se desarrolla mediante un contraste entre lo concreto y lo genérico, en más de un plano temporal. Pero el ordenamiento de esos elementos conceptuales no es uniforme. Algunos artículos comienzan con una declaración genérica, intemporal; después se refieren a un dato concreto y actual; subsiguientemente se proyectan sobre el pasado, con mención de situaciones concretas o consideraciones genéricas; y, finalmente, retornan al presente o se aventuran hacia lo futuro, con juicios o predicciones.

Ya se indicaron en el capítulo IV algunos rasgos de la estructura sintáctica y del vocabulario de Mañach. Ahora se concentrará la atención en sus formas específicas. A ese efecto, se estudiarán artículos con diferentes temas y tonos, para apreciar cómo éstos contribuyen a determinar el estilo.

Dados los numerosos artículos de Mañach, resulta imposible un examen acucioso de cada uno; ni siquiera de la mayoría de ellos. Por lo tanto, se escogerán algunos que se consideran representativos de diversos tipos de organización, estructura y vocabulario. En la selección también influye la notoriedad que han alcanzado algunos, pues, cualquiera que sea el resultado del análisis que de ellos se haga, no hay duda de que el aplauso del público culto y el aprecio de la crítica anterior tienen el valor de una consagración.

2. "EL ESTILO DE LA REVOLUCIÓN"

"El estilo de la Revolución" reúne tres de las características mencionadas: es de tesis, es polémico, y es el más famoso de los artículos de Mañach. Como ya se ha dicho en el capítulo II, ganó el Premio Justo de Lara, en 1935, y se le ha considerado una pieza antológica.[1] Su autor lo reprodujo en *Historia y estilo* (págs. 91-100), y en esta edición se basa el presente estudio.[2]

En este artículo, Mañach hace, en 1934, un análisis de la significación política del movimiento estético vanguardista. Indica que éste fue una consecuencia de la necesidad en que se habían visto los intelectuales de protestar contra la decadencia del país. La renovación en las formas de expresión artística preconizaba la rectificación en las relaciones sociales. Hecha la labor negadora, le correspondía al período siguiente —que es aquél en que habla el autor— llenar con nuevas realizaciones el vacío dejado por la demolición revolucionaria.

Presentado así, en esquema, trátase de una de tantas interpretaciones sociopolíticas de fenómenos artísticos. El secreto del éxito de este artículo hay que buscarlo, pues, no en la originalidad del planteamiento sino en la concurrencia de una pluralidad de los factores mencionados en la introducción de este capítulo. Ante todo, se debe tener presente el instante de su redacción: 1934, un año después de la caída de Machado, en un ambiente convulsionado por las luchas entre los bandos victoriosos, y entre éstos y las fuerzas derrotadas pero ya en vías de reorganización y contraataque. El periódico *Acción*, en donde se publicó el trabajo, era el órgano del Partido ABC, que había estado en el poder transitoriamente en 1933 y 1934. Finalmente, el autor era director de ese periódico y uno de los principales dirigentes del ABC. Este sector político se consideraba a sí mismo la máxima representación de la intelectualidad revolucionaria y compartía con los seguidores de Grau San Martín la fama de honradez pública.

El escrito consta de unas mil setecientas palabras, distribuidas entre veinte párrafos de muy variables dimensiones. El menor tiene catorce palabras, en tres oraciones; y el mayor, 249, en diez oraciones. El número de palabras por oración también es muy diverso: desde un mínimo de cuatro a un máximo de cuarenta. Para examinar la obra, según el criterio analítico antes expuesto, hay que seguir la disposición clásica del discurso observada por el autor.

El primer párrafo (exordio) empieza con un juicio general: "Desde hace por lo menos un año, casi todos estamos en Cuba fuera de nuestro eje vital, fuera de nuestras casillas." Esta declaración, por ser algo entonces universalmente sentido en Cuba, engarza la argumentación subsiguiente con las esperanzas y angustias cotidianas

---

1. Enrique Anderson Imbert y Eugenio Florit, *Literatura hispanoamericana. Antología e introducción histórica* (New York, 1960), págs. 736-39.
2. Ver texto completo en Apéndice, págs. 228-32.

de sus lectores. Estos deben sentirse favorablemente impresionados, al verse comprendidos y apreciados como actores en el drama nacional.

Después hay tres oraciones paralelas con un solo sujeto expreso: "La mutación en la vida pública." Esta, "a todos nos ha alcanzado un poco"; "a algunos nos ha movilizado por derroteros bien apartados de nuestro camino. Nos ha hecho políticos, políticos accidentales del anhelo revolucionario". La tercera oración cierra el párrafo, pero, en realidad, éste concluye con la primera del subsiguiente, que dice: "No tenemos más remedio —y hasta podríamos decir que no tenemos más deber— que aceptar con fervor esa responsabilidad que los tiempos nos han echado encima."

Hay dos hechos que llaman la atención en el texto de esa introducción: uno es lo indeterminado del uso del pronombre "nos", y el otro, el corte dado a la idea en desarrollo. En un principio, el "nos" incluye la totalidad de los cubanos, pues a éstos se refiere el adjetivo pronominal "todos". Mas, en seguida restringe su alcance con otro pronominal: "algunos". Después, el sujeto de la anterior oración tiene por objeto suyo al "nos" de la oración coordinada subsiguiente: pero, como no se especifica, este "nos" puede relacionarse con "todos" o con "algunos"; o con ninguno de éstos, y ser un "nos" literario, equivalente a un "me". En ese instante se quiebra el curso natural del pensamiento con un punto y aparte, de suerte que la conclusión de cuanto se viene diciendo queda, con aparente error, relegada al párrafo segundo, por terminar el exordio en el primero. Es necesario advertir, además, que en esta última oración el "nos" alcanza su máxima significación, pues alude a la aceptación de una responsabilidad política nacional; pero sigue padeciendo de la misma indeterminación de su significado, por tratarse de un proemio insinuante.

Mañach sabía muy bien su oficio de escritor, de manera que se debe presumir que tal indeterminación y quiebra son deliberadas. Y al escarbar en el subsuelo de sus intenciones se descubre un juego de psicología política: él quería fomentar en sus lectores una asociación emotiva gradual. Para ello se les acercaba con un lenguaje coloquial: "estamos" ... "fuera de nuestras casillas". Y emplea un eufemismo para referirse a la dura experiencia revolucionaria: "nos ha alcanzado un poco". Entonces ocurre la primera pausa, breve. Nueva insinuación: "Nos ha hecho políticos." Es un "nos" envolvente, identificador de autor y lector.

En la primera oración del segundo párrafo condensa ágilmente la proposición retórica: aceptar la responsabilidad política. ¿Quién? Mañach no lo precisa porque sabe que el pueblo cubano se ríe de los políticos que, al ambicionar el poder, dicen que se sacrifican por la patria. Mañach quiere que el lector crea que es él (el lector) quien asume la citada responsabilidad, y que el autor no hace más que acompañarlo. Analizado el texto conforme a los fines del autor y dentro del marco de los valores sociales imperantes, se advierte la cautela de Mañach, al encerrar la proposición entre el exordio, del primer párrafo, y la narración que comienza en ese mismo segundo.

Mañach tenía otra posibilidad a mano: hacer un párrafo aparte con esta primera oración del segundo. Así no habría quedado insertada en un sitio incongruente. Pero, en ese caso, se habría destacado demasiado, habría adquirido un tono enfático, oratorio, que el autor disimulaba. Por eso es que a esa declaración se acerca haciendo un circunloquio, con dos sucesivas negaciones. Si hubiera dicho lo mismo en forma positiva habría pasado de lo coloquial a lo perorante, contrario al efecto anterior y al orden retórico.

En la segunda oración del segundo párrafo empieza la narración, en pretérito, con una referencia personal concreta: "Nadie fue antaño más tolerante que yo hacia el hombre de artes o letras que se mantenía pudorosamente al margen de las faenas públicas." Después de situarse en el primer plano, vuelve a colocarse detrás de un juicio general dicho en tono de conversación privada: "Porque estas faenas tenían entonces la índole y los propósitos que ustedes saben..." Hace entonces un recuerdo de los desmanes cometidos por los políticos "que se sentían capaces de echarse el mundo a la espalda". Mañach, que acaba de declararse político revolucionario, azuza los resentimientos del público contra los políticos de antes o, como entonces se decía: "viejos". Va haciéndose evidente que el artículo no es sólo un estudio estético-social sino, además, un alegato políticamente proselitista. Y lo es, aunque no mencione a ningún partido, a favor del ABC, que ostentaba este lema: "Hombres nuevos. Procedimientos nuevos." Además, el ABC, por tener entre sus dirigentes a Jorge Mañach y Francisco Ichaso, exdirectores de la *revista de avance*, a Emeterio S. Santovenia, historiador, a Joaquín Martínez Sáenz, economista, y a otras figuras de la intelectualidad joven, se estimaba el continuador genuino de la rebeldía vanguardista.

En el párrafo tercero presenta ejemplos de las antítesis en pugna: "los decorosos" frente a los que se echaban el mundo a la espalda —Mañach rehuye el epíteto "indecorosos" porque todavía no ha llegado el momento de subir el tono—, "la zona de la cultura y la zona de la devastación". El párrafo cuarto explica cómo, ante la expansión de la segunda zona, "los cubanos nos levantamos con ganas de poda y chapeo".[3] Ciertamente, esta expresión también es eufemística, comparada con la violencia y el horror de aquellos años.

---

3. «CHAPEAR. 2. En las Antillas y en Tabasco, limpiar la tierra de malezas y hierbas con el machete, especialmente la milpa; desyerbar.»

En el párrafo quinto incluye la confirmación —Cuba tiene la oportunidad de "renovarse enteramente"— con alusiones concretas: "no acabo de hallar en mí, ni de comprender en los demás, la aptitud para acomodarse otra vez a la pura contemplación". En el sexto hace la refutación del arte deshumanizado: "Porque, en rigor, esta pureza no existe. Lo digo con el rubor heroico de quien confiesa una retractación." Es la primera vez que engola la voz. A continuación explica lo que fue el "llamado 'vanguardismo'". En el séptimo continúa el razonamiento en un plano intemporal y genérico: "no hay derecho a sentar como normas de expresión aquellas formas que no sean francamente inteligibles"; ni lo hay tampoco para proscribir "las experiencias inmediatas, cotidianas, que constituyen el dolor o el consuelo de los hombres..." En el párrafo octavo explica el vanguardismo históricamente, como fuga de una realidad repulsiva; y en el noveno y el décimo comenta una frase de Varona: "Están por las nubes. Ya caerán." Los tres desarrollan la recriminación.

Los párrafos onceno, duodécimo y décimotercero constituyen un grupo especialmente significativo dentro del conjunto del artículo. Por su interrelación peculiar funcionan como prólogo, desarrollo y epílogo de la idea central que inspira la totalidad del escrito. En consecuencia, tienen el tono y el ritmo correspondientes al clímax del discurso.

Las palabras iniciales del párrafo onceno anuncian el cambio: "Y, sin embargo,..." La conjunción "y" es innecesaria, puesto que el modo adverbial "sin embargo" da la plenitud del sentido conjuntivo y adversativo. Su presencia tiene una función enfática. Las cincuenta y dos palabras de ese párrafo son una típica compensación: "aquello del vanguardismo no fue una sumisión, ni una cosa inútil". Es una antítesis de los seis párrafos precedentes. La segunda oración explica la utilidad del vanguardismo: "Fue también una forma de protesta..." La tercera anticipa la síntesis proyectada hacia el presente y el futuro (que repite y precisa en el párrafo décimotercero). Síntesis que va a constituir el tema de los siguientes, del décimocuarto al vigésimo. En conjunto, el onceno es una recapitulación preparatoria de las conclusiones del hilo discursivo.

El párrafo duodécimo introduce la peroración con una retrovisión: "Aquella rebelión..." Todo él va a referirse al pasado, con un creciente afán de concreción. Es un párrafo largo, de 249 palabras, dividido en diez oraciones estratégicamente ordenadas. El cambio de tono se debe al énfasis; y éste se logra con juegos retóricos clásicos: la enumeración y el paralelismo. Las primeras cuatro oraciones contienen otras tantas enumeraciones, seguidas de tres oraciones paralelís-

---

«CHAPEO. m. Acción y efecto de chapear, en el sentido de limpiar la yerba mala de las sementeras.» Santamaría, *Diccionario*, I, 469.

ticas. La más larga es la primera —treinta y nueve palabras— y subraya su tono polémico con un polisíndeton en "contra", preposición que repite seis veces. En la segunda, el polisíndeton es "en", en consonancia con la alusión a lo sustancial del asunto: arte, poesía y pensamiento. La tercera es un asíndeton en el que el aumento de velocidad de lectura se compensa con la adjetivación enérgica: "plañidero", "hipócrita", "plebeyo", etc. Las seis oraciones paralelísticas empiezan con un verbo diferente, pero todos en la primera persona del plural del imperfecto de indicativo. Esto da una idea de acción continuada y en grupo, sistemáticamente repetida en las cláusulas primeras. A éstas va oponiéndose una situación dada, cuyas seis caras se expresan con otra serie de verbos en tercera persona de singular o plural, de indicativo o subjuntivo. Por ejemplo: "Nos emperrábamos contra las mayúsculas, porque no nos era posible suprimir a los caudillos, que eran las mayúsculas de la política."

Culminación de este énfasis creciente es el citado párrafo décimotercero —catorce palabras—. Para apreciar la técnica expositiva, basta comparar el aislamiento de esta oración con el emplazamiento de la primera del segundo párrafo, ya comentado. Esta oración final debió agregarse al párrafo anterior; pero esto la habría eclipsado emotivamente. El texto, en sí, no es muy vigoroso, puesto que es un simple corolario de lo anterior. Mañach lo exalta al aislarlo de las otras expresiones brillantes: "Pero, entretanto, fijáos bien: se iba templando un instrumento nuevo. Un instrumento de precisión." El autor está tan consciente del cambio tonal que ya no se dirige a los lectores con el "ustedes" de antes, sino con el "vosotros" que en Cuba se reserva para la oratoria. Mañach lo había usado en otros artículos; pero lo que importa aquí es advertir la evolución del tratamiento dado a los lectores.

Mas, no sólo con figuras retóricas se logra en el párrafo duodécimo la elevación del tono. También el vocabulario contribuye a ese fin. Las palabras son corrientes en Cuba. Las menos populares son "simulacro", "petrificado", "aséptico". La variación radica en la intensidad emotiva, particularmente en los sustantivos y adjetivos. Una relación de ellos puede dar una idea de lo indicado: "vulgaridad", "cursilería", "mundo vacío de dignidad y nobleza", "sentimentalismo plañidero", "civismo hipócrita", "discursos sin médula social", "popularismo plebeyo y regalón", "simulacro de república", "ilusión de nacionalidad", "pueblo colonizado y humillado", "insurgencia sorda", "costra de nuestra sociedad petrificada", "disparate", "mugre periodística" y "fauna microbiana". En fin, suman treinta y cinco palabras enfáticas, sin contar otras que en sí no lo eran, pero tenían ese efecto por virtud del contexto.

A propósito de las calificaciones, debe recordarse que Mañach le reconocía rango excepcionalmente elevado al adjetivo. Según él: "Todas las palabras sirven para enunciar, para establecer la existencia o la vicisitud escuetas; pero sólo el adjetivo marca, de las mil posibilidades, aquélla que interesa destacar y la condición o calidad que de tal interés la revisten. El verbo indica acción pura; pura existencia el sustantivo. Pero la palabra adjetival es la palabra episódica por excelencia; sin ella no tendríamos nunca sino la mera noción abstracta de las cosas: nunca su sentido fenomenal." ... "Los adjetivos son, además, la clave en que se cifran los mensajes de la intuición. Verbos y nombres son sólo conceptos." [4] En los ejemplos estudiados, sin embargo, el sustantivo no cede ante el adjetivo en cuanto a eficacia calificadora.

Pasado ese momento culminante, vuelve el lenguaje a su nivel anterior. El párrafo décimocuarto describe las virtudes del nuevo estilo en nueve oraciones —138 palabras— que son, por sí mismas, una demostración de la tesis que sustentan: "El estilo de escribir, de pintar, de pensar, se iba haciendo cada vez más ágil y flexible, más apto para ceñirse a las formas esquivas de la idea o de la emoción." El décimoquinto insiste en el aspecto político del fenómeno estético: "Sinceramente creo que el vanguardismo fue, en la vertiente cultural, el primer síntoma de la revolución." Aquí reaparecen toques coloquiales, alguna que otra vez matizados con voces agresivas, como "esbirros" y "sabuesos", para referirse a los policías de Machado. En cuanto Mañach penetra en el ámbito de aquellos recuerdos, se le desata la emoción.

En los cinco párrafos finales, el discurso se proyecta hacia el futuro y vaticina una "revolución integral" (expresión genérica cuyo contenido no precisa). Su espíritu se expresará en "un arte nuevo, una literatura nueva, un nuevo ritmo y rumbo del pensamiento". En este epílogo del discurso-artículo se advierten los mismos rasgos estilísticos: oraciones sin hipérbaton; frases breves, pues sólo una llega a cuarenta palabras, y es porque contiene una enumeración; vocabulario con escasos cultismos, ya que en las seiscientas palabras finales sólo aparecen los siguientes: "hipertrófico", "sintaxis", "módulos" y "críptica"; y el mismo tono mesurado del principio.

Esa técnica clasicista es vehículo de una implícita concepción dialéctica hegeliana. La tesis vino dada por el sistema que culminó en el arte académico y la dictadura política. La antítesis, por el vanguardismo y la revolución antimachadista. "Con la renovación integral de Cuba se produciría así la síntesis entre aquel estilo desasido de antaño y las nuevas formas de vida". El trabajo concluye con una expresión muy del gusto de los abeceístas al prometer una "Cuba Nueva."

---

4. Jorge Mañach, «Grandeza y servidumbre del adjetivo,» *1927. revista de avance*, mayo 30, pág. 141.

3. "LA ACTUALIDAD Y LA NIÑA FEA"

"La actualidad y la niña fea"[5] es un artículo lírico. Se desarrolla en un tiempo, el presente, sobre varios asuntos concretos, y se cierra con unas consideraciones genéricas. No es de los más recordados, pero merece que se le estudie debido a su organización. El título alude a una dualidad de contenido, pero en realidad el trabajo se compone de tres partes: en la primera, seis notas de actualidad que ocupan algo más de un cuarto del escrito —300 palabras, de un total de 1149—; en la segunda, la historia de la niña fea cubre un poco más de la mitad del texto —588 palabras—; y en la tercera, menos de un cuarto —261 palabras—, se encuentran las conclusiones generales.

Las seis notas corresponden a otras tantas noticias destacadas en los periódicos norteamericanos de un mismo día. (El artículo aparece fechado así: Rochester, diciembre, 1952.) Y son las siguientes: 1) los fallecimientos de los jefes sindicales del CIO y de la AFL; 2) el nombramiento de un Secretario del Trabajo en los Estados Unidos; 3) el Viaje del Presidente electo, Eisenhower, a Corea; 4) el cuarto matrimonio de Bertrand Russell y las muertes de Jorge Santayana y Benedetto Croce; 5) la mudanza de Thomas Mann desde California a Suiza; y 6) un juicio antisemita en Checoslovaquia y la oferta de la presidencia de Israel a Einstein. Cada uno de estos asuntos es comentado frívolamente: 1) ya cada confederación obrera "da vivas a su nuevo rey"; 2) el Secretario es dmócrata, votó por Stevenson y el senador Taft protesta contra su designación; 3) el viaje es inútil, la paz depende de Stalin; 4) la vtalidad de Russell contrasta con la de los otros filósofos; 5) insinúa que Mann es ingrato porque ha criticado al país que le dio asilo; y 6) critica a los comunistas checos y elogia el buen sentido de Einstein, por no aceptar la postulación.

Entre esos temas no hay más relación que la coincidencia en el tiempo presente. La frivolidad con que son tratados tiene por objeto reducirlos a su propio valor, a pesar de haber aparecido bajo grandes titulares. Son seis hechos sin importancia general, según Mañach, a pesar de que sus protagonistas son personajes notorios de la política, la filosofía, las letras y la ciencia. Si el autor se ocupa de ellos es sólo para contrastarlos con otro suceso que "acaso sea más 'noticia' —según la vieja definición de Dana— y tenga más permanente calado que todas esas otras peripecias de la actualidad pública."

Tras ese exordio viene la historia de una niña muy fea, recogida en una institución caritativa. Su fealdad hace que sea repelida por compañeras y profesoras. Un día la niña es sorprendida al colocar

---

5. *Diario de la Marina*, diciembre 12, 1952, pág. 4.

una carta en un árbol fuera del plantel. La directora lee la carta y descubre que ésta sólo dice: "A quienquiera reciba esta carta, yo le quiero." Al divulgarse el caso, varias personas se ofrecen a prohijarla.

La narración de esta anécdota presenta una dificultad: cómo darle la exacta graduación emocional para que tenga interés humano, sin caer en lo melodramático. El problema se agrava porque el público de un diario es muy heterogéneo: incluye desde el lector que sólo es capaz de apreciar lo que se exagera, hasta el de fina sensibilidad, para el que algo más que una insinuación sentimental es una cursilería. Mañach sortea los obstáculos de la manera siguiente:

1) Prepara psicológicamente al lector llevándolo a un plano emocional relajado con seis comentarios destinados a quitarle importancia a lo que parece que la tiene.

2) Llama la atención hacia lo que aparenta ser trivial y sugiere —con el verbo en subjuntivo evita comprometerse— que "acaso" ... "tenga más permanente calado".

3) Aborda la narración en un orden cronológico. Rehuye el tratamiento impresionista y apenas hace una alusión retrospectiva. Las oraciones son coordinadas, como en las historias populares. No hay exclamaciones ni interrogaciones. Y todo está dicho en un orden sintáctico sencillísimo.

4) Dosifica, con adjetivos y observaciones circunstanciales, la intensidad emotiva del relato. Así, advierte que la fealdad de la niña era "casi repugnante"; y cuando la menciona, la llama "la infeliz"; dice también que "tenía los más desgarbados modos de actuar y de expresarse, de manera que, sin quererlo, provocaba el desvío de cuantos la rodeaban". Nada dice acerca de la bondad o maldad de la niña.

5) A continuación plantea una situación dramática: la vida en la institución llega "a hacerse imposible" y la directora busca un pretexto para deshacerse de la niña.

6) En el párrafo siguiente se describe el nudo del drama: la niña es descubierta al violar una regla del internado, pues escribe clandestinamente a alguien de afuera. Informada de esto, la directora acecha: al fin va a tener un motivo para echarla. No hay un solo calificativo de la conducta de la directora. Todo el mundo se mueve —sin que el autor lo diga— respondiendo al sino trágico de la fealdad. La niña, en efecto, es sorprendida en flagrante.

7) Desenlace inesperado: la directora ocupa el papel, lo lee y "sin poder articular palabra" lo pasa a la secretaria. Lo único débil en el relato es la expresión entrecomillada, porque está muy gastada. Las expresiones "en silencio" o "sin palabras" (como andaba Don

Quijote cuando buscaba a tientas su desaparecida biblioteca) habrían sido más sobrias y no menos eficaces. Después sólo aparece el texto de la carta, en inglés: "To anyone who receives this letter: I love you." Esto sí es un acierto. Aún el lector que apenas conoce el idioma recibe el impacto de la autenticidad dramática de la historia.

8) Después Mañach traduce la carta y dice que la ofreció en su original en obsequio "al espíritu de la anécdota". No dice cual es. Y esto es lo mejor, porque al lector que no sienta el poder universal y permanente del amor es inútil explicárselo.

9) En párrafo separado viene el desenlace feliz: la niña recibe varias ofertas de adopción.

En la tercera parte del artículo se entra en consideraciones genéricas, tomando como pretexto la anterior historia. Su propósito es refutar la "leyenda negra" que presenta a los norteamericanos como "duros mercenarios", ajenos a las más finas generosidades del espíritu. También niega el mito, dominante en el Norte, que presenta a los hispanoamericanos como "entregados" a "una suerte de sentimentalismo militante, de emocionalismo implacable, de idealismo arrebatado". Y concluye: "ni nosotros somos arieles, ni ellos calibanes". Hace, a propósito de esto, una comparación entre la evolución norteamericana —desde un practicismo que, al crear riqueza, permite la realización de los ideales— y la hispanoamericana —desde un idealismo caballeresco que, al frenar lo práctico, acaba por impedir su propia vigencia, hasta su inevitable reducción a "algo más verbal que otra cosa"—. Y termina: "No quisiera pensar mal de los míos; pero sospecho que si de nosotros dependiese, la niña fea estaría todavía en el reclusorio, buscando desesperadamente a quien querer y de quien ser querida."

En resumen, el artículo comienza con un tono frívolo y casuístico. Alcanza después un interés humano general, un tono lírico y una estructura dramática. Finalmente, concluye con un análisis social. Si el trabajo hubiera sido enteramente como los seis primeros párrafos, no habría llegado a la categoría de artículo. Se habría quedado en una colección de notas. Si sólo hubiese constado de los seis párrafos siguientes, habría sido una versión más del cuento del patito feo, embellecido por el desarrollo de su vida interior; o el de la Cenicienta, reivindicada por el Príncipe Azul del amor. Si todo él hubiera tenido el tono del párrafo final, habría constituído un esbozo sociológico, pero no un artículo periodístico y, mucho menos, literario. Para serlo se requiere —como tiene— el arraigo en la actualidad, con que comienza; el tono ligero, el interés humano, la versatilidad, la llaneza del lenguaje y también —para no quedarse en reportaje— elevar la imaginación hacia consideraciones generales, inducirla al aprecio de valores permanentes; en este caso, la comprensión gracias al descubrimiento del amor, y la admonición final. Todo se ha logrado.

4. "UN ESTILO DE AMOR"

"Un estilo de amor" [6] es un artículo descriptivo costumbrista motivado por la aparición de un epistolario. El asunto es éste: Luis A. Baralt acaba de editar las cartas que su abuelo, Luis Alejandro Baralt y Celis, establecido en Santiago de Cuba, le escribió, entre 1845 y 1847, a su prometida, Nieves Peoli y Mancebo, residente en Caracas, Venezuela.

La organización del artículo corresponde a su división en párrafos, y es la siguiente: 1) una declaración genérica intemporal; 2) la motivación, que es algo concreto y presente; 3) una mirada retrospectiva para describir al protagonista de la historia; 4) continúa la retrovisión, ampliada para incluir consideraciones sobre el amor entre los criollos del período romántico; 5) un regreso al presente con una crítica general del mismo; y 6) un retorno al motivo, a manera de epílogo.

Trátase de un artículo muy breve: unas seiscientas treinta palabras. Las oraciones son cortas, en su mayoría, con un promedio de dieciséis palabras, aunque hay una que consta de cincuenta y una. Más importante que la extensión es la estructura sintáctica: sólo dos oraciones incidentales hay en todo el trabajo, y están claramente indicadas, una entre guiones y la otra entre paréntesis. Hay escasas figuras retóricas perceptibles. Quiere esto decir que las empleadas son tan conocidas que el lector apenas se percataría de su presencia si el autor no las hubiera entrecomillado. Tales son, por ejemplo, la imagen: "'soñadores' los ojos"; la metáfora: "nido" por hogar; y la paronomasia referente al matrimonio, concebido "para durar y no para mudar". En concordancia con la sencillez de las oraciones coordinadas, el vocabulario está casi totalmente limpio de cultismos, salvo algún que otro adjetivo —como "férvidos", aplicado a los pensamientos del enamorado— o sustantivo —como el neologismo "dulcineísmo"—. Si con rigor purista quisiera reprochársele algo al léxico, sería necesario repudiar el vulgarismo cubano equivalente a populachería: "chucherismo",[7] en Cuba mucho más conocido y por ende más expresivo.

---

6. *Diario de la Marina*, septiembre 5, 1959, pág. 4-A.
7. «Chucherismo,» s. m., derivado de «chuchero,» s. m. En su segunda acepción: «Tipo callejero de baja condición social, que se caracteriza por su modo amanerado de vestir, aspaventoso y ridículo, que usa sombreros alones y pantalones de embudo , saco exageradamente largo, etc., y prefiere vestir los colores más llamativos en uso.» Esteban Rodríguez Herrera, *Léxico mayor de Cuba* (La Habana, 1958), I, 445.

Como se ha dicho, el artículo empieza con una declaración genérica: "Sí, no hay duda de que también las emociones, los afectos, las pasiones tienen estilo. Lo tiene señaladamente el amor." Esta obertura parece anticipar una ópera; pero lo que sigue es una romanza: un librito de auténticas cartas amatorias, de una época muy cortés en las relaciones interpersonales y sumamente violenta, revolucionaria, en las políticas. Uno de los méritos del artículo es el haber adecuado su tono al de las cartas. "¿Cómo es el estilo de las cartas? ... Romántico también, por supuesto." Pero del romanticismo que había rebasado la etapa de la tragedia y la exaltación, "para entrar en aquella dulce sedimentación, mezcla de ternura y de respeto, que sublimaba a la amada y los propios sentimientos hacia ella en una especie de último fulgor del dulcineísmo". De acuerdo con los tiempos de que escribe, aún las alusiones más crudas aparecen en forma comedida: "No que le faltase hervor, pasión; sino que estos sentimientos se mostraban como disciplinados por la dulzura y la circunspección." Era un amor —dice— que no provocaba la lágrima (perla de cultivo del primer romanticismo), "sino que más bien se resolvía en el cuasi profesionalismo del suspiro y se permitía el alegre lujo de la sonrisa". Por las muestras puede advertirse que la efectividad evocadora de esta prosa descansa en la selección de los sustantivos.

Luego, de repente, cambia el tono: se hace admonitorio. El discurso se carga de exclamaciones. Recrimina a la generación actual: "¡Qué diferencia entre aquel amor 'de entonces' y éste de los jóvenes supuestamente 'finos' de ahora, que se ejercita entre tragos, empellones, chucherismos y chistes verdes!" Pero la ira es transitoria, expresada en un párrafo incidental. Pronto vuelve al tema y concluye opinando que el libro: "Si hay todavía enamorados románticos en Cuba, les servirá de manual de urbanidad amorosa al viejo estilo."

Mañach comenzaba a sentir la nostalgia de un remoto pasado, en el cual la "hondura de civilización acusaba aquel culto 'superficial' de las formas" Coloca entre comillas la palabra "superficial" porque lo que él quiere demostrar es que por debajo de la piel del cuerpo social corría la sangre de una vieja cultura que daba un valor simbólico a las formalidades. Esta significación profunda es lo que le interesa a Mañach, y por eso su costumbrismo rebasa lo anecdótico; en ocasiones, como ha de verse en el estudio del próximo artículo, lo pintoresco costumbrista no es más que el punto de partida de una cala más honda. Finalmente, el trabajo ahora considerado muestra, en su tono y en su lenguaje, así como en la tesis que sustenta, un marcadísimo contraste con la exasperación revolucionaria que predominaba en Cuba en septiembre de 1959. En este breve escrito Mañach parece escaparse de las presiones del ambiente público y encontrarse a sí mismo, y entonces su estilo, por completo depurado de resabios

librescos y despojado de todo lastre retórico, alcanza una amable
serenidad.

5. "ARBOLITO Y NACIMIENTO"

Publicado en una víspera de Nochebuena,[8] "Arbolito y Nacimiento"
es un puro artículo de tesis. Tan puro que no contiene, explícita o
implícitamente, antítesis alguna. Podría servir como ejemplo de aplicación periodística del análisis sociológico de Simmel, al que ya
se hizo referencia en el capítulo IV. Pero Mañach, además de microsociología, hace periodismo literario: se aprovecha de un tópico para
tejer unos comentarios sagaces y elegantes.

En un escrito de unas mil ochenta palabras, dividido en ocho
párrafos, se desarrolla un argumento, siguiendo este orden: 1) Un
dato concreto del presente: cada año, en la Pascua, se colocan en
las casas arbolitos de Navidad y Nacimientos. 2) Una consideración
general sobre los símbolos y una particular, intemporal, del Nacimiento. 3) Un hecho concreto del pasado: los Nacimientos desapare-
cieron al establecerse la República. 4) Un proceso general del pasado:
con la República creció la influencia norteamericana en Cuba: y dos
concretos: entró en la isla una corriente utilitaria y otra protestante;
y después un fenómeno concreto: la última importó el arbolito de
Navidad. 5) Otra observación genérica sobre el pasado: con la Revolución de 1930 creció el nacionalismo, y con éste, como símbolo,
reapareció el Nacimiento. 6) Una situación genérica presente: además
de la causa política, hay en Cuba un resurgimiento religioso que favorece el uso de esos símbolos. 7) Otra situación genérica y presente:
pero también continúa la influencia norteamericana, de ahí que el
arbolito se mantenga; y, a renglón seguido, otra genérica y futura:
el arbolito de Navidad y el Nacimiento (símbolos protestante y católico)
coexisten porque "El mundo camina hacia las grandes síntesis."

Mañach parte de la actualidad: en miles de hogares la gente está
atareada haciendo algo sobre lo que él va a hablarles. Algunos lectores, acaso, esperaron que comentara tópicos como el precio de
los arbolitos o de las figuras; las carreras y la competencia entre los
compradores para irse a la casa con lo que buscan; las polémicas
caseras en favor del arbolito o del Nacimiento, o sobre el mejor sitio
para ubicar lo que por fin se escogiera; en fin, todas las minúsculas
querellas hogareñas y callejeras en torno a esos emblemas de paz,
etc. Pero en el artículo no hay nada de eso porque no es costumbrista.

---

8. *Diario de la Marina*, diciembre 23, 1951, pág. 50. Ya había tratado este
tema: «En torno al arbolito de Navidad (Tarjetas de Pascuas),» *Bohemia*,
diciembre 18, 1949, págs. 118, 170.

De lo primero que se entera el lector es que hay un duelo entre el arbolito y el Nacimiento. A continuación se explica cómo Mañach presenta esta tesis.

Comienza por advertir que hasta hace pocas décadas la Pascua cubana se caracterizaba por su paganismo: cena de lechón asado y abundante vino. En esos términos, cualquier lector entiende qué quiere decir eso del paganismo.

Después explica algo también fácilmente comprensible: el Nacimiento es una representación realista... "de la gran condescendencia divina por la cual Dios vino a encarnar en arcilla humana para redimirla". De este modo suministra la primera dosis de teoría; pero en seguida vuelve a bajar el nivel expositivo y arguye que "el Niño Dios de barro" es más aceptable que el "de porcelana o cualquier otra refistolera [9] materia". El adjetivo "refistolera" es muy adecuado, dada su popularidad, para reducir el énfasis. Y lo hace muy a tiempo, porque a principios del mismo párrafo aparecen dos verbos difíciles para el vulgo. Uno, "medrar", porque en el habla vulgar de Cuba tiene un sentido peyorativo, equivalente a enriquecimiento torticero; y Mañach no lo aplica así, sino en la acepción castiza. El otro, "descaecer", porque no se usa. El párrafo comienza con un vocabulario que amenaza con ser cultista, y termina al alcance de todo el mundo.

En el tercero, la hondura de pensamientos y la altura del lenguaje se desarrollan en forma distinta que en el segundo párrafo. Pasa de una situación histórica a un concepto filosófico: de la alianza entre Iglesia y Estado, bajo el régimen español, a la idea de "un Dios spenceriano" que, según Sanguily, era el invocado en el preámbulo de la Constitución. Resuelto a que el tema no se le escape de los entendimientos mayoritarios, explica aquella interpretación de Dios diciendo que es "una especie de Electricidad Suprema del Cosmos". Por si acaso esto es también inaccesible al vulgo, agrega: "La República no quería ser 'calambuca'.[10] Así crecimos los muchachos de entonces sin Nacimiento."

En el cuarto párrafo especifica qué parte de la influencia americana fue la que el cubano asimiló: "la máquina, la técnica, las sociedades por acciones, el foxtrot". En cinco sustantivos resume todo ese impacto cultural. El lenguaje, por impresionista, no puede ser más periodístico. Sin embargo, en seguida emplea un neologismo, "destradicionalización", que retuerce la lengua, pero que tiene la virtud de expresar exactamente su pensamiento. En suma, la prée-

---

9.　«REFISTOLERO, RA (Corrupción de refitolero.) En México, Cuba y Puerto Rico, presumido, orgulloso, fatuo, que tiene mucha presunción.» Santamaría, *Diccionario*, III, 23.

10.　«CALAMBUCO. 4. adj. fam. En Cuba, persona que se dedica mucho a las cosas de la iglesia.» Santamaría, *Diccionario*, I, 271.

minencia de lo pragmático explica, según él, la tardía adopción de Santa Claus y el arbolito de Navidad.

En el quinto párrafo aplica la misma técnica impresionista para que se comprenda cómo la revolución de 1930 estimuló el nacionalismo. Para ello le basta con tres ejemplos: determinó la supresión de la Enmienda Platt, estimuló el uso de la guayabera,[11] e impuso "la vuelta al 'son'[12] criollo". Dicho esto, parece que Mañach va a elevar el tono, adentrándose en un tema de psicología social, al explicar que el nacionalismo fomenta "en la conciencia pública una apetencia moral" que impide tolerar lo que antes, "en la época del 'tiburonismo' hubiéramos acogido con una sonrisa indulgente". El vocablo "tiburonismo" tiene su origen en la jerga política.[13]

En el párrafo sexto vuelve a elevar el tono y dice que "a ese resurgimiento espiritual" ... "hay que atribuir ese movimiento tan visible de restauración del espíritu religioso". Como prueba de esto señala la multiplicación de iglesias y, después, algo muy circunstancial: la anunciada asistencia del Cardenal cubano, esa noche, al programa de televisión "Ante la prensa." Finalmente, en el séptimo vuelve al tema inicial y ve la concurrencia pascual de arbolitos de Navidad y Nacimientos como un efecto de la mayor religiosidad. Asimismo, prevé una fusión de los símbolos: "Tal vez un Nacimiento congregado a la sombra precaria de un abeto."

Lo más interesante del trabajo es la coordinación de la ligereza con la gravedad, a la que se hace referencia en el capítulo IV. La ligereza resulta de un lenguaje sencillo, en el que abundan los vocablos coloquiales, ilustrado con ejemplos de la historia y de la vida diaria, muy conocidos de sus lectores. La gravedad radica en la apreciación de un fenómeno, al parecer insignificante, en el cual descubre un simbolismo de sentimientos tan profundos como los del nacionalismo y la religiosidad. Distínguese también el artículo por su agilidad

---

11. «*Guayabera*, s. f. Chaquetilla corta de tela ligera. Fue importada de Cuba donde la usan los campesinos (Acad.). Especie de camisa de hombre, con bolsillos en la pechera y costados, muy adornada con alforzas de la misma tela a lo largo de ella; que se usa en vez de camisa, chaqueta o blusa, con la falda por encima del pantalón; larga y hasta la altura de las manos caídas y abotonada toda por el frente.» Rodríguez Herrera, *Léxico*, II, 71.

12. «*Son*, s. m. Música popular bailable de origen oriental de Cuba. También lo usaron primitivamente los indios de Guat., donde se baila todavía hoy con separación de las parejas al compás de 3 × 4.» Ibid., II, 524.

13. Mañach crea el vocablo «tiburonismo» basándose en que al presidente José M. Gómez lo llamaban popularmente «Tiburón.» Fue famoso un cartón de Ricardo de la Torriente en *La Política Cómica*, en el que aparecía Gómez dentro de una bañera, con varios amigos alrededor, muy contentos porque se mojaban con las gotas de agua que caían afuera. El pie decía: «Tiburón se baña... pero salpica.» Insinuábase con ello que el Presidente, al beneficiarse con los gajes del cargo, favorecía a sus parciales. A este sistema es al que Mañach llama «tiburonismo».

y sobriedad. En tan corto espacio revisa valores cardinales de distintas épocas republicanas de Cuba; y lo hace sin fatigar al lector y sin aparente esfuerzo del autor. Asimismo, califica cada momento sin derrochar adjetivos. En ocasiones prefiere un sustantivo para caracterizar un período. Y sofrena siempre su espontánea tendencia a la abstracción, producto de sus inclinaciones filosóficas.

6. "VALÉRY O LA ANGUSTIA DE LA INTELIGENCIA"

En contraste con los trabajos precedentes, "Valéry o la angustia de la inteligencia" [14] se aparta del interés del lector promedio. Ello es una obligada consecuencia del tema: los anhelos intelectuales del poeta que acaba de morir. Este artículo corresponde al grupo de los interpretativos porque expresa un esfuerzo de comprensión y resumen del asunto tratado. Por consiguiente, el contenido temático es el factor decisivo del estilo. Es una crítica literario-filosófica.

El escrito examinado consta de 1185 palabras. Es un alarde de concreción. Está organizado según los requerimientos del tema, que es filosófico, por lo que tiene un mínimo de referencias específicas. Algunas de éstas, aunque son personales, en realidad sirven de ejemplos de concepciones genéricas. El lenguaje, por supuesto, se adecúa a las necesidades de la abstracción; pero como se mantiene, en lo posible, dentro de las características periodísticas, evita los términos propios de la filosofía, y sustituye con metáforas el seco modo de razonar. Otro rasgo distintivo es la estructura sintáctica en hipotaxis. Esta no sólo es frecuente —aunque no dominante—, sino que llega a aceptar subordinaciones de subordinaciones.

El primer párrafo se inaugura con la presentación del motivo periodístico; la muerte reciente de Paul Valéry. El dato es ofrecido con ritmo solemne: en un "momento en que el mundo está lleno de broncos rumores". Las últimas palabras evocan "La marcha triunfal" de Darío; y no sin razón, porque ambas tienen una similar combinación de sílaba tónica entre dos átonas. El curso con que cierra esta cláusula es un vaticinio de que el trabajo ha de apartarse de la sencillez advertida en otros. En efecto, inmediatamente después habla del "plañido de la conciencia de Europa", de la que fue "una de sus voces egregias". (Dos cultismos en una oración.) Y como "la conciencia de Europa está un poco diluida por todo el mundo", el suceso comentado adquiere, implícitamente, una dimensión ecuménica. Este introito es un tanto desorientador porque, en contra de lo que parece indicar, Mañach no vuelve a ocuparse de problemas de la conciencia, sino del conocimiento.

---

14. *Diario de la Marina*, julio 31, 1945, pág. 4. Texto en págs. 241-43.

En el segundo párrafo el autor vuelve a lo personal y declara que la poesía de Valéry no siempre le resulta inteligible. Fiel a su inclinación al tono bajo, procura darle al problema de la inteligibilidad poética el carácter de una dote personal entre miembros de un cenáculo: él no tiene "la gracia adivinatoria que las musas confieren", pero "nuestro Brull o nuestro Baquero" sí la tienen. La maniobra no es afortunada: en contraste con la sencillez de la actitud, la oración completa incluye dos incidentales que la hacen lenta y complicada. Muy pronto el estilo se recupera de esa falla. Tras la afirmación de que "El cementerio marino" siempre fue para él coto vedado, resume, en tres lúcidas oraciones, su impresión de esa poesía: "Me trascendía de él un magnífico concierto de rumores verbales, de irradiaciones mágicas de sentido. En sus abismos de armonía, veía sin duda pasar grandes sombras metafísicas y escuchaba los ecos de la angustia eterna del hombre ante la Vida y la Muerte. Pero se me quedaba siempre defraudada esta viciosa avidez de la pura claridad conceptual del logos sin sombras." Salvo "metafísica" y "logos", no hay en este texto palabras inusitadas en un periódico. La construcción coordinada ayuda a la sencillez, no obstante la profundidad, y confirma, por sí misma, lo saludable que era esa "viciosa avidez".

El tercer párrafo es muy breve y tiene una función copulativa entre el segundo y el cuarto. A ese efecto, Mañach se pregunta cómo este poeta, tan inaccesible, "pasaba por ser uno de los grandes maestros de la claridad, de la precisión".

La respuesta se encuentra en el siguiente párrafo. Según Mañach, hay dos claridades: la de los espejos, por reflejo, y "la de la luz misma, la de la penetración iluminadora", en suma, prístina. "Era ésta la que Valéry codiciaba. Antes que poeta, era un filósofo, un hombre poseso de la pasión de comprender." Pero ocurría que esa pasión chocaba con la tradición de la claridad francesa. Razón: "El positivismo había dejado los espíritus —aun los más remisos— comprometidos a la explicación de las cosas en términos de ley, de forma, de cantidad. No podía evitar lo que está ahí, fuera de la conciencia, en el mundo terco del espacio y del tiempo, en el ámbito de lo que tiene forma propia y resistente." Mañach deja una solución de continuidad en su exposición; pero es dable inferir que, según él, ese atenerse a lo objetivo concreto para formular normas de interpretación general "venía parando desde hacía tiempo en una suerte de metafísica positivista, en una como mística de los objetos". Y agrega: "Bergson y Valéry representaron, cada cual a su manera y por su propia vía, ese empeño desesperado por superar la ciencia sin renunciar a ella, por penetrar en el misterio sin abdicar de la claridad."

Queda en todo lo dicho un vocablo que exige explicación: "misterio". El lector avisado ya se ha percatado de que se trata del ser parmenídico o del tao laotseano; pero Mañach no puede emplear esos términos en un periódico, y en el párrafo subsiguiente explica esa "desesperada" indagación del "misterio" mediante un circunloquio metafórico precedido de una frase clave: "La pretensión era satánica." Lo era por soberbia. El *Diario de la Marina* era militantemente católico, y su clientela entendía bien esa expresión. A punto y seguido agrega: "Al llegar a ciertas zonas de la realidad, las formas lógicas en que se busca protección contra la presión de la hondura, como en la escafandra del buzo, resultan demasiado embarazosas. Pero cuando se las abandona, los senos sombríos rechazan el pensamiento desnudo."

A continuación, en un párrafo largo, el sexto, Mañach explica que ese abismarse intuitivamente o, como él dice, "ese heroico braceo de la nuda inteligencia en las aguas profundas", fue lo que intentó Valéry; y gracias a ello entrevió "faunas inverosímiles del ser". Pero quiso más y no pudo: "Se desesperaba por llegar a la precisión de los perfiles allí donde toda precisión es inhumana, privilegio sólo de Dios." Al mismo tiempo, enamorado, como Leonardo de Vinci, "de la forma analizable", y "ávido, como Pitágoras, de descomponer en números y estructuras el fluir misterioso de la vida, este epígono patético del Renacimiento veía constantemente frustrarse su esfuerzo, por la resistencia del ser a entregar sus más íntimos secretos. Y paraba en la ironía de que el logos se le deshiciera en puro ensueño, en imagen. Sí, era un místico de la inteligencia a la postre; un filósofo ahogado en poesía".

Mañach expresa con elegancia y consición la agonía intelectual que describe. Es obvio que se ha visto obligado a elevar el tono. Con oraciones coordinadas ha mantenido la sencillez sintáctica; con alusiones personales ha evitado explicaciones ontológicas; y en el vocabulario sólo ha aceptado dos cultismos —"epígono" y "logos"—; pero la intrínseca dificultad del tema se ha impuesto estilísticamente. El artículo resulta más literario que periodístico.

En los cuatro párrafos finales baja la tensión filosófica pero mantiene el tono lírico. En el séptimo, aplica a Valéry la imagen de la abeja que el poeta usa con Sócrates: tensa y vibrante inteligencia ávida de sorber el jugo de las cosas. En el octavo se refiere a la ironía de Valéry, cuando uno de sus personajes afirma que sus ideas más lúcidas son meros accidentes dialécticos. "Es decir, de lo irracional que se burlaba de la pura inteligencia." En el noveno, Mañach advierte que "en el fondo del espíritu de Valéry había un patético escepticismo, una angustia de claridad frustránea". En el décimo, lo más interesante es la observación metafórica de que la verdad "Tal vez sólo es posible alcanzarla a relámpagos, a golpes aislados de intuición." Y en el undécimo atribuye un condicionamiento social a los problemas filosóficos debatidos: "A través de la incertidumbre, de la densidad de lo problemático, nos daba Valéry la sensación de la única sabiduría posible en nuestro tiempo angustiado. Una sabiduría que ... pertenecía a la misma tradición y al mismo nivel señeros de la inteligencia europea."

Una vez pasados los picos más altos y arriscados de la explicación, la prosa de Mañach se reacomoda a su estilo característico. Por eso en muchos de sus artículos el clímax no se encuentra al final. Lo cual, además, se ajusta bien a su deliberado tono de sencillez —no siempre lograda enteramente—. Pero el rasgo invariable es otro: la claridad. Enamorado de ésta, Mañach dice incidentalmente en este artículo que él es un "hombre que sólo camina con las palabras".

7. Resumen

Como se advierte en los artículos estudiados: los polémicos y de tesis, "El estilo de la revolución" y "Arbolito y Nacimiento", y el interpretativo, "Valéry o la angustia de la inteligencia," pertenecen, con toda claridad, a este género periodístico. En cambio, el lírico, "La actualidad y la niña fea;" y el descriptivo, "Un estilo de amor," tienden a confundirse con la crónica.

En el ejemplo de "la niña fea", las similitudes con la crónica modernista son notables, debido al énfasis en lo impresionista. Además, ha tomado del cuento modernista la técnica de encuadrar la narración central; aunque el marco queda disimulado porque tiene la peculiaridad de componerse de dos piezas: las notas informativas del principio, y los comentarios finales del autor.

Sin embargo, se le cataloga como artículo porque la anécdota, reducida al mínimo, es sólo un pretexto para los comentarios psicosociales de la última parte. De tal suerte, evoluciona de la categoría lírica a la de tesis, con lo cual lo argumentativo prevalece sobre lo vivencial, que es básico en el concepto de crónica aquí aceptado.

"Un estilo de amor" se aproxima a la crónica a través del costumbrismo; pues éste, más que artículo, requiere crónica para su mejor expresión. El comentario sobre el libro de Baralt figura en este capítulo porque en ese trabajo Mañach comenta sus cartas reveladoras del espíritu de una época, expresado en ciertos hábitos sociales. Las cartas son costumbristas, y son ellas las que directamente comunican la vivencia de sus redactores. El artículo no, éste sólo describe, de modo sucinto, la impresión que el libro causa, y actualiza el tema mediante comparaciones con el presente.

En cuanto al estilo, se aprecia cómo varía de conformidad con el tema y la intención del momento. Así tiene que ser. Pero varía dentro de ciertas constantes de claridad en el lenguaje, de armónico balance en el tono emocional, de ritmo en la expresión y de sencillez en la estructura sintáctica. Nunca alambicado, exaltado o precipitado. Tampoco vulgar, frío o monótono. Esta prosa es el producto de un temperamento apasionado y una mente dada a la ponderación. En lo formal, el rasgo más característico es la oración corta, expresiva y lúcida. En una palabra: comprensible.

La adhesión de Mañach a tales prácticas tuvo en su juventud rasgos de militancia, porque se proponía destruir hábitos decimonónicos supérstites en Cuba. Una vez lograda la victoria —porque el nuevo estilo al fin predominó— ya no tuvo que predicar. Por eso, el testimonio más elocuente de su criterio al respecto data de sus años mozos. Decía entonces:

> Así, si estos señores —o señoras— escriben con oraciones muy largas, oraciones adiposas, tentaculares, oraciones llenas de "ques", oraciones que se arrastran perezosamente, como reptiles insolados, oraciones que semejan platos de *spaghetti* por lo ensortijadas, escurridizas, indigestas e intratables, dirán que los que preferimos la frase corta y apretaba, a ser posible, no tenemos sintaxis.

> ... Hay que poner el sujeto bien al principio, como ellos lo ponen, y luego el verbo, y luego el complemento, y enlazarlo todo bien enlazadito con eso que llaman, impudorosamente, conjunciones copulativas.

A continuación hace una defensa de los neologismos, galicismos y anglicismos. Estima que son necesarios cuando no hay en español la expresión del exacto matiz que se le ha dado a la palabra nueva o extranjera. No es la pureza sino la exactitud lo que le interesa a Mañach, y por eso termina así la anterior argumentación: "Estas palabras exóticas o ininteligiblemente inventadas, expresan, a no dudarlo, conceptos peculiarísimos —matices de conceptos, diríamos mejor— surgidos del vivir moderno, esenciales al escritor escrupuloso que cuida de las representaciones más que de las formas; y no es posible esperar, para su empleo literario, a que se les mueva el alma en su favor a los señores gramáticos de la Academia." [15]

---

15. Jorge Mañach, «Glosas. En torno al estilo,» I *Diario de la Marina,* Ed. de la tarde, septiembre 20, 1923, pág. 1.

VII. La crónica

Después del artículo, fue la crónica el género periodístico que Mañach prefirió. La escribió ocasionalmente a lo largo de su carrera; pero, de modo principal, hacia el principio y el fin de aquélla. Esto facilita la comparación de su estilo de los años mozos con el de la madurez. Mas, antes de indagar sobre los cambios es necesario determinar la constante que permite individualizarla, como objeto de estudio, en el conjunto de la obra.

Para intentar lo antes dicho, se parte aquí del concepto de crónica aceptado en el capítulo I: una prosa narrativa que reseña y comenta, para la actualidad y la posteridad, hechos contemporáneos de interés general, que el autor ha conocido como testigo o participante de ellos, o de los cuales tiene referencias cercanas. No habla del pasado distante, sino del presente y, a lo sumo, de un pretérito tan inmediato que es todavía parte emocional de ese presente.

Ya se ha visto que los artículos de Mañach tienen una organización en la que sobresalen los contrastes conceptuales y que, pese a sus diversas intenciones, apelan a la razón del lector. Mañach se sitúa ante una realidad dada y emite juicios que pueden tener rasgos polémicos, de tesis, descriptivos, líricos o interpretativos. En cada circunstancia adapta el tono y el ritmo a sus intenciones. Pero siempre las referencias son, de lo dado al espectador (escritor), y de éste al público.

En la crónica el proceso es diferente. Mañach opera con sensaciones. Las contrasta, las yuxtapone y las combina, aunque sean de variada índole, tanto físicas como morales. El resultado es un juego de sinestesias, imágenes y metáforas que engendran un estilo impresionista. No faltan, en las crónicas de la juventud, sutiles evocaciones modernistas. Estas no se deben a imitación de una etapa superada, sino al aprovechamiento de un legado en lo que tiene de valor permanente.

Hay otra diferencia importante. En las crónicas, Mañach establece referencias partiendo de una realidad buscada, no de la que le viene dada. No inventa una realidad; por eso no hace obra de ficción. No se desconecta del medio actual, circundante; por eso el escrito tiene calidad periodística. No está, como el cronista historiador, narrando o interpretando un pasado; ni como el reportero, informando sobre un presente que se le impone; ni como un articulista, evaluando hechos o situaciones externas, generalmente concretas e insoslayables. Mañach está, en este caso, como el cronista de la conquista americana, a la caza de maravillas. Pero no se mueve en un mundo en trance de alumbramiento, sino en uno muy conocido. De ahí que su afán sea descubrir lo mínimo significativo. Su tarea es la selección de la realidad. Selección para el entretenimiento o, a lo sumo, para el asombro minúsculo, amable. El tono es casual, ligero, agraciado. Es el que corresponde al goce de la paradójica trascendencia de lo intrascendente. En ello se advierte la influencia de Azorín. Uno de los objetos del presente capítulo es apreciar hasta qué punto estos rasgos constantes evolucionan en el curso de cuarenta años.

Mañach recopiló en tres volúmenes sus mejores crónicas. El primero, *Glosario*, publicado por Ricardo Veloso en 1924, contiene sesenta "Glosas" originalmente aparecidas entre 1922 y 1924 en el *Diario de la Marina*. El segundo, *Estampas de San Cristóbal*, editado por Minerva en 1926, se compone de cincuenta y nueve impresiones de La Habana dadas a la publicidad en julio y agosto de 1925, en el periódico *El País*. El tercero, *Visitas españolas. Lugares, personas*, contiene doce crónicas de un recorrido por España y diecisiete entrevistas con literatos y artistas. Este libro vio la luz en Madrid en 1960, impreso por la *Revista de Occidente*, pero su contenido se había parcialmente difundido antes, en 1951, y entre 1957 y 1959, en el *Diario de la Marina*, y en *A B C* e *Insula* de Madrid.

2. GLOSARIO

En la breve "nota" que, a manera de prólogo, encabeza "este libro de crónicas", Mañach describe así el contenido de *Glosario*: "sensaciones y pareceres fugaces (a veces, hasta furtivos), al fleco de las cosas" (pág. 11).[1] A continuación agrega: "El Tiempo y el Espacio, categorías también de la especulación periodística, no permiten ciertas amplitudes; otras dimensiones de intensidad es el Medio el que no las permite... No te ofrezco, pues, sino unas cuantas rúbricas del espíritu curioso sobre las hojitas cotidianas del calendario" (págs. 11-12). Las mayúsculas de Tiempo, Espacio y Medio corresponden a su apelativo "categorías", lo cual es desorientador —acaso sea un juego—, porque en realidad aquí no se trata sino de las circunstan-

---

1. Todas las citas de esta obra corresponden a la mencionada edición, y en el texto se indican las páginas correspondientes.

cias de premura, brevedad y ligereza expresiva en que se desarrolla el trabajo periodístico. El texto siguiente se divide en cinco partes: Sensaciones exóticas, seis trabajos; Sensaciones de la tierra, dieciocho; Pareceres, catorce; Tropicalidades, trece; y Arte, nueve.

Con anterioridad se ha aludido a la influencia de Azorín sobre Mañach, que es particularmente notoria en las *Estampas de San Cristóbal;* ahora debe hacerse referencia a la de Eugenio D'Ors, que se advierte en *Glosario.* A tal efecto, es conveniente recordar que el propio Mañach, en su glosa "Yucayo," sin que la mención sea necesaria, comenta que está leyendo *La bien plantada* y alude a su autor como "ese cotidiano maestro Xenius, 'el más extraordinario colaborador que un diario haya jamás tenido'" (pág. 77). Aparte de esa declaración, resulta obvio el antecedente de "Glosario" respecto de "Glosas." Además, hubo entre esos dos hombres importantes similitudes, tales como la práctica del periodismo, la vocación docente, la vastedad de la cultura humanística, y el denodado empeño de poner la filosofía al alcance del hombre promedio.

Veinte años después de publicado *Glosario*, Mañach evocaba la profunda impresión que le había causado el escritor catalán cuando decía: "Eugenio D'Ors nos deslumbró un momento los resentimientos insulares con sus reportajes de lo universal." [2] Y diez años más tarde, con motivo de la muerte de D'Ors, comentaba su influencia sobre la juventud de Cuba, en la década del 20 al 30, en los siguientes términos:

> Sobre aquella curiosidad —naturalmente, un poco provinciana aún ella misma— cayeron los primeros libros de D'Ors, como los de Ortega y Gasset y algunos otros escritores, españoles y no españoles, de la generación que el mismo Xenius insistiría en llamar "novecentista". Porque, en rigor, eso le llegó a Cuba antes que lo del 98. A Unamuno, a Azorín, a Baroja, a Valle-Inclán no los descubrimos —hablo, desde luego, en tesis general—, sino un poco después, cuando ya sus epígonos en la península nos habían conquistado, barriéndonos ciertos dejos de resentimiento y prevención contra lo de "la Madre Patria". Desde Pérez de Ayala apreciamos mejor el patetismo estético de Valle-Inclán o la acidez sardónica de Baroja; desde el europeísmo de Ortega y de D'Ors (entonces en su fase "catalana", aunque ya escribiese en lengua de Castilla) le tomamos el gusto al agonismo intelectual de Unamuno. Y a Antonio Machado, vesperal y terroso, desde la matinal transparencia de Juan Ramón Jiménez. [3]

Y, más concretamente, en cuanto a la influencia de D'Ors sobre Mañach, dice éste al final del mismo artículo:

2. Mañach, «El estilo en Cuba y su sentido histórico,» pág. 82.
3. Jorge Mañach, «Relieves. Lo que a D'Ors le debemos,» *Diario de la Marina*, septiembre 29, 1954, pág. 4-A.

Para nosotros, todo aquel trasiego de noticias y de agudos *aperçus*, aquellos enlaces de categoría y anécdota, aquel ejemplo agilísimo de servidumbre a la inteligencia, más que de grandeza en el ejercicio de ella, resultó muy estimulante. Y aquella su osadía para llevar a las columnas de periódico el rigor de ciertos temas, la castidad sin concesiones, la gracia un poco errabunda del ensayo, y la apreciación de que una teoría, un cuadro, un nuevo ademán cualquiera de la vida del espíritu, eran también noticias de que el gran público tenía derecho a alimentarse... No; no sería mucho decir que del magisterio de D'Ors arrancan ciertas modulaciones que hace veinte años estrenó la cultura cubana.

Mañach se inspiró en D'Ors, pero no lo imitó. Sus "Glosas" son más ligeras, menos filosóficas y más periodísticas que las de D'Ors. Algunas de las de éste —en *El Valle de Josafat*, por ejemplo— son "píldoras intelectuales", como decía el profesor Guillermo Díaz Plaja en sus clases de la Universidad de Buffalo. Y recordaba, sin que lo siguiente pretenda ser una cita literal, que D'Ors decía que un piropo es un madrigal de urgencia, y puede decirse que el glosario es una filosofía de urgencia. La glosa es el género periodístico, pero con profundidad filosófica. La glosa es el paso de la anécdota a la categoría.

En el *Glosario* juvenil de Mañach hay menos madurez y más deseos de vincular sus apreciaciones con experiencias concretas y recientes. Las vincula mediante el artificio epistolar, sobre todo en sus primeros tiempos, o simulando una conversación. A veces entra directamente en el relato, sin preámbulos, y conversa con los lectores: "Alguien creerá que es una fantasía mía. No. Es una *experience* [está refiriéndose a un norteamericano]. Ya os iré contando otras semejantes" (p. 192).

Estos procedimientos tienen por objeto circunstancializar, afincar en la contingencia inmediata, las consideraciones que pudieran hacerse en cualquier momento. Finge tratar de lo efímero. Todo el libro es eufemístico. No quiere decir que lo trivial revela lo esencial, y por eso se le ha calificado así: "En el *Glosario* es el cronista que mira la vida sin vivirla, y que la ve no en la entraña agitada, sino en la corteza y en el detalle frívolo y baladí." [4] Esa es la impresión que quiere dar, y da. Y lo hace por inseguridad interior. Todo esto oculta el drama vital del "repatriado ambiguo" que todavía es. Los cultismos denuncian su angustia, su indeterminación, su pasado. El vocabulario coloquial revela su anhelo de identificación con lo cubano. Por eso, tanto como aquéllos, abundan expresiones, generalmente inadvertidas, como "guayabera" (p. 59), "jaibas" (p. 75), "currutacos"

---

4. Octavio R. Costa, «Jorge Mañach,» en *Diez cubanos* (La Habana, 1945), pág. 85.

(p. 78), "picuería"[5] (p. 80) y "tirria" (p. 172). Lo cual no le impide, sin embargo, utilizar adjetivos raros en Cuba, como "gayo" (p. 24) y "jocundo" (p. 25), cuando habla de París, si éstos expresan exactamente su idea.

Por otra parte, como uno de los propósitos de Mañach era familiarizar al lector de periódicos con los temas literarios y filosóficos, en las cincuenta y una glosas de crónicas triviales hay un considerable desfile de nombres de autores y personajes librescos. Un pase de lista arroja este impresionante resultado:

Alceste (pág. 169), Argensola (pág. 139), Azorín (págs. 66, 72, 84), Baudelaire (págs. 166, 167), Baroja (págs. 166, 167), Benavente (pág. 260), Bénedite (pág. 226), Buffon (pág. 33), Byron (pág. 94), Castelar (págs. 239, 299), Catón (pág. 169), Cervantes (págs. 27, 301), Costa (pág. 169), Chateaubriand (pág. 50), D'Amicis (págs. 64, 219), Dante (pág. 24), Darío (pág. 298), Darwin (pág. 193), Descartes (págs. 204, 277), Don Quijote (pág. 27), D'Ors (pág. 77), Dumas (pág. 94), Durkheim (pág. 273), Echegaray (pág. 292), Einstein (págs. 181, 207), Epicuro (pág. 220), France (pág. 167, 315), García Calderón (pág. 26) Gómez Carrillo (págs. 26, 75), Goya (pág. 56), Greco (pág. 139), Halévy, L. (pág. 20), Hamlet (pág. 246), Hearn (pág. 75), Heine (pág. 20), Hergesheimer (pág. 270), Herrera Reissig (pág. 299), Horoy (pág. 30), Humboldt (págs. 81,143), Invernizio (pág. 216), Isaacs (pág. 208), Kant (pág. 20), Koch, Paul de (pág. 25), Larra (pág. 285), Lenôtre (pág. 31), Leibniz (pág. 235), León, L. de (pág. 41), Lewis, S. (pág. 79), Loti (pág. 75), Loyola (pág. 102), Marlowe (pág. 174), Mata

---

5. «Picuería,» s. f., término cubano que significa cursería o cursilería, y también vulgaridad, falta de buenos modales o de refinamiento. No lo registran ni Esteban Rodríguez Herrera, ni Francisco J. Santamaría, ni Martín Alonso. Rodríguez Herrera explica un vocablo similar: «*Picuísmo*, s. m. (De *picúo*). Conjunto de palabras o acciones o entrambas cosas de una persona, caracterizadas por tan poco serias o poco juiciosas que pueden calificarse de ridículas o burlescas. Hábito en las formas y acciones del picu(d)o.» Ob. cit., II, 378. «Picuería» y «picuísmo» provienen, conjuntamente, de «picúa» y «picúo», que Rodríguez Herrera estudia así: «*Picuda*, s. f. (vulg. *picúa*). Meretriz de pobre aspecto,» Ibid.; y «*Picudo, da.* Adj. (*Picúo, cúa*). Ridículo. Persona ridícula en sus palabras y acciones. Es vulgar.» Ibid. En Cuba, las formas predominantes son «picúa» y «picúo», y por eso se dice «picuería» o «picuismo», y no «picudería» o «picudismo». Martín Alonso se refiere a aquéllas así: «*Picúa.* f. Cuba y Puerto Rico. ... 5. Cuba. Persona de bajo nivel social.» *Enciclopedia del idioma*, III (Madrid, 1958), 3264. «*Picudo*, -da (de *pico*, punta), adj. ... 3. fig. y fam. s. xvi al xx. Apl. a la persona que habla mucho e insustancialmente. Guevara: *Epíst.*, 1539, *Epíst. a Mosén Puche*, cit. D-A, 1726 // 4. Cuba. Cursi,» Ibid. Mañach emplea «picuería» como nombre colectivo derivado de la misma acepción que de «picúa» da Martín Alonso. Usa la palabra en una crónica titulada «Yucayo» en la que, tras varias alusiones librescas (D'Ors, Sinclair Lewis, Montepin y Humboldt), habla de un parque pueblerino y dice: «Por eso, el 'Parque' no interesa hondamente sino en las noches de paseo o retreta, cuando 'la sociedad' se queda en casa y sólo la 'picuería' —típica y amable y muy del pueblo— baja del arrabal, a circular en torno de la pobre estatua.» *Glosario*, pág. 80.

(pág. 283), Maupassant (pág. 25), Mendive (pág. 94), Montalvo (pág. 238), Montepin (pág. 81), Montesquieu (pág. 232), Moréas (pág. 260), Moore, G. (pág. 160), Murger (pág. 25), Nietzsche (págs. 90, 166), Ohnet)pág. 216), Roland (pág. 35), Es importante suprimir Rocray y su (pág. 309) Rodin (pág. 226), Rodó (págs. 238, 300), Ruskin (pág. 55), Shakespeare (pág. 174) Shaw (pág. 166), Sorolla (pág. 76), Soiza-Reilly (pág. 26), Ugarte (pág. 26), Ulises (pág. 196), Valera (págs. 238, 300), Varona (pág. 295), Virgilio (pág. 24), Wilde (págs. 17, 166) y Zambrana (pág. 85).

Esta nómina no incluye las ocho últimas "Glosas" porque éstas tratan de crítica pictórica y musical que requieren citas. Tras esa larga lista de nombres, resulta interesante recordar lo que entonces opinaba Mañach al respecto:

> Las citas. Alarde de erudición, dicen. Falta de voluntad intelectual.

> Puede ser. Pero ¿no es contradictorio pensar que eso sea dogmático y pedante? En la mayoría de los casos (con exclusión de los casos de pura diotez), el que cita, cita por hacer valer su opinión, con lo cual prueba que no le reconoce fuerza de axioma. O bien invoca el testimonio ajeno por pusilanimidad hacia el suyo, o por no querer hacer pasar éste por original cuando no lo es. De lo único que puede hacer gala al citar, es de haberse informado algo (que siempre será algo —muy poco— relativamente a todo lo que debiera saber) y al haber leído, visto u oído esa miaja, yo no le reconozco pizca de derecho a la inmortalidad.

> Es verdad que se da el caso de los señores que citan por citar; pero éstos siempre tienen escasa beligerancia y no es menester defenderlos, porque nadie los critica. Las petulancias geniales, como el "William Shakespeare" de Hugo (cito) son raras.

En el artículo en donde aparecen los anteriores puntos de vista, Mañach se defiende también de quienes le reprochan el empleo del pronombre "yo", en vez del "nosotros", y de los que lo acusan de emitir juicios dogmáticos. Sus respuestas a tales ataques, aunque resultan un tanto extensas, ayudan a apreciar sus ideas sobre el estilo. Respecto de lo primero, dice:

> Pero lo cierto es que, hoy día, los que decimos "yo" somos los más inocuos. No nos atribuimos mayor fuerza que la que tenemos, y al atribuírnosla particularmente, ponemos en guardia a los interesados. Sin duda, se experimenta una singular, muy singular, voluptuosidad al asumir así, valientemente, la responsabilidad de lo que pensamos. El "nosotros" es patético en su vaguedad y peligroso en su inexactitud; el "nosotros" es demagógico, es el Boulanger del léxico periodístico. Si a veces se usa en gracia a una tradición y entonces se disculpa, no tiene perdón de Dios, ni debiera tenerlo de los hombres, el periodista que lo usa por mera fórmula.

Y, en cuanto a lo segundo, explica:

> El énfasis y el tono de infalibilidad son muy relativos. Yo casi siempre digo "me parece que tal cosa es así", y sin embargo, hay quien se pica. Pero el que se pica es porque no está de acuerdo, tenedlo por seguro. Si acertáis a formular su verdad, su mito o su prejuicio de él, por muy olímpicamente que lo tronéis, os encontrará el ser más sencillo sobre el haz de la tierra.
>
> Algunos, toman la misma actitud condenatoria cuando no tienen opinión en absoluto. Parece que les molestara que vosotros los hayáis sorprendido sin opinión. Hacen en seguida el esfuerzo por formársela adversa, y si no lo logran, porque habéis sido persuasivos, se amoscan de vuestro tono magistral.
>
> Pero el tono magistral es también relativo a lo que se dice. Hay cosas que deben decirse en toda humildad y otras que deben decirse —aunque no sea más que por retórica— en toda soberbia. Depende de si habláis al presentimiento o al prejuicio... [6]

Para apreciar cómo Mañach opera estilísticamente en las "Glosas" es necesario examinar una de ella. La segunda es particularmente interesante porque se refiere a París, tema sobre el cual vuelve años después. Fue la cuarta de sus colaboraciones cuando empezó a escribir para el *Diario de la Marina*,[7] y la segunda con el título general de "Glosas transhumantes". Tiene forma epistolar y se pretende que es redactada en París ("Estoy, señora, en mi cuartito del Boulevard Port Royal", p. 23), pero en el párrafo quinto se le desliza un pronombre que lo traiciona: al hablar de París, dice: "Aquello se piensa Jauja de la alegría" (p. 25); y es obvio que estando en la ciudad debería decir: "Esto se piensa". La observación tiene por objeto reiterar lo dicho respecto del estilo epistolar como un modo de arraigar el comentario en la actualidad.

La crónica se desarrolla en un lenguaje coloquial. Parte de lo circundante en relación con el autor y adopta un tono familiar que incluye dos diminutivos: "cuartito" y "solecito". La descripción del sitio en que vive, una bohardilla, ocupa la cuarta parte del escrito. Al final del segundo párrafo hay una hipérbole que eleva el tono de la comunicación. "(De noche, cuando entro tarde y tengo que subir las escaleras a oscuras, recuerdo la ascensión infernal del gibelino y del romano, en el pozo de la ciudad satánica. Sólo que aquí hace mucho frío)" (p. 24). El autor disimula el cultismo escribiéndolo

---

6. Jorge Mañach, «Glosas. De la lluvia,» *Diario de la Marina*, Ed. de la tarde, mayo 5, 1923, pág. 1.

7. Jorge Mañach, «Glosas trashumantes. El mito de París,» *Diario de la Marina*, Ed. de la mañana, octubre 17, 1922, pág. 13.

entre paréntesis. Esa introducción tiene por objeto preparar al lector
para que acepte la primera parte de su tesis: "Y es que eso de la
bohemia, señora, es parte del mito de París" (p. 24). Esas catorce
palabras forman un párrafo aparte. Recurso enfático que, como se
ha visto, utiliza después en sus escritos más afortunados.

La segunda parte de su tesis se diluye en un largo párrafo, el
quinto, con cuatro oraciones complicadas y extensas. En ellas afirma
que, según los franceses, en París el placer es tan imperativo que
"no hay más remedio que divertirse" (p. 25). Al pasar de lo personal
a lo general cambia el ritmo: se hace lento cuando empieza a teorizar. Al explicar cómo los parisienses han sabido defender su mito,
lo hace con largas frases coordinadas, seguidas de un polisíndeton
con "hasta". Seguidamente, intercala una relación de los escritores
franceses y latinoamericanos en cuyas páginas se ha formado su imagen de París. Las citas le sirven para retrotraer el tema a lo personal,
cuando está en mitad de su desarrollo. El discurso pierde agilidad.
Acaso esto sea deliberado, para crear una impresión de monotonía,
ya que después dedica sendos párrafos a los literatos y a los visitantes de la ciudad: ninguno es capaz de admitir que se aburrió en
París. Y así, con un alarde de originalidad y admitiendo que exagera
un poco, emite su anatema: "París es, amiga mía, la ciudad más
aburrida del mundo."

Todo el razonamiento anterior se propone justificar esa antinomia (en la forma de un clásico oxímoron: divertido aburrimiento),
cuyas nueve palabras, para mayor énfasis, están aisladas en un párrafo
exclusivo. Lo demás, tras un breve regreso a la bohardilla, es una
explicación enumerativa de por qué siente "frío en el cuerpo y en
el espíritu" (p. 27). Para comunicar esa sensación encadena frases,
casi todas sin verbos y con escasos adjetivos, pero ricas en sustantivos impresionantes: "el atolondramiento del saxofón", "el desen-
canto de las mujeres", "la indignidad frívola", "el estrépito constante
del *jazz*", "la luz que quema las retinas", "¡Placer!" Al final, un párrafo lacónico: "Y es una lástima." Con ese lamento deja engarzados
los aspectos subjetivos y objetivos de la crónica.

No todo el libro responde a la misma organización del pensamiento. Eso resultaría monótono. La atención del lector no transita
siempre de la manera indicada. Cuando predomina lo descriptivo
o lo costumbrista, Mañach aborda el tema con la presentación del
medio en relación con los personajes, o con los caracteres de éstos.
Ejemplo de lo primero es "De la tierra Roja" (pp. 59-62). Es el primer trabajo de la sección "Sensaciones de la tierra." En el título
de la crónica, el adjetivo aparece con mayúscula. Esto vaticina que
lo sensorial ha de producirse mediante la vista; y así es. Adjetivos
y metáforas coloristas tienen que ponerse al servicio del escritor.
Ejemplo, el primer párrafo: "La tierra es roja, muy roja, como em-

papada de la sangre de un aleluya de ciegos." En los sucesivos aparecen: "las casas gachas y sus tejas ocres", "sus cobertizos quemados del sol" (en Cuba se dice "quemado del sol" por "ennegrecido"), "lazos rojos o azules", "grandes ojos negros", etc. El tema: una corrida de cintas, fiesta de jinetes campesinos que presencian el autor y sus amigos de sociedad". El motivo: la clásica alabanza de lo aldeano y el menosprecio de lo cortesano. La expresión, evocadora de la prosa modernista: colores, refulgencias ("nubecillas de polvo encendido"), afrancesamiento en el lenguaje de los visitantes capitalinos, frivolidad en la actitud de éstos, y lirismo ocasional en la narración ("noté que la tierra roja no manchaba nuestros zapatos blancos de La Habana, como si le negase su bendición de sangre", p. 62).

En otras crónicas de esta misma parte del libro, Mañach adjetiva de muy diversas maneras. A veces busca los calificativos raros en Cuba: "resol urente" (p. 64); otras, los sinestésicos: "silencio opaco" (p. 71), "olor salobre" (p. 76); los más gráficos: "sillones ostensibles" (p. 74), por estar en un portal; los graciosos: "moscas hospitalarias" (p. 64), porque no desatienden al visitante y jamás lo pican; o los metafóricos: "palmeras olímpicas" (p. 80). Ya se ha citado la opinión de Mañach sobre la función del adjetivo, y *Glosario* podría ser un ejemplo de su eficacia y, además, de lo importante que resulta su utilización cuando se quiere mantener la unidad estilística en asuntos que requieren tratamientos diferentes.

Estas crónicas, según Villoldo, son "verdaderos cuadros, llenos de movimiento y colorido, de la vida provinciana de Cuba".[8] Por cierto que este comentarista compara el rápido éxito de Mañach, en La Habana de 1922, con el de D'Ors, en la Barcelona de 1906. Villoldo no pasa de ahí; pero a continuación puede advertirse que la similitud alcanza a lo estilístico, por lo menos, en la manera de llegar a conclusiones rotundas partiendo de observaciones aparentemente triviales. Así, se tiene que recordar a D'Ors cuando se lee a Mañach: "El índice infalible para juzgar del espíritu de estos pueblos es el parque. Dime qué parque tienes, y te diré que clase de pueblo eres" (p. 89).

En resumen, esta porción de *Glosario* le hace decir a Ichaso, en un artículo tan polémico como enjundioso, que: "Leyendo esas 'Sensaciones de la tierra' se comprende que la obra de Mañach no es sólo cultura sino también vida, vida fuerte, pletórica. Cosa rara tra-

8. Julio Villoldo, «Bibliografía. Jorge Mañach, *Glosario*. Ricardo Veloso, editor. Habana, 1924, 8°, 380 pág. Caricatura del autor, por Carlos,» *Cuba Contemporánea*, XII, xxxv, 140 (agosto, 1924), 358.

tándose de la obra de un joven, pues es más fácil adquirir una cultura vasta en pocos años que vivir intensamente esos pocos." [9]

En las partes tercera y cuarta predomina un tono irónico. Los "Pareceres" se asemejan mucho al artículo de tesis; pero giran en torno de alguna anécdota generalmente inventada. Las "Tropicalidades" son apuntes costumbristas habaneros de las clases media y alta. Todos tienen forma de carta, lo cual contribuye a la unidad estilística. En ninguna hay amargura. Así, en "El niño viejo" se apiada del aprendiz de intelectual que es un pedante libresco sin conocimiento real de la vida. En "Los cisnes negros" le reprocha a la gente que se estima decente el que se niegue a participar en política. En "La sobremesa intelectual" demuestra que la gente de letras se comporta, en cuanto a los chismes, al nivel de las comadres. Como son trabajos breves y están cargados de implicaciones sociales, Mañach deja a veces que el lector sea quien llegue a sus conclusiones, sin que parezca que el autor le impone las suyas. En realidad le hace sugestiones para provocarle inquietudes o señalarle la existencia de insospechados problemas; pero esto tiene el inconveniente de que, en ocasiones, la obra parezca inconclusa. Es posible que a ello se deba el siguiente juicio de Vitier: "Hay páginas de prosa antológica en esa colección de artículos. Pero no están escritos, en conjunto, en el mejor estilo de Mañach. He notado algunos artículos faltos de claridad, ideación forzada. Su peor estilo le aflora allí donde él quiere escribir, y velar, no obstante, parte de su pensamiento. Entonces acuden a su servicio rodeos, dureza, oscuridad..." [10]

La quinta parte se compone de crónicas sobre acontecimientos artísticos y de crítica. Son de tal calidad que Juan Marinello, al saludar el libro con entusiasmo, hizo esta observación: "La facilidad para recorrer todos los caminos ha llevado a Mañach a una difusión de su actividad, que si beneficia hoy grandemente al periodista, perjudicará en definitiva al escritor. ... Nosotros nos atreveríamos a señalarle como camino propicio a gloriosas conquistas, el de la crítica artística." [11] Como ejemplo que respalda ese juicio, puede señalarse la crónica fechada en París, mayo, 1922, y publicada en La Habana, sobre el retrato de Verlaine por Carrière.[12] Mañach analiza los procedimientos técnicos (colorido, composición, perspectiva, etc.) para apreciar cómo sirvieron a la interpretación del poeta y del hombre. Y lo hace sin perderse en el detalle, sino aprovechándolo para adver-

9. Francisco Ichaso, «Literatura y periodismo. Con motivo del *Glosario* de Jorge Mañach,» *Diario de la Marina*, Ed. de la tarde, marzo 13, 1924, pág. 1.

10. Medardo Vitier, *Apuntaciones literarias* (La Habana, 1935), pág. 162.

11. Juan Marinello, «Sobre Mañach y su *Glosario*,» *Social* IX, 4 (abril, 1924), 70, 76.

12. Jorge Mañach, «Ante el Verlaine de Carrière,» *Social*, VIII, 6 (junio, 1923), 14.

tir cómo pudieron quedar resumidas en una tela la grandeza del poeta
y las torturas del hombre. Dice Mañach: "Y, sin embargo, el retrato
no es una idealización, no es una fantasía. Todo lo grotesco del li-
bertino camarada de Rimbaud, está ahí. Un sátiro hierático: un
Sócrates galo; un auriga de *taxi-cab* que tuviera una frente cúpula.
La verdad" (p. 332).

En términos generales, el libro puede considerarse un ejemplo
de prosa poética. Hay en ella un acento modernista del que Mañach,
con el pasar de los años, casi renegó. Su situación espiritual, respecto
de *Glosario*, la expresó, entre otras ocasiones, en 1957, cuando se
refirió a él así: "mi primer libro (ése del cual uno siempre se aver-
güenza un poco, pero cierta ternura no le deja repudiar)".[13]

3. Estampas de San Cristóbal

El título de estas "impresiones habaneras" se debe al nombre
oficialmente dado por Felipe II a la "Ciudad de San Cristóbal de
La Habana", en Real Cédula de 20 de diciembre de 1592, cuyo texto
reproduce Mañach.[14] La obra se distingue por dos rasgos: uno humano
y el otro estilístico. En el primero sobresale una actitud emotiva,
tan intensa como sofrenada, hacia la ciudad relativamente nueva
para el autor, pues sólo hacía unos tres años que residía en ella. En
el segundo, la evolución hacia la sencillez. En tal aspecto, lo más
notorio es la casi total desaparición de las citas de autores.[15] Es
evidente que el periodista, más seguro de sí mismo y de la aceptación
pública de su autoridad intelectual, no busca el amparo de la ajena.[16]

Las *Estampas* se desarrollan en forma dialogada, con una pequeña
introducción narrativa para situar a los interlocutores ante el objeto
de su conversación. Este es diferente en cada caso: una calle, unos
cañones, un paseo, unas flores, una casa, una pordiosera, una muchacha, un joven inmigrante, un matón arrabalero, un vendedor

---

13. Mañach, *Visitas españolas*, pág. 35.

14. Jorge Mañach, *Estampas de San Cristóbal* (La Habana, 1926), pág. 9.
Las sucesivas citas de esta obra corresponden a la misma edición, y en el
texto se indica la paginación.

15. Sólo nombra a dos autores: en la pág. 62, a Joseph Hergesheimer, novelista norteamericano que en 1920 publicó *San Cristóbal de La Habana*, con
gran simpatía hacia Cuba; en la pág. 253, a Juan Bautista Vermay, pintor
francés establecido en La Habana en la segunda década del siglo XIX, a quien
se deben, entre otras obras, los frescos de la Catedral y varios lienzos habaneros.

16. Según L. Erwin Atwood, «when source and/or message credibility are
low, the writer should use more references to the source and more direct
quotations than when source and/or message credibility are high», en «Effects
of Source and Message Credibility on Writing Style,» *Journalism Quarterly*,
43 (Autumn, 1966), 464-65.

ambulante, etc. No hay vinculación necesaria entre las sucesivas escenas, aunque a veces están relacionadas. La razón de esa técnica la
expresa Luján, al decir: "Todo es abstraerse. Cada día me convenzo
más de que el mejor turismo está en mirar absolutamente las cosas;
absolutamente, hijo, sin relacionarlas" (p. 32). Mañach busca lo que
individualmente le parece más significativo: no la ciudad, sino la
casa; no a la mujer, sino a "la señorita del patio"; no al comerciante,
sino a un "bodeguero" español, etc. Es una aplicación estética de la
microsociología a que ya se ha hecho referencia.

El riesgo en esta sucesión de cuadros es la incoherencia. El autor
la evita al poner las observaciones en labios de dos personajes que
charlan a lo largo del libro. Uno de ellos es el propio Mañach, táci-
tamente en su condición de abogado. El otro es el procurador Luján,
cuya presentación ocupa el primer capítulo. Este caballero es quien
formula los juicios más interesantes de la obra. Mañach contrasta
así las dos figuras: "Y casi nunca estamos de acuerdo más que en
ese suave y antojadizo dejarnos ir; porque él es viejo y yo soy joven;
él ama sobre todo la tradición; yo, el progreso; él es irónico y cau-
daloso; yo, directo y sobrio; él en ninguna hechura de los hombres
se ilusiona ya, y yo todo lo tomo en serio. Sólo nos une, si bien lo
miramos, nuestra genuina amistad. Y este hondo amor que le tenemos a San Cristóbal de La Habana" (p. 14).

Bastan esos contrastes para advertir que este Luján no tiene relación alguna con el de Glosario, en "Luján, el moralista", un portero
semifilósofo, gracioso e ingenuo, que se caracteriza por hablar con
sinónimos. El Procurador, en cambio, es discreto y sagaz. Además,
como indica Boti: "La concepción de Luján constituye la verdadera
clave de belleza interna de Estampas de San Cristóbal; y gracias a ella
Mañach ha traducido La Habana en dos entes mentales distintos y
complementarios: una Habana pintoresca, noblemente tradicional,
que es muy antigua a la vez que muy moderna y por tanto muy
absurda y muy lógica, muy de lo extinto y de lo que vendrá, imagen
calidoscópica del ayer, visión radial de lo futuro." [17]

Sólo en una ocasión se aparta de ese método expositivo. Esto
ocurre en la crónica LIX, "La noble perspectiva", con que termina
el libro. Trátase del relato de un vuelo que Mañach hizo sobre La
Habana, con un piloto militar, en un avión de dos plazas. Es un
acontecimiento, no una ficción concebida sobre una realidad; una
vista panorámica y total, nada concreta e individualizadora; una narración, en vez de un diálogo, pues Luján queda fuera de la escena.
Una sola de esas circunstancias habría bastado para imponerle cam-

---

17. Regino E. Boti, «Letras hispánicas. Baedeker ilusionado. *Estampas de
San Cristóbal*, Editorial Minerva, La Habana, 1926. Ilustraciones de Rafael
Blanco,» *1927. revista de avance*, abril 30, págs. 88-89.

bios expresivos respecto de lo precedente. La concurrencia de las tres desvincula estilísticamente este capítulo del resto de la obra. Lejos de ser una conclusión, resulta un apéndice.

Es lamentable este aditamento porque lo demás goza de notoria unidad dentro de una agradable variedad de asuntos. Son cincuenta y ocho cuadritos que se componen de unas quinientas palabras, reunidas según un promedio de treinta por oración. Esto contribuye a darle un ritmo ágil a la expresión, sin que resulte entrecortada. El vocabulario es sencillo, sin vulgaridades. El tono es de un humorismo fino, a veces irónico. Ardura, en el artículo citado (capítulo II), advierte que las *Estampas* se distinguen por la "prestancia poética que las anima", y esto se debe al uso de metáforas e imágenes, y a esporádicos toques emotivos. Estos últimos apelan a sentimientos de añoranza o de piedad. Abundan, por supuesto, las observaciones costumbristas y, en ocasiones, de ese conjunto extrae Luján una conclusión ingeniosa. No es posible analizar todas las crónicas, pero sí hacer algunas consideraciones sobre las más significativas.

La primera, "Luján, procurador", comienza con una impresión antitética: "Luján es procurador, pero erró su profesión" (p. 11). Contradicción entre el yo íntimo y el yo social. La antítesis es una de las figuras retóricas empleadas con frecuencia en los parlamentos de Luján. "Y claro es que no medra." Hay cuatro síntomas de esa imposibilidad esencial: "su raída cartera", "su verruga jocunda en el entrecejo", "su bigote caedizo y tostado" y "sus nobles punteras enhiestas", en un "esfuerzo de lo pedestre hacia lo ideal" (p. 12). Tal es la apariencia del "último de los criollos" (p. 13), que anda "a veces hasta sin cuellos limpios" pero nunca con premura y siempre "con el espíritu lleno de sonrisas y de piedades".

Mañach no describe al personaje, sino que le da al lector los rasgos mínimos, caricaturescos y externos, para que lo dote del carácter que le corresponde. La técnica es impresionista, y la razón por la cual la adopta es de psicología social. El mismo la explica en otra ocasión:

> En el comedido vestir ve, pues, Azorín algo necesario al buen político. Es que el vestido de un hombre, igual que el estilo de un escritor, es algo más que formal: índice de la índole. En nuestro propio ambiente, ¿quién no se ha percatado que todos los jóvenes que usan cuello de pajarita a diario suelen tener una misma y peculiar psicología? La gran bata almidonada, que ya va desapareciendo en la ciudad, también sugirió en un tiempo la sedentaria pulcritud de nuestras mujeres. Hoy día, la vida capitalina de éstas se ha "desdomesticado" bastante, por decir así, y ya privan el *tailleur* de Francia o el *suit* americano aún para la casa.[18]

---

18. Jorge Mañach, «Glosas. Del indumento,» *Diario de la Marina*, Ed. de la tarde, marzo 13, 1923, pág. 1.

Otra crónica que debe mencionarse es la XXV, "Muralla." Es un alarde estilístico: mediante una enumeración, que consta de 385 palabras, se describe el ciclo de las actividades durante veinticuatro horas seguidas, en una calle comercial habanera. Sustantivos y verbos sustantivados, que suman 192, integran el núcleo de la exposición. Les siguen los adjetivos, que son cuarenta y dos. Entre tanto, sólo hay diez verbos, y el primero en aparecer es la palabra número 151 del escrito. El secreto de la aptitud expresiva radica, pues, en la selección de los nombres. El mensaje, dirigido al público cubano, puede resultar críptico para quien desconozca las alusiones costumbristas implícitas.

Algunos ejemplos pueden ilustrar lo dicho. La calle Muralla era famosa por su comercio en telas, de ahí que la crónica empiece: "Sedería y confecciones." Y para indicar que había muchos españoles trabajando allí, dice: "Mangas de camisa. Paquetes. Jotas y zetas" (p. 121). Hace calor: "Sombreros a guisa de abanicos." En la sombra, los manejos fiscales del patrón: "teneduría conservadora y elástica". "Palmaditas en el hombro a los inspectores del tanto por ciento. Confidencias aduaneras por detrás del Erario" (p. 122). No tiene que indicar la hora para decir que es el mediodía: "La primera mesa. Lacón, grelos, alubias." En La Habana patriarcal de los años veinte, la empleomanía vivía en el comercio, cuyo dueño era el primero en almorzar; y lo hacía, por supuesto, a la española, con los empleados "interesados" en la casa. "Viene más adelante la puesta del sol: "Una cinta rosa ámbar a lo largo de los balcones" (dos substantivos adjetivados). Al final de la jornada alude así: "Bramido de cien puertas de hierro al desenrollarse. Vago rumor de duchas..." (p. 123). Después, la tertulia vespertina: "Asturias *versus* Galicia. Marruecos. Servicio obligatorio." Fútbol y guerra, ¿de qué otra cosa podían hablar aquellos jóvenes que iban a Cuba en busca de trabajo y paz? Su esperanza de futuro era hacer lo que el patrón: "Y el dueño, todavía no completamente desvinculado de su área, que pasa orondo, con su criolla, hacia el *cine*." La noche tampoco tiene por qué mencionarla: "Silencio creciente. Nostalgias del terruño sobre la tirantez arisca de los catres... Silencio hasta el amanecer. Y un día igual, y otro igual" (p. 123).

Hay dos crónicas en las que el tiempo evocado gana actualidad con particular encanto. El primero en advertirlo fue Lles, en un artículo en el que expresó, entre otras interesantes observaciones, las siguientes: "*San Cristóbal* tiene también su doble espacial y temporal. En el primer término, inserta el segundo, retrospectivamente, el mismo, la querencia patética de lo pasado, el romanticismo de lo pretérito que es el ápice donde confronta la emoción niña, pueril del autor, con las urgencias inexorables de su intelectualismo de ahora." [19]

Eso ocurre en el capítulo XLVII, "El parque nostálgico", el LV, "La Alameda de Paula", y el LVII, "El Cerro y el perro." En el XLVII Luján es quien hace la evocación:

> Piensa, sin embargo, cuánto ha cambiado todo esto —¡esto que fue remilgado lugar de gentilezas y devaneos!...— Las elegantes de entonces, las mismas que hoy nos parecen cursilonas en las cajas de fósforos, con altos cuellos de encaje y sus moños llenos de bucles, se apeaban de sus coches al atardecer, en esa acera que allí ves; plegaban su sombrilla y se daban a charlar y a lucir sus pamelas y sus encintados malacós entre nosotros, los petimetres de levita color tórtola y pantalones gris claro... ¡Qué de perfumados billetes vio entonces entregar discretamente esa india de mármol que sonríe, tan avisada sobre la fuente! (págs. 215-16).

En el LV corresponde a Mañach la faena de revitalizar un antiguo paseo aristocrático totalmente aplebeyado desde principios de siglo. A tal efecto imagina el hallazgo de un cronicón:

> que dejó en mi ánimo, pese a su fugaz economía de registro íntimo, una rápida visión de álamos frondosos, de carretelas triunfales, de pálidos hombros desnudos de mujer y alardes florecidos en cocas de azabache, de hojas crujientes bajo plantas de esclavas, y chisteras encendidas al sol; al fondo de todo, por entre los álamos, una imagen de marisma ingenua, sin grúas ni humos ni grandes muelles, limpia y fresca como una acuarela (pág. 252).

En este segundo ejemplo la regresión azorinesca es cabal. El autor se transporta al pasado y, para revivirlo mejor, hace la descripción enumerativamente. Esto permite ahorrar verbos en aras de la brevedad. En el tercero los emplea en presente de tal forma que funde lo pasado y lo actual, creando una sensación de intemporalidad al ver o imaginar una escena señorial en un viejo barrio aristocrático. A tal efecto, en el capítulo LVI dice Luján en un párrafo moroso:

> Por las noches tibias, al través de esa tupida urdimbre que lunarea las fachadas, se adivina, más que se ve, una dama de pelo rizo, toda de oscuro vestida, que se abanica en el silencio poblado de leves zumbidos y conversa a grandes pausas con su anciano, de pechera lustrosa y botonadura de oro. Si por azar la puerta está entreabierta, atísbanse dentro, en la sala, altos espejos de consola velados ya de la humedad, vitrinas con aparatosos abanicos y románticas miniaturas, lienzos de caliginosa hagiografía, e irisadas lámparas de araña cuyos canelones, pese a la gasa que los envuelve, tintinean dulcemente a cada chismecillo de la brisa (págs. 260-61).

19. Fernando Lles, «La obra perdurable de un ensayista cubano, *Estampas de San Cristóbal*,» *Social*, XII, 4 (abril, 1927), 35.

Como ejemplos de figuras retóricas pueden citarse: "el cielo se despeja en un azul claro y trémolo, como las venillas en la sien de una mujer blanca" (p. 16); llueve, y "el agua se va a colar hasta lo más hogareño, como una calumnia" (p. 40); "las calles eran corredores de una gran casa común" (p. 42); el patio: "un cáliz de frescura" (p. 68); "levantó el índice como para apuntalar la frase" (p. 78); hablando de una plaza: "cáliz de luz y de blancura" (p. 82); y de la calle más elegante: "*Via crucis* de los instintos" (p. 90); "solteros nocherniegos de bastón y piropo en ristre" (p. 103); alude a un bigote: "la cobijada sonrisa" (p. 103); las flores del restaurante son "belleza profanada" (p. 104); los estibadores "son frailes de la calle de Mercaderes", pues se encapuchan para echarse la carga al lomo (p. 113); la lavandería es "el milagro de nuestras vergüenzas confundidas" (p. 150); y el chino lavandero parece "un chantajista que vive de mis secretos" (p. 152); en la aduana están los "baúles, impudorosos y abiertos como pacientes en la mesa de operaciones" (p. 173); "el cielo picado de su viruela estelar" (p. 188); bigotes "barrocos, curvos como alardes de calígrafo" (p. 235); "la vieja muralla mordida de verdín" (p. 239); las comadres están "repartiéndose sus chismes" (p. 239); en la crónica social hay "individualismo sin casta" (pp. 265-66).

Las sensaciones de color y olor son las que más utiliza para identificar lugares, pero también las hay de tacto y sabor. Así, en el Malecón: "el zureo de los piropos entre las sillas verdes" (pp. 15-16); repetido con variante explicativa: "sillas verdes, para contar chistes del mismo color" (p. 183); al atardecer, "la población se va entoldando de malvas y ámbar" (p. 87); "piropos ásperos y gomosos" (p. 93); "la calle está invadida de un olor denso a especias, a carne seca, a carne sudorosa" (p. 114); a las muchachas de los balcones, los transeúntes lanzan "miradas busconas y táctiles" (p. 128); "amargada dulzura de los cascos de guayaba" (p. 156); "las tinieblas de la carretera estaban traspasadas del perfume de los algarrobos" (p. 201); en el barrio bajo hay "olores turbios a promiscuidad" (p. 239).

El libro contiene también numerosas observaciones sagaces que contribuyen a su amenidad. Por ejemplo: se opone a que coloquen verjas en torno a los viejos cañones porque "nada agrava tanto el ridículo como hacerlo venerando" (p. 36); "no hay tristeza como la de los hombres joviales, así la lluvia en La Habana" (p. 38); "las multitudes no comprenden el silencio" (p. 52); "La Habana es una de esas mujeres no muy bonitas, que tienen sus momentos insuperables" (p. 64); "la tradición se ama porque se va" (p. 79); "Hay una ejemplaridad en el mantecadero, que empuja y suena a la vez... Muchos quieren sonar, sin empujar" (p. 189); en *Ford* viejo "va uno más corrido, pero más seguro. La humildad siempre ofrece esta garantía" (p. 196); "Los pueblos jóvenes son los más aferrados a lo convencional. Retóricos en las formas, ortodoxos en los conceptos hasta la cal de los huesos" (p. 245). Y, finalmente, al hablar del arrabal elegante dice "es vanidad presente; no podrá envejecer nunca, no hará época, le falta la más humilde posibilidad de clasicismo. Porque clasicismo es, sobre todo, desdén de la moda, respeto al tiempo que no se ha de vivir" (p. 250).

Las *Estampas* son un resumen poético de La Habana en pinceladas impresionistas. Aunque aparentemente ligeras, revelan una larga elaboración cuando se las examina con detenimiento. Se descubre entonces que, aunque el lenguaje es estructural y léxicamente sencillo, ha sido muy trabajado para lograr la belleza y, sobre todo, para que no se advierta el esfuerzo creador. Este incluye, además de la expresión, una previa selección de los temas representativos de la ciudad. Sobre esto Mañach pensó largamente y resulta bastante claro —sin que esto merme su originalidad— que las primeras sugerencias al respecto no fueron exclusivamente suyas, sino inspiradas por Joseph Hergesheimer en su breve e interesante libro *San Cristóbal de La Habana* (New York, Knopf, 1920, 255 pp.), que Mañach leyó antes de regresar a Cuba.[20] Para ambos lo más valioso de la ciudad es lo consagrado por el tiempo, porque le da fisonomía propia. Los dos menospreciaban La Habana nueva, particularmente el Vedado y otros barrios suburbanos. Mañach lo dice en una crónica epistolar muy anterior a las *Estampas*:

> Pero fíjese que Hergesheimer no elogió esos conatos de grandeza urbana en que nosotros ciframos nuestro orgullo y que se ven en las tarjetas postales y en las oficinas de nuestros cónsules. Todo eso —alarde banal, mediocridad área, amaneramiento modernizante, *pastiche* de rastacueros— chocó a su criterio y a su gusto, y se enamoró, en cambio, de unas cuantas cosas humildes de La Habana vieja que se va.[21]

A las cosas y gentes humildes Mañach les dio por intérprete un habanero autóctono y sagaz. Aderezó todo eso con el lenguaje aquí estudiado, y el resultado fue una joyita de la prosa cubana del siglo XX.

---

20. Poco antes de la publicación de las «Estampas de San Cristóbal,» en *El País*, Mañach escribió en sus «Glosas», del *Diario de la Marina*, un artículo titulado «Hergesheimer: un amador de Cuba» (Ed. de la tarde, febrero 28, 1925, pág. 1). Ahí lo califica de «uno de los pocos literatos exóticos que han escrito bella y generosamente sobre la ínsula nuestra, o inspirándose en motivos cubanos». Además, Mañach tradujo al español una narración de Hergesheimer, «La visión de Carlos Abbot,» *Social*, X, 5 (mayo, 1925), 16, 84. Al morir el novelista, le dedicó una necrología: «Tributo a Joseph Hergesheimer,» *Bohemia*, junio 6, 1954, págs. 61, 76-77.
21. «Impresiones. San Cristóbal de La Habana,» comentada en el capítulo V.

4. VISITAS ESPAÑOLAS. LUGARES, Y OTROS TEMAS

En su mayoría, las crónicas de la madurez y senectud de Mañach tratan de sus andanzas europeas y, en particular, españolas. Estas últimas las reunió en el volumen mencionado al principio de este capítulo. A los efectos de apreciar la evolución de su estilo en este género periodístico se examinarán aquí algunas crónicas de los últimos quince años de su carrera. Comparadas con las anteriores, se observa en éstas un lenguaje menos impresionista, en el cual las metáforas son, en gran medida, desplazadas por los razonamientos. En consecuencia, las oraciones son más largas y el ritmo más lento.

Una crónica muy apropiada para advertir los cambios mencionados es la que escribió en 1945 al pasar por Río de Janeiro. Esta ciudad se distingue por su luminosidad, los contrastes de colores, lo grandioso del paisaje, lo monumental de sus edificios y la variedad de tipos humanos. Todo eso hace de Río un tema propicio a la esquematización sensorial característica de las crónicas juveniles de Mañach. Sin embargo, a los cuarenta y siete años de edad, él no percibe ya con los sentidos sino con la inteligencia: lo que advierte en Río es urbanismo e historia. Dos ejemplos:

> Mirando todo esto a ras de tierra, desde la acera del pavimento ornamentado, se pregunta uno cómo es posible que se haya logrado tanta densidad y continuidad urbanas en esta topografía de cuasi-archipiélago que Río de Janeiro presenta cuando se le ve desde lo alto. Se ha hecho a fuerza de cálculo urbanístico, pero, sobre todo, a base de cariño.

. . . .

> De esta tradición imperial le viene al Brasil un acento de señorío, de sosiego, de disciplina, de buen gusto y también, posiblemente, de paciencia política. La circunspección del brasileño se hace patente, no sólo en la ceremoniosidad, en el gesto cortesano con que besa la mano de las damas, en la hospitalidad generosa y delicada, en la palabra de bajo diapasón y constante miramiento, que nos dice casi siempre *O senhor* en vez de "Usted", sino también en esa disciplina popular con que las gentes hacen cola para esperar y abordar los ómnibus, y, socialmente, en la general armonía con que se mezclan aquí lo señoril y lo popular y se va logrando ejemplarmente la amalgama de razas y colores. En fin, se echa de ver el Imperio en este refinamiento, sin ostentación ni rastacuerismo, con que por todas partes y en todos los detalles se le esmera a la ciudad su primor urbano. Esta es una democracia contenida en un fondo imperial.[22]

---

22. Jorge Mañach, «Glosas de viaje. La ciudad imperial,» *Diario de la Marina,* noviembre 11, 1945, pág. 4.

En otra crónica del mismo año se interesa Mañach por una escena de orientación social: en el Paseo del Prado, en La Habana, "un hombre que andará por la sesentena —un hombre de rostro viril y severo, pero con no sé qué luminosa expresión de bondad y de humor", se ocupaba pacientemente de hablarle a un grupo de chiquillos callejeros, instruyéndolos en juegos y alejándolos de una eventual delincuencia. Mañach pudo hacer una crónica costumbrista, si le hubieran interesado más las reacciones infantiles a que alude; o una crónica lírica, si hubiera inventado un motivo sentimental, personal, para aquel instructor improvisado; pero optó por un enjuiciamiento con referencias filosóficas, despojado de figuras retóricas:

> La suya es de esas calidades humanas que tienden a lo excepcional, a lo singular. Tiene lo que dice Papini que tenía San Agustín: la caridad comunicativa. Es un maestro por vocación. No un normalista; ni siquiera —por lo que pude apreciar— un hombre instruido. Sino, sencillamente, esencialmente, hondamente eso: un maestro. ... Nada le impulsa a hacer lo que hace sino esa caridad suya que es pura caridad sin ostentación ni humillación. Como Sócrates, que también andaba por las calles enseñando, todo lo que este hombre hace lo hace por amor.[23]

Otro ejemplo de su interés social es la crónica de 1949 tituladas "El destino y el barbero." Al principio se refiere a la novela de Thorton Wilder, *El puente de San Luis Rey*, y al viejo tema del destino. Pero Mañach se aparta de su tratamiento literario para referirse a un caso recientemente aparecido en la prensa: un barbero, al oír que se acercaba un carro de bomberos, se asoma al portal de su establecimiento, justamente en el instante en que el vehículo, que iba muy aprisa, cae en un bache, se desvía, va sobre la acera y mata al barbero. ¿Fue esto un accidente o una decisión del Destino? Mañach rehusa entrar en el tema del Sino, pero busca la explicación en otros factores deterministas no trascendentales:

> El destino del barbero se nos presenta determinado por causas perfectamente describibles y remediables. Si la Habana hubiera estado en los últimos veinte años... mejor abastecida de agua, es lógico que los incendios no serían tan estragadores y los bomberos no hubieran contraído el hábito de dispararse por las calles estrechas de La Habana a velocidades meteóricas. Si no hubiera baches profundos en las calles de La Habana, no serían tantos los choferes que pierden el dominio de sus vehículos. Si el cubano no fuese tan curioso... no experimentaría una fruición tan sonsacadora en el espectáculo, ya vulgar, de una bomba que pasa hecha todo estré-

23. Jorge Mañach, «Glosas. El hombre del Prado,» *Diario de la Marina*, abril 8, 1945, pág. 4. Ver texto en el Apéndice, págs. 233-35.

pito y centella. Conclusión puramente humana: este barbero murió de *cubanidad.*[24]

En todos estos escritos —que tienen un promedio de mil doscientas palabras— lo retórico queda muy postergado, como bien se advierte en los ejemplos citados. El afán de claridad expresiva corresponde a un propósito de convencimiento y no de impresión. La crónica de Mañach se ha acercado tanto al artículo que parece dispuesto a abandonarla. Sin embargo, poco después se produce una reacción y, en los últimos años de su actividad creadora hay en su estilo, con el renacimiento de lo cronístico, una vuelta a lo literario. Esto se nota a partir de 1951, año en que vuelve a Francia —esta vez como delegado de Cuba a la Conferencia de la Unesco— y también visita Inglaterra, Suiza, Alemania, Italia y España. El cambio ni es brusco ni es un retorno a las formas juveniles. Al definir sus propósitos, afirma: "Afortunadamente, ya dije que no me proponía hacer crónicas descriptivas, sino meras impresiones de ambiente y reportajes de lo novedoso en esos vetustos escenarios." [25] Un buen ejemplo de esa actitud es el mismo trabajo en que hace la declaración. Este contiene interesantes observaciones sobre el París de los estudiantes y los bohemios, que él conoció en 1921, "el París que se vive a sí mismo hora a hora, con su natural y sosegada respiración"; "el monumental y oficial", que disfrutó en 1945, "que vive no tanto de la actualidad como del pasado y un poco nostálgico de sus glorias"; y "el extranjero" con dos dimensiones: la del turista y "la de los transeúntes con tarea internacional" en cuya categoría se encontraba en 1951.

Lo más interesante de esta colección es acaso una crónica que no es de viaje, sino de resumen. Es menos reporteril que las escritas bajo la influencia de lo presente y contiene una visión de conjunto, retrospectiva, todavía no lejana en el tiempo. Merece una nota aparte por la forma de expresar algunas ideas ya viejas con un sobrio ingenio. Es necesario acudir a los ejemplos para ilustrar lo dicho:

> Se siente uno tentado de construir sobre eso, sin artificio alguno de conceptismo, una pequeña teoría que podríamos llamar del verbo geográfico. Sí, porque los pueblos son expresión, lenguaje hecho de innúmeras cosas y gestos acumulados, comunicación de algún modo de vida, y parece que nos hablan como habla el verbo gramatical, con voz activa o pasiva, y cada cual en su propio tiempo, en el pretérito más o menos perfecto, en el presente, en el futuro... [26]

---

24. Jorge Mañach, «Glosas. El destino y el barbero,» *Diario de la Marina*, marzo 16, 1949, pág. 4.

25. Jorge Mañach, «Relieves. Los tres parises,» *Diario de la Marina*, agosto 29, 1951, pág. 4.

26. Jorge Mañach, «Relieves. Las imágenes y el tiempo,» *Diario de la Marina*, septiembre 12, 1951, pág. 4.

Esto no pasa de ser un juego literario. Después vienen las conocidas tesis de que Canadá y Brasil hablan un futuro en activo; Europa, un pretérito en voz pasiva; Estados Unidos, un presente en activo. Sociológicamente, esto es camino trillado; pero la manera de decirlo es lo que importa. Así, por ejemplo: "Si Albión parece aún, altivamente, negarse a vivir de sus memorias y defender un presente que se le va de las manos, Francia acaricia melancólicamente sus piedras viejas, resucita sus fantasmas ilustres, renuncia a la contemplación del inseguro porvenir, a la voluntad de modulárselo; y nos da la impresión de que el presente que vive es como en voz puramente pasiva." Son apuntes más ingeniosos que profundos, pues no en vano cita al Conde Keyserling. De todas suertes, y esto es lo que aquí importa considerar, ese modo de abordar los temas revela una intensificación de la voluntad de estilo.

De esta época son las dos primeras crónicas que después reunió en *Visitas españolas. Lugares, personas* con los títulos de "Madrid" y "La Coruña." [27] con lo cual el propio autor dejó establecido un nexo entre los escritos de 1951 y los de 1957-59. En todos predomina un tono levemente romántico por lo evocador y, además, como apuntó J. L. Cano, porque "Jorge Mañach ha vivido España con alma y mirada de enamorado, contemplándola gustosa y sosegadamente en sus tierras de Galicia y de Asturias, de Castilla y de Andalucía, de Extremadura y de La Mancha (uno de los capítulos más deliciosos del libro es el titulado "Recobro de Tembleque", el pueblo manchego donde Mañach vivió parte de su infancia y donde su padre fue notario)." [28]

"Recobro de Tembleque" es, en efecto, la crónica más lograda de todo el libro. Es bastante extensa. La motivación del escrito es una reciente estancia en el pueblecito donde, según sus términos: "confesé mis primeros pecados y aprendí los primeros versos. Allí fumé, a escondidas, mi primer pitillo, hecho de salvado y papel de *La Correspondencia de España*... oí cantar a las mozas que se sentaban en torno a una mesa a mondar la flor de azafrán... tuve un primer conato de amorcillo precoz... Fue todo el estreno de las curiosidades, de los asombros, de los instintos..." (p. 61).[29] El contraste entre ese pretérito remoto (treinta y cinco años atrás) y el presente, hace que la narración tenga la melancólica resonancia del "cualquier tiempo pasado fue mejor".

27. Jorge Mañach, «Relieves. Entrada en Madrid,» *Diario de la Marina*, septiembre 29, 1951, pág. 4; «Relieves. Encuentro de la sangre,» *Diario de la Marina*, octubre 12, 1951, pág. 4.

28. José Luis Cano, «El mundo de los libros. Mañach, Jorge: *Visitas españolas*, Editorial *Revista de Occidente*, Madrid, 1960.» *Insula*, XV, 164-65 (Julio-agosto, 1960), 17.

29. Las citas de esta obra corresponden a la edición mencionada, y en el texto se indican las páginas correspondientes.

El estilo tiene una máxima sencillez. Las oraciones, muy breves, son de veinte palabras en promedio. Las más largas son concatenaciones claramente indicadas con punto y coma, y tan diferenciadas que podrían separarse con punto y seguido. Por ejemplo: "Tembleque es un pueblo de la Mancha toledana. No tiene mayores peculiaridades, como se irá viendo en seguida; pero a mí me parece uno de los más bellos lugares del mundo, porque en él viví desde los diez hasta los trece años" (p. 50). Las incidentales aparecen entre plecas o entre paréntesis, para evitar confusiones y, además, para destacarlas, por que su función predominante es robustecer el tono coloquial. Verbigracia: "También descubrí aquella noche —ahora me viene a mientes— la excelencia del tocino, que se desleía en la boca" (p. 51). Y: "Por la tarde fuimos al huerto que mi padre poseía. (Todavía lo llaman 'el huerto del notario')" (p. 52). Dado el moderado sentimentalismo del escrito, hay algunas exclamaciones e interrogaciones. La más efectiva es una leve referencia a los efectos de la guerra civil en Tembleque: "¡Señor, Señor! ¿Cómo pudo ser posible, con aquella gente tan buena?" (p. 62).Tampoco faltan notas de humorismo, como este breve diálogo a la hora de comer, relatado por el viejo Notario: "—Padre, ¿y mi tocino...? —¡Pues qué! ¿No lo ves, indino, tras ese grano de arroz?" (p. 51). O como el piropo de un gañán a la hermosa criolla, madre del autor: "¡Qué buena cordera pa cría!" (p. 56).

5. RESUMEN

Hay una evidente tranformación en el estilo de las crónicas de Mañach. En la juventud es más florido. Abundan las metáforas, los retruécanos, las imágenes, los cultismos, las citas a veces innecesarias. En la madurez se torna sobrio. No es que renuncie a la figura retórica, sino que hace de ella la excepción y no la regla del lenguaje. La emplea cuando le sirve para condensar la expresión. La forma tiende a ser apolínea: sus determinantes son la serenidad y la armonía. Lejos de renunciar a lo emocional para trasmitir su mensaje al lector, lo que hace es ahondarlo. Es otra técnica, muy en consonancia con la evolución de la personalidad: un joven aprecia más las sensaciones; un viejo, los recuerdos.

Este natural proceso hace difícil, a veces, la distinción entre artículos y crónicas, que tienden a hacerse semejantes en los años de la madurez, y vuelven a diferenciarse, con claridad, en la cincuentena de Mañach. El criterio seguido aquí para hacer la distinción radica en la presencia del autor en el acontecimiento y en la expresión de esa vivencia. Cuando esos elementos son preponderantes, se prefiere catalogar como crónica el trabajo en cuestión.

Señalado el cambio, es preciso indicar lo constante. Y esto es (como ya se apuntó respecto del artículo en el capítulo VI) el afán de claridad, de comprensión. Ese empeño es a veces difícil, cuando se trata de la crónica, por ser el más literario de los varios géneros periodísticos. Es importante recordar lo que sobre esto pensaba Mañach.

En un artículo de 1923, indicaba que hay dos clases de periodistas: "los que escriben para la gran mayoría y los que escriben para una minoría iniciada". Y agregaba que "si ambas clases son necesarias, sólo la primera es esencial. Un periódico es, en efecto, un medio de divulgación de hechos y de ideas; su interés es llegar al gran número, y a éste no se puede llegar sino escribiendo muy sencillamente".[30]

Pero, decía, el periódico tiene también una función cultural. Esta incluye una "crítica más abstracta" que no puede hacerse con el léxico popular y resulta sólo accesible a un grupo selecto. Ante esa antinomia, su conclusión es pedagógica: "el ideal es que la 'minoría selecta' que de ellas gusta, se vaya ampliando cada vez más. En realidad, la aspiración de ese periodismo literario es también llegar al mayor número, pero llegar eventualmente, merced a una lenta y larga conquista". A ese empeño dedicó Mañach cuarenta años de su vida.

---

30. Jorge Mañach, «Glosas. En torno al estilo,» II, *Diario de la Marina,* Ed. de la tarde, septiembre 21, 1923, pág. 1.

VII. LA ENTREVISTA

1. CARACTERES GENERALES

Mañach cultivó poco la entrevista, en comparación con el artículo y la crónica. Lo más interesante es que las entrevistas suyas tienen mucho de estos dos géneros. La razón estriba en que no estaba temperamentalmente dotado para aquélla. Necesitaba afirmar su ego mediante la palara. En cambio, el entrevistador, como el reportero, debe situarse en un segundo plano. El proscenio le corresponde al entrevistado, en un caso; a los protagonistas del suceso, en el otro. Mañach era incapaz, en su juventud, de ceder esa primacía; y esto le quitó valor a sus primeras entrevistas. En cuanto al reportaje, nunca le fue posible colocarse en la posición del narrador: concentrar la atención del lector en otras gentes o en acontecimientos, y reducir sus comentarios a lo meramente ilustrativo; por eso sólo escribió tres o cuatro informaciones. El mismo explicó su impedimento psicológico, con motivo de una conversación con Varona:

> Cuando uno va a "hacerle" una entrevista a un señor, es que se dispone, en cierto sentido de héroe profesional, a *tolerársela*: de antemano sabe a qué angustiosas inhibiciones atenerse, qué castigo del espíritu de contradicción supone. El hombre dispara a su guisa, y uno hace el noble estoico papel de frontón, permitiéndose a lo sumo la pequeña represalia de ofrecer una concavidad disimulada al impacto, para regocijarse irónicamente en las urgencias y trabajos del bote pronto... Pero no ha de olvidarse que toda conversación con un hombre ilustre suele revestir, casi fatalmente, los caracteres abusivos de la entrevista.[1]

Esta interpretación de la entrevista, como un antagonismo entre los copartícipes, en pugna por ganarse la atención del público, arruinó los balbuceos de Mañach en este campo. La cita anterior indica

---

1. Jorge Mañach, «Una conversación con Varona,» *1927. revista de avance*, septiembre 15, pág. 288. (En las demás citas de este trabajo, las páginas correspondientes se indican en el texto.) Texto en el Apéndice, págs. 236-40.

también que había tomado en serio la tesis orteguiana del arte como juego, e intentaba aplicarla a este género periodístico. Ambos rasgos se advierten en sus conversaciones con Vicente Blasco Ibáñez, en 1923, y con Enrique José Varona, en 1927.

Con los años, Mañach fue curándose de esos defectos. Se percató de la preeminencia que, como fuente noticiosa u opinante, corresponde al entrevistado. En su informe de la reunión de varios periodistas con Charles de Gaulle, en 1945, su actitud es correcta; pero tiene la poca fortuna de encontrarse con un hombre demasiado lacónico. Por último, en las entrevistas con personajes españoles, entre 1957 y 1959, son éstos los que ocupan la tribuna. El periodista se concreta a la no fácil tarea de proponer temas interesantes y a intercalar observaciones inteligentes. Todavía, sin embargo, algunas de las introducciones son tan largas y cargadas de acentos personales, que el lector cree hallarse ante una crónica. No hay una que empiece con palabras del entrevistado. Por lo general, el periodista hace un retrato físico y moral del personaje, lo sitúa en su ambiente y redacta un diálogo ágil y sustancioso.

2. VICENTE BLASCO IBÁÑEZ

La entrevista que le hace a Blasco Ibáñez es el primer trabajo suyo de esta índole que se ha encontrado en el curso de esta investigación. Contiene unas dos mil seiscientas palabras y es el producto de doce horas de charla, con motivo de la visita que el novelista hizo a La Habana el 19 de noviembre de 1923. El *Diario de la Marina* publicó, además, una extensa información del recibimiento y demás homenajes tributados al visitante.

El escrito comienza con estas oraciones: "Vicente Blasco Ibáñez ha estado en La Habana unas horas, y se ha ido. He aquí el acontecimiento a reseñar." [2] Pues bien, la primera es verdadera; la segunda, falsa. La reseña de la visita corresponde al reportaje antes mencionado. Lo que tenía que exponer Mañach, según el título de la entrevista, era "Lo que piensa Blasco Ibáñez sobre esto y lo de más allá."

Inmediatamente después de las frases citadas, el autor habla de sí mismo: "glosador habitual, hoy en bretes de entrevistas". En el párrafo siguiente, se cita también a sí mismo para recordar que Blasco Ibáñez tenía antes un solitario mechón de pelo negro —cuando él lo conoció tres años antes— y ahora lo tiene gris.

En el quinto párrafo —ya ha consumido un cuarto de columna

---

2. Jorge Mañach, «Hace de esto unas horas. Lo que piensa Blasco Ibáñez sobre esto y lo de más allá,» *Diario de la Marina*, Ed. de la mañana, noviembre 20, 1923, pág. 1.

de primera plana— entra en materia, en forma de crónica, y repite, con mejor estilo y cierta gracia, lo que dice el reportaje vecino. El periodista —a quien, por su vestir elegante, los cronistas sociales le aplicaban el adjetivo "atildado" —advierte, de inmediato, dos cosas en Blasco Ibáñez: "Sonríe ampliamente, con los amarillos incisivos al aire y el bigotillo sumido bajo la nariz gacha"; y "Está vestido de azul oscuro." Después, ensaya un chiste inoportuno y entre paréntesis: "(No digo cómo es la camisa, por temor a que me citen en alguna sección de anuncios literarios.)" Y, como el pintor que siempre lleva dentro sigue incitándolo al retrato, agrega: "Todavía no ha creado abdomen excesivo. Apretada la americana, calado el fieltro gris, asomando por el triángulo de la solapa la cinta del monóculo, y calzadas las polainas plomizas sobre el lustroso botín, su figura espesa y maciza tiene una presencia de hombre que sabe vivir y medrar."

El quinto párrafo es toda una especulación sobre vivir y medrar. Abundan las citas: Carlyle, Azorín, Manzini y el propio Blasco Ibáñez. Todo eso para decir que "este formidable visualizador" ha escrito páginas "enfáticamente externas". No en vano, en el séptimo párrafo se percata de que, a ese paso, ni media página del periódico le alcanzará para cumplir con su cometido. En efecto, todavía no ha comenzado la entrevista. Para llegar a ésta hay que aguardar por el párrafo décimotercero, cuando ha consumido unas mil palabras, pues el introito ocupa más de un tercio del espacio total. Hasta ese instante, el entrevistado sólo ha dicho: "¿Cómo no? ¿Dónde quieren ustedes?", al responder a los fotógrafos; y "Sí, hombre; ¡pues no faltaba más!", en respuesta a las siguientes palabras del entrevistador: "Usted perdonará, don Vicente. Pero ya usted sabe... el periodismo... el cuarto poder... el poder de los cuartos..." Mañach habla, como primer actor, a lo que, hasta ahora, es una contrafigura.

Por supuesto que el periodista ha informado —en el párrafo sexto— que Blasco Ibáñez: "Gusta de hablar; pero de hablar sin preocupaciones ni reticencias, con ideas sencilles y claras, con pocos adjetivos, con algunos ajos de la tierra al través de una ese infradental y pastosa que denuncia su cuna levantina." En resumen, el entrevistador, al narrar en vez de citar, se interpone entre el entrevistado y el público. Los lectores saben que Blasco Ibáñez habla; pero quieren saber qué dice. Esta primera parte es un excelente ejemplo de lo que no debe ser una entrevista.

En la segunda mitad, al fin, le cede la palabra a Blasco Ibáñez. Al periodista le quedan unas mil seiscientas palabras para resumir lo "que no fue una entrevista, en la cantidad habitual; sino más bien un ciclo de ellas, una serie: doce horas de 'interview'." Esta habría sido una difícil tarea si a Mañach no le hubiera preocupado tanto la euforia de Blasco Ibáñez por el éxito económico de sus novelas en la cinematografía. En los próximos diez párrafos éste sólo habla del dinero que le ha producido *Los cuatro jinetes del Apocalipsis.* Un breve diálogo revela el espíritu del entrevistador, más que el del entrevistado:

—Y a usted, personalmente, ¿le interesa el cine, don Vicente?

—¿A mí...? ¡Hombre!, claro, a mí lo que me interesa es la novela. Pero mire usted, por el "film" de "Los cuatro jinetes" me dieron doscientos mil pesos... Usted dirá...

Este diálogo sí tiene sabor de autenticidad; mas, lo curioso es lo que sigue: "Pero yo no diré nada, lectores míos, Blasco lo dice todo. Habla incesantemente, habla, habla..." No es cierto. Mañach necesita otras cien palabras para informarle al lector, otra vez en primera persona, que él no dice nada. Cuando vuelve a concederle la tribuna a Blasco Ibáñez éste reaparece opinando sobre el cine y el dinero. Como no es posible que el novelista —aunque fuera un codicioso vulgar tal cual ahí se insinúa— haya pasado más de seis horas tratando ese tema, resulta obvio que el periodista, al dedicarle más de la mitad del diálogo a un solo asunto, ha dado una versión distorsionada de esa larga conversación.

Después, Blasco Ibáñez aborda otro tema. Recuerda —otra vez el dinero— la pobreza de su niñez; la miseria de su juventud, cuando fue a la cárcel por defender la independencia de Cuba y, por fin, que proyecta establecer "un fondo de dos millones de pesos para premiar todos los años la mejor novela por un escritor joven, de habla española". Mañach insinúa que será editada por Prometeo, editorial en que Blasco Ibáñez tiene capital invertido: o sea, que va a ganar con la impresión más de lo que va a dar en premio; pero: "Blasco desarmó mi ironía con una ingenuidad encantadora. El ya no tenía nada que ver económicamente con la casa editora que fundara."

Las últimas quinientas palabras son lo mejor de la entrevista. Mañach se olvida del prurito de antagonizar, deja de molestarle la riqueza de Blasco Ibáñez, o su euforia de nuevo rico, y se echa a un lado para que el veterano peleador haga un interesante juicio político sobre Europa, que empezaba de nuevo a ser víctima del miedo; y en particular de España, cuya "situación de espada y charretera" ridiculiza. En el penúltimo párrafo deja constancia de que Blasco Ibáñez dijo otras muchas cosas interesantes:

Sus opiniones sobre nuestra América y sobre la otra; sobre el Hispanismo y aquello de "estrechar los lazos"; sobre el Arte y sobre la Vida, palestras ambas de su victoria, acaso otra vez te lo cuente, si es que me resigno al admirable tedio de ser impersonal.

Pues bien, no se resignó. Blasco Ibáñez quedó reducido a una caricatura. Y ahora es preciso volver sobre las circunstancias apuntadas al principio y preguntarse: ¿por qué trató tan mal a un personaje a quien el periódico quería rendir homenaje? Es posible que el escritor joven, en su afán de ser diferente, aprovechara la oportunidad a costa del veterano novelista. Tal vez no le perdonaba el haberse aburguesado. Acaso es la expresión concreta de un conflicto sentimental que él mismo había descrito así:

> A la postre, nosotros los "dilectos" que no solemos tener una peseta, habremos de confesar nuestra falacia, nuestro prejuicio y nuestra insinceridad. Y si no declararemos nunca que nuestra indigencia nos pica; que la pregonamos a título de ideal desprendimiento, mientras hacemos bajo cuerda esfuerzos por lograr fortuna burguesa; que nuestro odio al comerciante no ha sido, muchas veces, sino despecho de rivales vencidos, en cambio reconoceremos muy pronto que el burgués ha evolucionado y que hoy día hasta merece voz y voto en nuestros cenáculos.[3]

3. ENRIQUE JOSÉ VARONA

Más que una entrevista, el relato que Mañach llama "Una conversación con Varona", es una crónica. Se estudia aquí como una muestra de sus balbuceos en este género. Como en otros escritos de la época, se advierten dos sombras tutelares. La de Ortega y Gasset, por el énfasis en lo deportivo: "notemos que la conversación es a la *interview* lo que el *tennis* al *hand-ball* unipersonal. Es decir, que la una es un deporte con un riesgo peculiar y todo —véase la última entrega de "El Espectador"—, y la otra un mero ejercicio" (p. 288). La de D'Ors: "Varona está ya, como se gusta tanto decir ahora, en la categoría; ha trascendido la anécdota" (Ibid.).

Mañach entra en materia con una explicación de por qué va a visitar a Varona. Después hace una descripción de su vivienda. Este es un método expositivo que mantiene invariablemente hasta el final de su carrera. Al cabo de una tercera parte del espacio total del escrito, Varona comienza a hablar. El periodista ameniza el diálogo con observaciones que revelan su afición a las artes plásticas: "Su cabeza ha llegado ya a una máxima condensación de venerabilidad; los pelitos blancos, dispersos, le hacen guardia de honor sobre el cráneo; la piel le cuelga más lacia que nunca sobre las mejillas, con un drapeado austero; el bigote nietzscheano filtra la sonoridad meliflua de las palabras, salvo cuando se lo recoge hacia arriba con la

---

3. Jorge Mañach, «Glosas trashumantes. Seda y estraza,» *Diario de la Marina,* Ed. de la mañana, diciembre 2, 1922, pág. 24.

mano en un gesto descuidado que parece que va a descomponerlo todo. La vocecita es ya de una tenuidad exquisita" (p. 290). El resumen impresionista de los rasgos característicos de sus entrevistados es otro de los recursos literarios mejor aprovechados por Mañach.

En el caso de esta "conversación", esta pintura de Varona en la senectud, lúcida y honorable, es lo más interesante. El resto son opiniones sobre temas circunstanciales. Pero la estampa del anciano es algo que tiene el valor documental de un retrato. Mañach, esmerado en el atuendo, no se olvida de apuntar: "Está vestido pulquérrimamente; pechera dura, con botones de oro, pantalón blanco y, en la solapa del saco de alpaca negra, su florecita inevitable, que debió ir a buscar al jardincillo de la casa, muy de mañana" (pp. 289-90). Tal era, en efecto, la apariencia del viejecito que, en el curso de los pocos años que aún le quedaban por vivir, fue acreciendo su valor como símbolo de civismo.

4. DE GAULLE Y MAURIAC

En 1945, Mañach recorrió parte de Argelia y Francia, junto con varios periodistas hispanoamericanos. El general Charles de Gaulle los había invitado, y los recibió en audiencia colectiva. Más tarde, el cubano recogió en el *Diario de la Marina* una versión de esa reunión.

Al comparar esta entrevista con la de 1923, lo primero que se advierte es el cambio de actitud del escritor. Desde el comienzo, se hace evidente que lo importante no es su experiencia de hablar con uno de los dirigentes de la política internacional, sino lo que ese hombre diga o calle. Sin embargo, tropieza con una insuperable dificultad: de Gaulle ni habla ni evade respuestas. Ahora resulta que es el entrevistado quien está receloso; pero no lo demuestra. Su arma defensiva es la cortesía: es él quien hace las preguntas. Se interesa por los detalles del viaje. Inquiere opiniones sobre la apariencia posbélica de Francia. Se muestra solícito y hasta humilde —relativamente, por supuesto, dado su talante habitual—. Mañach, que se siente agradecido, no apunta estos últimos ragos; pero bien pueden inferirse de su escrito. Se comprende que, en ese momento, el General no busca la fugaz notoriedad de los titulares de prensa; sino algo más permanente: la buena voluntad de los periodistas en un área que contempla como una necesaria esfera de influencia cultural y política. Por eso no produce frases —a las que es tan adicto— sino halagos —en los que suele ser parco— en forma interrogativa.

En ese trance de alguacil alguacilado, Mañach sortea las dificultades de la mejor manera posible. Una cuarta parte del espacio informativo lo dedica a describir la escena del recibimiento. Su mirada pictórica capta en seguida el efecto del resplandor dorado de una alta lámpara sobre el espejo del fondo. El salón adquiere así un aspecto de grandeza, superior a sus dimensiones reales —hay algo simbólico en todo eso—, en el cual se mueve, "soberano de estatura", el general de Gaulle. La atención del lector se concentra en la figura central, como si estuviera viéndola. Las primeras palabras que se citan son las de saludo, que emite el Presidente. Después, las preguntas de éste. Como las respuestas que dan los periodistas no interesan al público, Mañach pone de nuevo en función su ojo de pintor:

> En ese momento me di cuenta de que no vestía su uniforme de general, como me había parecido al entrar. El torso enjuto descollaba tras la mesa, sin embargo, con una vaga marcialidad. La luz de la lámpara parecía concentrarse sobre él, bañándole el rostro. Todo el resto del gabinete quedaba en una penumbra dorada, cuyo foco luminoso era aquel rostro largo y severo, algo pálido, prematuramente velado por esa especie de vejez artificial que dan las preocupaciones. Algunos rasgos eran anodinos, como accesorios —el pelo castaño, cuidadosamente peinado, la nariz grande de los caricaturistas, la boca recogida y carnosa bajo el leve acento del bigote. Pero los ojos resumían toda la personalidad: unos ojos a la vez lejanos y escrutadores, que parecían extraviarse un poco bajo párpados acortinados, centrarse en una redecilla de arrugas que les daban como una aureola de meditación y de fatiga... ¿De qué color eran aquellos ojos en atalaya?... Sí, eran negros, decidí con dificultad; pero ellos también parecían dorados— dorados como la sombra de las sienes, como la chispa efímera de la sonrisa, como toda la penumbra que nos envolvía... Esta sensación de luminosidad contenida, moderada, era la dominante en aquella presencia.[4]

El interés de esta larga cita rebasa los límites de la entrevista, pues vale como ejemplo de una constante reiteradamente advertida: su afición a la pintura tenía un notorio efecto en su manera de ver las personas y las cosas; y, consecuentemente, en su estilo.

El resto de la entrevista es más interesante desde un punto de vista político. Al terminar la recepción colectiva, el Presidente le pidió a Mañach que se quedara con él unos minutos más. Hubo entonces un intercambio de ideas sobre las posibilidades de un mayor acercamiento franco-hispanoamericano.

A los efectos de este estudio, lo más importante es el recurso literario mediante el cual Mañach salvó, en lo posible, la dificultad periodística de reseñar una entrevista con un personaje que evita las preguntas.

---

4. Jorge Mañach, «Glosas de vaje. Una entrevista con el general de Gaulle,» *Diario de la Marina*, diciembre 28, 1945, pág. 4.

Durante esa misma estancia en París, Mañach le hizo una visita a François Mauriac. El objeto era solicitar su colaboración regular para el *Diario de la Marina*. Fue una brevísima conversación que aparece en una de las "Glosas" en forma tan sobria que casi es un reportaje. Sin embargo, su estructura es la que Mañach emplea en sus entrevistas: pasa de lo objetivo a lo subjetivo, de lo circundante al personaje, y de éste a sus opiniones. En este caso, comienza con un esquema de la situación general de Francia, radicalizada por los efectos de la guerra; después habla de la campaña periodística del novelista en *Le Figaro;* a continuación describe la casa en que vive Mauriac y la manera en que viste; y a mitad del escrito se inicia la conversación, que ocupa el resto.

Esa conversación comprende dos temas: primero, los políticos; después los literarios. Aquéllos en un tono muy elevado, como análisis del destino del hombre en una Europa amenazada por un nuevo totalitarismo; éstos, como reflejo de aquella eventualidad en la expresión estética. Las citas son indirectas, porque Mauriac "se mostraba reticente". En el antepenúltimo párrafo aparece una textual: "—En Francia— me contestó —el expresionismo ensimismado, críptico, nunca dio nuestra dimensión mayor. La mejor literatura aquí fue siempre la de expresión directa, en que el escritor ofrece clara, viva y sin trámites retóricos, su personal intimidad." [5] A Mañach le asalta la duda de cómo explicar entonces "a este monstruo de la lucidez hermética, tan bañado de gloria clásica", que es Paul Valéry. Pero, como no lo preguntó, tiene el buen juicio de dejar sólo apuntada la objeción. Y termina con una referencia al interés del novelista por la vida política y literaria de Cuba.

En resumen, es una entrevista discreta, en la cual se han enmendado los errores que en su juventud cometía en esta clase de trabajos, pero todavía es inferior a las que escribirá al final de su carrera.

5.   VISITAS ESPAÑOLAS. ... PERSONAS

Las diecisiete entrevistas, que contiene la segunda parte de *Visitas españolas. Lugares, personas,* reclaman un estudio en conjunto porque fueron concebidas como un muestrario de la vida intelectual de España a mediados del siglo. La representación es muy buena, pero no completa, ni pretende serlo. El autor lo dice: "fue mi propósito incluir en la serie de ellas a muchos otros españoles ilustres". Pero los sucesos de Cuba le indujeron a anticipar el regreso, "frustrando así aquel propósito" (p. 10).

---

5. Jorge Mañach, «Glosas. Mauriac en su celda,» *Diario de la Marina,* febrero 6, 1946, pág. 4.

No obstante, la relación de entrevistados es impresionante. Un filólogo ilustre: Ramón Menéndez Pidal; tres novelistas: José Martínez Ruiz ("Azorín"), Ramón Pérez de Ayala y Camilo José Cela; cinco ensayistas, críticos e historiadores: Dámaso Alonso, Gregorio Marañón, Pedro Laín Entralgo, la condesa de Campo Alange y José María Cossío; un poeta: Vicente Aleixandre; dos filósofos: José Luis López Aranguren y Julián Marías; dos pintores: Daniel Vázquez Díaz y José Aguiar; un escultor: Victorio Macho; un médico: Carlos Jiménez Díaz; y un comerciante: José Fernández Rodríguez.

Estas entrevistas suelen componerse de las siguientes partes: apreciación, ambiente, retrato y diálogo. El orden no es inflexible, aunque sí predominante, ni tampoco lo es la concurrencia de todas. Asimismo, Mañach les intercala anécdotas o remembranzas. Todo contribuye a darles variedad dentro de ciertas constantes estructurales. Los cambios se deben a los ajustes impuestos por la presentación de los entrevistados, el desarrollo de los temas y las limitaciones de la función periodística. El autor explica algo de esto cuando presenta a Dámaso Alonso ante el público cubano:

> Siempre siento un poco de pena ("apuro", dicen coloquialmente en España) cuando empiezo la versión de alguna de estas visitas recordándole al lector la personalidad del visitado. Parece un agravio a éste tanto como a los lectores. Pero no se olvidará que aquí estoy haciendo periodismo más o menos "literario", y que el periodismo asume entre sus deberes el de informar, el de recordar y un poco también el de valorar. Ni se deberá perder de vista que escribo principalmente para lectores distantes del escenario español, que no tienen por qué saber quiénes son todos los hombres ilustres de aquella orilla hispánica, o por qué lo son. Con la venia, pues... (pág. 238).

Por esa misma razón, no le describe al público cubano la figura de Menéndez Pidal, ya que era bien conocida por su estancia en La Habana durante la guerra civil. En cambio, el relato está saturado de anécdotas que contribuyen a acercar más al sabio a la comprensión del lector. Esas referencias —muchas de las cuales son visiones retrospectivas— son pretextos para expresar una evaluación del entrevistado sin recurrir a una enumeración de méritos carentes de significación para los no iniciados en estudios literarios. La estructura resulta flexible, aunque siempre se valga de los mismos elementos.

Dada la índole de los temas —filosóficos, sociológicos, artísticos, literarios, etc.— hay a cada paso el riesgo de emplear una terminología inadecuada para un diario. Sin embargo, el vocabulario es relativamente cotidiano. Esto resulta importante en las dos conversaciones filosóficas. Claro está que éstas no pueden ser comprensibles para todo el mundo y, además, a veces no hay manera de prescindir de ciertos términos —metafísica, escolástica, existencialismo, Realidad, Ser, etc.—; pero éstos se han reducido a un mínimo. El lector avisado queda enterado del asunto en debate y se percata de las posiciones mantenidas en el diálogo; el indocto recibe la noticia de que tales problemas existen, y, si le interesan, eso puede ser hasta el despertar de una vocación. A tales efectos, se ve a los interlocutores girar en torno a un tema, para contemplarlo desde diversos ángulos. Así ocurre cuando Mañach y Aranguren hablan de la diferencia entre el filósofo moral y el moralista, pese a las protestas de que el asunto "sería largo de decidir, y agobiadoramente técnico para una entrevista periodística" (p. 294).

A propósito de alguna de las cuestiones que Mañach suscita en estas conversaciones, debe observarse que corresponden a viejas preocupaciones suyas. Así, por ejemplo, la de la función del moralista aparece ya en una de sus "Glosas trashumantes", planteado en un tono irónico y también en forma de diálogo:

—¿Pues qué es el moralista?

—El moralista es el opinador aislado que no halla eco ni en lo mejor de la opinión. El moralista o el que se tiene por tal o está demasiado avanzado, o demasiado atrasado para su tiempo; por eso, unas veces predica la indisolubilidad del matrimonio, y otras el panamericanismo.

.   .   .   .

Si casi siempre me ocupo más bien de la inmoralidad, es —claro está— porque quien me lea haga sus propias comparaciones y suscite en su propia mente las situaciones ideales de moralidad que le vengan en gana. No hay nada como darle al lector esta oportunidad de colaboración y complementación, para que se ponga de acuerdo con uno. Eso de que el público no piensa es una sandez.[6]

No es difícil la comparación entre estas palabras y las que López Aranguren expresa a instancias de Mañach:

—Me interesó mucho su tesis de que "el oficio de moralista", como usted lo llama, incumbe hoy día a los intelectuales.

—Sí, el moralismo deliberado, formal, se ha ido agotando. Desde el siglo pasado cede el terreno a un moralismo indirecto y menos explícito, ejercido, en forma positiva o negativa, por los hombres de sensibilidad, los artistas, los intelectuales (pág. 294).

---

6. Jorge Mañach, «Glosas trashumantes. Vox clamantis,» *Diario de la Marina,* Ed. de la tarde, diciembre 19, 1922, pág. 1.

De igual modo podrían contrastarse varios temas estéticos —los políticos aparecen someramente abordados— para advertir la continuidad del pensamiento de Mañach, aunque los matices de la expresión —en particular, el énfasis— varíen según las circunstancias.

Volviendo a la organización de estas "visitas", se advierte que el diálogo se queda en el último lugar —por lo menos, lo más importante del mismo— y esto dota al escrito, en conjunto, de cierta lentitud en su desarrollo. No hay el impresionismo que resultaría de una frase llevada al primer párrafo, como base de un titular llamativo, porque estas entrevistas no persiguen una finalidad espectacular, sino ilustrativa, vulgarizadora.

Eso se aprecia también en la repetición de ciertos temas. Por ejemplo, el de la función política del intelectual, sobre lo cual pregunta a Laín Entralgo y a López Aranguren. Las respuestas de ambos son contrarias a lo practicado por Mañach. Según el primero, debe: "interesarse sólo como intelectual" (p. 282); y el segundo: "Interesarse por ella, desde luego, sí; intervenir, en modo alguno" (p. 297).

A propósito de la repetición, es oportuno recordar lo que a favor de ella había opinado Mañach en los albores de sus actividades periodísticas. Criterio al cual se mantuvo muy firmemente adherido, de conformidad con su apreciación pedagógica del periodismo: "la labor del periodista, por desgracia, es una labor de repetición".[7] Y explicaba ese deber, por contraste con el del escritor de un tratado u otra obra en forma de libro, de la siguiente manera:

> El pobre periodista, en cambio, por lo que toca a las ideas fundamentales, ha de repetir, repetir, repetir. Para él es máxima necesidad lo que en el otro es flaqueza.
>
> Ha de parecer que repite más, porque dirigiéndose a las más generales categorías de la comprensión, sus ideas tienen que ser simples. No puede abundar en sutilezas. Si se deja seducir por ellas, el gran público, el público X, lo abandona, porque no lo entiende o porque no quiere que la hoja diaria, haciéndole pensar mucho, le malogre el café con leche.
>
> Esas ideas simples, que ya de por sí son pocas, pues son verdades elementales, el periodista honrado, penetrado de su misión directriz, ha de exponerlas, subrayarlas, reiterarlas en ciclos cuya amplitud determina la actualidad del momento. (Ibid.)

A pesar de la aludida morosidad en el desarrollo de las entrevistas, el lenguaje, por lo general, es ágil. Hay un raro contraste entre el movimiento temático y el ritmo expresivo. El tiempo lento de

---

7. Jorge Mañach, «Glosas trashumantes. Los ricos pobres,» *Diario de la Marina*, Ed. de la tarde, diciembre 13, 1922, pág. 1.

aquél da una sensación de reposo: lectura para quien no está apremiado por muchos deberes; la ligereza de la frase, la agudeza de muchas expresiones y la variedad de asuntos mantienen al lector en estado de alerta. Este efecto se logra mediante diversos recursos que Mañach va cuidadosamente adecuando al personaje que habla o al objeto de su discurso. Algunos ejemplos ilustran tales extremos, comenzando por esta breve descripción:

> *Azorín* vive en la calle de Zorrilla. Su casa encara la plazuela de Fernanflor y la fachada trasera del Palacio de las Cortes, hoy tan callado. Es éste el corazón mismo de Madrid, y allí parece dar la villa, en efecto, su latido más íntimo... (pág. 133).

Cuando el juicio exige una exposición extensa, el autor se vale de oraciones concatenadas que, además, dan mucha verosimilitud al diálogo. Así, al resumir la respuesta de Pérez de Ayala a una pregunta sobre tres grandes asturianos, Mañach adereza sus palabras de esta guisa:

> Esa es la Santísima Trinidad —dice—. Jovellanos fue, sin duda, la primera figura de su tiempo, no ya como pensador reformista, sino también como escritor. Sus epístolas de corte horaciano, como la titulada *Desde el Paular*, son hermosísimas... A Campoamor se le está revalorando ahora. Lo quisieron enterrar, acusándolo, entre otras cosas, de prosaísmo. ¡Nada de eso! Algunos de sus poemas mayores son espléndidos... ¡Y *Clarín*! A *Clarín* le quise mucho. Fue mi profesor de Derecho Natural en la Universidad de Oviedo. Gran escritor también. ¿Quiere usted nada mejor, como novela, que *La Regenta* o *Su único hijo*...? ¡Y tantos cuentos y artículos admirables! (pág. 152).

No falta tampoco alguna clásica figura retórica, como la antítesis que pone en labios de Marañón:

> —No, yo no puedo servir de ejemplo a nadie; pero presumo que, para ser eficaz en la vida, hay que vivirla con orden. Lo importante, sin embargo, no es el orden absoluto, sino el orden del desorden. El orden absoluto es el ideal de muchos maestros, sociólogos y gobernantes. Olviden que la vida es fundamentalmente desordenada y que el orden conduce indefectiblemente a la estupidez y a la muerte. Ordenar el desorden es el secreto de la vida privada... y de la pública (págs. 199-200).

Las conversaciones sostenidas no aparecen literalmente copiadas en el libro. El autor lo declara, entre otras ocasiones, al referirse a su versión de lo hablado con Laín Entralgo: "(No intentaré reproducir exactamente sus respuestas, ni siquiera imitar demasiado, dentro de la concisión imprescindible, el estilo verbal de ellas. Estoy en presencia de uno de los hombres más disertos que tiene hoy España)" (p. 272). Eso es lo normal en trabajos de esta índole. Lo textual se usa sólo en aquellos casos en que un personaje responde por escrito a un cuestionario, o cuando formula una declaración. Pero nada de esto es entrevista. Resumir lo que alguien dice, sin cambiarle el sentido y sin que pierda el aspecto de autenticidad, es una de las claves del arte de la entrevista; otra es inducir al entrevistado a que hable de cosas interesantes para los habituales lectores del periodista.

En este segundo aspecto también son un acierto estas "visitas". Ello no implica que los interrogados digan necesariamente cosas nuevas. Como dice Mañach acerca de su charla con Menéndez Pidal, "ya se sabe que las entrevistas, en casos como el suyo, no son para averiguar nada, sino que sólo para tomarle el sabor a la ciencia en el propio manantial" (pp. 122-23). Cámbiese "ciencia" por "arte", "literatura" o "filosofía", y el principio es aplicable a las diecisiete conversaciones.

De todas suertes, uno de los aspectos más atractivos del libro son los juicios y declaraciones que contiene, sean o no sean conocidos. Así, quien piense en Dámaso Alonso como una mente primordialmente crítica, tiene que detenerse aunque sólo sea un instante ante esta frase: "Busca la verdad mía más íntima en mi poesía, y no en mis actos sociales" (p. 245). De igual modo, llama la atención el dicho de Aleixandre: "Hasta los dieciocho años, los pésimos ejemplos líricos de una preceptiva que estudié en el bachillerato me hicieron aborrecer la 'poesía.' ... Hasta que cayó en mis manos, casi a la fuerza, una antología de Rubén Darío" (p. 259). O el de Cela sobre el vocablo "tremendismo" y su indeterminado inventor: "Sea quien sea, el marchamo (con perdón de quien corresponda) es una estupidez solemne, que no significa ni señala nada..." (p. 336). O el de Marías, tras opinar sobre Ortega y Unamuno: "En rigor, no ha habido existencialismo español" (p. 311). O el de Vázquez Díaz, cuando explica que no retrató a Darío en Mallorca vestido de monje, sino antes de ir allí, y "de memoria. Y, claro, no iba a ponerlo de levita... Se me ocurrió envolverle en esa túnica de color de hueso..." (p. 188). O el de Victorio Macho ante la escultura que hizo de su madre: "Cuando entro aquí a solas, le acaricio la frente y las manos, como un niño..." (p. 173). Todo esto hace de estas "visitas españolas" un documento vivo, un cuadro de la época. Mañach definió a José Aguiar como "un pintor que lleva al lienzo su impresión de lo que ve junto con su emoción de lo que sueña... o de lo que piensa" (p. 226). Y Mañach también era un pintor.

6. RESUMEN

La entrevista es la forma de expresión periodística en que mejor puede observarse la aptitud de Mañach para superar sus disposiciones temperamentales con una solución racional.

En sus inicios tuvo defectos que no eran de estilo sino de falsa concepción de lo que es ese género periodístico, unida a un juvenil empeño de afirmar su personalidad. Siempre bien dotado para la exposición de sus ideas y experiencias, confundió la entrevista con el artículo o la crónica. La segunda causa de sus tropiezos fue la creencia de que el periodista desempeña en aquélla un papel de simple mediador entre el que habla y el público; posición a la que no quería resignarse, por lo que su inconformidad se traducía en agresividad o juego.

En los años intermedios, con su reputación ya definitivamente establecida, tanto en lo literario como en lo político, Mañach se libera de la tara psicológica— que acaso era inconsciente— y produce sus entrevistas con de Gaulle y Mauriac. Pero él no empieza a comprender el papel activo que le corresponde al periodista en estos empeños hasta que se encuentra con Muñoz Marín en Puerto Rico. Es ese trabajo —citado en el capítulo II— el que marca el comienzo de su última y mejor etapa. Ahí el entrevistado adquiere la categoría de personaje. Como tal, es un individuo que expresa su propio lenguaje, que aparece vivo, no caricaturizado; pero, al mismo tiempo, es una creación del periodista. Lo es en cuanto éste lo lleva a escoger los temas y, aun dentro de éstos, pone el énfasis en ciertos puntos y soslaya otros. Y, por último, a la hora de resumir sus palabras, dentro de los límites asignados por el Jefe de Redacción, el periodista, conscientemente o no, poda y adapta el mensaje a lo que él cree que el originador de la comunicación quiso decir, o a lo que puede ser de más interés para el lector. Esto resulta aún más evidente en las entrevistas por radio y televisión. En éstas, aunque el público oye o presencia la conversación, es el periodista quien, mediante la selección de los temas y el modo de articular sus preguntas, hace la función de Lazarillo.

Debe recordarse que, a partir de 1951, cuando se estableció la televisión en Cuba, Mañach fue el moderador del programa "Ante la prensa." También es necesario tener en cuenta la profunda transformación que se advierte en sus entrevistas posteriores. No parece aventurado relacionar ambos hechos y presumir que su experiencia en la televisión repercutió en esa forma de periodismo impreso. Sólo tuvo que cuidarse de mantener la calidad estilística. Aunque algo tardíamente, advirtió las posibilidades literarias propias de este género periodístico, las que ya habían sido anticipadas desde comienzos del siglo.[8] Las desarrolló mediante un balance entre la crónica y el diálogo, lo biográfico y lo novelesco.

---

8. «The Interview as a New Literary Form,» *Current Literature*, 39 (July, 1905), 43-44.

IX. LA CRITICA

La crítica, literaria y pictórica, fue una de las más constantes dedicaciones de Mañach. Desde muy joven alcanzó, en el ámbito cultural de Cuba, una buena fama de crítico, y hasta sus últimos años se sintió atraído por el afán de juzgar la obra ajena. Marinello, como se ha visto, consideraba en 1924 que en ese campo se encontraban las mejores posibilidades de Mañach como escritor.

Sus trabajos de esta índole pueden clasificarse en dos grupos: los periodísticos y los eruditos. Los primeros son siempre breves, y se caracterizan por el estilo impresionista, dada la necesidad de resumir los rasgos esenciales del autor o la obra considerados; además, se distinguen por responder a una motivación circunstancial: la aparición de un libro, la conmemoración de un aniversario, la apertura de una exposición, la adjudicación de un premio, la muerte de un escritor o de un artista, etc. Los segundos son de mayor extensión, contienen estudios más pormenorizados y suelen referirse a temas específicos. Además, no responden a determinantes ocasionales. En ambas categorías se advierte una constante: ausencia de análisis estilístico acucioso y presencia de una evaluación general.

La mayoría de las críticas periodísticas aparecieron en el *Diario de la Marina*, la *revista de avance* y *Bohemia*. Y las eruditas, en *Revista Hispánica Moderna, Revista Cubana* y el *Diario de la Marina*. (Las del periódico constituyeron una serie titulada "Perfil de nuestras letras." Es una revisión histórica de la literatura cubana desde los orígenes hasta los comienzos del romanticismo. Tiene la forma de pequeños artículos, pero en realidad es el desarrollo de un libro, presentado en fragmentos.) También hay artículos críticos en *Mercurio Peruano, Cuadernos Hispanoamericanos, Cuadernos Americanos, Cuadernos del Congreso por la Libertad de la Cultura, Papeles de Son Armadans*, etc.

En este capítulo se estudiarán únicamente las críticas periodísticas. Estas se subdividen en: literarias, pictóricas y semblanzas. Las literarias son, a veces, reseñas de libros y, en otras ocasiones, juicios sobre la totalidad de una obra personal. Las pictóricas contienen sus impresiones sobre exposiciones o estudios de algún artista en particular. Las semblanzas resumen la significación de una vida o el conjunto de una producción individual, y casi siempre se deben a alguna de las determinantes mencionadas.

Entre estas formas, la semblanza es la preferida por Mañach. Casi siempre le interesa más el hombre que la obra. De ahí que en su artículo sobre el pintor Jaime Valls, citado en el capítulo III, señale la conveniencia de hacer la "averiguación estética partiendo del artista mismo". Mas, como un comentario periodístico debe corresponder a un acontecimiento reciente, el motivo inmediato —el pretexto para hablar de alguien— suele ser una publicación o una exposición. Según sus palabras: "la crónica crítica no me parece que debe ser sino una divagación adecuada en torno a un libro que le sirve de eso: de pretexto".[1] Su tema no es "en rigor, la crítica del libro en cuestión, sino más bien la del autor". La justificación de ese procedimiento incluye los siguientes argumentos:

> Por razones de espacio, de amenidad, de lealtad intelectual, una crítica de un libro en un periódico no puede ni debe ser más que una impresión eficaz sobre el autor y su obra. Mientras más sintética, mejor. Mientras menos puntualizada, más justa.

> .   .   .   .

> Ya mis lectores sabrán para siempre que no han de encontrar en mis crónicas pruritos escrupulosos de cogedor de gazapos; que no he de dictarles lecciones de literatura comparada; que no recomiendo o condeno libros, sino que me limito a decir, con pretexto de ellos o de su autor, las cosas que me parecen interesantes.

> .   .   .   .

> Dos ni tres columnas no bastan para decir todo lo que redime un mal libro o malogra otro que parece bueno. El pormenor criticado adquiere, en el comentario, un relieve monstruoso que en la obra misma se disimula. Subrayándolos, defráudase al autor y a quien lee el encomio o la censura.

> En cambio, un ensayo de valoración de la personalidad literaria que se juzga se me antoja siempre más eficaz y discreto. Y esto por la misma razón: porque el libro es, a la obra total del autor, lo que el detalle es al libro.

> El método crítico —para los que tomen muy a lo solemne la crítica— me parece, por lo tanto, ir del hombre a la obra y de la obra al ejemplar. Pero con el énfasis en la obra total, que es, a la postre, lo menos efímero.

---

1. Jorge Mañach, «Glosas. Preliminando un comentario,» *Diario de la Marina*, Ed. de la tarde, marzo 13, 1924, pág. 1.

Aparte de las limitaciones impuestas por el periódico, el crítico
tenía que considerar las provenientes del medio social. En un ambiente cultural tan poco dilatado como el de Cuba, era muy difícil
emitir juicios que no estuvieran influidos por las relaciones personales. Asimismo, era casi imposible que éstas no resultaran afectadas
por aquéllos. Apenas había iniciado su función cuando Mañach se
percató de esa presión social y la expresó de esta manera: "En
nuestras pequeñas esferas, en cambio, los contactos son más directos
y frecuentes, las idiosincracias personales son más conocidas, la vida
privada es menos privada, la confianza más abusiva, el respeto mutuo
menos acendrado —todo, hasta la misma opacidad del vivir algo
provincial y la cáustica garrulería que el fastidio engendra, contribuye a rebajar la pureza y la impunidad de la crítica." [2]
    La impunidad que Mañach reclamaba ni era posible ni deseable.
Habría sido un privilegio. Ocurrió todo lo contrario, a él se le enjuició, por lo menos, de dos maneras: una, en la totalidad de su obra
de aquellos años; otra, con alusiones irónicas a sus actividades de
crítico.
    En la primera, sobresale un trabajo de Octavio de la Suarée, en
El Día, en 1925, titulado "El caso Mañach." [3] En él se sostenía la
tesis de que el periodismo de Mañach, "tal como se ofrecía en las
'Glosas', estaba divorciado de la tradición cubana en tres de los
cuatro aspectos que la caracterizan, a saber, en la preocupación
de servicio ya a la patria, ya a la comunidad, ya al periodismo como
institución y al periodista como clase, y sólo de acuerdo con uno
de tal tradición, o sea, en cuanto al servicio a la cultura nacional".
La Suarée señalaba, como paradigmas de esa tradición, en el siglo
XIX, a Adolfo Márquez Sterling y Wenceslao Gálvez, como servidores
de la patria pero sin militancia independentista; a José Martí y
Juan Gualberto Gómez, como patriotas e independentistas; a Ricardo
y Domingo del Monte y a Eduardo Dolz, como servidores de la comunidad; a León Ichaso y Manuel Pinos, entre los finales del siglo
pasado y comienzos del actual, como defensores del carácter docente
del periodismo; y entre los propugnadores de la cultura a través de
la prensa, a José de Armas y Cárdenas ("Justo de Lara"), Antonio
Escobar y Emilio Bobadilla ("Fray Candil"). Estos practicaron la crítica y, en tal sentido, Mañach vendría a ser un continuador de ese
cuarto aspecto de la tradición cubana.
    En la manera irónica sobresale una crónica de Arturo Alfonso

---

    2. Jorge Mañach, «Glosas trashumantes. Crítica y criticados,» *Diario de la
Marina*, Ed. de la tarde, diciembre 27, 1922, pág. 1.
    3. Ante la imposibilidad de encontrar en este país el artículo impreso, el
autor de este estudio solicitó de Octavio de la Suarée una sinopsis de su
crítica. La Suarée se la envió, basándose en sus recuerdos de esa lejana publicación, en una carta fechada en Miami Beach, el 14 de abril de 1969.

Roselló. En ella se hace una mención elogiosa de Mañach. Después se presenta a un pedante crítico de arte, quien emplea un vocabulario similar al de aquél. No hay relación expresa entre Mañach y el personaje anónimo. La asociación la establece el lector. Así puede apreciarse con sólo leer unos fragmentos, en los que habla el crítico:

> —Yo soy intransigente, más bien iconoclasta; lo confieso. Pero aún aceptando que este Salón de Humoristas es muy malo, le brindo, íntegra, mi solidaridad y mi aplauso. Somos un país en formación donde todo está en germen, desde la sociedad hasta la culinaria. Yo soy culto, créalo usted, conozco cinco idiomas. Y le garantizo que en el "status" internacional nuestro humorismo no resulta más lúgubre.

.   .   .   .

> El humorismo de estas exposiciones yo lo subdividiría en tres clases: humorismo simbólico, humorismo reflexivo y humorismo visual. Y éstos, a su vez, en expansivos, por contraste, por deducción y por inducción.[4]

Después aparece la explicación de cada una de esas subclases, en una forma muy ingeniosa. Y concluye con una fórmula salomónica: "el Cuarto Salón es malo, pero los humoristas son buenos". ... Al final, reaparece Alfonso Roselló y comenta: "El Crítico dijo estas cosas trascendentales, con un vigor y un relieve indelebles. Luego, supremamente, como quien cumplió con un deber grato al derramar su sabiduría sin recelos, se irguió, tosió levemente, encendió con delicia un cigarro y se marchó con la propia majestad con que vino" (p. 22).

No hay datos para establecer una relación de causalidad entre el artículo y la crónica mencionados y dos posteriores críticas de Mañach; pero sí es posible indicar las coincidencias. En 1927, La Suarée publicó su novela *La porcelana en el escaparate*, y Mañach le dedicó una de sus "Glosas" de *El País*, con el título de "Un libro vitando." Y, en 1925, Mañach comentó la aparición de *En nombre de la noche*, libro de poemas de Roselló, en otra de sus "Glosas", en el *Diario de la Marina*. En ésta condenó desde el título de la obra hasta el último verso, y afirmó que su poesía vacilaba entre lo sentimental y lo meditativo, con visos de simulación y de pedantería.[5] Por lo visto, lo de "la impunidad de la crítica" no pasó de ser una aspira-

---

4. Arturo Alfonso Roselló, «El Cuarto Salón de Humoristas. Interview con un crítico,» *Carteles*, diciembre 7, 1924, pág. 10.

5. Jorge Mañach, «Glosas. *En nombre de la noche*, de Roselló,» *Diario de la Marina*, Ed. de la tarde, mayo 2, 1925, pág. 1.

ción, que acaso no la respetó ni quien aboga por ella. Sin duda, la presión social, debida a la inevitable convivencia en un ámbito reducido, se imponía sobre todos. El propio Mañach se quejó en una ocasión, al decir: "En este papel y casi 'a contra corazón' vengo sobrellevando el muy arduo, solemne y antipático papel de crítico de arte." [6]

Estas palabras revelan la presencia dominante del hombre en el crítico. Ello explica el influjo de las pasiones en sus razonamientos y en los de sus opositores. Vistos a una distancia temporal que pasa de los cincuenta años, los cuatro juicios comentados resultan exagerados. Están viciados de un exceso de subjetivismo. No en vano decía Mañach, en el artículo recién citado: "A pesar de ser ya abogado, creo que las verdades más indudables son las que no pueden probarse: las que se mantienen con una afirmación y un encogerse de hombros."

Para la crítica periodística, en general, el resultado de la presión social y del subjetivismo fue el agrupamiento de los críticos en bandos de amigos que se elogiaban mutuamente, a la vez que combatían sin tregua a los bandos enemigos. El fenómeno ni fue exclusivo de Cuba ni ocurrió allí por vez primera; pero es importante, a los efectos de este trabajo, porque repercutió en los empeños de una crítica imparcial, que Mañach defendía y que no siempre pudo realizar.

Un cuarto de siglo después del último artículo mencionado, en una especie de carta pública a José María Chacón y Calvo, se lamenta Mañach de que "no hay apenas crítica en Cuba —crítica literaria, quiero decir".[7] Y sólo menciona, como representantes de esa actividad literaria, a sus amigos, casi todos vinculados al *Diario de la Marina*: el propio Chacón, Raimundo Lazo, Juan J. Remos, Medardo Vitier, Rafael Suárez Solís, Rafael Marquina, Francisco Ichaso, Gastón Baquero y, entre los más jóvenes, a Cintio Vitier y Salvador Bueno. Estos, según él, son los continuadores de la obra orientadora de los críticos decimonónicos: Ricardo del Monte, José de Armas, Rafael Montoro, Enrique Piñeyro y Enrique José Varona. Ambas relaciones son incompletas, pero lo importante no es eso, sino la observación certera acerca de las cualidades predominantes en la crítica cubana a mediados del siglo veinte:

> ¿no sería lícito afirmar también, querido José María Chacón, que la actitud puramente descriptiva, cuando no la vaguedad encomiástica y la indulgencia a caño abierto, se sustituyen demasiado al rigor en la poca crítica que tenemos? Lee uno por ahí cada elogio

---

6. Jorge Mañach, «Glosas. Las multitudes y los iniciados,» *Diario de la Marina*, Ed. de la tarde, diciembre 2, 1924, pág. 1.

7. Jorge Mañach, «Glosas. Sobre el menester crítico en Cuba,» *Diario de la Marina*, octubre 12, 1949, pág. 4.

desmesurado que lo deja boquiabierto, cada superlativo que da vértigo. No se me oculta lo que esto puede tener de bellamente generoso; pero tampoco lo que significa de estrago para la conciencia de los valores literarios.

. . . .

Entiende bien que no estoy pidiendo una severidad catónica. Soy demasiado relativista para eso. ... Alguien —escritor muy activo y calificado entonces— me echó en cara mi blandura. Le contesté que, si fuéramos a ser demasiado severos, ni él ni yo tendríamos autoridad bastante para enjuiciar a nadie... Cuba necesita cierta protección de su arancel crítico para los frutos de su ingenio.

Todo es relativo, sí; pero también esa relatividad tiene un límite. Ni tan severos que ahoguemos el brote prometedor y esparzamos la desolación cultural, ni tan indulgentes que falseemos la verdad y la cultura a cambio de un cómodo compadrazgo. En esto, como en todo, Cuba está necesitada de circunspectas verdades (Ibid.).

Como de costumbre, tanto en literatura como en política —sobre todo en sus años de plenitud— Mañach sólo repudiaba lo exagerado. Veía la crítica como función social —un medio de estimular la cultura— y como función orientadora individual. En otro artículo de esa época daba un interesante ejemplo de estos efectos:

Siempre recordaré el bien que a mí me hizo, cuando empezaba, un juicio epistolar del insigne Pedro Henríquez Ureña sobre mi primer libro: *Glosario*. Yo creía que aquello era ya una pequeña maravilla. Don Pedro me escribió, más o menos: "Esas estampas centrales sobre pueblos de Cuba, no están mal. El resto del libro no me interesa"... Y esa severidad me sirvió de mucho más estímulo que los elogios a caño abierto con que me obsequiaron lectores menos exigentes. En ambientes literarios sin crítica los escritores no crecen, y llegan a morirse un poco monstruosos, como niños bigotudos.[8]

En resumen, en las ideas de Mañach sobre la crítica hay un eco romántico, unido a una aspiración neoclásica. Aquél se advierte en el empeño de tomar al autor como punto de partida para llegar a la obra; y ésta, en el propósito de fomento cultural.

2. La crítica literaria

Mañach se estrenó como escritor en el momento en que llegaban a su máxima exasperación las manifestaciones del arte moderno. En

---

8. Jorge Mañach, «Glosas. La aventura crítica,» *Diario de la Marina,* marzo 26, 1950, pág. 34.

Cuba, él fue uno de los abogados de su legitimidad. Pero ya se ha visto que, en la práctica, no era tan extremista como parecía. Nada hay en su lenguaje que haga pensar en los radicalismos futuristas o dadaístas, ni en las jitanjáforas creacionistas, ni en el supuesto automatismo superrealista, ni en el conceptismo hermético.

Sentía Mañach tal respeto por la lógica que era incapaz de desarticular una oración y, mucho menos, un pensamiento. Tampoco le movía una superstición racionalista capaz de permitirle descoyuntar la realidad. Parece contradictorio que un hombre así haya defendido las expresiones artísticas y literarias en que se hacía todo eso. Sin embargo, hay una razón profunda en su actitud; razón que explica, a un tiempo mismo, sus campañas estéticas y políticas. Tratábase de sacudir el árbol de la cultura —y el de la sociedad en general— para que cayeran las serojas. Mas no para dejarlo en las ramas peladas —eso es lo que querían los anarquistas del arte y la política— sino para que reverdeciera primaveralmente, en consonancia con su naturaleza. En el fondo de ese modo de pensar se advierte cierta fe racionalista en el orden natural.

Ahora es preciso indagar cómo eso se refleja en la crítica literaria. Ante todo, se descubre una actitud de tolerancia para el fenómeno estético contemporáneo. A tal efecto, dice "que el arte moderno, ese arte que ha sido tachado por los académicos pedestres de alucinado, de neurótico, de enfermo y, sobre todo, de artificioso, es, a pesar de todo lo que esos epítetos dejan conjeturar, un arte sincero, puesto que responde a lo que pudiéramos llamar la catadura espiritual de quienes lo hacen".[9] Además, en consonancia con lo antes expuesto, lo defiende, en el párrafo siguiente, como un reflejo de lo natural:

> Ese horror académico a la anormalidad natural (en el fondo, tampoco es esto una paradoja) es cosa vieja. Y lo mismo que hace ya tiempo que se le tiene a la anormalidad subjetiva y experimental del artista, se ha creído que lo que en la vida es anómalo, ilógico o feo, no es tan parte de la realidad objetiva como lo vulgar, lo bien asentado y lo sano.

Esa defensa le vendría mejor al naturalismo que a las escuelas de vanguardia. Estas no se planteaban el problema de la legitimidad de lo feo o de lo ilógico, puesto que lo daban por superado, sino el de la expresión de una realidad subjetiva, el de la creación de nuevas realidades o el de la abstracción de la existente.

Aparte del problema teórico de la sinceridad del artista y de la legitimidad de la obra, como expresión de una realidad subjetiva, lo que en la práctica le interesaba a Mañach era la virtualidad del arte

---

9. Jorge Mañach,«Glosas trashumantes. Realismo y decadencia,» *Diario de la Marina*, Ed. de la mañana, octubre 26, 1922, pág. 13.

nuevo como un medio para estremecer y avivar el gusto aletargado
y provinciano de los cubanos del primer cuarto de siglo; pero no lo
contemplaba como un fin en sí mismo y, mucho menos, como la cima
de la evolución estética. Y, aun defendiéndolo, advertía a sus lectores
contra la superchería y la incapacidad que muchas veces se embo-
zaban en el arte nuevo. Por eso decía: "So capa de primitivismo,
sintetismo y otros logogrifos de ese corte, se encubre el resabio de
la ignorancia y el prurito de la originalidad sin escrúpulos." [10] Y tras
la reseña de otros desafueros, apuntaba: "¿Pensará usted que yo le
cuento todo esto por desamor hacia esas cosas? No, señora; aunque
a empellones, quiero ir con mi época y, de ir con ella, no hay más
remedio que adaptarse a sus modalidades" (Ibid.). No es fácil con-
cebir una adhesión menos entusiasta. Veinticuatro años después,
Mañach echó una mirada retrospectiva sobre el vanguardismo e hizo
un balance que justifica lo dicho al principio de este párrafo:

> Mientras en Cuba hubo un ambiente de cultura tradicionalista,
> que llegó a hacerse sólo rutinario, ese ambiente sofocaba toda in-
> quietud, todo intento de expresión disidente de las normas esta-
> blecidas. Como esto no era nada saludable, la generación del año
> 30 dio la batalla contra esa rutina de la expresión: se oreó nuestro
> ambiente cultural, y ese oreo, acentuado por circunstancias sociales
> y políticas que luego sobrevinieron, permitió la siembra y desarrollo
> de las inquietudes estéticas que le han venido dando a Cuba, en los
> últimos tiempos, cosechas interesantísimas de producción poética,
> pictórica, escultórica, etc. [11]

También es muy revelador el artículo recién citado, en lo que se
refiere al otro aspecto antes mencionado, el de la discrepancia entre
su propia expresión —indicadora de su gusto verdadero— y las que
defendía o, al menos, trataba de comprender. Sus palabras son éstas:

> Pero una cosa es el modo como uno tiene necesidad de expresarse
> para ser fiel a su propio temperamento, y otra cosa su aptitud para
> acoger y entender la expresión ajena. El radio de la sensibilidad,
> sobre todo en el temperamento crítico, es siempre mucho más
> ancho que el de la propia necesidad expresiva. Más claramente, se
> puede tener el estilo personal muy ceñido a determinada norma, y
> el gusto muy abierto a todas las demás normas, y aún a la ausencia
> de ellas. Se puede producir con disciplina y admirar con libertad
> (Ibid.).

Un buen ejemplo de cómo "producir con disciplina y admirar
con libertad" es la crítica del *Goya* de Ramón Gómez de la Serna.

10. Jorge Mañach, «Glosas trashumantes. El culto de lo feo,» «*Diario de
la Marina,* Ed. de la mañana, octubre 22, 1922, pág. 17.
11. Jorge Mañach, «Glosas. O matarlos o entenderlos,» *Diario de la Marina,* junio 9, 1946, pág. 4.

Mañach comienza por desmontar las partes que integran la greguería, y dice: "Lo primero que observamos es que ella traslada a unas cosas el sentido de otras. Encuentra parecidos; es, por consiguiente, un símil (alguna vez una metáfora)." [12] Lo segundo viene a renglón seguido: "Pero el sentido que la greguería específicamente les infunde a las cosas es siempre un sentido *humano*. No solamente resultan ellas acercadas entre sí, función de la imagen; sino, además, a nosotros, a nuestra emoción, a nuestra vida cotidiana." Lo tercero es el aprovechamiento del "menor relieve morfológico" ... "para enlazar imaginativamente la cosa al ánima, para asociar una idea objetiva con una idea práctica". Más adelante señala un cuarto factor: "La greguería es, pues, como hija del símil y de la paradoja. Tiene de ésta su empeño en contrariar la óptica usual; sólo que en vez de llevarles la contraria a las ideas, reta a las imágenes admitidas, a las oficiales y lógicas" (pág. 211).

De la greguería, como expresión de la obra total de Gómez de la Serna, pasa el crítico a la consideración de la obra particular, *Goya*: "En él, la greguería encuentra al fin su materia noble" (pág. 212). Para enjuiciar esa biografía, Mañach parte del madrileñismo del escritor y del pintor, para luego identificarlos en el barroquismo: "Así, la explicación estética de Goya sería la explicación estética del ramonismo, ambos por medio de lo barroco" (pág. 213). A continuación desarrolla esa tesis y la avala con abundantes citas. Y concluye con una alusión estilística:

> RAMON es el hombre que nos hace parecer natural lo más complicado, al par que complica lo más natural. Ese estilo suyo, suelto y vigilado, difícil y fácil, clásico y modernísimo. le fluye copiosamente, alambicado ya en los alambiques de la imaginación y, por lo mismo, nada preciosista, porque el preciosismo es tarea hecha en frío. Prolonga las oraciones con conjunturas de "que", como metro de carpintero, pero sin que por eso queden rígidas ni desairadas; antes llenas de serpeante gracia. ¡Y los paréntesis que va colgando, como colmenas, para quien quiera regalarse con ellas, a lo largo de su merodeo! (pág. 214).

Entre las críticas de obras en prosa, correspondientes a esa época, la de *Goya* es la más interesante. Hay otra extensa, dedicada a Waldo Frank, que tiene más de filosófica que de literaria. Vale la pena recordarla por una observación que explica el arraigado racionalismo de Mañach: "Monstruo de curiosidad, el hombre no se resigna a no

---

12. Jorge Mañach, «Márgenes al *Goya* de RAMON,» *1928. revista de avance*, agosto 15, pág. 210.

darse alguna versión de la realidad, y como sólo puede razonar una versión coherente, concibe el mundo como una ordenación." [13]

A una larga distancia temporal —diecinueve años— de las anteriores críticas, Mañach comenta una obra con cuyo superrealismo no está muy conforme, pero en la que da una nueva demostración de cómo "admirar con libertad". En este caso, el crítico se libera de eventuales prejuicios y declara: "Personalmente, creo que al arte nada humano debe serle extraño. Si hay un modo de experiencia vital que no se produce en los niveles lúcidos, sino en esos soterraños estratos; si eso es parte de nuestro sentir, nadie podrá negarle al escritor su derecho a expresarlo con los varios recursos de la palabra. El problema no es pues de licitud; es sencillamente un problema de arte, de eficacia expresiva y comunicativa y, a lo sumo, es también cuestión de que esa materia, eficazmente elaborada, nos guste o no nos guste." [14]

Tales aclaraciones subsiguen a una reseña muy esquemática de *Trailer de sueños*, de Enrique Labrador Ruiz: "el diálogo de un hombre con la otra mitad de sí mismo, el deambular misterioso de otro con una muchacha en la noche urbana, el duermevela de un tercero —¿o será siempre el mismo?— cavilando sobre algo de lo humano y hasta lo divino".

De tales consideraciones pasa Mañach a la producción general de Labrador Ruiz: "tal vez el primero de nuestros prosistas que se adentró por tales vías" (las del superrealismo), y alude a la "novela gaseiforme". De la apreciación del conjunto infiere el autor una conclusión general:

> A las claras está que no le interesaban mayormente los caminos del hombre en el mundo, sino el dédalo interior de la conciencia. Y desde ese principio se acusaron en él dos aptitudes: la de manejar lo imponderable, lo sutil, lo huidizo, dándole formas, efectivamente, a lo gaseoso; y la de lograr esa forma con una desenfadada novedad de imágenes y en una prosa finamente trabajada, llena de modernidad y, a la vez, de clásicos regustos, que en ocasiones nos recordaba la del argentino Jorge Luis Borges.

Así, mediante grandes síntesis, en un artículo de unas mil cien palabras, Mañach resume lo esencial de *Trailer de sueños*, lo contrasta con otras obras del mismo autor, puntualiza los rasgos predominantes de su temperamento, y lo sitúa dentro del proceso contemporáneo de la prosa cubana, al indicar el antecedente de los ensayos de Francisco José Castellanos, y de la hispanoamericana, al relacio-

---

13. Jorge Mañach, «Signos de Waldo Frank,» *1930. revista de avance*, enero 15, pág. 18.

14. Jorge Mañach, «Glosas. Labrador Ruiz: *Trailer de sueños*,» *Diario de la Marina*, octubre 16, 1949, pág. 34.

narlo con Borges —como ya se ha visto— y, más concretamente, con el *Tren de ondas*, de Alfonso Reyes. Esto sólo puede lograrse, en tan breve espacio, mediante toques impresionistas que eluden el análisis pormenorizado.

Finalmente, entre los comentarios de prosas, resulta interesante echar un vistazo a la crítca de una obra crítica. Trátase de *Razón y pasión de Sor Juana*, por Anita Arroyo. Mañach comienza por situar el libro en el conjunto de la producción cubana de mediados del siglo. En esto emplea doscientas noventa, de las novecientas setenta palabras que componen el artículo. Esa introducción, excesivamente larga, bien pudo dedicarla —de conformidad con su método— a un esquema de la personalidad de la autora y una evaluación de su obra anterior. Acaso no recordó, en ese instante, que Anita Arroyo, entre otros libros, tenía ya publicada *Las artes industriales en Cuba: su historia y evolución desde las culturas precolombinas hasta nuestros días* (1943). Mañach justifica ese empleo de más de un tercio del espacio disponible con el argumento de que así contrasta mejor el valor de *Razón y pasión de Sor Juana* con la mediocridad predominante.

Hasta la mitad del trabajo no emprende el estudio crítico. Y lo hace con acierto al advertir que la obra "Está construida en tres dimensiones, la erudita, la crítica y la interpretativa." [15] Seguidamente analiza cada uno de esos aspectos. Dado el título del libro y su inspiración básica, Mañach pone el énfasis en la dicotomía razón-pasión que hace oscilar a Sor Juana Inés de la Cruz entre "las luces místicas y las otras que el siglo XVIII había de consagrar con mayor eminencia". En resumen, la segunda parte de la crítica es tan ajustada, está hecha con tanta habilidad de síntesis, que compendia las diversas facetas de la intensa y compleja vida espiritual y social de Sor Juana, que Anita Arroyo analiza con "una erudición sorjuanista de primera mano, con un examen crítico muy preciso y con intuiciones o adivinaciones asistidas por la propia feminidad de la autora".

Con más asiduidad que la crítica de la prosa, cultivó Mañach la del verso. Lo hizo desde los primeros hasta los últimos años de su dedicación al periodismo. Entre las de su época más temprana sobresale la del libro *Hermanita*, de Agustín Acosta, porque en ella se atiene exactamente a su método. Comienza así: "Dícenme que el poeta, en Jagüey Grande, vive ahora una vida recatada, apacible, veneranda en el triunfo de su estro y de su amor. ... Es el hidalgo de la villa, abogado y notario, poeta y reciéncasado." [16] Y une estas dos palabras como simbolismo amoroso.

---

15. Jorge Mañach, «Relieves. *Razón y pasión de Sor Juana*,» *Diario de la Marina*, marzo 27, 1953, pág. 4.

16. Jorge Mañach, «Glosas. *Hermanita*,» I, *Diario de la Marina*, Ed. de la tarde, agosto 7, 1923, pág. 1.

El engarce de la vida con la obra ocurre con la apariencia de casualidad: "Eran demasiados aquella su inquietud bohemia, aquella su neurosis latente, aquel ímpetu rebelde suyo, y aquel su 'poco de vicio' tan elocuentemente manifiestos en su primer libro, *Ala.*" Tras esa mirada retrospectiva, el crítico vuelve al presente con *Hermanita*, "fruto de esa primavera nupcial, la ofrenda que el poeta hace a su amor". Entonces entra en el análisis de la última y dice que: "Quizás por eso —sólo por eso— defrauda nuestras esperanzas. Es un libro monocorde, íntimo y exclusivo, de embelesos y loas reiteradas, como una luna de miel." En consecuencia, "el lector se siente algo intruso leyéndolo".

Además, observa el crítico, el puro madrigal, sin asomo de pena, resulta monótono; y recuerda que Dante y Goethe "conquistan por el dolor, y no por el amor". Tampoco Juan Ramón Jiménez, en *Diario de un poeta recién casado*, "osó pulsar la sola cuerda". Y es que "El tema único, así de diluido, pierde algo de su fuerza, se traduce en sugestiones leves —a veces algo herméticas y esotéricas—, y la impresión total no marca hondamente el espíritu." [17]

El resto del estudio lo dedica al enjuiciamiento formal, y elogia que: "Ya no hay 'literatura', ya no hay artificio, ya no hay dolorosa búsqueda de imágenes, ni raros adjetivos, ni excéntricos ritmos en su canto. La forma cede ahora al fondo. ... Esta es la poesía honrada y discreta."

¿Qué quiere decir eso de "honrada y discreta"? Tan pronto el crítico se aventura a emplear esos calificativos, aunque sean dichos con ánimo generalizador, está adentrándose en la difícil averiguación de qué es la poesía. Mañach tenía sobrada agudeza mental para que se le escapara esa implicación, y muy pronto empezó las consiguientes indagaciones.

En 1926 se preguntaba: "¿qué cosa es, pues, la poesía?" Y abordaba la respuesta desde un punto de vista psicológico. Señalaba la importancia de varios impulsos: la curiosidad, gestora del conocimiento; y la tendencia a expresar el asombro causado por aquél. En el curso de la vida, el individuo va acumulando experiencias de hallazgos y sorpresas, las cuales se van individualizando, interiorizando; "pero lo que permanece todavía en el misterio, lo que ahora resulta venero incesante de sorpresas y nos intriga más mientras más vivimos, es aquello que sólo nosotros mismos podemos experimentar, nuestro propio yo: la razón de nuestras alegrías, de nuestras tristezas, de nuestro destino: la Vida". ... "Esas experiencias íntimas ante las cuales toda ley fracasa, toda norma se exceptúa, toda tesis científica revela su patética ineptitud, constituyen la sorpresa constante

---

17. Jorge Mañach, «Glosas. *Hermanita*,» II, *Diario de la Marina*, Ed. de la tarde, agosto 8, 1923, pág. 1.

y el material expresivo del poeta; ellas son su sensibilidad." ... "Decir su sensibilidad, interpretándola por medio de atisbos instintivos, es la misión aclaradora del poeta, su contribución al gran empeño del Hombre, que es conocer el Universo." [18]

La porción del Universo que al poeta le corresponde descubrir es la intimidad de su yo. Buscarse a sí mismo e informar del hallazgo, es lo honrado, en el sentido de lo veraz, porque: "Si logra comunicar a los que la leen o la escuchan una emoción pareja a la que experimenta el poeta, es sencillamente porque éste ha sabido expresarse con plenitud bastante para satisfacerse a sí mismo." [19]

Veinticinco años después, el crítico vuelve a ocuparse del problema ontológico de la poesía y da un paso importante en su conocimiento al apreciar su contenido psíquico:

> Indicamos, por de pronto, un momento de la realidad externa en que ésta nos emociona Sin esta relación, sin esta junta con nuestro espíritu, es obvio que no se da el hecho poético. Este no existe en sí, sino en nosotros, pero a virtud de lo que no somos nosotros, de lo ajeno. Tiene que haber circunstancias externas que propicien la valoración poética; mas, como toda valoración, ésta es obra del alma, y la experiencia psíquica con que ese valor poético se acredita es la emoción.[20]

Queda por determinar qué clase de emoción es ésa, porque no todas las emociones son poéticas. Mañach no logra una clara determinación, pero indica que es aquélla en que se da, en el sujeto, el poeta, un intenso sentimiento de solidaridad con las personas, cosas o situaciones; y en éstas, un "complejo peculiar de circunstancias que, por asociación de ideas o de imágenes suscite esa reacción de *sim-patía*, ese 'sentir con ellas'." Por ese camino, e inspirándose en Schiller, llega a la conclusión de que esa emoción es la "unidad en el Todo", o dicho en una palabra: Amor. Y no sólo la poesía, sino también todo "El arte es justamente la superación de la discordia por una técnica de amor, de armonía. En el fondo, toda poesía, así en la forma como en el fondo, es un modo de *com-prender*, de amar."

Antes, en la citada respuesta a Lezama Lima (capítulo IV), había dicho que poesía, a lo largo de los siglos: "Ha sido, sencillamente, la expresión y comunicación eficazmente condensadas, por medio de la palabra, de una experiencia emocional ante el mundo y ante la vida." Esto es lo que la salva, aun cuando a veces se refiera a cues-

---

18. Jorge Mañach, «Ensayos breves. Reflexiones sobre poesía y su decadencia,» *Diario de la Marina*, Ed. de la mañana, enero 25, 1926, pág. 14.

19. Jorge Mañach, «Ensayos breves. De la poesía y su decadencia,» II, *Diario de la Marina*, Ed. de la mañana, febrero 2, 1926, pág. 16.

20. Jorge Mañach, «Relieves. ¿Qué es Poesía?,» *Diario de la Marina* abril 15, 1951, pág. 48.

tiones triviales. El modo de comunicar las emociones es un problema que puede relacionarse con el calificativo de poesía "discreta" que en su juventud dio a la de Agustín Acosta.

En efecto, puede inferirse del curso de sus ideas que la discreción consiste en ser inteligible, pero no obvia. En un trabajo sobre Mariano Brull este pensamiento se esboza así: "De viejo sabemos que la poesía clara, demasiado clara, nunca nos deja del todo satisfechos. Nos parecía que eso mismo hubiera podido revelarse mejor en prosa vil. Por el contrario, el poema se hacía realmente poético cuando entraba en penumbra, en misterio, siempre que esa oscuridad no fuese total, siempre que hubiese alguna iluminación interna que nos mostrase perfiles y caminos. Sólo así lo oscuro podrá ser, sin embargo, bello." [21] Y en otro artículo insiste en el tema en estos términos: "Mas, ¿quién dijo que la poesía no se había hecho para filosofar? Su objeto no es más que expresar el asombro, la angustia, a veces el gozo ingenuo y sin por qué de ciertas almas ante la realidad, aparente y profunda. Para el poeta ésta es siempre un misterio. La clara comunicación de la oscuridad es lo que constituye la poesía de hoy." [22]

En su afán de explicar la poesía actual, Mañach se aparta de la búsqueda de otros elementos permanentes en la obra poética, para ocuparse con preferencia del problema de la comunicación. Expresa, con tal motivo, que la poesía moderna es profunda, pero inteligible; y comprensible, pero no fácil ni, mucho menos, obvia. En el difícil balance de esas cualidades radica uno de los elementos de lo que llamó la autenticidad de lo poético. El otro elemento es la originalidad. En su último artículo sobre este tema se pregunta: ¿en qué radica la originalidad? ¿en emoción o en la forma? Y su respuesta es la siguiente: "El repertorio de las emociones es tan viejo como el alma humana. ... La única verdad que cabe a los poetas en cuanto a eso que llamamos 'el fondo', es la de descubrir nuevas cosas o situaciones emocionantes, o la de renovar la emoción ante las cosas viejas. Ello demuestra que la poesía no es en rigor emoción sino sensibilidad." [23] Aparte de que tal demostración no se produce, es lamentable que, en la frase final, Mañach haya contradicho su definición de 1949. Sin embargo, en otro párrafo rectifica la expresada incompatibilidad y dice:

---

21. Jorge Mañach, «Relieves. Brull y la traducibilidad de la poesía,» *Diario de la Marina*, abril 21, 1954, pág. 4-A.

22. Jorge Mañach, «Relieves. Del claroscuro poético,» *Diario de la Marina*, abril 23, 1954, pág. 4-A.

23. Jorge Mañach, «Relieves. De lo auténtico en poesía,» *Diario de la Marina*, junio 23, 1959, pág. 4-A.

La poesía llamada moderna lo es sólo por alguna de esas dos dimensiones de la novedad, y a veces por la conjugación de ambas. Lo que nos hace gustar de ella cuando es genuina, cuando es de veras poesía, es su capacidad de nueva experiencia sensible, su ensanchamiento del orbe de los motivos emocionales, o bien el modo particularmente vívido y sugestivo con que sus palabras, sus ritmos, sus imágenes, logran que una emoción eterna no nos resulte consabida.

Si a veces esa poesía moderna cae en la oscuridad, no se debe a falta de autenticidad en el motivo emocional, a falta de sinceridad (pues en tal caso no sería poesía), sino que al tratar de comunicarnos su emoción, ha puesto tan excesivo empeño en la ineditez de los medios expresivos, que se ha hurtado a ese mínimo de convención indispensable a todo lenguaje, a toda comunicación. La dificultad de la poesía consiste en que tiene que contar con ese mínimo sin llegar a ser convencional.

Tal es, en resumen, la teoría poética aceptada por Mañach en la plenitud de su madurez. Es evidente cuánto ha ensanchado sus conocimientos si se comparan estas ideas estéticas con las de sus primeros artículos. A veces parece que va a coincidir con la definición de Bousoño: "poesía es la comunicación, establecida con meras palabras, de un *conocimiento* de muy especial índole: el conocimiento de un contenido psíquico tal como es: o sea, de un contenido psíquico como un todo particular, como *síntesis* intuitiva, única, de lo conceptual-sensorial-afectivo".[24] Mañach debió conocer, por lo menos, la primera edición de esta obra, que data de 1952; pero fuera así, o no lo fuera, hay apreciaciones tangenciales. En los escritos de Mañach no hay el rigor ni el ajuste que reclama un tema como éste, debido a que esos artículos se produjeron esporádicamente, en el curso de muchos años y, a menudo, motivados por conversaciones privadas con sus amigos, polémicas y críticas; en fin, periodísticos frutos de las circunstancias.

Esas circunstancias eran, a veces, muy curiosas. Así, en cierta ocasión, varias muchachas sometieron a su consideración dos traducciones del soneto de Edna Saint-Vincent que comienza "Euclid alone had looked on Beauty bare." Con ese motivo, emite "un parecer sin pretensiones oraculares", y dice: "Conjugo en él tres criterios: el de la fidelidad en la traducción; el de la elegancia en la versión lingüística; el de reproducción de la atmósfera poética del original. De éstos, claro que el tercero debe primar."[25] Mañach da preeminencia a la "fidelidad intrínseca" por encima de la conceptual; y por

24. Carlos Bousoño, *Teoría de la expresión poética*, pág. 19.
25. Jorge Mañach, «Glosas. Una consulta literaria,» *Diario de la Marina*, abril 27, 1950, pág. 4.

aquélla entiende la permanencia de "la intención inefable del poema" en su lengua original.

Entre lo mejor de la crítica periodística de la poesía figuran dos artículos en que comentó la aparición de *Gradual de laudes* (1955), del padre Angel Gaztelu. Ante todo, hay que advertir cómo la mirada pictórica de Mañach no puede soslayar el color y la forma de la portada del libro, dibujada por René Portocarrero. No la soslaya porque de las "mieses que se empinan" ... "hasta un ensortijamiento de nubes" pasa el crítico a una valoración global de la obra: "naturaleza sublimada hacia lo celeste, exaltación de los primores de la tierra con un sentido de cuasi mística beatitud. Y como meta de esa ascensión por la palabra, imágenes de un barroco delicado y luminoso".[26] En verdad, más que sublimación hay abstracción en los poemas, y el propio articulista lo explica cuando dice que: "Se trata ... de universales poéticos: de conceptos de lo bello natural abstraídos de una delicada percepción o comprimidos en un sabio decir, con palabras a la vez exactas y lujosas, y metáforas preciosistas."

Mañach advierte la influencia no declarada de Góndora, y dice: "Por ahí van también mis reparos a este género de poesía. ... me ha parecido siempre parcial, sin bulto lírico suficiente, con una luminosa frialdad de cuarzo, acaso porque soy de los que esperan que la poesía lleve más 'mensaje' humano, como ahora se dice." No todo el libro es así, y el crítico aporta ejemplos de "un hondo trémolo lírico". Lirismo y misterio andan compenetrados en la poesía de Gaztelu, que por eso resulta "a veces difícil, rara vez oscura".[27] Lo que explica así:

> Dificultad es la de aquella materia tan rica que no se ofrece a la aprehensión superficial. Lo oscuro, en cambio, es lo impenetrable; lo que nos hurta su sentido por más que le tendamos amoroso esfuerzo. De donde resulta que ese misterio de que hablamos no debe estar en las palabras o en las imágenes, sino en la materia poética misma, y no consiste en que ésta sea extraña o insólita, pues casi siempre el poeta canta las más elementales experiencias, como el amor o la soledad o la noche estrellada, sino que nos sugiera un sentido trascendente y profundo.

En la poesía de Gaztelu lo "trascendente y profundo" se expresa con menciones de los ritos y símbolos religiosos, muy de acuerdo con "el espíritu con que se acerca él a su poesía, que es entre terreno y sacro, entre matinal y nocturno, y alternando en discreta medida los acentos del himno y de la plegaria". Eso contribuye a hacerla

---

26. Jorge Mañach, «Relieves. Los universales poéticos del padre Gaztelu,» *Diario de la Marina*, enero 11, 1956, pág. 4-A.

27. Jorge Mañach, «Relieves. La música celestial del P. Gaztelu,» *Diario de la Marina*, enero 22, 1956, pág. 4-A.

inteligible, aunque sea difícil. Los símbolos y los ritos tienen significación en tanto son comprendidos por quien los oficia y quien los presencia. Aquéllos son eficaces porque se ajustan a una convención tácita o expresamente establecida. Gracias a ellos, la poesía deja de ser "arcana" y resulta accesible a la sensibilidad del lector. Este fue un punto encarecidamente defendido por Mañach en un intercambio de ideas con José Lezama Lima, como un elemento indispensable para la comunicación, ineludible requisito de la poesía. Dada la influencia de Lezama Lima sobre Gaztelu, tales consideraciones están implícitas en esta crítica.[28]

3. LA CRÍTICA PICTÓRICA

En el capítulo III, al hacer referencia a los escritos sobre temas artísticos, se bosquejó la evolución del pensamiento y de las actitudes estéticas de Mañach respecto de la pintura. Ahora se trata de ver cómo eso se refleja en la crítica pictórica, sólo en cuanto valga como periodismo literario. Algo de esto fue anticipado en el acápite precedente, al hablar de la crítica literaria. Por supuesto, al emitir juicios el autor aplica sus ideas y, además, va desarrollándolas en los aspectos que demanda cada comentario. Un ejemplo de ello es la definición del arte, que figura en una de sus primeras crónicas epistolares: "¡Arte! ¿No piensa usted como yo, que lo es todo ejercicio gobernado por reglas empíricas, expresión de la sensibilidad personal, y capaz de suscitar impresiones que interesen el ánimo del espectador?" Y se responde a sí mismo:

> Las reglas no han de ser necesariamente de orden, ni de unidad, ni de armonía dentro de la variedad, como rezan los dogmas; la impresión, no es fuerza que sea agradable, ni placentera, ni honda, ni trascendental: basta, a mi ver, con que interese al ánimo. ...

> Y es que lo característico del arte no es ni puede ser un concepto abstracto, externo al arte mismo. Quienes aman lo bello, han echado de ver que todas las obras que la humanidad llama artísticas, tienen ciertas cualidades en común, desde las obras más ingenuas de los primitivos, hasta las más cerebrales de los avanzados modernos. A estas cualidades comunes las llamamos "reglas" y, naturalmente, hemos supuesto que para que una obra cualquiera sea artística, lo probable es que se haya ajustado a esas normas que parecen, por experiencia, condicionar todo tipo de belleza.[29]

28. Jorge Mañach, «El arcano de cierta poesía nueva (Carta abierta al poeta José Lezama Lima),» *Bohemia*, septiembre 25, 1949, págs. 78, 90. Ver el texto en el Apéndice, págs. 221-27.
29. Jorge Mañach, «Glosas trashumantes. A propósito de los humoristas,» *Diario de la Marina*, Ed. de la mañana, noviembre 24, 1922, pág. 13.

Esa interpretación pragmática de las reglas la aplica, en el mismo artículo, a la caricatura y dice: "es una deformación deliberada y hábil que se distingue de la deformidad casual del mal dibujo o del dibujo pueril. En la caricatura no hay nada casual; supone un minimum de expresión eficaz; debe ser rotunda y suficiente como epigrama".

El motivo del comentario anterior era un próxima exposición de caricaturas, llamada Salón de Humoristas. Tan interesante resultó la exhibición que durante muchos años se mantuvo la costumbre de abrir un salón similar. La crónica, por lo tanto, se refería a la actualidad y servía para orientar al público respecto del espectáculo que iba a ofrecérsele.

Las críticas pictóricas —como las literarias— se debían a algún acontecimiento. En el ejemplo que se estudia a continuación, se trata de un pintor cubano, Pastor Argudín, que acababa de regresar de Europa y se disponía a presentar sus cuadros. Para apreciar el tono literario de las observaciones de Mañach, basta con reproducir algunas: "La formación de un artista tiene semejanzas con la génesis bíblica: del caos al barro humanizado. Del no ser a la figura. Sólo que, allí, en un principio, fue la luz; y esto ya no es tan verdad de los pintores, pese al hecho manifiesto de que los más de ellos, en nuestro trópico, son natural, espontánea y eminentemente iluministas." ... "Y de la línea ¿no puede decirse lo mismo? Ese niño, que así decora los pupitres y desatiende la aritmética, sin duda tiene 'mucha facilidad para el dibujo', como dice su mamá. Mas, para que sepa pintar bien una mano, de suerte que no sea guantelete férreo ni felina garra ni optimista eufemismo ¡cuántos yesos, santo Dios, ha de copiar!, ¡cuánto carboncillo tronchado, cuánta paciencia torturada, cuánta íntima modestia y qué no saber resignarse al 'poco más o menos'!" [30]

Vienen después las consideraciones técnicas, que desarrolla en el resto de ése y en un subsiguiente artículo; pero ahora no hacen al caso. El propio Mañach dice, al final de ellas: "Bien. Y el arte ¿no es más que esto: técnica? No. El arte es también lo otro —es *esencialmente* lo otro: lo indefinible, lo intangible, lo irritable; la chispa de lo alto, eso que sale de aquí (apuntándose al corazón)." En consecuencia, véase cómo interpreta algunos de los cuadros de Argudín: "En poesía se habla de 'la voz interior'. Pues esa voz interior me parece que se halla también en la pintura, y que se capta y concreta en estas marinas de Venecia, tan ricamente húmedas. ... en los melancólicos rincones de Toledo, donde el espíritu del artista criollo pareció embeberse de hondo alucinamiento de Theotokopuli, el Greco,

---

30. Jorge Mañach, «Glosas. Argudín y su obra,» I, *Diario de la Marina*, Ed. de la tarde, mayo 11, 1923, pág. 1.

porque el cielo es gris y es gris la piedra, y el mismo sol parece nublado de cenizas ascéticas." [31]

Mañach, crítico, era también pintor aficionado. En cierta ocasión narró la historia de esa vocación de la manera siguiente:

—Mi abuela materna solía tener clavado con alfileres en el interior de la puerta de su escaparate un "apunte" al lápiz de ella, que yo había dibujado cuando tenía cuatro años. La afición a la pintura se me fue acentuando a lo largo de la niñez y de la adolescencia. Ya en Madrid, a los catorce años, estudiaba con el viejo pintor español Alejandro Ferrant y copiaba cuadros en el museo. ... En los Estados Unidos llegué a recibir un premio de Harvard por una copia de un maestro flamenco y otra de Velázquez, amén de algunos cuadritos originales. La afición me duró hasta París. Allí empecé a convencerme (a pesar de que ya pintaba bastante), de que había demasiados pintores fracasados en el mundo, para que yo sumara uno más. ... Todavía, de vez en cuando, pinto un poco; paisajes sobre todo, para descansar.[32]

Y al preguntársele entonces cuál era su tendencia en arte, Mañach dio una respuesta sorprendente en quien había sido un vocero del vanguardismo en Cuba: "Soy irremisiblemente naturalista y académico; pero siempre he gustado, y creo que entendido, el arte nuevo. Aquí me hice cargo, casi sólo, de dar en letra de molde 'la batalla vanguardista' de donde salió todo el rumbo nuevo de la pintura cubana, hoy tan interesante."

Pintor realista, abogado de la vanguardia y crítico de sensibilidad acogedora de todas las tendencias, ¿cómo miraba Mañach su propia obra? Pues bien, a lo menos en 1923 y 1924, presentó sus cuadros en el Salón de Bellas Artes, y los criticó. En 1923 comenzó por declarar: "Es verdad que, allá en la primavera de las ilusiones soñamos pintar gloriosas telas algún día; pero el soplo árido de lo inmediato ha ido agostando poco a poco aquella aspiración, y hoy el arte (la pintura) apenas es más que un tímido retoño ocasional en el haza de nuestro vivir." [33] No obstante, dice que expone porque estima que el crítico debe ser creador: "En el arte hay una emoción creativa tan eminente, una referencia a la gestación íntima tan marcada, una complejidad técnica tan ardua, que su valor sólo puede apreciarse plenamente concibiendo el esfuerzo ajeno dentro de la propia experiencia." Por otra parte, y en relación con lo antes expuesto, es interesante su observación final: "Una de las cosas que me parece más necesario

31. Jorge Mañach, «Glosas. Argudín y su obra,» II, *Diario de la Marina*, Ed. de la tarde, mayo 12, 1923, pág. 1.

32. Alberto Arredondo, «Veinticuatro horas de la vida de Jorge Mañach,» *Bohemia*, mayo 26, 1946, pág. 58.

33. Jorge Mañach, «Glosas. El Salón de 1923. Generalidades,» *Diario de la Marina*, Ed. de la tarde, marzo 27, 1923, pág. 1.

precisar es que no siempre que se habla de arte se hace crítica. A veces, no podemos hacer más que literatura."

En 1924, al juzgar sus obras, promete que: "El mismo rigor que aplica a la evaluación de la obra ajena, informa su auto-apreciación, y no cree haya hermano-crítico alguno que le sorprenda enseñándole sus defectos." [34] A continuación viene el examen riguroso: "'La Menina Margarita' es un retrato de crema batida, pintado y malogrado a fuerza de cariño... y rapidez. ... 'Herr Wassermann' es un estudio concienzudo, pero abusivo de rojos. ... El retrato al carbón de José A. Fernández de Castro es lo mejor (¿o diremos —por etiqueta— 'lo menos malo'?) de mi envío."

Mañach no menciona, entre sus envíos al Salón de 1923, lo que tal vez resulta hoy más interesante para el estudio de su obra. Se trata de un autorretrato de busto, de su época de París, en que aparece tres cuartos de perfil, con sombrero de fieltro alón, patillas a lo Rodolfo Valentino, pitillera larga sostenida con la mano derecha, con un abrigo y guantes muy gruesos. Es una pintura realista, en tonalidades sombrías. El cuadro, reproducido en un grabado de *Social*, lleva un pie en el que se expresa cómo Mañach "en breve tiempo se ha hecho de un nombre prestigioso en el periodismo habanero, por su inteligencia, su cultura y su amplio espíritu moderno".[35]

En contraste con las críticas anteriores, en las que Mañach pasa revista a los cuadros suyos, veinte y pico de años más tarde hizo un examen a la vez global y profundo de la obra de Wilfredo Lam. Puede ser éste uno de los más polémicos de sus juicios, porque se basa en una controvertida tesis de psicología social: la existencia de una conciencia racial. Decía Mañach: "Esta pintura, totalmente desentendida de 'lo natural', en el sentido inmediatista que suele darse a la palabra, en su sentido de circunstancia puramente física, está, en cambio, hondamente enraizada en esa híbrida conciencia racial de Lam: en su estrato chino y en su estrato negro." [36]

Mañach parece haber olvidado el estrato blanco; pero en realidad lo da por supuesto, ya que a continuación se plantea la cuestión de si basta el efecto del mestizaje en la obra para considerarla cubana. Y parece que va a decidirse por una respuesta negativa, ya que, según él "lo cubano no es todavía nada en *definitiva*: somos, sencillamente, un pueblo que se está haciendo, en lo étnico como en todo lo demás. ... Lo cubano es un concepto de futuro". Sin embargo, en el párrafo

34. Jorge Mañach, «Glosas. El Salón de 1924. Purga espiritual,» *Diario de la Marina*, Ed. de la tarde, febrero 12, 1924, pág. 1.

35. Jorge Mañach, «Autorretrato. Foto López y López,» *Social*, VIII, 4 (abril, 1923), 6.

36. Jorge Mañach, «Glosas. La pintura de Wilfredo Lam,» *Diario de la Marina*. abril 9, 1946, pág. 4. Texto en el Apéndice, págs. 244-46.

siguiente declara que: "El arte de Lam es profundamente cubano porque revela, con una fuerza plástica extraordinaria, esa variedad de elementos en nosotros, sometiéndolos a la única concordia o congruencia de que podamos blasonar, que es la que nos viene del aire común, de la luz en que todos estamos bañados, del trópico en que estamos sumidos." Ahora añade que lo determinante de los rasgos caracterizadores del arte de Lam es el clima.

Para desenredar la madeja de sus argumentos, Mañach explica que en "esta atmósfera telúrica" se han vertido los jugos de dos conciencias:

> Un cuadro de Lam —cualquiera de ellos— está lleno de alusiones al doble juego de mitos en que se han expresado esas sensibilidades milenarias; del Africa, el animismo, el bestiario demoníaco, con sus cuernos ubicuos como uñas y sus frutos de selva como senos; del Oriente, el panteísmo, aquella otra fantasmagoría más delicada que recoge, en vagas invenciones animales —el dragón, el pájaro mítico— o en misteriosas caligrafías, una emoción mística de las cosas.

Mañach trata de conjugar la tesis de Jung sobre el subconsciente racial —más que la conciencia racial a que alude— y la de Taine sobre el determinismo etnogeográfico. No obstante, evita citar a quienes lo inspiran, así como rehusa mencionar el superrealismo, que está presente en la obra del pintor. Pese a esas omisiones, tal andamiaje teórico le sirve implícitamente de sustentación al construir el párrafo en que compendia la valoración estética:

> Y lo esencial en el arte de Lam es la emoción poética profunda, entre el ensueño y la pesadilla, en que sobrenadan todos esos elementos como arrastrados por no se sabe qué atávica resaca; es la avidez de misterio más que de claridad, con que se adentra en un mundo de formas en parte recordadas y en parte inventadas; y es, además, aparte todos los sentidos ocultos y sus desciframientos, la extraordinaria belleza plástica de estas realizaciones, conseguida mediante un aprovechamiento sutilísimo del color, de la línea, del espacio visual. En eso es donde se ha superpuesto a lo nativo de Wilfredo Lam, a lo que le viene de sangre y de geografía, toda la ciencia de pintor que aprendió en Francia y con Picasso sobre todo —ciencia de pintor para quien lo importante no es la cosa representada, sino el idioma con que se expresa eso que no existe ya hecho en el mundo de las cosas: eso que es sólo verdad hecha mentira, mutación de residuos vitales en poesía.

Al fin Mañach ha puesto el dedo en la llaga. Es la técnica pictórica, con el bagaje teórico que la inspira, lo que le permite a Lam utilizar su natural talento. Puede ser verdadera o falsa la tesis de que ese talento se expresa de conformidad con los factores etnogeográficos. Eso no interesa ahora. Lo que importa es la habilidad lite-

raria con que Mañach utiliza los antecedentes personales del pintor
para elaborar un artículo de crítica artística. Asimismo, hay que
advertir la sagacidad periodística con que aprovecha un acontecimiento —la apertura de la exposición— para decir algo que probablemente tenía pensado desde mucho antes. El resultado es un
artículo cuajado de ideas, elegantemente escrito y bien estructurado,
que se lee con interés, tanto si se conviene con él como si se discrepa
del mismo.

4. LA SEMBLANZA

La semblanza resume la significación de una vida o una obra.
Aparece, salvo pocas excepciones, en un breve artículo de unas mil
a mil doscientas palabras. Como se ha visto, en la crítica periodística
Mañach suele comenzar el escrito con una alusión a la personalidad
del autor, y después pasa a la consideración de la obra que motiva
el comentario. En la semblanza no hay este segundo aspecto, porque
es más generalizadora. Al mismo tiempo, lo personal resulta más
acentuado. En la expresión "lo personal" se incluyen tanto los rasgos que el autor juzga sobresalientes en el individuo tratado, como
los sentimientos que éste le suscita.

Por lo dicho bien puede colegirse que el lenguaje es impresionista.
Si el escritor acierta en la selección de los citados rasgos, hace un
retrato; si deforma al personaje, puede ser una caricatura (siempre
que responda a una intensión de exagerar algún aspecto significativo), o simplemente un disparate, una frustración. Mañach, con su
mirada de pintor, tenía habilidad al destacar los trazos físicos y
morales más reveladores de la personalidad estudiada. Era, pues,
retratista; y en alguna rara ocasión, caricaturista.

La figura retratada necesita un fondo que, en literatura, no puede
ser simplemente un color; necesita un paisaje o un interior, y a veces
ambos. Tomando esos términos en otro sentido, al hombre de acción
hay que presentarlo en el mundo circundante; y al de pensamiento,
en el de las ideas. En consecuencia, la semblanza demanda de su
autor habilidad para reducir una época de la sociedad o un ambiente
intelectual a esquemas significativos. Significativos en relación con
el personaje tratado.

Se requiere un poder de síntesis para lograr eso en el breve espacio de la semblanza. Y para sintetizar es indispensable que antes se
haya analizado. El autor debe tener un amplio conocimiento del
tema para realizar una cuidadosa labor selectiva, aun antes de escribir la primera palabra. Por supuesto que en la selección influye el
aspecto de la personalidad que se quiere destacar. Una vez escogidos
los datos surge el problema de darles eficacia expresiva con vista al
fin propuesto. Todo eso ha de lograrse sin que el lector advierta

el esfuerzo. En resumen, en la semblanza periodística hay las dificultades y las soluciones de la obra literaria: es periodismo literario.

Mañach cultivó la semblanza desde su juventud, con general acierto. Una de las más interesantes, entre las de su primera época, es la que dedicó a José Ingenieros con motivo de su muerte. Es interesante porque en un brevísimo artículo condensa la significación histórica de Ingenieros, el ambiente político e intelectual argentino en que se desarrolló, y alude a la influencia de aquél en la América Hispana.

Para lograr esos fines, el autor hace un esquema de la situación espiritual de la Argentina a principios de siglo, y dice: "no fue, ciertamente, como Sarmiento o Alberdi, un desbastador del monte selvático, no nació a la época en que se hacían menester las verdades elementales y en que, dislocado un régimen que se asentaba sobre conceptos en cierto modo hereditarios y definitivos, se imponía la necesidad de ordenar con nuevos asertos el caos revolucionario sudamericano".[37] Al situarlo históricamente mediante un contraste, subraya lo que le interesa destacar:

> Pero Ingenieros sí alcanzó el segundo despertar: el ansia de verdades finas y desinteresadas que subsiguió en la Argentina antes que en ningún otro de nuestros países, a aquella provisión de verdades orgánicas.

Después de una breve explicación, en la que opera con la "Ley de las tres etapas" de Comte —sólo metafóricamente— indica cómo: "Se dio de lado a la síntesis y a la abstracción. El pensamiento platense enfocó toda su curiosidad en el pormenor, en los procedimientos, en los pequeños ideales realizables. Lo empírico se puso de moda. Para ser un pensador a tono con el momento, era necesario ser un hombre de laboratorio más que de gabinete." Mañach comienza a pintar el cuadro por el fondo. Después se ocupa del personaje: "Ingenieros fue un producto típico de aquella cosecha de experimentalismo." Tras unas breves consideraciones sobre las posibilidades de ese experimentalismo en la Argentina de entonces, vuelve el autor a tratar de Ingenieros y resume la evaluación de su obra en estos términos:

> Más literato que hombre de ciencia, sin embargo, Ingenieros no siempre logró hacer de su psiquiatrismo más que un trampolín para ciertas originalidades efectistas. Los más de sus ensayos, bien cernidos, no dejan mucho grano de ciencia y sí, en cambio, mucha paja de suficiencia y de *bluff*.

---

37. Jorge Mañach, «Glosas. La muerte de José Ingenieros,» *Diario de la Marina*, Ed. de la tarde, noviembre 7, 1925, pág. 1.

No obstante ese juicio injusto, Mañach le reconoce lo que sería imposible negarle: "En un continente donde la curiosidad filosófica era todavía muy escasa, Ingenieros destacó edificantemente su atención a las más augustas perspectivas del intelecto." Esta semblanza no es un retrato de cuerpo entero, sino una visión de perfil, en la que sólo se aprecian los rasgos significativos para la pupila del autor.

Como ejemplo de semblanza caricaturesca —humorística e intencionalmente deformadora— merece recordarse la que hizo del Grupo Minorista con motivo de un agasajo al tenor Titta Rufo. Está redactada con gran economía verbal al bosquejar las figuras de sus compañeros con énfasis en algún rasgo notorio. Así, a Emilio Roig de Leuchsenring lo llama "menudo jefe". Roig, quien de hecho presidía el grupo, era de baja estatura, activo, acucioso y apasionado. El adjetivo, colocado antes del nombre, sintetiza esas cualidades; [38] mientras que, si lo hubiera pospuesto, habría aludido sólo a la pequeñez física. Lejos de ser una agudeza, habría sido una vulgaridad. Lejos de ser una agudeza, habría sido una vulgaridad. Por la misma razón, cuando quiere ser analítico, como al esquematizar la personalidad de Mariano Brull, sitúa tres adjetivos después del nombre: "urbano, abstracto, estético".

No siempre se limita al uso del adjetivo para trazar sus esquemas. A veces los complementa con un apunte gráfico. Por ejemplo: "Félix Lizaso, bello espíritu desconocido, por lo pacato y doméstico, que trae bajo el brazo un libro y una carta de José María Chacón (una carta tan larga que hay que portarla bajo el brazo)." [39] "Pacato y doméstico" son dos adjetivos insuperablemente expresivos en este caso. Su "bello espíritu" se mantuvo prácticamente desconocido hasta que, en unión de José Antonio Fernández de Castro, publicó en Madrid, en 1926, *La poesía moderna en Cuba (1882-1925);* y se reveló a plenitud en 1940, al imprimir en Buenos Aires su *Martí, místico del deber.*

En otra ocasión juega con un solo adjetivo y un doble sentido. Al hablar de Jozé Z. Tallet, dice: "Guedeja roja, mosca roja, rojo bigotuelo..." Tallet, pelirrojo y socialista, era rojo por dentro y por fuera, y eso es lo que parece insinuar. En efecto, en el prosaico negativismo de sus poemas (después reunidos en *La semilla estéril,* 1951), palpita una honda rebeldía.

La alusión a dos jóvenes poetisas, Mariblanca Sabás Alomá y Graziella Garbalosa, que solían visitar al Grupo, insinúa un piropo conceptista: "mujeres de estro y estotro".

---

38. «Los adjetivos antepuestos contribuyen a dar al estilo carácter sintético, mientras que los pospuestos revelan más bien una posición analítica.» Samuel Gil y Gaya, *Curso superior de sintaxis española* (Barcelona, 1964), pág. 218.

39. Jorge Mañach, «Los Minoristas sabáticos escuchan al gran Titta,» *Social,* IX, 2 (febrero, 1924), 23.

Estos apuntes humorísticos son raros en el conjunto de la obra de Mañach, aunque hay más de un ejemplo en sus trabajos juveniles. Después, las luchas políticas lo enseriaron tanto que no le dejaron ni un rescoldo de humor. Sin embargo, no por ello rechazó las virtudes del humorismo. Al contrario, en sus últimos tiempos declaró que:

> si hay que inclinarse entre esos dos polos, el del verismo y el del humorismo, sería preferible —sobre todo en estos momentos— que declináramos hacia el segundo. Metáforas "aladas" aparte, el verismo es una especie de esclavitud a las apariencias de la verdad, sentidas como absolutas. El humorismo, al contrario, un despego de ellas, atendiendo a lo que tienen de relativas.[40]

Volviendo a las semblanzas, debe advertirse que las más interesantes son aquéllas en las que predomina lo sentimental y lo anecdótico. Así, verbigracia, la dedicada a Joaquín Xirau y Pedro Henríquez Ureña. Se ocupa de ambos en un solo trabajo porque murieron casi al mismo tiempo. Del profesor de filosofía español no habla mucho. Comenta su paso por La Habana y lamenta su muerte en un accidente de tránsito. Del crítico dominicano hace una evocación más efusiva y recuerda cómo, en cierta ocasión, alzó su voz en defensa de Rodó, frente a la agresividad de los Minoristas.[41] En otro obituario, el de Fernando de los Ríos, hay una mezcla de sentimentalismo —al expresar las penas del desterrado—, de humor —en un pasaje sobre su barba bermeja—, y de apreciación histórica —en la cálida defensa de los valores permanentes de España—.[42] Pero, entre todas, sobresale la que dedicó a Emilio Ballagas, también en ocasión de su muerte, y por eso reclama una consideración aparte.

Mañach, dispuesto a hablar de un poeta delicado y purista, adopta desde las primeras palabras un tono misterioso: "Pudo adivinarse —sin que fuera realmente adivinarlo— que iba a morir joven."[43] La expresión "Pudo adivinarse" suena a profecía retrospectiva —se profetiza hoy lo que ocurrió ayer— y, por lo tanto, es un fingimiento. Pero ese artificio es tan antiguo como la poesía; y ésta, tan vieja como las primeras reliquias del pensamiento humano. Y aun hoy, cualquier comadre afirma ante una tragedia: "¡No, si yo lo decía, tenía que suceder!", aunque nunca haya dicho nada; pero ella cree que sí lo dijo, y no sabe que está jugando con la ilusión de que es

40. Jorge Mañach, «Aguja de marear. Verismo y humorismo,» *Diario de la Marina*, julio 11, 1959, pág. 4-A.
41. Jorge Mañach, «Glosas. Xirau y don Pedro,» *Diario de la Marina*, mayo 15, 1946, pág. 4.
42. Jorge Mañach, «Glosas. Don Fernando,» *Diario de la Marina*, junio 3, 1949, pág. 4.
43. Jorge Mañach, «Relieves. *Júbilo y fuga* de Ballagas,» *Diario de la Marina*, septiembre 15, 1954, pág. 4-A. Texto en el Apéndice, págs. 247-49.

posible penetrar el arcano. Y Mañach, que sabe todo esto muy bien, despierta a la comadre dormida en el subconsciente de sus lectores, y la pone a su servicio envuelta en un velo místico. Este viene oculto en la antítesis: "sin que fuera realmente adivinarlo". Adivino sin adivinar: "Vivo sin vivir en mí." A continuación explica que era previsible su muerte, no porque fuera amado de los dioses, "sino por otros indicios tal vez un poco menos místicos". Y al hacer esta observación Mañach se despista momentáneamente, porque las razones que él da lo contradicen, tanto que, en el mismo trabajo califica la poesía de Ballagas de "vanguardismo místico".

A continuación, hace muy sagaces observaciones sobre la personalidad de Ballagas, en la que había un sello de intemporalidad. Dice Mañach: "daba la sensación de que se habían comprimido, compenetrado las edades en él". Le parecía un adolescente perpetuo: "Cuando se casó, no podíamos creer que se hubiera casado. Cuando tuvo su hijo, no acabábamos de verle padre." Y agrega: "Ni siquiera en lo físico parecía que el tiempo le fuese gastando; era siempre la misma cara lampiña de estudiante, el mismo aire de joven seminarista laico." Pero no era sólo joven, sino también: "Maduro; pues no había en él sólo esa prolongación de la adolescencia, sino también un adelantamiento de aquellos modos del espíritu que no suelen llegar sino con la vejez; de la serenidad, de la esencialidad, de la ironía, de los amagos de cansancio con que poco a poco se va anunciando la muerte."

La vida es temporal, de suerte que la intemporalidad implicaba una negación de aquélla, de su curso biológico, procesal. En esto ve Mañach el signo presagioso. Entre tanto, el poeta se enfrentaba a la existencia con "un gozo vocado a la fuga, una alegría que, asustada, se escapaba de su propia fruición". Tal es el juicio de Mañach, pero ¿quería escaparse por miedo o para alcanzar una realidad superior, sin gozos ni penas, absoluta, carente de puntos de comparación y, por ello, inefable: el nirvana? En su artículo, parece que va a tocar este punto cuando cita la segunda estrofa de "Víspera", de su libro *Júbilo y fuga*:

> Estarme dormido —íntimo—
> en tierno latir ausente
> de honda presencia secreta ...

que expresa el esfuerzo de abstracción para desembarazarse del yo, de lo individual y contingente; pero no menciona la tercera, en la que ese empeño culmina, a lo menos como anhelo:

> Y éxtasis —alimento—
> de imaginarme —ausente, puro—
> nonnato de claridades
> con la palabra inicial
> y el dulce mañana intacto.

Vocación de unidad con el ser absoluto, con el gran misterio de la realidad última. Misticismo que en otros poemas de *Sabor eterno* (1939) parece en ocasiones acercarse al panteísmo, y que en *Cielo en rehenes* (1951) vuelve a invocar al Señor. En todo caso, Ballagas tenía el alma prendida en la eternidad, y eso queda definido en la semblanza. Con acierto apunta también que: "Lo de los versos 'negros' fue sólo un episodio" pero, a pesar de ello, nadie les "dio un acento más tierno ni más limpio que Ballagas".

Mañach, conmovido, dice: "ahora no tengo el ánimo para apreciaciones críticas"; pero en el fondo de su breve artículo el lector percibe que allí está Ballagas mirándolo "con aquellos sus ojos redondos, pequeños pero desmesuradamente abiertos, como si todas las cosas fueran motivo de asombro".

5. RESUMEN

En las críticas y semblanzas se encuentran algunas de las mejores expresiones del periodismo literario de Mañach. No se las puede medir con las reglas de la crítica literaria propia de otros medios de expresión —el libro, el ensayo, el artículo de una revista técnica—; tampoco se las puede valorar según los cánones de la reseña de libros en tales revistas o en los diarios, pues son más periodísticas que las primeras y más literarias que las segundas.

En esta forma de expresión se congenian la mirada intuitiva con el conocimiento racional. En ellas se conjugan, como en el buen diagnóstico médico, el ojo clínico y la sabiduría clínica. En cierto modo, corresponden, en la literatura, a lo que hizo D'Ors en la filosofía; pero se afianzan más firmemente en las contingencias de la actualidad: el "pretexto", de que habló Mañach.

Otro rasgo sobresaliente es el esmero estilístico. Para apreciar bien el esfuerzo que esto significaba es necesario recordar que Mañach era un trabajador infatigable. Naturalmente, en cada época de su vida fueron distintas algunas de sus ocupaciones: los artículos en el *Diario de la Marina, El País, Acción, revista de avance* y *Bohemia;* sus trabajos para revistas eruditas, los programas de radio y televisión; la cátedra universitaria, las reuniones políticas y académicas, su inveterada asistencia a exposiciones y conciertos, y las constantes solicitudes para que hablara en público, a las que casi siempre accedía. Nada mejor, para apreciar ese ajetreo, que el citado reportaje de Alberto Arredondo.

Acaso buena parte del mérito literario de las críticas y semblanzas se deba a ese genero de vida. Obligado a andar aprisa, condensa la expresión, resume el juicio, busca la síntesis. Es posible que alguna vez incurra en algún desliz —una repetición innecesaria o un adjetivo desajustado— o en alguna contradicción menor; pero eso no le resta valor a lo escrito. Al contrario, denota su espontaneidad; resulta una elegancia a veces descuidada y jamás pulida, en la que no se advierte el esfuerzo.

No es posible hacer una predicción; pero visto el conjunto de su obra desde la perspectiva actual, a tres lustros de su muerte, parece que lo periodístico ganará en importancia a medida que se recopilen sus trabajos. De ser así, no tendrá validez el reproche que él se hizo en su última carta a Márquez de la Cerra, de "haber vivido siempre en larga servidumbre de la palabra efímera".[44]

Lo que tal vez le ocurría a Mañach era que revertía sobre sí mismo la crítica que había hecho, en 1925, a los intelectuales entonces en la senectud. ¿Dónde estaba la novela prometida? ¿Dónde la historia crítica de la literatura cubana, esbozada en "Perfil de nuestras letras"? ¿Dónde la historia del pensamiento cubano que dos veces bosquejó? ¿Dónde el tratado de filosofía? ¿Dónde la interpretación completa del pensamiento martiano, corolario de la biografía consagradora? Las respuestas son tan negativas que su vida parece una frustración. Sin embargo, la apariencia es falsa, buena parte de esos empeños se realizaron. Están en discursos y ensayos, en notas de clase y, sobre todo, en sus trabajos periodísticos.

---

44. Miguel F. Márquez de la Cerra, «En el aniversario de Jules Dubois. Prensa y libertad,» *Diario las Américas*, agosto 10, 1969, pág. 5.

X. LO PERIODISTICO EN LA OBRA LITERARIA

El periodismo literario de Mañach se produjo en diarios y semanarios, pero el resto de su obra no constituye una entidad desasociada de aquél. Con las excepciones de la biografía de Martí, de una pieza teatral, de un cuento largo y de algunos ensayos filosóficos y literarios, los demás temas abordados en sus libros fueron antes o después expuestos en las columnas del *Diario de la Marina, El País, Acción, Social* y *Bohemia,* u otras publicaciones similares.

La mayor parte de sus libros son, como ya se ha visto, colecciones de artículos periodísticos. Esto es aplicable aun a algunos que se le quedaron en proyecto. Así ocurrió con los de*Acción,* que pensaba reunir en un volumen titulado *Libertad y disciplina;* y con la serie "Perfil de nuestras letras", del *Diario de la Marina.*

La producción de Mañach aparece muy interrelacionada. Las conferencias se transforman en ensayos, y éstos se acumulan en libros, como sucede en *Para una filosofía de la vida,* que es la reunión de varias disertaciones en la Sociedad Lyceum y en la Universidad de La Habana, más un artículo de la *revista de avance.* Otras veces, una conferencia se fragmenta en artículos para el *Diario de la Marina* y después se recompone ensayísticamente y aparece en forma de libro, como es el caso de *Examen del quijotismo.*

La obra no periodística comprende los siguientes géneros: la narración, el teatro, la oratoria, la biografía y el ensayo. No toda ella muestra obvias vinculaciones con sus artículos y crónicas; pero en su mayoría está sustancialmente ligada con las tesis defendidas en éstos.

En la narración, los dos capítulos de novelas son una crítica de la vida política y social que coincide con la de sus "Glosas." Lo mismo puede decirse de su obra teatral. Los fragmentos novelescos y la comedia son versiones literarias de sus columnas en los diarios; y, por cierto, como literatura, no son superiores a éstas.

En la oratoria, la relación es evidente. Así lo prueban el discurso académico en homenaje a José Martí y Zayas Bazán (hijo de José

Martí), la oración fúnebre en honor de Miguel Coyula,[1] y el elogio al periódico *El Mundo*.

Incluso la biografía de José Martí hay que contemplarla a la luz de los artículos que entonces publicaba en *El País* —reunidos en *Pasado vigente*— porque éstos evidencian lo que en aquélla tenía que aparecer velado, o solamente insinuado por contrastes tácitos.

En cuanto a los ensayos, basta revisar la larga lista que se inicia con *La crisis de la alta cultura en Cuba* e *Indagación del choteo*, y que termina con *Teoría de la frontera*, para reafirmar la unidad de sentido de la obra.

2. La narración

En su juventud, Mañach tanteó sus posibilidades como narrador imaginativo. Según la investigación que aquí se hace, publicó un cuento largo, tres cortos y dos capítulos de novela. Además, según él, dejó inédita otra novela.

Respecto de ésta, sólo se ha encontrado una referencia. Aparece en un artículo en el que polemiza con Rafael Suárez Solís sobre las dificultades de la publicación de novelas en Cuba. Dice Mañach: "y en mis propias gavetas conservo yo también, patéticamente ajados, los manuscritos de 'El Malogro' y de algún otro intento de novelización tropical".[2]

El cuento largo es *Belén, el ashanti*, que se publicó en La Habana, en 1924, pero no ha sido posible encontrar un ejemplar. El editor fue un escritor español avecindado en La Habana, Aurelio G. Riancho, quien lanzó una colección titulada "Nuestra Novela." Se componía de volúmenes de bolsillo que se vendían a diez centavos. Según Mañach, dicha colección incluía varias narraciones hoy olvidadas: *El hombre de la pipa*, del "poeta cantábrico" Uncal; *El lobo*, de Julio Sigüenza; una "del proletarista cubano señor Domenech"; y otra del escritor español J. Amber Arruza. No hay altas pretensiones literarias en la colección: "Propónese meramente distraer una velada o un trayecto de tranvía" y, además, servir "en cierto modo, una obra de divulgación, de emulación, de estímulo".[3]

---

1. Parcialmente reproducida por Mañach en «Glosas. Aquel limpio criollo de Regla,» *Diario de la Marina*, noviembre 26, 1948, pág. 4; y «Coyula en su aniversario,» *Bohemia*, noviembre 27, 1949, págs. 63, 109.

2. Jorge Mañach, «Glosas. La novela cubana,» *Diario de la Marina*, Ed. de la tarde, febrero 7, 1925, pág. 1.

3. Jorge Mañach, «Glosa del martes. 'Nuestra novela,' nuestro libro,» *Diario de la Marina*, Ed. de la tarde, julio 8, 1924, pág. 1.

No obstante la modestia de esas aspiraciones, la novelita de Mañach mereció cierta consideración. Gay Calbó dice que "está fechada en Cambridge y es de la época estudiantil". Asimismo, indica que "puede ser considerada un episodio de la esclavitud. Pero en la obra de Mañach no tiene mayor significación".[4] Y hace esta sinopsis de su argumento romántico:

> Belén, el ashanti es probablemente una reminiscencia de relatos familiares, guardados en el cerebro infantil y rememorados en el destierro. Se trata de un negro esclavo, de la tribu de los ashantis, famosos por su rebeldía y su bravura. El padre de la Niña Cuca ha comprado uno a quien le pusieron el nombre de Belén. Al principio el esclavo era díscolo, pero ya había entrado en sumisión seguramente atraído por los ojos lánguidos de la Niña Cuca. Pero ésta se ha atemorizado ante las predilecciones del negro y ha hecho saber su miedo al padre. Don Gabriel dio órdenes al mayoral de que soltara los perros de presa junto a la casa, y al otro día apareció Belén muerto por la furia de aquellos animales. Al lado del cadáver estaba un pañuelo atado por las puntas que contenía un puñado de cocuyos. El esclavo sabía que la mucracha era aficionada a ellos. La Niña Cuca se enfermó gravemente de los nervios a raíz de aquella horrible carnicería, tan frecuente y poco importante para nuestros abuelos

En la categoría de "algún otro intento de novelización tropical", ante mencionado, figura "Genoveva in flagranti", cuyo primer capítulo apareció en Social, en noviembre de 1925. Se anunció ahí como "novela en preparación". (En 1928, ampliado, hízose cuento en México.) Aquella publicación fue consecuencia de la citada polémica, cuyo origen fueron estas palabras de Suárez Solís: "¿Podría escribirse una novela o una comedia cubana, eminentemente cubana, sin llevar la acción a generaciones pasadas? Sí, indudablemente."[5] Mañach entendía que, aunque pudiera escribirse, no se publicaría porque los libreros, que dominaban las editoriales, no estaban interesados en ello, y preferían importar libros baratos de autores conocidos o de literatura vulgar. Hubo réplica y dúplica, intervención de terceros y, en resumen, Suárez Solís le dijo: "Por lo pronto, Mañach, a título de sincero, ya está obligado a sacudir el polvo a sus manuscritos 'agachados'.[6] Al que se calle en lo adelante lo llamaremos

4. Enrique Gay Calbó, «Bibliografía. Jorge Mañach,» Cuba Contemporánea, XV, xliii, 172 (abril, 1927), 368.
5. Rafael Suárez Solís, «Crónica. La novela cubana,» Diario de la Marina, Ed. de la mañana, febrero 5, 1925, pág. 28.
6. «AGACHADO, DA. adj. Durante la guerra, se llamaba así, en Cuba, a aquellas personas que en La Habana estaban presentadas o venidas de la Emigración.» Santamaría, Diccionario, I, 51.

Sancho."[7] En otros términos, lo conminaba a que presentara sus novelas o practicara un discreto silencio.

Si el capítulo responde a este reto, no sale mal parado, pues está bien escrito. La escena se desarrolla en el filo de la prima a la medianoche. En pocas líneas, el autor da la impresión exacta de lo que era La Habana en ese momento:

> La calle —calle del Vedado, rumorosa de hojas caídas y vecindad de mar— se había arropado también en prematuro sosiego pueblerino. El campanilleo lejano del mantecadero con su carrito, áspero sobre los baches pedregosos, apenas lo turbaba; ni, más apartado todavía, el gangoso de "se juega mañaaaana!" de un billetero tenaz.[8]

El vendedor de billetes de la Lotería Nacional ha de ser la perdición de Genoveva. Esta es la sirvienta española preferida por doña Celia, esposa de un político importante. A la hora de dormir, ya recogida la señora y los niños, Genoveva, preparada para ir a la cama, oye el pregón del billetero. Baja, tal como está, para comprar el "Veintidós mil seis"; pero, al llegar a la puerta de la calle, entra "el caballero". Hay un equívoco y éste acompaña a la muchacha hasta su habitación "sin quitarle el brazo en torno, mientras ella lloraba en silencio, con la compungida desnudez de una ninfa captada" (pág. 67). Ahí termina el capítulo.

Los personajes y sus respectivas existencias están bien y concisamente presentados. La vida acomodada y tediosa de la señora Celia queda retratada en pocas palabras: "había estado largo rato en el portal, como de costumbre, abanicándose, suspirando y hendiendo el aire de sonoras palmadas contra los mosquitos"; su autoridad señorial, se expresa simbólicamente cuando le basta proyectar su efigie contra la ventana del portal para que la sirvienta interrumpa el coloquio con el novio y suba a acostarse. La compleja personalidad de Genoveva, señorita de aldea en Galicia y sirvienta en La Habana, explica su "ascendiente sobre el resto de la servidumbre" y, al mismo tiempo, su reacción de pasmo, vergüenza y sumisión cuando el jefe de la casa la sorprende. Y la sorprende y domina, justamente, en el instante en que buscaba su liberación mediante la lotería. El "caballero" reacciona con la lascivia ocasional de un señor feudal, cuyo capricho es ley indiscutible.

Podría objetársele al autor el haber lanzado a la pobre Genoveva, semidesnuda, hasta la puerta de la calle. Lógicamente, en efecto, si

---

7. Rafael Suárez Solís, «Crónica. Ahora o nunca,» *Diario de la Marina*, Ed. de la mañana, febrero 10, 1925, pág. 28.

8. Jorge Mañach, «Genoveva in flagranti (Primer capítulo de una novela en preparación),» *Social*, X (noviembre, 1925), 31. Y en «Genoveva in flagranti,» *Contemporáneos*, I (junio, 1928), 129-30. (No hay alusión a novela alguna.)

tuvo tiempo para detenerse ante el cuarto de la señora Celia, a fin de saber si dormía, más debió tenerlo para echarse un vestido encima. Y, además, ¿cómo iba a negociar la adquisición del billete en esas condiicones? Pero tales objeciones no caben en la tesis del fragmento novelesco, en el cual, lo determinante es una fuerza irracional, la repetina fe en la fortuna, la cual, a su vez, es otra potencia irracional. Como consecuencia de todo eso, Genoveva es víctima de otras dos irracionalidades: su miedo y la lujuria del señor. (En el cuento, Genoveva disuelve su vergüenza en recuerdos, codicia, y un baño de cuerpo y conciencia [*Contemporáneos*, pág. 148]).

El otro fragmento novelesco de Mañach es el capítulo IV de "Fantoches 1926." Esta obra apareció como folletín en *Social*, uno al mes, durante 1926, cada uno por un escritor diferente.[9] La trama se desarrolla en La Habana contemporánea y tiene como finalidad hacer una crítica política muy de acuerdo con las ideas del Grupo Minorista. El argumento resulta algo inconexo debido a la pluralidad de autores.

En el capítulo IV, "Abrid a la Justicia", aparece el general Reguera, héroe de la Guerra de Independencia, en un momento de grandes y contradictorias emociones. Acaba de obtener una victoria política y lo asedian los oportunistas. Al mismo tiempo, su hija Gloria está sospechosamente envuelta en el asesinato de otra joven de sociedad. Absorto en sus emociones, el General se niega a recibir a los viejos y a los nuevos amigos. Pero llega el Juez de Instrucción a cargo de la causa criminal iniciada y, por supuesto, tiene que atenderlo. El Juez se esmera en acentuar los indicios adversos a Gloria. El General, al principio, rechaza toda insinuación acusadora contra su hija; pero el Juez acumula datos. Cuando el General se bate en retirada, el Juez aumenta la presión moral. Hay un momento en que, al fin, el General le propone al Juez que cometa la felonía que éste quiere que aquél le agradezca:

> —Es decir, —replicó el General impaciente— ¿qué quiere usted, que mi hija aparezca de todas maneras culpable? ¿No tiene la justicia nadie mejor de quién echar mano? ¿No hay otras personas complicadas en este asunto? ¿Y Sergio? ¿Y el chófer? ¿Y el mismo Sopimpa, para quien usted es tan benévolo?[10]

---

9. Los autores de los sucesivos capítulos son: I, Carlos Loveira; II, Guillermo Martínez Márquez; III, Alberto Lamar Schweyer; IV, Jorge Mañach; V, Federico de Ibarzábal; VI, Alfonso Hernández Catá; VII, Arturo Alfonso Roselló; VIII, Rubén Martínez Villena; IX, Enrique Serpa; X, Max Henríquez Ureña; XI, Emilio Roig de Leuchsenring; XII, Carlos Loveira.

10. Jorge Mañach, «Fantoches 1926. Folletín moderno por doce escritores cubanos. Capítulo IV. Abrid a la Justicia. Ilustraciones del mismo,» *Social*, XI, 4 (abril, 1926), 98.

La sátira política es evidente. Va, ante todo, contra la corrupción judicial. El ataque de Mañach era sumamente efectivo, porque entonces él ocupaba un cargo de Fiscal de la Audiencia de La Habana. También denuncia el caudillismo ejercido por los veteranos de la revolución libertadora.

Todo eso está implícito en los diálogos, que ocupan el noventa por ciento del espacio en este capítulo, que tiene mucho de teatro. Los personajes entran y salen de la escena. Las frases son cortas y espontáneas. Los interlocutores se interrumpen. Y no falta el gracioso, representado por el curro portero, "un granadino de traje blanquísimo e implacable ceceo" (pág. 20). Muy en consonancia con su función, éste abre y cierra el capítulo con sendas ocurrencias.

El mejor de los tres cuentos cortos es "O.P. No. 4." Fue publicado en *Cuba Contemporánea* y obtuvo el primer premio del concurso literario que organizó el *Diario de la Marina*, en 1926. Su título corresponde al nombre del remolcador de la Secretaría de Obras Públicas que cada mañana arrastraba mar afuera la chalana que contenía la basura recogida en La Habana. A bordo de ese barquito y, principalmente, sobre el montón de detritos se desarrolla la trágica historia. El ambiente es física y moralmente nauseabundo. Son tres los personajes: Pelusa, un retardado mental, encargado de las maniobras del remolcador; El Mulato y El Niño, dos tipos sórdidos y agresivos, llenos de odio recíproco, que rivalizan en el miserable empeño de buscar entre los desperdicios alguna prenda valiosa. El día de la historia, El Niño descubre un pendiente de mujer; El Mulato se lo arrebata; pelean y se revuelcan en la inmundicia hasta que El Niño muerde a El Mulato en el cuello y le hace soltar la joya, que cae al mar. El Mulato se inclina sobre la borda en un vano empeño por alcanzarla, y El Niño aprovecha su indefensión, le pega en la nuca y lo echa al agua. La barcaza, como siempre, va escoltada por tiburones que esperan la descarga de animales muertos que suele llevar.

Se trata, pues, de un cuento naturalista en el cual se advierte la influencia de Horacio Quiroga. La brutalidad de los personajes es chocante, y está muy en consonancia con el medio en que se desenvuelven. Entre los modos que emplea el autor para atraer al lector al ámbito de la historia, sobresale la enumeración de las faenas y la mención de los utensilios a bordo. Y, precisamente porque la generalidad del público no conoce el significado exacto de esos términos ("bitas", "caramuzas", etc.), el relaot lo coloca en un mundo tan nuevo como lo sería la contemplación de los objetos reales, cuya función ignora. Al cuentista le debe haber requerido algunos días de estudio, incluso algún viaje en el remolcador; y quien sabe si, como fiscal, conoció de algún crimen similar al que narra.

Dentro de su concepción, la Naturaleza es copartícipe de los acontecimientos. El hombre, con su violencia, es parte de aquélla. Por eso, el lector presiente que la furia está ya al desatarse cuando se le dice que "Esta mañana el cielo se había encapotado ominosamente de súbito."[11] Y al llegar al desenlace se le informa que: "fue entonces, sobre el hacinamiento inmundo, bajo el cielo pardo que la lluvia y los relámpagos rayaban trágicamente, una lucha feroz, salvaje, implacable, largamente aguardada, en que, al fin, un episodio de codicia daba oportunidad para ventilar añejos rencores" (páginas 347-48).

La breve narración se concentra en esta escena de la búsqueda y la pelea entre la basura. No hay realmente una historia; y en esto se atiene a una de las posibilidades que señala Quiroga: "Pero no es indispensable, adviértenos la retórica, que el tema a contar constituya una historia con principio, medio y fin, Una escena trunca, un incidente, una simple situación sentimental, moral o espiritual, poseen elementos de sobra para realizar con ellos un cuento."[12]

"Una simple situación sentimental" es el contenido de los otros dos cuentos, ambos publicados en *1927. revista de avance.* Uno de ellos, "Tántalo", es la angustiosa vida de Baltasar, un joven inmigrante, "muy escaso de luces naturales —brutote, honrado, directo, sensual".[13] Recomendado por un conterráneo, entra en un tienda por departamentos, pero fracasa en varios trabajos hasta que, al fin, durante dos años, logra desenvolverse como ascensorista. Todo va bien hasta que, en uno de los pisos empieza a trabajar Eva, una moza atractiva y coqueta. Baltasar reincide en la comisión de errores, y lo echan del empleo. Eva lo reemplaza en el cargo.

La anécdota no puede ser más simple. El mérito de la narración es presentar la angustia, los apetitos y las represiones que hay en toda alma, aun en la del individuo más estúpido. Es una reivindicación del hombre vulgar como tema literario. No hay misterio en la trama. Después de las peripecias iniciales —todas encaminadas a probar el acierto de los cuatro adjetivos descriptivos— el autor le avisa al lector lo que significa la aparición de Eva, nombre bien simbólico: "Baltasar se quedó atónito. Tuvo, en seguida, un presentimiento de su perdición, y quiso imponerse a sí mismo desde el primer instante, someter su instinto a estrecha vigilancia, a heroica disciplina" (pág. 260).

En el microcosmos de aquel homúnculo, todos los objetos y, principalmente, todas las personas femeninas, tienen un valor plástico extraordinario. Baltasar percibe lo que para cualquier otro pasaría inadvertido. Tampoco en este caso el autor hace una generalización

11. Jorge Mañach, «O. P. N.° 4,» *Evolución de la cultura cubana,* ed. José Manuel Carbonell, XIII, ii (La Habana, 1928), pág. 346.

12. Horacio Quiroga, «La retórica del cuento,» *Los perseguidos y otros cuentos,* Vol. VII *Obras de Horacio Quiroga* (Montevideo, s. f.), pág. 119.

13. Jorge Mañach, «Tántalo,» *1927. revista de avance,* agosto 30, pág. 258.

como ésta; pero apunta minuciosamente lo que Baltasar ve y cómo lo ve. Una vez más, su mirada pictórica ayuda al autor a percibir tonalidades, ángulos, curvas, perspectivas y movimientos. A veces, el cuento interesa más por lo que ve Mañach que por lo que ve Baltasar. Y esto provoca la cuestión de la autenticidad literaria de la historia: ¿puede un estúpido percibir lo mismo que un hombre de talento? La respuesta es afirmativa si lo percibido se reduce a la sensualidad más elemental; y ésa era la de Baltasar.

En el segundo cuento de *1927*, "El hombre que amaba el mar", aparece un personaje antitético del anterior. Juan Báez no es un sensual sino un imaginativo. Modesto burócrata habanero, sueña con paisajes lejanos y ama el mar como sostén y vehículo de su fantasía. Báez, por supuesto, nunca ha viajado, pero se conoce de memoria las características de los barcos trasatlánticos y sabe todos sus movimientos. Naturalmente, vive cerca del mar y lo contempla desde el amanecer, "en las mañanas de invierno, sobre todo", cuando "el océano, allá lejos tenía una misteriosa vaguedad azul-pastel".[14] Así va pasando su existencia burocrática y alucinada hasta que, un día, el jefe de la oficina lo invita a un almuerzo marino, a bordo de una goleta. Acepta gozoso y va junto con otros compañeros. Llegan al puerto pesquero de Batabanó y "Allí, desconsoladoramente accesible, estaba ya la goleta" (pág. 75). La realidad empieza a defraudar la fantasía. En suma, se hacen a la mar. Báez, novicio, se marea. Trata de ocultar su mal, que le parece ridículo, pues todos conocen su vocación marinera. Al sentir náuseas se va a proa: "¡Qué vergüenza, Señor!… De súbito, engallóse agudamente la goleta con un sonoro golpe de mar, y Báez cayó de bruces, con un leve gemido de sorpresa, quizás de mimosa entrega, en las aguas nobles del océano que él amara tanto" (pág. 75).

Mañach plantea y resuelve el problema de la superioridad de la imaginación sobre la experiencia sensorial; y, al mismo tiempo, del indomable poder de la realidad. Para el soñador Báez, en el trance de la desilusión, no había más que dos caminos: el sainete o la tragedia; convertirse en el hazmerreír de sus amigos o morir ahogado, tragado por el objeto de sus ensueños. El autor, con piadoso buen gusto, optó por lo segundo.

3. EL TEATRO

Sólo una pieza de teatro escribió Mañach, la comedia en tres actos *Tiempo muerto*.[15] No es una gran obra, aunque mereció el

---

14. Jorge Mañach, «El hombre que amaba el mar,» *1927. revista de avance*, noviembre 15, pág. 72.

15. «*Tiempo muerto*, s. f. Dícese al lapso que corre desde que se termina una zafra azucarera hasta que comienza la siguiente, o sea desde fines de

segundo premio, ofrecido por la Secretaría de Instrucción Pública y
Bellas Artes, en el concurso habido en Cuba, en enero de 1928, organizado por la actriz argentina Camila Quiroga. Como bien se ha
dicho, está "escrita con elegancia, aunque no lograda teatralmente".[16]
Acaso tiene demasiado buen lenguaje, que la hace parecer un poco
artificial. Su ritmo es lento. Contiene una pintura de caracteres y
pasajes dotados de amable ironía. Su tema es una crítica de los
tipos que pululan en los clubes elegantes. La anécdota se desarrolla
en torno al conflicto sentimental de una mujer culta que se casa
con un hombre rico, pero de inferior preparación intelectual.

La obra se divide en tres actos, y cada uno ocurre en un lugar
distinto. El primero, que consta de once escenas, se desenvuelve en
casa de Adriana, la viuda joven y culta, comprometida en matrimonio con Ramiro Pedrell, acomodado funcionario de una fábrica azucarera. El contraste entre las dos personalidades constituye la presentación del asunto. En el segundo acto, dividido en doce escenas,
aparece Adriana, ya casada, en su residencia de la finca donde está
la fábrica. La diversidad de caracteres comienza a crear el conflicto,
que culmina cuando Adriana, contra su voluntad, es cortejada por
un empleado de Pedrell y sorprendida por éste. El tercero, que tiene
once escenas, se desarrolla en el apartamiento en que Adriana,
separada de su esposo, vive en La Habana. Pedrell le envía un emisario en busca de reconciliación, y ella acepta; pero, antes de llegar
a la casa, Pedrell es muerto por Soldevilla, un personaje que nunca
aparece, aunque está siempre potencialmente presente, porque es
un típico explotador de la difamación y los chismes de sociedad.

¿Por qué Mañach no presentó a Soldevilla? Acaso pensó que, si
lo hacía, el intrigante se convertiría en la figura principal; o tal vez,
porque la maledicencia no necesita de un agente determinado. Soldevilla, en efecto, es un explotador, pero también un instrumento de
la miseria moral de su clientela. *Tiempo muerto* es, pues, el retrato
del ambiente frívolo, hipócrita y cruel en que viven algunas mujeres
de la clase más acomodada.

Adriana explica el porqué de esa realidad como una consecuencia
de la rivalidad entre las mujeres para obtener un buen matrimonio
que consolide su posición social, y dice: "Es nuestra posibilidad de
realizarnos, de alcanzar nuestra plenitud espiritual; y la competencia
es tremenda, y el anhelo tan intenso, que en esa lucha ponemos en
juego instintivamente todas las armas: la astucia, el disimulo, la

---

Mayo hasta fines de Diciembre o principios de Enero, aproximadamente. Durante ese período crece y desarrolla de nuevo la caña, pero cesa por completo
la industria del azúcar en nuestro país.» Rodríguez Herrera, *Léxico*, II, 558.

16. José Cid Pérez, «El teatro cubano en la República,» *Teatro cubano contemporáneo* (Madrid, 1962), pág. 24.

coquetería hacia ustedes, la difamación entre nosotras..." [17] En la práctica, es una vida esquizofrénica: mujeres buenas en el hogar, como madres y esposas; feroces en los salones, porque ya el hábito de la agresión recíproca es parte de su naturaleza.

En un artículo sobre Jacinto Benavente, cuando éste murió, Mañach hizo una distinción entre el teatro "de motivos profundamente humanos y universales, en que todo lo demas, enredos, personajes, situaciones, no es sino puro canevá para el bordado de lo eterno"; y "el teatro situado en tiempo y lugar, el que pudiéramos llamar 'periodístico,' porque el ambiente, la costumbre, el caso individual o social, lo episódico y anecdótico, excluyen las demás intenciones y recursos, o priman sobre ellos". [18] Pues bien, *Tiempo muerto* corresponde a esta última categoría, al buscar su fundamentación en una realidad social inmediata, con un ánimo crítico específico. La mención de Benavente es oportuna, además, porque en la obra de Mañach hay uno de los rasgos que, según éste, es notorio en la producción benaventina: la preeminencia del personaje femenino:

> Pienso que es por esa misma tendencia analítica e intelectual (y no como algunos parecen insinuar, por tierna y espiritual afinidad) que el teatro de Benavente es marcadamente femenino. ¿Habrá nada que los hispanos hayamos descuidado más que el alma y las prerrogativas de la mujer? Parte de la grandeza de Lope de Vega estuvo en su feminismo. Pero éste de Benavente es más amplio y razonado, porque es más moderno. Si Lope quiso reivindicar para la mujer sus fueros sociales, Benavente se preocupa, sobre todo, de su dignidad espiritual. Su teatro reacciona contra el donjuanismo gallardo que inició Tirso, contra la indiferencia puritánica de Calderón y aún contra la actitud condescendiente de Moratín. El ha desechado el concepto angélico de la mujer, para suplirlo con el de la mujer fuerte, consciente, razonable y amplia. [19]

Así es Adriana, "mujer fuerte, consciente, razonable y amplia". *Tiempo muerto* fue escrita cinco años después de las anteriores palabras, en pleno fervor benaventista. Tanto que, en otra de sus "Glosas" tras el paso de Benavente por La Habana, decía Mañach: "ahora que el dramaturgo no está ya tan en presencia, nos será excusable la loa que puedan llevar consigo algunas apreciaciones de su mérito". [20] Treinta años después, reducida esa admiración a límites más

---

17. Mañach, *Tiempo muerto*, pág. 51.
18. Jorge Mañach, «Relieves. Benavente y sus dimensiones,» *Diario de la Marina*, julio 17, 1954, pág. 4-A.
19. Jorge Mañach, «Glosas. La novedad de Benavente,» *Diario de la Marina*, Ed. de la tarde, febrero 3, 1923, pág. 1.
20. Jorge Mañach, «Glosas. Benavente y el Premio Nobel,» *Diario de la Marina*, Ed. de la tarde, febrero 2, 1923, pág. 1.

modestos, probablemente no habría escrito una pieza benaventina; pero ya había renunciado al teatro.

Lo más cercano al género dramático, entre sus escritos de la madurez, es un diálogo filosófico de ultratumba entre Albert Camus y Alfonso Reyes. Mañach aprovecha la casi simultaneidad de sus muertes para situar sus almas, camino de lo incógnito, en platónico discurso sobre el destino del hombre en la Tierra. El juego dialéctico se desarrolla mediante el contraste de las dos personalidades: la patética de Camus y la jocunda de Reyes. El primero habla por el mundo escéptico de Europa; el segundo, por el utopista de América. Aquél dice: "Uno a veces está muerto antes de morir... Casi todos los hombres de mi generación en Europa llevamos la muerte adentro." Y éste declara: "Vi llegar poco a poco la muerte, sobre la cual nunca había pensado ni escrito una sola página, y me resistía a creer en ella." [21] Uno se desespera ante el absurdo de la existencia; y el otro le reprocha el error francés de querer comprenderlo todo claramente, y exalta la sensibilidad, porque "Lo que se comprende es realmente muy poco." Y, a continuación, al responder a una alusión de Reyes —"Nosotros aprendimos de ustedes nuestras ilusiones"— aparece resumido el pensamiento humanista de Camus:

> —Pero no han llegado a vivir el fracaso de ellas. Las políticas de nuestro tiempo se nos han quedado reducidas a nuevas formas de odio y brutalidad. ... Yo también acabé por perder la fe en las fórmulas políticas. Mi discrepancia de Sartre se debió, entre otras cosas, a que él aún confía en las fórmulas colectivas, abstractas, mesiánicas, que remiten la salvación al futuro. Pero, entre tanto, los inocentes siguen muriéndose. Nunca se ha realizado ninguna profecía, ni divina ni revolucionaria.

Estas palabras, publicadas en La Habana, en enero de 1960, reflejaban preocupación por el sesgo de los acontecimientos. Por eso, hay mucho más que teoría general cuando Mañach pone en labios de Camus estos otros conceptos: "Mientras una mejor fórmula no se halle, es el hombre, el hombre mismo, cada hombre, quien debe entregarse por su cuenta al tiempo que vive, luchar por la dignidad de los vivos, mantener la protesta contra el universo en desgracia..." Más adelante, vuelve Mañach, a través de Camus, a condenar "esa revolución calculadora que, prefiriendo un hombre abstracto al hombre de carne y hueso, niega al ser humano tantas veces como haga falta, y sustituye el amor por el resentimiento" (pág. 88). El diálogo filosófico —como antes *Tiempo muerto*— resulta, en fin, un debate periodístico sobre la actualidad cubana.

---

21. Jorge Mañach, «Entre Camus y Alfonso Reyes (Diálogo post-mortem),» *Bohemia*, enero 17, 1960, pág. 44.

Y, por si alguna duda pudiera quedar respecto de sus intenciones al imaginar el diálogo, pocos días después reprodujo y volvió a comentar la alocución formulada doce años antes por Camus.[22] En esta ocasión, Mañach indicó la solidaridad que "se da hoy día en las zonas totalitarias de expresión, asistidas por aparatos de propaganda cuyas consignas amenazan atrofiar enteramente en el mundo la capacidad de juicio individual", frente a la cual "la democracia está tendiendo, por una reacción defensiva, a parejos fines aunque con más indirectos procedimientos".[23]

4. LA ORATORIA

Con motivo de una conferencia de Mañach sobre Ortega y Gasset, decía Ichaso que: "Mañach dice cosas y las dice bien. Por eso es, como conferenciante, eso que en la jerga teatral se llama 'una atracción de taquilla'."[24] Y hacía, además, esta observación: "La conferencia, género oral que se proyecta hacia un público previamente citado y sólo circunstancialmente unido, tiene inevitablemente una veta histriónica y exige dotes muy semejantes a las del actor." Mañach las tenía: en primer término, la apariencia; en segundo, la voz de timbre agradable y de tono e intensidad tales que le permitían llegar a una audiencia distante sin molestar a la cercana; en tercero, el ademán un tanto señorial y siempre reposado. Rasgos éstos que Conrado Massaguer, el director de *Social*, captó muy exactamente en una caricatura.

Como orador, dirigía siempre su mensaje a la inteligencia del auditorio. Por eso Arredondo, en el reportaje varias veces citado, dice: "Su peroración en el mitin municipal de Agua Dulce fue mitad discurso, mitad conferencia." No es sorprendente, porque eso era lo habitual en sus discursos políticos, aun en los momentos de mayor exaltación. Así, por ejemplo, durante la vigorosa campaña del Partido Ortodoxo, con vista a las elecciones que debían celebrarse en 1952, habló a los estudiantes de la Universidad de La Habana en un estilo de sermón o de dictamen académico, y les dijo:

> Conviene tener presente el sentido profundo de las palabras. El mismo origen tienen la palabra "rencor" y la palabra "rancio". Rancia decimos de cualquier substancia alimenticia que se ha alterado, que se ha corrompido por haber sido guardada demasiado

22. Jorge Mañach, «Mensaje de dignidad y liberación (Glosa para divulgar un ensayo de Camus),» *Bohemia*, febrero 12, 1950, págs. 67, 109-10.

23. Jorge Mañach, «El testamento de Camus,» *Bohemia*, enero 31, 1960, pág. 75.

24. Francisco Ichaso, «Aguja de marear. Decir bien las cosas,» *Diario de le Marina*, marzo 9, 1956, pág. 4-A.

tiempo, frustrándola así en ese fin natural suyo de suministrar su valor nutricio. Así también el rencor es una actitud estancada y secreta del espíritu en que las emociones suscitadas por ciertas imágenes se tornan agrias e infecundas y toman un sabor repugnante para la conciencia. En cambio, el recuerdo, bien lo sabéis, es un sentimiento franco, abierto y noble, un gran alimento del alma, un modo de apoyarse en el pasado para enriquecer la vida.[25]

No en vano, cuando en 1944 cesó como legislador, en la sección política de *Bohemia* apareció un comentario en el cual se anunciaba que no sería candidato a senador: "el frío Mañach (la frialdad no le impidió crear la más humana y emotiva biografía de Martí), abandonará el ala izquierda del Capitolio".[26] Parecía frío porque no vociferaba ni gesticulaba aspaventosamente en la tribuna; porque era un apasionado en sustancia y no en apariencia. Y procedía de ese modo no sólo por temperamento sino también, y sobre todo, por una inveterada repulsión de la grandilocuencia.

En efecto, una de las rebeldías minoristas fue contra la oratoria castelariana, degenerada en Cuba en palabrería insustancial tras la cual se escondía lo que aquéllos llamaban "los falsos valores". Aun antes, Mañach había dicho: "entre nosotros la oratoria no es ya ni siquiera un género. Se ha convertido en facultad ubicua y multánime: todo hombre que se precie ha de saber enhebrar en público veinte frases sonoras, so pena de ver mermado su prestigio con el reconocimiento de su ineptitud".[27] Y pedía que se destruyera la falacia de la "facilidad de palabra" y se sustituyera con la "facilidad de pensamiento". En una alusión a esa rebeldía juvenil, corrobora Vitier: "Tenía razón, porque en los primeros decenios de la República, salvo la oratoria de algunos, el descenso era visible."[28] Esa facilidad de pensamiento la demostró Mañach en todos los ramos de las artes y las letras que fueron de su predilección. Habló sobre cuanto escribió, de modo que una clasificación temática de su oratoria coincide con la de sus otras dedicaciones.

Cuando disertaba leyendo, tenía, según expresión de Chacón y Calvo, "arte de gran lector"; [29] y cuando improvisaba hilvanaba sus conceptos con lógica impecable. Acaso uno de los mejores ejemplos de improvisación —y el más merecedor de consideración aquí, debido

---

25. Jorge Mañach, «El bien y el mal de la República,» *Bohemia*, diciembre 2, 1951, pág. 63.

26. «Sección en Cuba,» *Bohemia*, marzo 12, 1944, pág. 29.

27. Jorge Mañach, «Glosa del martes. De la oratoria y los géneros,» *Diario de la Marina*, Ed. de la tarde, junio 10, 1924, pág. 1.

28. Medardo Vitier, «Valoraciones. Mañach en la Universidad Central de Las Villas,» *Diario de la Marina*, febrero 3, 1955, pág. 4-A.

29. José María Chacón y Calvo, «Hechos y comentarios. La palabra de Mañach en Madrid,» I, *Diario de la Marina*, noviembre 17, 1957, pág. 4-A.

a su tema— es el discurso que pronunció en elogio del periódico *El Mundo*. Al cumplirse cincuenta años de la fundación de ese diario, la Cámara de Representantes acordó rendirle un solemne homenaje, en reconocimiento de su defensa de los intereses nacionales. El acto se celebró el 8 de noviembre de 1951, con asistencia del Presidente de la República, legisladores y otros dignatarios cubanos y extranjeros. A Mañach le correspondió hablar en nombre de la prensa nacional.

Su discurso empieza con un análisis del sistema democrático como gobierno conforme a la opinión pública. Fundamenta sus aseveraciones en la teoría constitucional de Eugenio María de Hostos sobre el poder electoral y señala cómo el periódico es el órgano cotidiano de los matices de aquella opinión, ya que el electorado, como tal, sólo puede hacerlo cada cierto tiempo. Sostiene que, por lo tanto, en una democracia es tan importante la pluralidad de periódicos como la de partidos políticos. Ahora bien, para que un periódico llene esa función cívica debe guiarse por una serie de principios. Para relacionarlos, Mañach lee varios párrafos de una exposición de José Martí sobre los deberes de la prensa. Y entonces llega al punto culminante del discurso, al decir:

> Pues bien, señor Presidente y señores Representantes: hemos venido aquí esta noche a honrar a un periódico que ha sabido, a través de todas sus vicisitudes históricas, que han sido las vicisitudes de la República, mantenerse esencialmente fiel a estas consignas de Martí.[30]

El resto de la pieza incluyó algunas referencias históricas en apoyo a esa afirmación, sin entrar en los pormenores que correspondían a los otros oradores. Tres puntos recalcó Mañach en defensa de su tesis: la oposición del fundador José Manuel Govín, a la Enmienda Platt;[31] la defensa de la Constitución (notoria bajo las direcciones de Germán Wolter del Río y Pedro Cue); y la orientación liberal reformista que entonces lo distinguía (bajo la presidencia de Amadeo Barletta). Mañach, pues, selecciona y exalta los mismos valores que año tras año él mismo ha defendido en sus columnas periodísticas. (La especificación parentética es mía.)

5. La biografía

Mañach publicó varios trabajos biográficos, que originalmente fueron discursos académicos. Entre ellos sobresalen los de Enrique

---

30. «Hacen resaltar el significado de la sesión cameral de anoche,» *El Mundo*, noviembre 9, 1951, pág. 12.

31. Herminio Portell Vilá, *Historia de un gran periódico. Medio siglo de «El Mundo»* (La Habana, 1951), págs. 17-31.

José Varona, Miguel Figueroa y José Martí y Zayas Bazán, leídos ante la Academia de la Historia de Cuba. Escribió también artículos biográficos, como el de José Antonio Ramos, en la *Revista Cubana*, y numerosas semblanzas periodísticas, cuyos rasgos notorios se estudian en el capítulo anterior. Ninguno de estos trabajos menores agregó un mérito considerable a la fama que ya había ganado con su obra sobre José Martí.

Redescubrir la figura extraordinaria de Martí fue la realización máxima de la carrera de Mañach como literato y como historiador. Fue una empresa difícil, porque escaseaba la documentación, las informaciones eran fragmentarias, e incluso una buena parte de los escritos de Martí se encontraban dispersos. La mayoría de sus cartas estaban aún inéditas. Hablar de la grandeza de Martí resultaba tópico. No se trataba de rescatarlo del olvido, sino de reconstruir los detalles de su vida, acerca de la cual había noticias insuficientes y contradictorias. Reunir y evaluar los informes, llenar las lagunas y depurar las falsedades fue la gran tarea del biógrafo. Mañach la realizó en las más difíciles circunstancias, según ya se ha expuesto en el capítulo II. El resultado fue *Martí, el Apóstol*, que Espasa-Calpe, de Madrid, publicó en 1933.

Exigencias editoriales obligaron a Mañach a condensar el relato, y eliminó pasajes secundarios, citas y textos de documentos. Asimismo, tuvo que acentuar la sobriedad del estilo. Con esto la obra salió ganando. La figura de Martí es tan apasionante que no pocos de sus biógrafos se han dejado seducir por la tentación de abordar el tratamiento de su vida en forma exclusivamente heroica, mística y aun mítica. El resultado ha sido, en tales casos, una visión parcial, irreal, aunque a veces bella. Martí fue una personalidad heroica; pero también, como él mismo se calificó, un hombre sencillo.

La captación de ese dualismo es uno de los méritos de Mañach. En su libro aparece el Martí cotidiano, modesto, de trato personal cariñoso y delicado, de sesgo triste, de placeres humildes, de añoranza hogareña; y también el Martí heroico, conductor de multitudes, aunador de voluntades, tribuno y diplomático. Mañach presenta el Martí real, atormentado por dos exigencias inconciliables: la responsabilidad familiar y el deber patriótico. En el transcurso de la biografía se advierte cómo la personalidad pública va suplantando y absorbiendo a la privada, cómo Martí queda fascinado por sus propias ideas a medida que el héroe va posesionándose del hombre.

Hay un tema que, aunque está aludido en la biografía, no aparece desarrollado. Trátase de la transfiguración de Martí en la tribuna y en los artículos. El asunto es de tanta importancia que es necesario exponer cómo, en la oratoria y el periodismo, se refleja la figura pública de Martí, con rasgos muy distintos de la privada, que aflora en algunos de sus versos y cartas.

La oratoria martiana produce la impresión de una selva huraca-
nada en la que las frases golpean como ramajes furiosos y restallan
los rayos iluminando ideas. Los artículos de Martí son también selváticos, pero sosegados; en ellos las oraciones principales e incidentales se entretejen como lianas y brillan las imágenes como grandes
flores tropicales. Este es el Martí de la prosa, y el de los *Versos
libres*. El Martí de la vida pública. El otro, el intimista, el de la vida
privada es el de *Ismaelillo*, el Martí epistolar. Acerca de este libro
de "poemas de la intimidad", dijo Mañach en otra ocasión: "lo que
más importa observar ahora es cómo en el *Ismaelillo* se acusa esa
soledad espiritual del padre con el hijo, ese como diálogo en solilo-
quio de dos seres que se asisten recíprocamente, enfrentados con
su respectivo destino".[32] En cambio: "Los *Versos libres* ya son otra
cosa. ... De la épica de la ternura se ha pasado como a un épica
civil y filosófica: amor a la patria y a la humanidad batallan por
abrirse paso a través de las miserias y desconfianzas que le rondan." [33]

En la biografía, Mañach alude en una ocasión a la oratoria martiana y señala "los verbos viejos, los adjetivos inéditos, la construcción barroca".[34] Y poco más adelante agrega: "La expresión oratoria
de Martí, como los versos de *Ismaelillo* que a sus amigos lee, en
algún modo representan esa misma reacción, que ya alguien llama,
sin deliberación histórica, 'modernismo'" (pág. 160).

En cuanto a los *Versos libres*, observa Mañach que "expresan con
lacerado vigor, casi con violencia, ese drama interior de Martí"
(pág. 171). Y casi en seguida agrega: "La poesía no era ya para él
forma ni actitud, sino testimonio, mensaje, vida" (pág. 172), porque
"las letras no eran cosa de placer, sino de servicio y milicia". Y al
hablar de los *Versos sencillos* hace Mañach estas observaciones: "El
cauce 'menor' del *Ismaelillo* se ha simplificado aún más; pero la
onda emocional se profundiza y ensancha. Martí cuenta treinta y
ocho años. Su vida se ha ido llenando de lejanías. Ya puede mirar
al pasado con cierta perspectiva sentimental. 'Tal vez —escribió años
después— la poesía no es más que distancia'" (pág. 206).

Sumamente significativa es esta cita de Martí. El motivo por el
cual Mañach la trae a colación queda sólo esbozado en la anterior
alusión a la lejanía. Pero como esta noción es importante en la apreciación de las ideas estéticas de Mañach, resulta pertinente apuntar
cómo la desarrolló varios años después en un artículo sobre José
María Heredia, el cubano:

32. Jorge Mañach, *Discurso en el homenaje en memoria de José Martí
y Zayas Bazán* (La Habana, 1953), pág. 37.
33. Jorge Mañach, *El espíritu de Martí*, págs. 218-19.
34. Jorge Mañach, *Martí, el Apóstol* (New York, 1963), pág. 159. (Todas
las citas de esta obra corresponden a esta edición de las Américas Publishing
Co. y las páginas se indican en el texto.)

Este imperativo retórico, tan frecuente en Heredia, es la manifestación de aquella prisa lírica, de aquella necesidad de inmediación entre el motivo y el canto, que es característico del mecanismo creador romántico. De ese escribir bajo los efectos de la inspiración procede la embriaguez, el desbordamiento expresivo, esa suerte de cegazón intelectual, y de la insuficiente madurez en la poesía de la época. No se saldrá de ella hasta que el poeta se avenga a cantar, como decía Bécquer, y anteriormente Horacio, que había que cantar: no *dentro* de la emoción misma, sino en el *recuerdo* de ella. La poesía se hará entonces *reflexión* poética: un volver a sentir, un recordar lo sentido; y devendrá más y más moderna en la medida en que se aumente la distancia entre la emoción primera y el trance expresivo. La poesía romántica, para la cual inspiración y expresión son simultáneas, era esencialmente una poesía de improvisación.[35]

La clave para comprender las dos actitudes de Martí está en la apreciación del efecto que, en la creación artística, produce el tiempo que media entre la impresión y la reacción. Martí es romántico-barroco en sus discursos, siempre improvisados, y moderno en su poesía neoyorquina y caraqueña, elaborada con recuerdos. Mañach ha tenido buen cuidado en apuntar los elementos románticos supérstites en el espíritu de Martí, aun cuando éste negara que para él hubiera romanticismo o clasicismo, pues aquél dice, al hablar de Martí en México: "No sospechaba el novicio hasta qué punto su protesta misma de independencia era una fe de adhesión romántica" (pág. 82).

Comenzaron estas observaciones sobre *Martí, el Apóstol* con una alusión a la sobriedad, y es éste un rasgo tan importante que bien merece que se sustancien los fundamentos de esa apreciación. Esa sobriedad se manifiesta de varios modos, pero el más interesante acaso sea el de la manera de adjetivar. Mañach está muy lejos de la moda modernista de acumular adjetivos. Todo lo contrario, por lo general, selecciona uno que sea suficientemente expresivo como para decir todo lo que valga la pena decirse. Así, cuando describe la disposición del maestro Mendive hacia el discípulo Martí, califica el afecto de paternal (p. 28). En tanto que la relación de Martí niño con su propio hogar la resume así: "melancólico resentimiento" (p. 33). Muchos ejemplos podrían aportarse. Baste añadir uno, referente al Martí ya integralmente realizado. En Cuba y en plena revolución. Allí, dice Mañach, "acentúase el designio fundador y el sentido normativo que ha tenido siempre la palabra de Martí" (p. 269). Toda la obra de patriótica creación, y todo el rectorado moral que conserva Martí entre los cubanos, están resumidos en esa brevísima sentencia.

Sobriedad no es sequedad. Mañach no es notario sino un artista; por ello no le sustrae a su obra, cuando ello puede contribuir al rea-

---

35. Jorge Mañach, «Heredia y el romanticismo,» *Cuadernos Hispanoamericanos*, XXX (febrero, 1957), 213.

lismo de la escena, el rasgo novelesco. La fantasía actúa en auxilio del dato, no para suplirlo, ni mucho menos para desplazarlo. Usada con tanta discreción, sólo puede aplicarla para describir escenas menudas o dramáticas. Tal es el caso cuando habla de que Don Mariano gustaba de salir de paseo por el campo con Pepe y: "le toma la barbilla con una caricia breve y brusca" (p. 25). Y en el pasaje del juicio en que se condena a Martí a trabajos forzados, Mañach pinta así la sorpresa de los acusadores: "Tíranse nerviosamente del bigote los testigos del primero de Ligeros" (p. 45). No en vano, cuando Mañach defiende su técnica en el Apéndice del libro, menciona a André Maurois.

Sustancialmente, sin embargo, esta no es una biografía novelada. Mañach lo expresa cuando se defiende de imputaciones de inexactitud. Y como esto podría constituir lo que los juristas llaman una interpretación auténtica, es bueno recordar su dicho en el mencionado Apéndice: "yo he procurado hacer un libro cuidadoso —sin más aporte de imaginación que el indispensable para ligar datos, interpretarlos y lograr una presentación vital directa y un ambiente—, no tengo la pretensión de haber escrito nada definitivo, y sobradamente me sé que las investigaciones futuras han de rectificar y completar esa versión mía en muchos extremos" (p. 289).

Uno de los primeros comentaristas de esta obra acertó cuando dijo:

> El que se interese porque al relato biográfico no falte exactitud externa, buscará en las páginas de Mañach el detallito tonto y lo tildará de infiel a la "verdad histórica". Señalará alborozado el error de una fecha, o el suceso nimio de un entierro o de una reunión social. ¡La "verdad histórica" sirve para tantos lucimientos! Sin embargo, queremos para este libro edificante otra clase de lector. Precisamente el lector que quiere ver a Martí desde su interior. ... Mañach ha encontrado todos los interiores de Martí y su biografía es cosa viva.[36]

Por ser "cosa viva", esta biografía tiene un ímpetu *in crescendo* según la vida de Martí se aproxima a la culminación. Pero eso no se logra mediante una alteración del vocabulario. Mañach no es gradilocuente para describir la grandeza. Eso lo obtiene con la estructuración de las frases. El ritmo se hace acelerado. Los sustantivos son exactos. Los adjetivos, cortantes. Los verbos, en presente. Es un desfile de ideas. Frases cortas. Palabras sencillas. Emoción honda. Véase un ejemplo de cómo Mañach pinta los últimos días de Martí en los Estados Unidos: "activa la colecta final de los fondos de gue-

---

36. Juan del Camino, «Digamos a la gente nueva de nuestra América: 'Ya tiene José Martí el relato de su vida',» *Repertorio Americano*, diciembre 2, 1933, pág. 328.

rra acumulados en los clubes. Dispone ya el alistamiento de contingentes militares. Ultimos acuerdos con los jefes provincianos y con Juan Gualberto en La Habana. Prepara alijos de armas valiéndose de mil estratagemas. Para burlar el espionaje de los agentes españoles tiene que extremar el sigilo, dejando entender que la cosa va para largo, disfrazando de pasividad una actividad febril" (p. 253).

Mucho más puede decirse, y han dicho los críticos, de esta obra tan rica, pero aquí sólo se trata de contemplarla desde la atalaya impuesta por el tema del presente libro, y éste fuerza a cerrar estas consideraciones con la siguiente pregunta: ¿por qué escribió Mañach su *Martí, el Apóstol* entre 1931 y 1932? La razón es política. A través de la vida de Martí, el biógrafo está haciendo un canto a la libertad, está haciendo recordar los fines para los cuales se fundó la República, está implícitamente denunciando la situación entonces imperante y demandando acción. Tal como él dijo de Martí ante los guerreros, con la lectura de *Martí, el Apóstol*, "Los hombres del machete comprendieron por qué en el principio fue el Verbo" (p. 145).

Y el verbo de Mañach, evocando la sombra del Maestro, está incitando a la rectificación. *Martí, el Apóstol* no es un libro periodístico, pero hay en él la aspiración a insertar "lo eterno en lo histórico", según la expresión de su autor, y en esto coincide con el quehacer del periodismo en sus fines informativos y orientadores.

Noticia es la comunicación novedosa de un acontecer que interesa por referirse a algún perenne valor humano: la vida, la justicia, el amor, la libertad, la felicidad, el deber, etc. Y de todo esto, en relación con la ejemplar existencia de Martí, habla en su biografía, para ser leído en Cuba, justamente cuando, en escala nacional, imperan la muerte, la injusticia, el odio, la opresión y la desgracia. El lector siente el deber de oponerse a esos males, porque lo ha incitado la asociación de ideas.

Por la idea del deber se transita hasta la inspiración orientadora del libro. Mañach la revela de modo explícito al agradecer el homenaje que se le tributa al ser publicado, con una exhortación: "Lo que en rigor nos queda de Martí es su ejemplo y su palabra, y sólo cuando hayamos realizado uno y otra en una patria a su medida, podremos decir que le hemos devuelto en vida auténtica de recordación la vida de admonición que él nos dio." [37]

6. El ensayo

Mañach ganó su más alta reputación, fuera de Cuba, como biógrafo y ensayista. Aparte del mérito de fondo y forma de esa porción de su obra, hubo otro factor que influyó en que eso ocurriera: la

---

37. «Jorge Mañach fue festejado por sus amigos y compañeros, anoche, con motivo de su libro *Martí,*» *Diario de la Marina,* junio 26, 1933, pág. 3.

accesibilidad de tales escritos. La biografía *Martí, el Apóstol* entró en el torrente circulatorio de la editorial Espasa-Calpe. Los artículos: "Valle Inclán y la elegía de América", "Gabriela, alma y tierra", "González Prada y su obra", y "Carlos Reyles", aparecieron en la *Revista Hispánica Moderna;* "Gabriela y Juan Ramón o la poesía "nobelable'," y "Universalidad de Alfonso Reyes" (para sólo citar dos), en *Cuadernos del Congreso por la Libertad de la Cultura;* "Heredia y el romanticismo", en *Cuadernos Hispanoamericanos* y tantos otros en publicaciones similares, que le garantizaban el acceso a un público selecto. Algunos ensayos y numerosos artículos periodísticos fueron recopilados en libros con los títulos de: *Glosario, Estampas de San Cristóbal, Historia y estilo, Para una filosofía de la vida,* y *Examen del quijotismo.* Finalmente, otros trabajos —conferencias, discursos y ensayos— fueron reproducidos en folletos, como *La pintura en Cuba, Indagación del choteo, Dewey y el pensamiento americano, Miguel Figueroa, El sentido trágico de la "Numancia",* etc. Una muestra de la eficacia de ese sistema es el comentario de Edwin Elmore, en *Mercurio Peruano,* a *La crisis de la alta cultura en Cuba,* poco después de impreso este folleto. Dice Elmore que, de lo periodístico de Mañach, sólo conoce lo incluido en *Glosario.*[38]

Basta esa simple enumeración para advertir que Mañach trató en sus ensayos todos los temas sociales, estéticos y filosóficos que integraban el cuadro de sus preocupaciones intelectuales. Por eso se les ha citado al estudiar sus ideas. Ahora sólo se pretende ver cómo se relacionan con su periodismo literario. Para ello, lo mejor es seleccionar algunos de los no mencionados, entre los que figuran tres estudios cervantinos.

Con estos trabajos, Mañach se suma a la tradición crítica cervantista en Cuba, en la que sobresalen Enrique José Varona, con su conferencia sobre Cervantes, de 1883; José de Armas y Cárdenas, con *El Quijote de Avellaneda y sus críticos* (1884) y los artículos "Algo sobre Don Quijote", "Los dos Quijotes", "Sobre el Viaje del Parnaso", "De algunos enemigos del Quijote" y "Un censor de Cervantes"; y Esteban Borrero de Echeverría, con su conferencia *Alrededor del Quijote* (1905).

El primer estudio cervantista lo escribió Mañach en 1920, cuando era estudiante en Harvard, y con él ganó el premio "Susan Anthony Porter", que le permitió trasladarse a París. Con el título de "Las interpretaciones del Quijote", ese ensayo fue publicado ese mismo año en *Mercurio Peruano.* En él hace Mañach una revisión de tres modos de interpretar el *Quijote:* el que llama cervantista, o sea, que lo analiza exclusivamente conforme a los propósitos declarados en el libro; el esotérico, que lo enjuicia según las intenciones secretas que

---

38. Edwin Elmore, «Indice de lecturas. *La crisis de la alta cultura en Cuba,*» *Social,* XII, 1 (enero, 1926), 82.

se le atribuyen al autor; y el impresionista o subjetivo, muy marcadamente literario, que aspira "a vindicar el derecho del lector, y aún del crítico, a dejarse convencer por la impresión de la lectura, entendiendo la obra seria o cómica, representante de la humanidad o de individuos, piadosa o satírica, correctora del ideal o enamorada suya, según la emoción que sus páginas susciten." [39]

Se ha citado textualmente esta tercera posición crítica porque es la que defiende Mañach, en estos términos: "Importa, pues, en la obra de arte, no tanto lo que fue en la conciencia del creador, como lo que *logra ser* en la conciencia receptora durante la experiencia estética. Su valor principal está en lo que evoca, y no en el designio a que responde" (p. 456). Y añade: "Si se requiriese el acuerdo ideológico, si fuese menester contemplar una obra de arte como la vio el autor, reduciríase inmensamente la cantidad de goce artístico, acaso desaparecería totalmente, puesto que no existe identidad moral y espiritual entre individuos, sino sólo puntos de contacto allí donde el antecedente fisiológico y la experiencia coinciden" (p. 457). Y concluye: "Y no se diga que la apreciación de una obra, es decir, el acto de gozarla, la experiencia estética, es una actividad diferente en esencia de su interpretación. Porque, en realidad, lo que se aprecia no es la obra de arte, sino nuestra interpretación de ella, aquel caudal de ideas y de emoción que en nosotros suscita" (p. 457).

Es evidente que, en este ensayo, escrito a los veintidós años de edad, está la explicación estética de la crítica impresionista que practicó en sus cuatro décadas de periodismo. Los rasgos fundamentales de sus enjuiciamientos periodísticos no se deben a una mera cuestión de poco espacio disponible ni de premura en el tiempo para la redacción aunque estos factores contribuyan a acentuar el impresionismo.

En el segundo ensayo admite, desde el comienzo, su actitud impresionista, cuando declara que: "se piensa a veces que los comentaristas del *Quijote* atienden más a lo que de él cabe decir que a lo que el libro mismo dice"... "Seguramente el presente ensayo ... no ha de ser excepción." [40] Metodológicamente, en éste se desarrolla una variante del método crítico que Mañach adoptó para sus trabajos periodísticos.[41] La variación consiste en que no se trata de una apreciación global de El Quijote, sino del análisis del personaje central.

---

39. Jorge Mañach, «Las interpretaciones del Quijote,» *Mercurio Peruano*, III, 30 (diciembre, 1920), 453.

40. Jorge Mañach, *Examen del quijotismo* (Buenos Aires, 1950), pág. 10.

41. Este ensayo no periodístico tiene un rasgo que sí lo es: el sentido de la oportunidad. Medardo Vitier lo indica al calificarlo de: «quizá lo mejor de cuanto se ha publicado en la América española con motivo de la reciente conmemoración del nacimiento de Cervantes, y sin duda, la más importante contribución de Cuba a ese respecto.» «Valoraciones. Un libro de Mañach,» *Diario de la Marina*, octubre 24, 1950, pág. 4.

Sin embargo, se ajusta a otros aspectos del sistema adoptado en cuanto relaciona a Don Quijote con Cervantes, y a éste con su época.

El crítico investiga lo esencial de la conducta de Don Quijote y arriba a la conclusión de que "el quijotismo se nos manifiesta de entrada, no como una actitud vital primaria, sino como resultado de una especie de estrago cultural e histórico" (p. 22). En efecto, su mente se desquicia con los libros de caballería, y su locura consiste en su empeño anacrónico de vivir según las normas medievales. Fuera de esa zona psicopática, Don Quijote es cuerdo. Su locura se evidencia al identificar el *ser* de las cosas con su *querer* que ellas sean. Es el predominio, hasta el absurdo, de la idea sobre la realidad, del dogma sobre la experiencia. Mañach subraya la fidelidad cervantina a ese esquema básico, sobre el cual descansan todas las demás cuestiones. Corresponde esto a la elucidación de la obra de arte que es la figura de Don Quijote.

De acuerdo con su método, Mañach no se contenta con esto, y da un paso de avance para indagar cuáles eran los problemas que bullían en la mente de Cervantes, y así explicarse la creación de Don Quijote. Al buscarlos, halla no sólo las torturas personales del autor, sino también las de la España de su época; y encuentra que la gran agonía hispánica del reinado de Felipe II es, precisamente, la del quijotismo: traer lo ideal a la tierra. Eso es artístico, aparte de teológico y político, por eso "el engaño de los molinos no es lógico sino poético, con lo que no ex-iste" (p. 71). Tal era el drama de España. Vista así, "la novela sanciona el tipo de idealismo apriorístico que pretende imponer a la realidad sus normas y valores sin antes acatar las condiciones de ella" (p. 39).

Según esto, la universalidad de *El Quijote* depende, además de otros méritos, de la del quijotismo; y de la no menor del sanchismo, como manifestación del extremismo realista. Estos tipos no son monopolio hispano, sino que están implícitos, el uno, en todo dogmatismo rebelde ante la realidad; y el otro, en el realismo rampante que sólo ve lo individual e inmediato. Entre los dos extremos, el que más preocupa a Mañach, como caso de estudio, es el primero, porque ve en los idealismos desaforados el germen del totalitarismo. Y así, como siempre que se escarba en sus ideas estéticas, se encuentra uno, en lo hondo, con una filosofía liberal, que es el substrato de toda su obra, y con un engarce en los temas y problemas de la realidad social contemporánea.

Ese engranaje de lo literario con lo circundante se hace ostensible en la conferencia que leyó en la Academia Cubana de la Lengua, el 23 de abril de 1959, sobre la "Comedia del cerco de Numancia". En ella se propone desentrañar en qué consiste su "sentido trágico"; pero aborda el tema con una referencia a la significación política que se le ha dado a la obra en circunstancias excepcionales de la historia de España. Y de ahí pasa, en el segundo párrafo de su discurso, a la actualización del tema, en vista del instante revolucionario de Cuba. Estas son sus palabras: "No viene mal, por consiguiente, que nosotros hablemos de la brava pieza en este aniversario de Cervantes, cuando tan reciente tenemos nuestro propio trance de dolores públicos y nos trae aún ecos de heroísmo el aire de la libertad." [42]

Tales observaciones no las requiere el tratamiento de este tema literario; y, por lo mismo, resalta más la interferencia de la actitud periodística y política. Pero es tal el imperio de lo inmediato que, para ilustrar un concepto de lo trágico, menciona el caso reciente de un padre que, al querer amparar a su hijo de contingencias revolucionarias peligrosas, lo entrega a la policía y es "asesinado por una ciega y siniestra represalia" (p. 9). Ciertamente, no era necesario alejarse tanto de lo académico para demostrar que hay tragedia en el conflicto entre factores determinantes de la conducta y el libre albedrío del protagonista.

Salvo estas alusiones, el ensayo es un interesante estudio del concepto de lo trágico entre los griegos y en el Renacimiento, a fin de explicar la tragedia numantina de Cervantes como exaltación de la libertad y la voluntad hasta el heroismo, frente a las circunstancias —o el hado— que quieren avasallarlas. Y por eso concluye con otra referencia a la actualidad de Cuba: "Lo que, en suma, quiso decir el alcalaíno inmortal es algo que los cubanos estamos hoy más que nunca preparados para apreciar: que la dignidad colectiva cuenta tanto como la individual y que el sacrificio de los hombres por ella es siempre históricamente fecundo" (p. 30). Este arraigo del tema en la circunstancia cubana lo transforma, pues le da, a lo que debió ser pura crítica dramática, un rasgo de periodismo literario.

7. RESUMEN

En buena porción de la obra no periodística de Mañach se advierte la influencia temática y estilística de la profesión a que, de modo constante, se dedicó durante los cuarenta años de su vida pública. El substrato periodístico aflora vigorosamente en sus conatos de novela.[43] Asimismo ocurre en su obra teatral. También alienta en sus biografías, y en muchos de sus discursos y ensayos. Es que lo periodístico y lo literario son inseparables en la obra de Jorge Mañach.

---

42. Jorge Mañach, *El sentido trágico de la «Numancia»* (La Habana, 1959), pág. 5.

43. En ellos se da lo que, como tesis general, expresa Mario Castro Arenas: «La presencia del periodismo en la narrativa actual no se ciñe exclusivamente al aspecto del estilo.» y agrega: «comprende también el afán documentalista que tipifica a un sector considerable de la novela que persigue la descripción estricta de la realidad, lo mismo que la experiencia vital que nutre la crónica del periodista, observador directo de los acontecimientos, o del novelista testimonial.» *El periodismo y la novela contemporánea* (Caracas: Monte Avila Editores, 1969), pág. 11.

APENDICE

Para ilustrar este estudio del periodismo literario de Mañach, se reproducen a continuación un ejemplo de cada una de las formas que cultivó: una "Carta abierta al poeta José Lezama Lima. El arcano de cierta poesía nueva"; un artículo, "El estilo de la Revolución"; una crónica, "El hombre del Prado"; una entrevista, "Una conversación con Varona"; un artículo de crítica literaria, "Valéry o la angustia de la inteligencia"; otro de crítica pictórica, "La pintura de Wilfredo Lam"; y una semblanza, *Júbilo y fuga* de Ballagas".

EL ARCANO DE CIERTA POESIA NUEVA

Carta abierta al poeta José Lezama Lima

Poeta: A mi regreso a La Habana hace unos días, hallé sobre mi mesa, cargada de los recuerdos de la ausencia, un ejemplar de su último libro, titulado *La Fijeza*. También encuentro el "regalo cordial" que Cintio Vitier me hace de su obra más reciente, *El hogar y el olvido*, publicada igual en esas bellas ediciones de la revista *Orígenes*, que usted viene dirigiendo desde hace algunos años con heroísmo y prestigio sumos.

Primorosos volúmenes ambos, sobre todo el de usted, con esa cubierta citrón (le gustará a usted que no diga el color en castellano, para que el adjetivo no se domestique demasiado) que lleva el nombre de usted en modestas letras blancas, como una cicatriz antigua o un vago rubro estelar: con una viñeta en sepia de Portocarrero, donde se conjugan una lámpara, una oreja y algo que parece un caracol de tripa mágica; y, dominando ese tranquilo misterio de la portada, el título austero de sus versos, *La Fijeza*, como una negra pupila escrutadora.

Al mismo tiempo que el de Vitier he abierto y leído no poco de este libro suyo, al cual particularmente quiero referirme; y todo ello con mucho agradecimiento por el bondadoso recuerdo de ustedes y con vehemente y ávida expectación. La dedicatoria de su libro me ha movido a escribir esta carta, cuya condición de "abierta" le ruego me excuse si, por desventura, no piensa usted, como lo pienso yo, que también en las cuestiones de arte nos está haciendo falta desde hace tiempo un poco más de oreo y franqueza. Esa deferente dedicatoria suya dice: "Para el Dr. Jorge Mañach, a quien *orígenes* qusiera ver más cerca de su trabajo poético — con la admiración de J. Lezama Lima. Agosto y 1949."

Obviamente, la generosidad de esa inscripción, que tanto avalora para mí su regalo literario, envuelve, sin embargo, un reproche. Usted no me siente lo bastante cerca de la obra poética que *Orígenes* viene haciendo y de la cual es usted, notoriamente, máximo inspirador.

Y como me estima usted lo bastante para deplorarlo y mandarme reiteradamente sus libros —ninguno de los cuales he dejado de leer—, lo menos que puedo hacer yo es descargar mi conciencia ante usted y los demás escritores de *Orígenes* que, en distintas ocasiones y por modos más o menos directos, me han hecho patente la misma actitud a la vez de estimación y reserva.

Lo primero que yo quisiera decirle, Lezama Lima, es que escribo esta carta con el más alto respeto y la más genuina modestia. No ha de ver en ella usted ni nadie especie alguna de desestimación o de altivez crítica —ningún desconocimiento del magnífico ejemplo de devoción, de fecundidad y de austeridad que ustedes están dando en su ya abundante obra, ni mucho menos pretensión alguna de leerles la cartilla literaria. Están ustedes demasiado crecidos ya para eso. Le escribo precisamente para ver si puedo lograr que ustedes no interpreten como falta de estimación lo que más bien es una falta de... adhesión, o si se quiere, de comunidad en el modo de querer y preferir la obra poética. Y para que todo esto se comprenda mejor, haré un poco de historia.

Hacia 1925 —la fecha que se va haciendo convencional para señalar la generación literaria a que pertenezco— empezamos a liquidar en Cuba, como usted sabe, una rutina literaria en que los residuos del modernismo, ya en su mayor parte muy raídos, llenaban un lamentable vacío de poesía y de prosa significativas, pero se avenían bastante con la efusión provinciana y oratoria que por las letras cundía. En el momento mismo en que Cuba se hallaba más libre y al parecer más madura para afirmar su personalidad artística, había quedado relegada a comarca segundona en el mapa literario hispanoamericano. No había gusto fino, empuje creador, sutileza de pensamiento ni de emoción. Rezagados respetos de los mejores ejemplos europeos y americanos, todo nos sabía aún demasiado a fórmula agotada y a provincianismo, a improvisación y a poco más o menos. En el mejor de los casos, era aquella "almohada donde ya se ha dormido", que decía desde España Eugenio D'Ors.

Entonces se produjo, bajo las consignas críticas primero del "Minorismo" y después, más explícitamente, de la *Revista de Avance* que Ichaso, Lizaso, Marinello y yo dirigimos, la campaña que se llamó del "vanguardismo". De lo que se trataba era de barrer con toda aquella literatura trasudada y de estimular una producción fresca, viva, audazmente creadora, capaz de ponerse al paso con las mejores letras jóvenes de entonces. Fue una revolución —el preludio, en el orden de la sensibilidad intelectual y estética de la revolución política y social que quiso venir después. Y como toda revolución, tuvo que incurrir en exageraciones e injusticias. Le negamos la sal y el agua a todo bicho viviente que no compartiera nuestro credo, y el

credo mismo tuvo a veces mucho de desaforado. Exaltamos lo que
por entonces el sagacísimo Mariátegui se atrevió a llamar "el disparate lírico", adoramos la "asepsia" y el pudor antisentimental, hasta
el extremo de darle cabida a aquella escandalosa "Oda al bidet"
de Giménez Caballero; le abrimos la puerta del sótano a toda la
microbiología freudiana, pusimos por las nubes —a donde ella ya
de por sí se encaramaba— la metáfora loca, la imagen de tres o cuatro estratos simbólicos, los adjetivos encabritados, las alusiones a
toda la frenética de nuestro tiempo, los versos sin ritmo y sin rima.
Tomamos muy por lo serio aquello de Huidobro de que el poeta crea
un poema —o el pintor un cuadro— "como la naturaleza crea un
árbol", y echamos enteramente por la borda todo lo que fuese arte
representativo. Participamos del rescate de Góngora, beatificamos al
Conde de Lautréamont, y a Baudelaire y a Mallarmé y a Apollinaire.
Hicimos la estética de lo feo y de lo ininteligible. A propósito de
mariano Brull y de otros aún menos comunicativos, hice yo la apología del arte como expresión pura, del sentido poético como mera
irradiación mágica de imágenes y vocablos. Mucha gente sensata nos
insultó, y nosotros los insultamos de lo lindo a nuestra vez.

Ya ve usted, pues, mi querido Lezama, que yo tengo mis antecedentes penales y que estoy un poco curado de espanto en eso de la
poesía sibilina. Pero voy a confesarle un secreto, del cual ya me he
descargado algo en otras ocasiones: no siempre pude yo entonces
asimilar todas las insolencias estéticas a que solíamos entregarnos.
En el fondo, conservaba mi fe candorosa en la poesía como idioma
comunicativo y no sólo expresivo, y aunque consideraba que la mediocridad y la rutina tenían ya muy abusados todos los viejos cánones, repugnábame un poco, para mis adentros, la anarquía que cultivábamos, y apetecía —por estos resabios clásicos que sin duda tengo— algún orden de la expresión capaz de asegurarle a ésta a la vez
profundidad y claridad.

Más que una batalla estética, para mí fue todo aquello una batalla
cultural, una rebelión contra la falta de curiosidad y de agilidad,
contra el provincianismo, contra el desmedro imaginativo y la apatía
hacia el espíritu de nuestro tiempo. Me parecía bien que la batalla
prescindiese al principio de todos los miramientos con tal de desa-
lojar aquel modernismo flatulento y aquel academicismo gordo e
inerte; pero abrigaba la esperanza de que, una vez despejado el campo, volviesen nuestras letras más finas (las no periodísticas, las no
académicas, las no universitarias, las no oratorias) a juntar en sobria
disciplina la pureza, la novedad, la hondura y la claridad. Y no dejé
de comprender aquella advertencia de Varona ante nuestro vanguardismo: "Andan por las nubes: ¡ya caerán!"

Pues bien, ustedes los jóvenes de *Orígenes* son, amigo Lezama, nuestros descendientes, como los pintores y escultores "nuevos" de hoy lo son de aquéllos que nos ayudaron en nuestra batalla vanguardista: los Víctor Manuel, los Gattorno, los Abela, los Sicre. Si usted me reprocha a mí mi desvío respecto de ustedes, yo a mi vez podría reprocharle a ustedes su falta de reconocimiento filial respecto de nosotros. Nos envuelven ustedes hoy en el mismo altivo menosprecio que entonces nosotros dedicábamos a la academia, sin querer percatarse de la deuda que tienen contraída con sus progenitores de la *Revista de Avance,* que fuimos los primeros en traer esas gallinas de "la nueva sensibilidad". Cierto que los más de nosotros nos hemos "formalizado" ya mucho: apagamos los fuegos revolucionarios, escribimos como dicen que Dios manda, hasta hemos entrado en academias y ganado premios. Eso es tan inevitable como echar abdomen después de os cuarenta años. Pero a nadie se le ocurre renegar de su padre porque ya no tiene la esbeltez de antaño.

Este pequeño resentimiento no es, sin embargo, lo que de ustedes me aparta. Sé lo suficiente de la historia literaria general para no olvidar que todas las generaciones tienden a negar a sus predecesores inmediatos, a fin de acusar mejor esa originalidad en que el alma del artista se apasiona. Lo que me tiene en esa distancia que usted dice es más bien (déjeme ver si acierto a sugerírselo) una *incapacidad de fruición* que muy bien puede ser un embotamiento de mi sensibilidad, pero que prefiero atribuir —y usted no me lo tendrá a mal— a una excesiva extralimitación de ustedes. Trataré de explicarme.

Yo leo asiduamente *Orígenes*, como leí todas sus revistas precursoras y afines de los últimos tiempos. Con la mejor voluntad me he sumido también en las páginas de los libros individuales con que ustedes me han obsequiado y en las de la *Antología* reciente de Cintio Vitier. Y le mentiría, amigo Lezama, si le dijese que fueron esas muy gratas lecturas, o que saqué mucho en limpio de ellas. No quisiera generalizar demasiado, porque más de una vez tuve ocasión de deleitarme intensamente con algún poema de rara sugestión y fuerza lírica —ya fuese de Baquero, de Gaztelu, de Cintio Vitier o de usted mismo, a quien todos tienen por maestro—, o con alguna prosa de finos matices expresivos y misterioso paisaje interior. Además, en todos los casos no he podido dejar de admirar, como quien admira una hermosa parada de quebradas luces y opulentos arreos, aunque no sepa exactamente a qué viene ni de qué se trata, la procesión de los vocablos y las imágenes, los relámpagos de la alusión culta o ciertos movimientos rítmicos imprevistos, ciertos complejos de prestigiosa sonoridad en el verso o en la prosa.

Pero ¿me permitirá usted poner ejemplos de su propia cosecha? En el primer poema de este libro que usted ahora me manda, después de leer esos sonetinos del "coro" inicial que empiezan:

> Son ellos, si fusilan
> la sombra los envuelve.
> Doble caduceo trituran
> pelota los devuelven.
> Toscos, secos, inclinan
> la risa que los pierde,
> o al borde de la verde
> ira taconan jocundos.

—etcétera— de los cuales, con perdón, no entiendo ni la gramática siquiera; después de eso, digo, hallo como un relativo alivio en la gran tirada del canto III, que empieza:

> Una ráfaga muerde mis labios
> picoteados por puntos salobres
> que obstinados hacían nido en mi boca.

> Una ráfaga de hiel cae sobre el mar,
> más corpulento que mi angustia de hilaza mortal,
> como gotas que fuesen pájaros
> y pájaros que fuesen gotas sobre el mar.

Lo cual, aunque todavía sea bastante sibilino, aunque contribuya muy poco a entregarme el misterio de esa hidrografía metafísica de su poema, siquiera tiene un sentido metafórico menos mediato y logrado con mucha energía y novedad. Pues bien, esta experiencia difícil, de momentos de fruición formal (yo todavía creo, y no por inercia retórica, en la diferencia conceptual de "fondo" "foado" y "forma" que tanto se ha dado en la flor de negar), aislados como islotes en arcanos mares espumeantes de palabras —esa experiencia es, amigo Lezama, la que en general me queda de toda esta poesía de ustedes. La admiro a trechos; pero no la entiendo.

Le repito: estoy dispuesto a admitir, humildemente, que se trata de una trágica limitación de mis entendederas. No vea ironía en ello. No puedo suponer que hombres de tanta probidad intelectual y de tan limpio espíritu y acendrada cultura literaria como ustedes, se entreguen a esas elucubraciones por puro *camelo*, como dicen los madrileños. No me pasa siquiera por la cabeza que puedan escribir y editar con tan primorosa devoción un libro tras otro de poesía y prosa semejantes si no creyesen de veras que están haciendo arte literaria de las más genuina y rigurosa en nuestro tiempo. Pues, además, eso de ustedes se parece mucho —no he de negarlo— a lo que todavía se lee en revistas y bajo firmas muy sonadas de otras tierras. De manera que el único consuelo que me queda, puesto a echarme del todo la culpa a mí mismo, es el de saberme acompañado en mi aflicción por no poca gente de indubitable sensibilidad y afinadísima cultura, de quienes frecuentemente recibo parejo testimonio de incomprensión, aunque no se aventuren a publicarlo.

Pero también puede muy bien ocurrir, amigo Lezama, que no sea tanto una limitación mía como una extralimitación de ustedes. También es posible que ustedes se hayan forjado un concepto de la poesía demasiado visceral, por decir así, demasiado como cosa de la mera entraña personal, ajena a la sensibilidad de los demás. De viejo es sabido que la poesía ha estado oscilando siempre entre el polo de la expresión y el de la comunicación, y que se ha acercado más al uno o al otro según el humor de los poetas y de los tiempos. Pero en todas las épocas, hasta ésta que vivimos, el poeta se sintió en alguna medida obligado a hacer comunicable, en términos de la común experiencia y del común lenguaje, la sustancia misteriosa de sus sueños y las aventuras de su fantasía. Llevaría un espacio de que ahora no dispongo el exponer la explicación que me tengo hecha de por qué, a partir de la resaca romántica, el individualismo poético se ha ido exacerbando con el humor mayoritario de nuestro tiempo, hasta dar de sí esos excesos de expresión sibilina, en que el poeta se queda ya casi enteramente solo con su misterio.

Pero lo cierto es, Lezama, que tal va siendo el resultado. La poesía, regalo de los dioses a los hombres —que se dijo con alguna novedad hace siglos— amenaza convertirse, si esos mismos dioses generosos no bajan a remediarlo, en una simbología puramente personal, a lo sumo en un idoma de pequeñas fratrias poéticas. No es ya lo que siempre pensamos que debía ser, lo que fue en Homero y en Ovidio, en el Dante y en Garcilaso, en San Juan de la Cruz y en Bécquer y hasta en los más nobles momentos de Juan Ramón Jiménez y Neruda: una expresión, en símbolos inteligibles, de la más honda experiencia humana, sino que se va haciendo, repito, un idioma críptico de poetas para poetas... y para poetas de la propia capilla. Con lo que ocurre que, marginado por su propia soberbia expresiva, el creador poético se queda cada vez más incomunicado con el mundo que su voz debía iluminar y ennoblecer.

Créame, Lezama, que es muy vivo el pesar que me produce —velando por las dimensiones y fulgores de nuestra cultura— el ver que tanto talento literario de primer orden se esté frustrando para la gloria de nuestras letras y la edificación espiritual de nuestro medio, con semejantes ensimismamientos. Cierto es que nosotros abrimos esa vía, como antes dije; pero fue para apartarnos de la letra muerta o gastada y posibilitar el acceso a nuevos paisajes de expresión y de comunicación, no para que la poesía se nos fuera a encerrar en criptas. Y no me vaya usted a suponer, por Dios, ensayando ninguna apología de lo pringosamente descriptivo, o sentimental, o social. No me imagine tan descaecido de mi antigua rebeldía que ande ya reclutando sufragios para los sollozos romanticones, los erotismos empalagosos, las maracas tropicales que vienen a ser nuestra pandereta, o las efusiones ideológicas en verso. No es eso. Pero tampoco es lo otro. Tampoco es la dieta onírica a todo pasto, la imagen que se le escapa a uno de la intuición cuando cree que le ha apresado su sentido, porque tiene algo de pájaro mecánico, el abigarramiento de las palabras por las palabras mismas, la superposición caótica de planos imaginativos o las violentas asociaciones temáticas, el metafisiqueo gratuito de los símbolos, la desmesura, en fin, de ese supra o infra-realismo que ya no se contenta con calar súbitamente en lo oscuro de la existencia para aflorar de nuevo a la claridad del alma, sino que prefiere quedarse alojado en un nocturo de larvas... Tampoco eso.

Pero ya le digo: es posible que todo esto sea limitación mía. Si así piensa usted, no sabe cuánto le agradecería que nos ilustrase a todos un poco en un lenguaje que podamos entender —y digo esto, con perdón, porque demasiado a menudo ocurre que al tratar de explicarnos estas cosas resulta que la explicación necesita a su vez ser explicada.

Por lo demás, crea que le agradece mucho su amistoso recuerdo y que le admira muy sinceramente, más por lo que le adivina que por lo que le entiende, su amigo.

J. M.

Bohemia, 1949.

EL ESTILO DE LA REVOLUCION

Desde hace por lo menos un año, casi todos estamos en Cuba fuera de nuestro eje vital, fuera de nuestras casillas. La mutación de la vida pública, con ser hasta ahora una mutación muy somera, a todos nos ha alcanzado un poco, y a algunos nos ha movido por derroteros bien apartados de nuestro camino vocacional. Nos ha hecho políticos, políticos accidentales del anhelo revolucionario.

No tenemos más remedio —y hasta podríamos decir que hoy por hoy no tenemos más deber— que aceptar con fervor esta responsabilidad que los tiempos nos han echado encima. Nadie fue antaño más tolerante que yo hacia el hombre de artes o de letras que se mantenía pudorosamente al margen de las faenas públicas. Porque estas faenas tenían entonces la índole y los propósitos que ustedes saben: la carrera política era un ejercicio de aprovechamientos, una carrera en que los obstáculos sólo los ponía la conciencia, de manera que, prescindiendo de ésta, solía llegarse a la meta sin mayores dificultades. Así se fue segregando, al margen de la vida pública, una muchedumbre de gentes sensitivas, que no se avenían a dejarse el pudor empeñado en las primeras requisas del comité de barrio. Y, naturalmente, sucedió que la cosa pública se fue quedando, cada vez más exclusivamente, en manos de aquéllos que se sentían capaces de echarse el mundo a la espalda, y que generalmente se lo echaban.

Pero aquella abstinencia de los decorosos, de los sensitivos, les iba cerrando más y más el horizonte. Creíamos que se podría mantener la vida pública cubana dividida en dos zonas: la zona de la cultura y la zona de la devastación. Y creíamos que, ampliando poco a poco, por el esfuerzo educador, la primera de esas parcelas —con artículos, conferencias, libros y versos— acabaríamos algún día por hacer del monte orégano. Lo cierto era lo contrario. Lo cierto era que la política rapaz iba esparciendo cada vez más sus yerbajos por el terreno espiritual de la Nación, nos iba haciendo todo el suelo infecundo, todo el ambiente irrespirable, todos los caminos selváticos.

Y un buen día, los cubanos nos levantamos con ganas de poda y chapeo. Nos decidimos a asumir la ofensiva contra el yerbazal venenoso. No se trataba ya sólo de defender los destinos políticos de Cuba, sino sus mismos destinos de pueblo civilizado, su vocación misma de cultura. En esta tarea estamos todavía, y digo que no nos podemos sustraer a ella, si no queremos volver a las andadas.

En los momentos dramáticos que vivimos, urgidos a la defensa de la primera gran oportunidad que Cuba tiene de renovarse enteramente, no acabo de hallar en mí, ni de comprender en los demás, la aptitud para acomodarse otra vez a la pura contemplación. Todo lo que hoy se contempla parece deforme en sus perfiles y sin ningún contenido verdadero. Estamos habitando un pequeño mundo vertiginoso, frenético de impaciencias, y necesitamos sosegarlo, sosegarlo noblemente en una postura de gracia histórica, antes de retornar a las imágenes y a las perspectivas, es decir, a los goces del pensamiento, de la poesía y del arte puros.

Porque, en rigor, esta pureza no existe. Lo digo con el rubor heroico de quien confiesa una retractación. Por arte o pensamiento puro entendimos nosotros hace años —en los años del yerbazal— ejercicios de belleza o de reflexión totalmente desligados de la inmediata realidad humana, social. Defendimos mucho aquella supuesta pureza. Eran los días —ustedes se acordarán— del llamado "vanguardismo", que para el gran público se traducía en una jeringonza de minúsculas, de dibujos patológicos y de versos ininteligibles. No se permitía ninguna referencia directa a la comedia o a la tragedia humanas: eso era "anécdota", y nosotros postulábamos un arte y un pensamiento de categorías, de planos astrales.

La gente se indignaba, y ahora yo comprendo que tenían y no tenían razón. La tenían, porque el arte y la manifestación del pensamiento y la poesía misma no son otra cosa que modos de comunicación entre los humanos. Y no hay derecho a sentar como normas de expresión aquellas formas que no sean francamente inteligibles. Ni tampoco lo hay de un modo absoluto a excluir de la expresión las experiencias inmediatas, cotidianas, que constituyen el dolor o el consuelo de los hombres, su preocupación o su esperanza.

Visto a esta distancia, el vanguardismo fue, en ese aspecto, una especie de fuga, una sublimación inconsciente de aquella actitud marginal en que creíamos deber y poder mantenernos para salvar la cultura. Lo que nos rodeaba en la vida era tan sórdido, tan mediocre y, al parecer, tan irremediable, que buscábamos nuestra redención espiritual elevándonos a planos ideales, o complicándonos el lenguaje que de todas maneras nadie nos iba a escuchar. Diego Rivera, el gran mexicano, que hacía en su tierra una pintura mural fuerte, militante y cargada de odios sociales, nos parecía un gran talento descarriado. Pedíamos los vanguardistas un arte ausente del mundo casi inhabitable. Y así nos salía aquel arte sin color y casi sin sustancia, un arte adormecedor y excitante a la vez, un arte etílico, que se volatizaba al menor contacto con la atmósfera humana.

Recuerdo que, por entonces, el gran Varona escribió, refiriéndose a nosotros, una frase que nos pareció de una venerable insolencia: "Están por las nubes. Ya caerán."

Y, efectivamente, caímos. Caímos tan pronto como la tiranía quiso reducirnos, del nivel de la opresión, al nivel de la abyección. Se suspendió la *Revista de Avance* y se fugaron los sueños. La realidad era ya una pesadilla inexorable.

Y sin embargo, aquello del vanguardismo no fue en rigor una sumisión, ni una cosa inútil. Fue también una forma de protesta contra el mundo caduco que nos rodeaba. Y preparó, a mi juicio, el instrumento de expresión mediante el cual han de encontrar su voz y su imagen los tiempos nuevos.

Aquella rebelión contra la retórica, contra la oratoria, contra la vulgaridad, contra la cursilería, contra las mayúsculas y a veces contra la sintaxis, era el primer ademán de una sensibilidad nueva, que ya se movilizaba para todas las insurgencias. Lo que nosotros negábamos en el arte, en la poesía y en el pensamiento era lo que había servido para expresar un mundo vacío ya de sustancias, vacío de dignidad y de nobleza. Negábamos el sentimentalismo plañidero, el civismo hipócrita, los discursos sin médula social o política, el popularismo plebeyo y regalón: en fin, todo lo que constituía aquel simulacro de república, aquella ilusión de nacionalidad en un pueblo colonializado y humillado. Nos emperrábamos contra las mayúsculas porque no nos era posible suprimir a los caudillos, que eran las mayúsculas de la política. Le tomábamos el pelo a Byrne, porque contribuía a la ilusión de que con la bandera bastaba para estar orgullosos. Deformábamos las imágenes en los dibujos, porque lo contrario de esa deformación era el arte académico, y las academias eran baluartes de lo oficial, del favoritismo y la rutina y la mediocridad de lo oficial. Alentábamos lo afro-criollo, porque veíamos en ello una insurgencia sorda, un intento por romper la costra de nuestra sociedad petrificada. Cultivábamos el disparate, para que no lograran entendernos las gentes plácidamente discretas, con quienes no queríamos comunicación. Hacíamos, en fin, lo que llamábamos un arte "aséptico", como una reacción contra la mugre periodística y la fauna microbiana que lo invadía todo en derredor.

Pero, entretanto, fijáos bien: se iba templando un instrumento nuevo. Un instrumento de precisión.

El estilo de escribir, de pintar, de pensar, se iba haciendo cada vez más ágil y flexible, más apto para ceñirse a las formas esquivas de la idea o de la emoción. Más capaz de brincar grandes trechos de lógica sin perder la gravedad. Más dispuesto para transfigurar imaginativamente las cosas. Esto ya en sí estimulaba el ansia de una realidad nueva. Nadie puede calcular lo que supone cultivar esas destrezas. La calistenia y la gimnasia son buenas porque, al capacitar al hombre para las emergencias físicas difíciles, le ponen en el cuerpo la tentación de provocarlas. Así, la capacidad de insurgencia y de innovación del espíritu se aumenta con esos ejercicios de expresión. Todas las grandes transformaciones sociales se han anunciado con un cambio en el estilo de pensar y de expresar. Lo primero fue siempre el verbo.

Sinceramente creo, pues, que el vanguardismo fue, en la vertiente cultural, el primer síntoma de la revolución. No digo, claro está, que fuesen los vanguardistas quienes hicieron lo que hasta ahora se ha hecho: digo que ellos contribuyeron mucho a sembrar el ambiente de audacias, de faltas necesarias de respeto, de inquina contra los viejos formalismos estériles. Los esbirros de Machado no andaban muy desacertados cuando recogían y denunciaban, por el simple aspecto de sus carátulas, las revistas osadas de aquélla época. Aquel dibujar hipertrófico, aquella negación de la simetría, aquella repugnancia a las mayúsculas, eran ya, para su olfato de sabuesos, otros tantos atentados contra el régimen. Y cuando la mutación política vino, emergieron en los periódicos, en los micrófonos y hasta en los muros de la ciudad gentes que manejaban, en crudo, un nuevo estilo, una sintaxis y a veces un gusto insurgente de las minúsculas. Se cumplía así la prehistoria del estilo revolucionario.

La Revolución verdadera, la que sí lleva mayúscula y está todavía por hacer, utilizará como instrumento constructivo, en el orden de la cultura, esos modos nuevos de expresión que antaño nos parecieron simplemente arbitrarios y desertores.

Porque la revolución integral de Cuba tendrá que incluir, desde luego, una intensificación de la actitud creadora del espíritu, y en tanto en cuanto esa actividad sea susceptible de módulos nuevos, la Revolución los impondrá. No se concebiría un suceso político y social semejante sin un arte nuevo, una literatura nueva, un nuevo ritmo y rumbo del pensamiento.

El contenido de esa expresión revolucionaria cubana será emoción jubilosa o ardida ante las imágenes de un medio social más altivamente cubano y más justo: de una patria enérgica y unánime, liberada de todo lo que hasta ahora la unió o la dividió contra sí misma: la politiquería rapaz, la incultura, la ausencia de jerarquías, la lucha feroz de las clases.

Y para expresar esa imagen de la Cuba armónica, se recurrirá sin duda a un lenguaje literario y artístico que en nada se parezca al de la época sumisa. No el lenguaje insurgente del vanguardismo, que fue sólo un experimento previo de minoría; pero sí el que pasó por aquella prueba críptica y sacó en limpio una agilidad, una gracia, una energía y una precisión totalmente desconocidas para las academias del viejo tiempo. En suma, un lenguaje de avance, puesto al servicio de una patria ya moderna.

Con la renovación integral de Cuba se producirá así la síntesis entre aquel estilo desasido de antaño y las nuevas formas de vida. En el molde vacío que el vanguardismo dejó, se echarán las sustancias de la Cuba Nueva.

Acción, 1934.

GLOSAS. EL HOMBRE DEL PRADO

El otro día, sobre la prima tarde, presencié en el Prado, bajo los laureles con que Carlos Miguel proveyó de sombra precaria al pulido pavimento, una escena edificante.

Era un hombre que andará por la sesentena —un hombre de rostro viril y severo, pero con no sé qué luminosa expresión de bondad y de humor. Vestía modestamente, con traje limpio de obrero. El hombre estaba rodeado de chiquillos de la calle, de los que solemos llamar "mataperros". Se ocupaba pacientemente en hablarles, en entretenerlos, en hacerlos jugar. Los juegos eran sencillos. A ver quién de dos muchachos, partiendo de una caña puesta en el suelo, recorría cierta distancia convenida, esquivando a los transeúntes, y regresaba más velozmente a pisar la caña. O a ver cuál de dos grandullones, asiéndose de la mano derecha renegrida y tirando en direcciones contrarias, dominaba al otro y le sacaba de la línea. En la horqueta que formaban las ramas de un laurel contiguo, el hombre tenía una jaba con papeles, revistas, caramelos. Terminado el juego, le daba un caramelo al vencedor.

Los muchachos, a simple vista, eran de lo peorcito. Al principio, se reían de aquel gratuito y oficioso ordenador de su anarquía, de aquel regulador improvisado de su libertad "mataperra"; pero luego se le iban quedando dominados por el sentido de camaradería adulta que de todo el hombre se derramaba; por no sé qué autoridad entre paternal y cómplice; y el hombre iba sacando lo mejorcito de ellos con la seca dulzura de su voz, de su gesto, de su palabra. Cuando los arrapiezos estaban cansados de los juegos, el hombre les hablaba. A veces, la vitalidad de alguno parecía incontenible: se separaba del enjambre, daba algunos saltos, se reía sin saber de qué; pero luego volvía al grupo, y la cara sucia parecía quedársele embebida en un paisaje de fantasía.

Yo iba con mi secretario, Flórez, que es sobre todo mi amigo. Flórez se sabe todos los secretos de la ciudad. Pero el secreto de este hombre no lo sabe bien. Lo único que pudo decirme es que le ha visto muchas veces, no sólo en el Prado, sino en otros parques de la ciudad, haciendo lo mismo: reuniendo a los muchachos, entreteniéndolos con sus juegos, dándoles consejos, sin que se den cuenta. "No deben estar tan sucios". "No deben andar tirando piedras, ni arrancando gajos de los árboles, ni toreando a los automóviles". "No deben escapárseles a los padres, sino obedecerlos..."

Yo no pude escuchar nada de esto la otra tarde. El hombre sólo levanta la voz y se deja oír de los transeúntes cuando da las instrucciones para los juegos. Algunos transeúntes burdos se detienen, se ríen burlonamente. Al hombre parece no importarle: sigue en lo suyo. Pero cuando habla con los muchachos reunidos en corro alrededor de él, lo hace en tono bajo, como si no quisiera que los curiosos que pasan se percatasen de su varia lección para que los muchachos no se sientan humillados, o por no hacer ostentación alguna de su caridad y sabiduría callejeras.

He aquí, le dije a Flórez, un hombre generoso, un educador. Este ciudadano suplementa y aún suplanta la acción del Estado. A estas horas no debería haber muchachos por las calles: para eso hay, o debiera haber, aulas urbanas bastantes, y métodos de educación que las hicieran gratas y un sistema de inspección que obligara a los muchachos a asistir a ellas... Antaño era así. Pero en esto, como en tantas otras cosas, la República ha perdido su desvelo. Si ahora el doctor Pérez Espinós no lo remedia, la politiquería, entronizada donde no debe, y la esquivez del magisterio a la doble sesión —que Vasconcelos en vano trató de restablecer— seguirán haciendo de las suyas. Seguirá habiendo muchachos por las calles a la hora de aprender; seguirán diciendo palabrotas, tirando piedras, fumando colillas, cultivando entre sí la violencia, la truhanería y el vicio —seguirán, en fin, preparándose para el presidio o para esa presidiabilidad más o menos disimulada que anda suelta por todas las esferas de nuestra vida.

Porque el Hombre del Prado no bastará él solo para impedirlo. ¡Si siquiera hubiese muchos como él!... Pero está solo en su autoimpuesta tarea. La suya es de esas calidades humanas que tienden a lo excepcional, a lo singular. Tiene lo que dice Papini que tenía San Agustín: la caridad comunicativa. Es un maestro por vocación. No un normalista; ni siquiera —por lo que pude apreciar— un hombre instruido. Sino sencillamente, esencialmente, hondamente eso: un maestro. Y además, un hombre del pueblo que quisiera que los niños del pueblo fueran fuertes, leales, limpios, disciplinados en su alegría, civilizados. Nada le impulsa a hacer lo que hace sino esa caridad suya, que es pura caridad sin ostentación ni humillación. Como Sócrates, que también andaba por las calles enseñando, todo lo que este hombre hace lo hace por amor.

Yo estuve tentado de abordarle la otra tarde: de preguntarle quién era y por qué hacía todo aquello. Me detuvo un sentimiento súbito de respeto. Creo que, si llego a decidirme, el Hombre del Prado me hubiera mirado con su semblante virilmente dulce, irónicamente severo, y hubiera esquivado mis preguntas. Acaso hubiera considerado que era una intromisión en el silencio de su obra, la cual tiene su fin en sí misma, su gozo en sí. Lo contemplé, pues, un largo rato a respetuosa distancia. Luego, seguimos de largo.

Por eso no puedo proponer para la Orden de Céspedes al Hombre del Prado.

Diario de la Marina, 1945.

UNA CONVERSACION CON VARONA

Una conversación. No una entrevista. (Por si conviene el distingo, notemos que la conversación es a la *interview* lo que el *tennis* al *hand-ball* unipersonal. Es decir, que la una es un deporte con un riesgo peculiar y todo —véase la última entrega de *El Espectador*—, y la otra un mero ejercicio. Allí hay dualidad, antagonismo, dialéctica; aquí, una sumisión externa, aunque la procesión contradictoria ande por dentro. Cuando uno va a "hacerle" una entrevista a un señor, es que se dispone, en cierto sentido de héroe profesional, a *tolerársela*: de antemano sabe a qué angustiosas inhibiciones atenerse, qué castigo del espíritu de contradicción supone. El hombre dispara a su guisa, y uno hace el noble estoico papel de frontón, permitiéndose a lo sumo la pequeña represalia de ofrecer una concavidad disimulada al impacto, para regocijarse irónicamente en las urgencias y trabajo del bote pronto... Pero no ha de olvidarse que toda conversación con un hombre ilustre suele revestir, casi fatalmente, los caracteres abusivos de la entrevista).

¿Por qué fuimos a conversar con Varona? "Varona está ya muy viejo", recapacitamos por azar una tarde; y el pensamiento nos produjo una atropellada codicia de revisión, como la que nos asalta de volver a mirar y a remirar una ciudad interesante, cuando ya está próxima la salida del tren. Además, es una vergüenza "para todo cubano amante de la cultura", no ir de vez en cuando a visitar a Varona. Esta obligación figura en el Decálogo de los deberes cívico-intelectuales. Varona está ya, como se gusta tanto de decir ahora, en la categoría; ha trascendido la anécdota. No nos metamos en el berenjenal de discernir por qué. Contentémonos con apuntar que este viejo ilustre representa, por lo menos, la concreción de ejemplaridad de dos generaciones; acaso tres. Salvo don Mariano Aramburu, todos los autores "del patio" parecen acordes en reconocer que es don Enrique José, después de Martí, nuestro cubano más egregio. Puede que la fauna política y palaciega también tenga hoy otra opinión. En todo caso, muerto Sanguily —aquel otro gran viejo, tan lleno de finas aristas— Varona ya no tiene competidores. Es el "hombre-cumbre", el "viejo patricio", el "prócer" por excelencia. Las revistas extranjeras lo mencionan con veneración. Los forasteros que pasan por la Habana van invariablemente a visitarle en su casita del Vedado. Las

nuevas revistas insulares (salvo esta hereje de "1927") siempre se
estrenan con una carta alentadora de Varona. Y cada vez que se produce una perturbación en nuestro clima político, lo cual no deja de
ser con frecuencia, Varona es el oráculo a que acuden los románticos
impenitentes en solicitud de un vaticinio. El filósofo no niega nunca
su palabra: breve, clara, certera casi siempre —y valerosa, con ese
valor que ya sólo tienen los muy jóvenes o los muy viejos.

Resulta, pues, casi bochornoso pasar mucho tiempo sin ir a ver
a Varona. Con todo, es lo que suele acaecernos, pues ya se sabe que
los nativos y residentes de una ciudad son los más desconocedores
de sus timbres de celebridad. Nada aleja tanto como ciertas proxi-
midades.

Movidos por todos estos complejos razonamientos, nos decidimos,
al fin, a concertar nuestra cita telefónica con el doctor Varona.
Además, queríamos pedirle algunas opiniones, algunos consejos —y
un libro que hace tres años le prestamos.

Esta vez no sufrimos el trance terrible de entonces. El filósofo
tiene la voz muy feble por naturaleza; más tenue aún por obra de
los años. Cuando en aquella ocasión le solicitamos al aparato y él
acudió, insistimos en tomarle por su ama da llaves y le llamamos
varias veces "señora". Hasta que un carraspeo venerable y una frase
explícita nos despejaron la incógnita.

La casita del doctor Varona en el Vedado tiene algo de la sencillez, el recato, la claridad y la lógica compostura de su estilo. Es la
morada, sin apuros y sin lujos, del funcionario que ya se ha retirado
a vivir de su pensión. Da pena, sin embargo, verla allí, metida entre
las demás, como una morada cualquiera. Parece que debiera tener
un rótulo dorado a la puerta que dijese:

"AQUI VIVE VARONA"

para que las gentes, al pasar, se descubriesen y no metieran ruido.

Entramos. Hay unos mimbres frescos en la saleta y unos cuadritos —pinturas— en la pared. Si Chacón y Calvo no nos hubiera
advertido hace ya mucho tiempo que Varona tiene verdadera debi-
lidad por estos paisajillos, nos permitiríamos un comentario inmi-
sericorde sobre ellos. Suprimámoslo. ¿Quién sabe qué efemérides
cifran estos cuadros para el filósofo, que también tiene su alma
en su armario?

Un criado —muy engreído de ser criado de Varona— nos dice
que esperemos. Nos preguntamos si este fámulo habrá leído el ensayo de su amo sobre la sociabilidad. Al rato breve sale el maestro.
Al aparecer él, la sala, donde ahora estamos, se llena de prestigio,
adquiere visos trascendentales. Nosotros también tomamos en seguida plena conciencia de que nos encontramos ante una encarnación
ilustre, ante un trozo de humanidad que está ya a la altura de la

Historia. Y nos cuesta un poco de trabajo asumir el tono del cate-cúmeno jovial, que es el único que cuadra.

Pero Varona no es de esos hombres de gloriola a quienes parece que el halo se les hubiera petrificado en púas agresivas. No se entrega; pero despliega en seguida una exquisita, accesible cortesanía que nos anima a empezar, aunque sea con la frase boba de siempre:

—Se conserva usted admirablemente, doctor...

—Sí, no me quejo... Sobre todo para este clima, tengo una bella edad... Verdad es que hago una vida muy metódica; ¡me privo de tantas cosas!... A las once, siempre estoy en la cama.

—¿Y trabaja, doctor? (Me pregunto aquí si no será más clásico llamarle "don Enrique José"... Pero es demasiado largo. Opto por el "doctor" del Patio de los Laureles). ¿Trabaja?

—Algo... muy poco... leo... Continúo esos aforismos...

—"Con el eslabón."

—Sí, señor...

Hay una pausa incómoda. Varona sonríe. Mientras encontramos el eslabón perdido, aprovecho para mirarle. Está vestido pulquérrimamente; pechera dura, con botones de oro, pantalón blanco y, en la solapa del saco de alpaca negra, su florecita inevitable, que debió ir a buscar al jardincillo de la casa, muy de mañana. Su cabeza ha llegado ya a una máxma condensación de venerabilidad: los pelitos blancos, dispersos, le hacen guardia de honor sobre el cráneo; la piel le cuelga más lacia que nunca sobre las mejillas, con un drapeado austero; el bigote nietzcheano filtra la sonoridad meliflua de las palabras, salvo cuando se lo recoge hacia arriba con la mano, en un gesto descuidado que parece que va a descomponerlo todo. La vocecita es ya de una tenuidad exquisita.

Empatamos el coloquio sobre el cañamazo burdo de la política, pensando, con fruición, que Varona tendría cosas atroces que decirnos. Pero hay demasiada disciplina de serenidad en este hombre. Se limita a unas cuantas frases reticentes: brotes de ironía en tierra de amargura... Y la conversación se desvía, gratamente, hacia el panorama de las letras cubanas actuales:

—No sé cómo pueden ustedes hacer todo lo que hacen, amigo mío... Aquí nadie se ocupa del arte ni de la literatura; sencillamente no interesa... ¿Cómo puede pedirse más, ante un pueblo que está de espaldas a la cultura, embebido en hacer dinero? Siquiera antes, en mi tiempo, había un interés más público por estas cosas... Yo di un curso de conferencias en La Habana, allá por los 80s, y recuerdo que el local era poco para contener tales muchedumbres. Se anhelaba más, se respetaba más la obra de la inteligencia.

Varona evoca deleitosamente las simpatías del tiempo viejo. Oyéndole, pienso en mi tesis de antaño, la crisis de la cultura, y en mis nostalgias, tachadas entonces de pesimismo y de falacia... Pero ¿el grado de cultura, de progreso, lo da la atención del público solamente? ¿Y la labor en sí de los jóvenes de hoy, qué piensa de ella el Maestro? Sale lo de "la juventud llena de promesas"; y luego, ciñéndose a "1927":

—He leído todos los números... Están haciendo ustedes una bonita labor... importante. Por lo menos en la prosa. Los versos, le confieso a usted que no los entiendo —tal vez por insensibilidad ya de mis años, tal vez porque no estoy suficientemente al tanto de las nuevas modas...

Varona sonríe con ironía. Yo también sonrío con ironía. Entre la de él y la mía, media la mitad de un siglo. Alude a Navarro Luna, el fino poeta de Manzanillo, "que antes escribía cosas tan agradables". Ahora le ha dado por esas otras, descoyuntadas... Asumo, momentáneamente, el papel estoico de frontón, porque el tema está erizado de beligerancias, y me callo el propio parecer de que ahora es cuando Navarro Luna está dando lo mejor. De sopetón le pregunto a Varona su juicio sobre cierto libro reciente, que ha dado mucho que hablar, de un joven cubano que estudia sociología. Varona me contesta inmediatamente, con la premura del hombre que quiere aclarar algo:

—Muy malo, muy malo... Es un libro especioso, y sobre todo insincero. Lo insincero es clownesco, y lo clownesco no tiene más valor que el de la mayor o menor habilidad del clown... Mejor me parece ese otro libro con que se le replicó... Lo malo de su joven autor es que sabe ya mucho, ¡y no nos perdona todo lo que sabe!

Esta ponderación de valores tropicales no me interesa; hasta en labios del hombre eximio, tiene un agrio sabor de chismografía, bueno sólo para las redacciones y los cafés. Levantamos, pues, el coloquio a temas más nobles. Otro vago propósito de mi visita era sondear a Varona acerca de la proyectada reforma universitaria.

—Se le ha reprochado a usted mucho, doctor, su Plan de Enseñanza de 1900.

—Lo sé, lo sé... Pero es que no quieren situarse en aquel momento. Lo juzgan desde hoy, como si yo hubiera legislado para hoy, y no para ayer; y me achacan a mí la responsabilidad de todo lo que se dejó de hacer y debió haberse hecho de entonces acá. Aquello fue algo —provisionalísimo...

Sí, señor. Cuando el Gobierno Interventor me nombró para desempeñar la Secretaría de Instrucción Pública, me encontré con que en la Universidad había más profesores que alumnos. ¡Con decirle que de una asignatura —no recuerdo si el Sánscrito— el único alumno era el bedel! Lanuza, mi predecesor —que era un hombre de tanto talento— había tenido que darles ocupación a los cubanos educados que volvieron, al terminarse la guerra, desposeídos de todo, sin recursos. Se les hizo catedráticos para que vivieran... Pero aquello no podía seguir así; yo tuve que enfrentarme con el problema de reorganizar la Universidad a base de economías. Por lo pronto, de una plumada, dejé a todo el mundo cesante, incluso a algunos de mis mejores amigos... Me costó disgustos. En seguida, establecí el sistema de oposiciones para la provisión de cátedras y limité el número de éstas a lo indispensable, eliminando, agrupando, fundiendo... Esto era todo lo que podía hacer; esto fue lo que hice, aparte la creación de algunos laboratorios modernos... Por cierto, que de entonces data la enemistad de un señor...

Ya barruntará el lector a qué enemistad ilustre aludió entonces Varona. Lo hizo con nobleza, con elegancia, no sé si con exactitud. Y la conversación —a despecho mío, que hubiera preferido demorarla sobre el tema universitario— se largó a travesear por entre los amenos riscos de la anécdota.

Nos despedimos del doctor Varona después de haberle pedido demasiadas cosas— una fotografía, una lista bibliográfico-filosófica... y el ejemplar que antaño le prestamos de *Main Street* de Sinclair Lewis, que Varona estima una admirable novela. Pero mi alusión reivindicadora cayó en un exquisito vacío. (Walter Scott decía que, aunque la mayor parte de sus amigos eran muy flojos matemáticos, casi todos ellos resultaban ser *very apt book keepers*. Varona es también un buen tenedor de libros). No nos trajimos *Maint Street*.

Pero nos llevamos, al menos (¡al más!) el contagio de serenidad, de curiosidad y de ironía de este gran cubano que ha vivido medio siglo al servicio de la inteligencia.

1927. revista de avance.

GLOSAS. VALÉRY, O LA ANGUSTIA DE LA INTELIGENCIA

Aunque la muerte de Paul Valéry ha sobrevenido en un momento en que el mundo está lleno de broncos rumores, por mucho tiempo hemos de oír el plañido de la conciencia de Europa, que tuvo en él una de sus voces egregias, acaso la más capaz de ecos en nuestro tiempo. Y ya se sabe que la conciencia de Europa está un poco diluida por todo el mundo, y subsiste aunque Europa misma esté en ruinas.

Esa voz —debo confesarlo— no siempre me resultaba inteligible. Admiro y envidio —con la buena envidia blanca, gozosa de que haya quien pueda aprovechar todos los bienes del espíritu— la certidumbre con que resuenan los versos del gran poeta en quienes tienen la gracia adivinatoria que las musas confieren —nuestro Brull o nuestro Baquero por ejemplo. Para mí, hombre negado a los secretos de la danza, hombre que sólo camina con las palabras, el recinto de "La joven Parca" y de "El Cementerio marino" me fue siempre coto vedado. Me trascendía de él un magnífico concierto de rumores verbales, de irradiaciones mágicas de sentido. En sus abismos de armonía, veía sin duda pasar grandes sombras metafísicas y escuchaba los ecos de la angustia eterna del hombre ante la Vida y la Muerte. Pero se me quedaba siempre defraudada esta viciosa avidez de la pura claridad conceptual, del logos sin sombras.

Y, sin embargo, este poeta —tan maravilloso, que nos lo parecía aún sin comprenderle a plenitud— pasaba por ser uno de los grandes maestros de la claridad, de la precisión. ¿Cómo se explica?

Tal vez se explique por lo mismo. Con Valéry había llegado a su afinamiento extremo, a su último grado de tensión, la avidez francesa de la claridad. Es sabido que hay una claridad fácil, la de los espejos, que no hacen más que devolver la luz que reciben; y otra claridad, que es la de la luz misma, la de la penetración iluminadora. Era ésta la que Valéry codiciaba. Antes que poeta, era un filósofo, un hombre poseso de la pasión de comprender. Ahora bien, esta pasión llevaba desde hacía mucho tiempo camino en Francia de invalidar la otra tradición francesa de claridad, de entrar en conflicto con ella. El positivismo había dejado los espíritus —aun los más remisos— comprometidos a la explicación de las cosas en términos de ley, de forma, de cantidad. No podían esquivar o que está ahí, fuera de la conciencia, en el mundo terco del espacio y del tiempo, en el ámbito de lo que tiene forma propia y resistente. Cuando la mentalidad alemana no logra iluminar suficientemente el mundo de los objetos, acaba por fugarse de él y entregarse a la fabricación de mundos metafísicos, vastas proyecciones del Alma. Pero el francés se había comprometido a ser "científico", a ser hondo y a ser, además, claro. Todo ello venía parando desde hacía tiempo en su suerte de metafísica positivista, en una como mística de los objetos. Bergson y Valéry representaron, cada cual a su manera y por su propia vía, ese empeño desesperado por superar la ciencia sin renunciar a ella, por penetrar en el misterio sin abdicar de la claridad.

La pretensión era casi satánica. Al llegar a ciertas zonas de la realidad, las formas lógicas en que se busca protección contra la presión de la hondura, como en la escafandra del buzo, resultan demasiado embarazosas. Pero cuando se as abandona, los senos sombríos rechazan al pensamiento desnudo.

Lo asombroso de Valéry fue, sin embargo, justamente ese heroico braceo de la nuda inteligencia en las aguas profundas, donde apenas algún rayo de luz dejaba entrever vegetaciones indescriptas y faunas inverosímiles del ser. Se desesperaba por llegar a la precisión de los perfiles allí donde toda precisión es inhumana, privilegio sólo de Dios. Seducido por las instancias del rigor científico, enamorado —como Leonardo de Vinci, su espíritu gemelo— de la forma analizable; ávido, como Pitágoras, de descomponer en números y estructuras el fluir misterioso de la vida, este epígono patético del Renacimiento veía constantemente frustrarse su esfuerzo, por la resistencia del ser a entregar sus más íntimos secretos. Y paraba en la ironía de que el logos se le deshiciera en puro ensueño, en imagen. Sí, era un místico de la inteligencia a la postre; un filósofo ahogado en poesía.

Pero ¡qué bello espectáculo el de aquella inteligencia!... Para describirlo, habría que apelar a la imagen de la abeja, que el propio poeta pone en boca de Sócrates en su diálogo "El Alma y la danza": "Tendría yo necesidad ahora de esa potencia ligera... Le haría falta a mi espíritu esa fuerza y ese movimiento concentrado que suspenden al insecto por sobre la multitud de las flores, que hacen de él un árbitro vibrante de la diversidad de las corolas..." Así, efectivamente, aquella ávida inteligencia se cernía, tensa y vibrante sobre todas las cosas para sorberles su jugo.

Pero, en el propio diálogo, Erixímaco, irónico, instaba: "Habla, oh Maestro en el arte divino de fiarse a la idea naciente!... ¡Autor siempre afortunado de las consecuencias maravillosas de un accidente dialéctico!"... Esta ironía era un poco del poeta contra sí mismo. Aquel desflorador incansable de temas, aquel libador de esencias filosóficas, aquel vicioso de la precisión que, con Monsieur Teste, hubiera querido hasta inventar un estilo que por sí sólo bastara para que todos los hombres se entendieran, sabía bien hasta qué punto muchas de sus ideas más agudas y lúcidas no eran sino "consecuencias maravillosas de un accidente dialéctico". Es decir, de lo irracional que se burlaba de la pura inteligencia.

Esa inteligencia trató en vano de penetrar la bruma fe de su tiempo en crisis —trató en vano de pedirle razón a una época regida por la irracionalidad. Por eso, en el fondo del espíritu de Valéry había un patético escepticismo, una angustia de su claridad frustránea. ¿No había hablado él también del *ennui de vivre*, un fastidio de signo inverso al romántico de Musset, no debido a que las cosas agobiaran al espíritu, sino a que no se dejaran penetrar de él?

Una inteligencia así de fatigada de su propio vano heroísmo, pudo dejar realmente muy poco de orientación categórica, de claridad inequívoca para la angustia de su tiempo. Pero acaso eso que se llama "orientación" es también, al cabo, una forma de impostura, una de esas mentiras de época que el hombre necesita para poderse mover con cierta ilusión de certidumbre. Acaso la verdad no esté nunca en la coherencia fácil, en la "orientación", como no está —según Croce nos advierte— en los sistemas. Tal vez sólo sea posible alcanzarla a relámpagos, a golpes aislados de intuición. Así era, al menos, en los ensayos de Valéry, donde sólo de cuando en cuando una centella de casi dolorosa claridad rompe por un momento la bruma poética.

A través de la incertidumbre, de la densidad de lo problemático, nos daba así Valéry la sensación de la única sabiduría posible en nuestro tiempo angustiado. Una sabiduría que no era ya la matemática y tranquila de Leonardo en el albor del Renacimiento, ni la armoniosa y olímpica de Goethe en el mediodía moderno, pero que pertenecía a la misma tradición y al mismo nivel señeros de la inteligencia europea.

Diario de la Marina, 1945.

GLOSAS. LA PINTURA DE WILFREDO LAM

Hace cuatro años, Lydia Cabrera se preguntaba desde estas páginas del *Diario*: "¿Por qué Wilfredo Lam no expone en La Habana?"

Muchos éramos a hacernos la misma pregunta. Después de largas y oscuras andanzas por España y por Francia —ese largo trecho de vida entrañada, en que el artista se va desprendiendo poco a poco de la placenta tradicional— Wilfredo Lam, el pintor de Sagua, criollo mestizo de sangre africana y asiática (el dato es esencial) había triunfado en París. A pesar de los broncos ruidos que llenaban el mundo, hasta acá llegaba el rumor de que Picasso le tenía en insólita estimación y de que los juicios más autorizados ponían la pintura de Lam en rango universal. ¿Por qué no había expuesto aún en su tierra? Llegamos a temer que ello se debiera a cierto desdeñoso desvío nacido de la larga expatriación, o a cierto temor de no ser suficientemente comprendido y valorado entre nosotros. Pero ya aquí mismo, por lo que de su obra se había visto —que era poco y como residual— Lam andaba de boca en boca. Aun aquí percibíamos ya que su pintura era, a la vez, cosa muy nuestra y muy del mundo.

Ahora, al fin, Wilfredo Lam expone en el Lyceum. Es, pues, un acontecimiento —el de más relieve entre nuestros sucesos de arte desde hace bastante tiempo. ¿Habrá provincianismo en atribuirle esa importancia por el sólo hecho de haber sido tan altamente enjuiciado fuera de Cuba el arte de Lam? Me parece que no. Claro que tenemos nuestras razones propias, intrínsecas, para celebrar esta peripecia de cultura, y ya vendremos a ellas; mas, por lo pronto, no nos permitamos la soberbia —que ésa sí sería aldeana— de desconocer cuanto importa que un artista nuestro haya logrado vencer, a puro talento, a pura seguridad y novedad y profundidad de su idioma estético, la consabida displicencia de los grandes centros de cultura (y particularmente de París) a todo lo que no es hechura directa suya.

Porque, además, se da el caso de que Lam haya logrado eso sin dejar de ser muy nuestro, sin renunciar a su propia sustancia, antes potenciándola hasta un máximo de refinamiento simbólico. Por eso decía que era importante el dato de su mestizaje. Esta pintura, totalmente desentendida de "lo natural", en el sentido inmediatista que suele dársele a la palabra, en su sentido de circunstancia puramente física, está, en cambio, hondamente enraizada en esa híbrida conciencia racial de Lam: en su estrato chino y en su estrato negro. Hasta qué punto por ese hecho podamos llamarla pintura "cubana", es una pregunta que sólo serviría para plantearnos la averiguación de qué cosa sea, en definitiva, lo cubano, o más bien, para llevarnos francamente a la conclusión de que lo cubano no es todavía nada en definitiva: somos, sencillamente, un pueblo que se está haciendo, en lo étnico como en todo lo demás. Ya no somos españoles, ni negros, ni mucho menos chinos, somos un poco la conjugación de todo eso, pero todavía sin una cabal coherencia. Lo cubano es un concepto de futuro.

El arte de Lam es profundamente cubano porque revela, con una fuerza plástica extraordinaria, esa variedad de elementos en nosotros, sometiéndolos a la única concordia o congruencia de que podamos blasonar, que es la que nos viene del aire común, de la luz en que todos estamos bañados, del trópico en que estamos sumidos. En esta atmósfera telúrica se conjugan —es decir, vierten sus jugos— la conciencia negra con su sentido mágico, su "brujería", su aptitud para ver en las puras formas oscuros sentidos vitales de acentos genésicos; y la conciencia asiática, con su sentido radicalmente contrario, de intimidad, de ensoñación poética, de anegamiento en el espíritu Un cuadro de Lam —cualquiera de ellos— está lleno de alusiones al doble juego de mitos en que se han expresado esas sensibilidades milenarias: del Africa, el animismo, el bestiario demoníaco, con sus cuernos ubicuos como uñas y sus frutos de selva como senos; del Oriente, el panteísmo, aquella otra fantasmagoría más delicada que recoge, en vagas invenciones animales —el dragón, el pájaro mítico— o en misteriosas caligrafías, una emoción mística de las cosas.

Pero todo esto, repito, Wilfredo Lam lo sumerge en un ámbito de luz y de color que no es ya ni lo crudamente africano ni lo fantasmal del paisaje asiático, aunque conserve un poco de la brutalidad de lo uno y de la delicadez de lo otro. Es fácil equivocarse, sutilizar demasiado; pero se cree ver en la atmósfera de estos cuadros, en su trama general de luz y color, esa especie de destilación de violencia que da nuestra latitud tropical: cree uno descubrir el paisaje de trópico moderado que vivió Lam junto al río en su niñez sagüera.

Todo análisis, sin embargo, nos expone siempre a dejar escapar lo esencial. Y lo esencial en el arte de Lam es la emoción poética profunda, entre el ensueño y la pesadilla, en que sobrenadan todos esos elementos, como arrastrados por no se sabe qué atávica resaca: es la avidez de misterio más que de claridad con que se adentra en un mundo de formas en parte recordadas y en parte inventadas; y es, además, aparte todos los sentidos ocultos y sus desciframientos, la extraordinaria belleza plástica de estas realizaciones, conseguidas mediante un aprovechamiento sutilísimo del color, de la línea, del espacio visual. En eso es dónde se ha superpuesto a lo nativo de Wilfredo Lam, a lo que le viene de sangre y de geografía, toda la ciencia de pintor que aprendió en Francia, y con Picasso sobre todo —ciencia de pintor para quien lo importante no es la cosa representada, sino el idioma con que se expresa eso que no existe ya hecho en el mundo de las cosas: eso que es sólo verdad hecha mentira, mutación de residuos vitales en poesía.

Con Wilfredo Lam, efectivamente, nuestra pintura —tan desasida ya de las tradiciones yertas que por mucho tiempo la fajaron al nacer y la impidieron marchar— ha adquirido una distinción, una originalidad, una fuerza inventiva y expresiva que le dan derecho de calidad ante el mundo. Bien hizo mi tierra sagüera hace un año en declarar a Wilfredo Lam su hijo eminente. Está haciendo para la pintura cubana lo que Albarrán hizo para nuestra potencialidad científica: darle prestigio exportable, dimensión universal.

Diario de la Marina, 1946.

RELIEVES. *JUBILO Y FUGA* DE BALLAGAS

Pudo adivinarse —sin que fuera realmente adivinarlo— que iba a morir joven. Y no lo digo por esa receta consabida que les augura muerte temprana a los amados de los dioses, sino por otros indicios, tal vez un poco menos místicos.

Primero, el aire mismo de su presencia en el mundo. Ballagas daba la sensación de que se habían comprimido, compenetrado las edades en él. Era un niño, o mejor acaso, un adolescente, y nunca dejó de serlo del todo: hasta sus últimos días tuvo el temblor, la interrogación, la ingenuidad un poco ruborosa, cierto susto ante el mundo, como si se le prolongase inexorablemente ese túnel de la adolescencia que dicen los psicólogos. Cuando se casó, no podíamos creer que se hubiera casado. Cuando tuvo su hijo, no acabábamos de verle padre. Miraba siempre con aquellos sus ojos redondos, pequeños pero desmesuradamente abiertos, como si todas las cosas le fueran motivo de asombro. Ni siquiera en lo físico parecía que el tiempo le fuese gastando; era siempre la misma cara lampiña de estudiante, el mismo aire de joven seminarista laico. Hasta el humor, hasta el ingenio, con todo y haber llegado a tanta sutileza, fue siempre de ese tipo un poco escolar. Recuerdo una vez que me visitó, como solía hacerlo a menudo, en mi casa de Campanario, donde yo tenía un gabinete minúsculo de trabajo. Apenas cabíamos entre los estantes, mi mesa enorme y yo, lo cual me obligaba a sentar al visitante al otro lado de ella, frente a mí. "Siempre que vengo a verle —dijo—, me parece que voy a examinarme..." Y se reía con un maduro candor.

Maduro; pues no había en él sólo esa prolongación de la adolescencia, sino también un adelantamiento de aquellos modos del espíritu que no suelen llegar sino con la vejez; de la serenidad, de la esencialidad, de la ironía, de los amagos de cansancio con que poco a poco se va anunciando la muerte. A los veintitantos años, cuando le conocí, parecía ya haberse doctorado en el misterio sin perder su inocencia; haberlo intuido entero y estar ya como rebasándolo por caminos de precoz sabiduría. Junto a aquel modo ingenuo, ¡qué gravedad! En aquella presencia de juventud, ¡qué vuelos, ya, de ausencia!

Júbilo y fuga. Ese título de su primer libro de versos —"mis ver-

sos de los veinte años", como me decía en la dedicatoria— fue como
un presagio y, a la vez, como un spectrum de sí mismo. Todo él era
eso, efectivamente, y nunca fue otra cosa: un gozo vocado a la fuga,
una alegría que, asustada, se escapaba de su propia fruición. ¿Recordáis el primer poema? *Víspera* se llamaba; pero era una víspera
sin inquietud ni avidez, sin ese campaneo gozoso de la normal primavera; con un deseo, más bien de no querer nacer:

> *Estarme dormido —íntimo—*
> *en tierno latir ausente*
> *de honda presencia secreta...*

Su empezar era ya casi un acabar. El mismo lo decía en otro
poema: "Manos de dioses niños me improvisan distancias"... El júbilo de los sentidos se le resolvía prematuramente en ansia de mortaja:

> *Que me cierren los ojos con uvas*
> *(Diáfana, honda plenitud de curvas)*

Preso en su propia fuga, en otro poema exclamaba: "Quiero irme
contigo. Tarde!"... Y sólo cuatro años después escribía ya su propia
Elegía sin nombre, magnífico poema que terminaba con este verso
solitario, como un epitafio: "Los pechos de la muerte me alimentan
la vida".

Si hubiera que llamar eso de alguna manera, "sensualismo místico" pudiera tal vez servir. Pero ya se sabe que burdas son estas
fórmulas, donde tan disímiles acentos caben. Además, ahora no tengo
ánimo para apreciaciones críticas. Baste decir, eso sí, que Ballagas
fue de los primeros —quitando, desde luego, a Mariano Brull, el
precursor— en traer a nuestra poesía, después de la efusión sentimental gruesa y elocuentona del romanticismo, después del puro
esmalte y deliquio verbal del modernismo, esa intuición del misterio
que barrió, en la poesía de veras moderna, con a lógica, con la anécdota, con el confesionalismo, y que naturalmente hizo del verso
algo misterioso él mismo, dándoles a los ritmos, al lenguaje y a las
imágenes esa clara oscuridad que es lo propio de toda intuición
esencial. Pero dentro de esa factura común —que la rotura vanguardista de los moldes hechos preparó— me parece que la nota propia
y peculiar de Ballagas fue sobre todo ese júbilo fugar, ese sabor de
uva y ceniza a la vez, ese gozo elegíaco.

Lo de los versos "negros "fue sólo un episodio: a lo sumo, aquello
que él mismo dijo, "una aventura hacia otro acento", a veces con su
"inevitable prisión del ánima en la malla del ingenio". Si García
Lorca gitaneaba en España, ¿por qué no se había de negrear en
América? La estilización folk-lórica y cierto redentorismo social es-

taban entonces a la orden del día. Dentro de esa inevitable externi-
dad, entre pintoresca y patética, nadie, sin embargo, dio un acento
más tierno ni más limpio que Ballagas, con su alma de niño melancólico. A todos nos conmovió aquella elegía de María Belén Chacón,
a quien "la plancha de madrugada" le había quemado "el vértice
del pulmón", y aquella ternísima canción "Para dormir a un negrito".

Su vuelo, sin embargo, iba mucho más alto. Tanto, que acaso no
pudo cumplir todo su destino poético, porque se lo empezó a frenar
demasiado pronto aquella compaña de la muerte que él decía en su
Elegía sin nombre. No sé si esos versos de sus últimos tiempos, que
Chacón y Calvo le pondera y que no he leído, lograrían ya la mística
altura a que parecía destinado. Pero lo que hizo, basta para asegurarle un puesto entre los poetas cubanos más esenciales. Como su
calidad pura y noble de hombre le asegura, en cuantos le conocimos
y quisimos, un recuerdo perdurable.

Diario de la Marina, 1954

BIBLIOGRAFIAS

BIBLIOGRAFIA ACTIVA

NO POLITICA

La extensísima bibliografía activa de Mañach puede dividirse en dos grandes categorías: la política, cuyo tratamiento no corresponde a este libro, y la literaria y filosófica. Esta última aparece aquí dividida en los siguientes acápites: I. Libros; II. Folletos; III Publicaciones literarias; IV. Periodismo literario y Literatura en periódicos; V. José Martí; y VI. Dibujos.

Los acápices III y IV, por ser los más numerosos, se subdividen en secciones temáticas El III, en: Ficción, Arte Cultura, Filosofía y Literatura. El IV, en: Arte, Costumbrismo, Cultura, Filosofía, Literatura, Periodismo, Semblanzas y Viajes. El V se aparta de esas categorías generales para referirse a un tema muy concreto y de la predilección de Mañach: José Martí. Dada su especialidad, en él se reúne todo lo referente a Martí, cualquiera que haya sido el medio o la forma en que apareció. El VI indica la paginación de dos retratos en *Social* y catorce en *Revista de Avance*, en dibujos a línea o creyón hechos por Mañach en su juventud.

I. LIBROS

Glosario. La Habana, Editorial Ricardo Veloso, 1924.

Estampas de San Cristóbal. La Habana, Editorial Minerva, 1926.

Martí, el Apóstol. 1ra. ed. Madrid, Espasa-Calpe, 1933.

Martí, el Apóstol. 2da. ed. Colección Austral No. 252. Madrid, Espasa-Calpe, 1942. Hay ediciones sucesivas, hasta la 6a., 1973.

Martí: Apostle of Freedom. Translated from Spanish by C. Taylor. Preface by Gabriela Mistral. New York, Davin-Adair, 1950.

Martí, el Apóstol. Prólogo de Gabriela Mistral. New York, Las Américas Pub. Co., 1963.

Pasado vigente. La Habana, Editorial Trópico, 1939.

Historia y estilo. La Habana, Editorial Minerva, 1944.

Examen del quijotismo. Buenos Aires, Editorial Sudamericana, 1950.

Para una filosofía de la vida y otros ensayos. La Habana, Editorial Lex, 1951.

Visitas españolas. Lugares, personas. Madrid, Revista de Occidente, 1960.

Teoría de la frontera. San Juan, P. R., Editorial Universitaria, 1970.

Espíritu de Martí. San Juan, P. R. Editorial San Juan, 1973.

Frontiers in the Americas. A Global Perspective. Translated from the Spanish by Philip H. Phenix. Introduction by Lambros Comitas. Translator's Preface. Appendix, "Jorge Mañach on His Last Frontier," by Concha Meléndez. Teachers College Press, Columbia University. New York, London, 1975.

II. FOLLETOS

La crisis de la alta cultura en Cuba. La Habana, "La Universal", 1925.
La pintura en Cuba. La Habana, El Arte y la Literatura en Cuba, 1925.
Goya. La Habana, Revista de Avance, Ediciones 1928.
Indagación del choteo. La Habana, Revista de Avance, Ediciones 1928.
Indagación del choteo. 2da. ed., La Habana, La Verónica, 1940.
Indagación del choteo. 3ra. ed. revisada, La Habana, El Libro Cubano, 1955.
El pensamiento político y social de Martí. La Habana, Edición oficial del Senado, 1941.
La Universidad nueva. La Habana, Publicaciones Universidad de La Habana, 1942.
La nación y la formación histórica. La Habana, Academia de la Historia de Cuba, 1943.
Miguel Figueroa (1851-1893). La Habana, Editoral Siglo XX, 1943.
Semblante histórico de Varona. La Habana, El Siglo XX, 1949.
Discurso en el homenaje en memoria de José Martí y Zayas Bazán. La Habana, Editorial Siglo XX, 1963.
El pensamiento de Dewey y su sentido americano. La Habana, Comisión Nacional de la UNESCO, 1953.
Imagen de Ortega y Gasset. La Habana, Instituto Nacional de Cultura, 1956.
Universalidad de Alfonso Reyes. México, Dirección General de Difusión Cultural, 1957.
Luz y "El Salvador." La Habana, Ed. El Siglo XX, 1958.
El sentido trágico de la "Numancia." La Habana, Publicaciones de la Academia Cubana de la Lengua, 1959.
Dewey y el pensamiento americano. Madrid, Taurus, 1959.
Paisaje y pintura en Cuba. Madrid, Artes Gráficas Ibarra, 1959.
José Martí. La Habana, Edición Nuevo Mundo, 1960.

III. PUBLICACIONES LITERARIAS

FICCION

"Los húsares negros", *Social,* IX (Mar. 1924), 19. Canción rusa prosificada.
Belén, el Ashanti. La Habana: Nuestra Novela, 1925. Narración.
"Genoveva in fraganti (Primer capítulo de una novela en preparación)", *Social,* X (Nov., 1925), 31, 66-67.
"*Fantoches 1926.* Folletín moderno de doce escritores cubanos. Capítulo IV, 'Abrid a la Justicia'", *Social,* XI (Ab. 1926), 20-21, 97-98. Cooperativa: a capítulo por autor.
"Tántalo", *Revista de Avance,* Ag. 30, 1927, pp. 258-61. Cuento.
"El hombre que amaba el mar", *Revista de Avance,* Nov. 15, 1927, pp. 72-75. Cuento.
"O. P. No. 4", en *Evolución de la Cultura cubana,* ed. José Manuel Carbonell (La Habana, 1928), pp. 341-48 Cuento.

"Genoveva in fraganti", *Contemporáneos*, México, I, (junio, 1928), 129-48. Reelaboración del relato de 1925.
Tiempo muerto. La Habana, Cultural, 1928. Teatro.

ARTE

"Joaquín Sorolla", *Cuba Contemporánea*, XXXIII (1923), 275-89. Análisis acucioso de su obra, al morir el pintor.
"La pintura en Cuba desde 1900 hasta nuestros días", *Cuba Contemporánea*, XXXVI (Sep., 1925), 105-26.
"Painting in Cuba", *Inter-America*, New York, IX (Dic., 1925), 225-41. Traducción de sus conferencias de ese año.
"Un maestro cubano: Leopoldo Romañach", *Revista Bimestre Cubana*, XXI (Mar.-Ab., 1926), 174-89. Vida y obra.
"La pintura en Cuba", en *Evolución de la Cultura Cubana*, ed. José Manuel Carbonell (La Habana, 1928), XVIII, 255-66. Reimpresión de las conferencias de Bellas Artes.
"Amelia Peláez o el absolutismo plástico", *Revista de La Habana* (Sep., 1943) 32-38. Ruptura con la tradición.
"Del arte moderno y su óptica", en *Max Jiménez*, ed. Max Jiménez (La Habana: Seoane, 1944), pp. 3-48.
"Picasso", Revista de la *Universidad de La Habana*, XXXIV (En.-Jun., 1944), 52-64.
"Paisaje y pintura en Cuba", *Mundo Hispánico*, XI (Mar., 1958), 46-49. Palabras en la Exposición de Paisajes Cubanos, en Madrid.

CULTURA

"La nación y la publicidad", *Cuba Contemporánea*, XXXV (1925), 20-29. Necesidad de que se conozcan los valores cubanos.
"Vasconia, intérprete de España", *Cuba Contemporánea*, XXXVII, (1925), 318-25. Cómo ven a España los vascos ilustres.
"Utilitarismo y cultura", en *Evolución de la Cultura Cubana*, XI, 221-33. "Civilización es cultura más bienestar material."
"Esquema histórico del pensamiento cubano", *Diario de la Marina*, Número del Centenario, 1932. Reproducido en *Historia y estilo*, pp. 69-90.
"Evolución de la cultura en Cuba", *Cuadernos de la Universidad del Aire*, (1933), I, 653-61.
"Presente y futuro", *Cuadernos de la Universidad del Aire*, (1933), II, 597-603.
"Orígenes de la cultura en Cuba", en *Homenaje a Enrique José Varona*, (La Habana: Dirección de Cultura, 1935), pp. 153-61. Influencia de las condiciones histórico-coloniales.
"La inquietud cubana en la universal inquietud", *Ateneo Puertorriqueño* (2do. trimestre, 1936), 94-107.
"Personas y masas", *Repertorio Americano*, Sep. 24, 1938, p. 331. Sobre la "mitización" de las masas.
"La conciencia colectiva", *La nueva Democracia*, Nueva York, XXVIII (Oct., 1948), 36-41. De *Historia y estilo*, 36-45.

"Encuesta de *Crónica* sobre la cultura cubana: desnivel de nuestra cultura", *Crónica*, La Habana, I, Jun. 15, 1949, pp. 27-28.

"Palabras preliminares", en *Diálogos sobre el Destino*, por Gustavo Pittaluga (La Habana: Cultural, 1954) pp. 5-20.

"Religión y libertad en Latinoamérica", I, *Cuadernos del Congreso por la Libertad de la Cultura*, 11 (Mar.-Ab. 1955), 29-40. En lo sucesivo, citado como *Cuadernos*.

"Religión y libertad en Latinoamérica", II, *Cuadernos*, 12 (Mayo-Jun., 1955), 9-17.

"Vigencia de lo español en América", *Cuadernos*, 22 (En.-Feb., 1957), 15-21. Del concepto de lo español según Madariaga.

"La variación hispanoamericana", *Cuadernos*, 23 (Mar.-Ab., 1957), 6-12. Ajuste de lo español a lo americano.

"Evolución de las ideas y del pensamiento político en Cuba", *Diario de la Marina. Suplemento*, Sep. 15, 1957, pp. 59-64. Actualización del esquema histórico de 1932.

FILOSOFIA

"Proceso de la actitud filosófica", *Ultra*, La Habana, V (1938), 471-72. Resumen de una conferencia.

"Filosofía del quijotismo", *Revista de la Universidad de La Habana*, LXXVI (1948), 9-62.

"John Dewey y la evocación del pensamiento americano", *Revista Lyceum*, VIII (Nov. 1952), 66-68.

"Imagen de Ortega y Gasset", *Revista Cubana de Filosofía*, IV (En.-Jun., 1956), 104-25. Sus conceptos claves.

"Dualidad y síntesis de Ortega y Gasset", *Papeles de Son Armadans*, V (Ab., 1957) 13-32. Alianza de "pensamiento sensitivo y de sensibilidad caviladora de razón".

"El pensamiento de Dewey y su sentido americano", *Cultura*, El Salvador, XII (En.-Mar., 1958) 234-249.

"En el centenario de Bergson", *Revista de la Biblioteca Nacional José Martí*, I (1959), 18-41.

LITERATURA

"Las interpretaciones del Quijote", *Mercurio Peruano*, III (Dic., 1920), 443-62. Tres maneras de hacerlas.

"Una gran novela americana", *Repertorio Americano*, XIX, Jul. 27, 1929, pp. 56, 63. *Doña Bárbara*, de Gallegos.

"*Don Fernando*: una desviación literaria", *Revista Hispánica Moderna*, II, 2 (1936), 97-101. (En lo sucesivo, R.H.M.) Sobre la novela de Sommerset Maugham.

"Relieve de la literatura hispanoamericana", *Hispania*, XIX (1936), 75-84. "Laboreo, hallazgos y promesas."

"Relieve de la literatura hispanoamericana", *Revista Cubana*, V (Mar., 1936), 200-13. Reproducción del anterior.

"La literatura de hoy. Valle Inclán y la elegía de América", *R.H.M.*, II, 4 (1936), 302-06. Sobre *Tirano Banderas*.

"La literatura de hoy. Gabriela: alma y tierra", *R.H.M.*, III, 2 (1937), 106-10. Su mejor interpretación de la Mistral.

"[Manuel] González Prada y su obra", *R.H.M.*, IV 4 (1937), 14-24. Aparte del literario, "es el suyo un valor moral e histórico".

"La literatura de hoy. Carlos Reyles", *R.H.M.*, V, 1 (1939), 18-20. Visión panorámica.

"Francisco Ichaso, *Defensa del Hombre*", *R.H.M.*, V, 2 (1939), 34-35. Incorporado al ensayismo hispanoamericano.

"Pedro Henríquez Ureña, *La cultura y las letras coloniales en Santo Domingo*", *R.H.M.*, V, 2 (1939), 38-39.

"Liberación de Alfonsina Storni", *Revista Iberoamericana*, I (mayo, 1939), 73-76. Cómo liberarse del instinto.

"Presencia de Hernández Catá", en *Recordación de Alfonso Hernández Catá* (La Habana: La Verónica, 1941), pp. 13-25.

"El estilo en Cuba y su sentido histórico", *Anales de la Academia Nacional de Artes y Letras*, La Habana (1944), 24-89.

"De lo permanente en nuestro estilo", *Asomante*, San Juan, I, 2 (1945), 16-21.

"Discurso en la recepción pública del doctor José María Chacón y Calvo en la Academia de la Historia", en *Discursos leídos en la recepción pública del doctor José María Chacón y Calvo* (La Habana, El Siglo xx, 1945), pp. 87-104.

"Literary Homogeneity in the Caribbean", en *The Caribbean at Mid Century*, ed. A. C. Wilgus (Gainesville: University of Florida Press, 1951), I, 213-15. Aplica sus tesis taineanas para explicarla.

"Perfil de nuestras letras", *Boletín de la Academia Cubana de la Lengua*, I (Jul.-Sep., 1952), 348-69. Comienzo de la serie de ese título publicada en *Diario de la Marina*.

"Universalidad de Alfonso Reyes", *Cuadernos*, 15 (Nov.-Dic., 1955), 17-25.

"Heredia y el romanticismo", *Cuadernos Hispanoamericanos*, XXX (Febrero, 1957), 195-220. Lo clásico y lo romántico en el poeta.

"Gabriela y Juan Ramón o la poesía 'nobelable',", *Cuadernos*, 40 (enero-febrero, 1960), 57-61. Especulación sobre el Premio Nobel.

"Rosa náutica de Alfonso Reyes", *Asomante*, XVI (Ab.-Jun., 1960), 9-10. Idéntico a "Obra y gracia de Alfonso Reyes".

"Gusto y sensibilidad", *Islas* (En.-Ag., 1960), 323-28. Distingue, en poesía, entre frutos de la moda y del sentir permanente.

"Visitas españolas. Vicente Aleixandre", *Insula*, 162 (mayo, 1960), 3, 5. *Visitas españolas*, 255-68. Entrevista.

"Visita a [Gregorio] Marañón", *Insula*, 164-165 (Jul.-Ag., 1960), 6, 13. *Visitas*, 190-207. Entrevista.

"Obra y gracia de Alfonso Reyes", *Boletín de la Academia Cubana de la Lengua*, IX (En.-Dic., 1960), 21-34.

"La navidad poética de Cuba", *Studia Philologica. Homenaje a Dámaso Alonso* (Madrid: Gredos, 1961), II, 423-34. Estudia a Manuel de Zequeira, M. Justo Rubalcava y Manuel Pérez.

IV. PERIODISMO LITERARIO Y LITERATURA EN PERIÓDICOS

Se incluyen en este epígrafe ocho categorías de trabajos. Muchos de ellos se ajustan estrictamente al concepto de periodismo literario expuesto en el capítulo I. Es posible que algunos alcancen plenamente esa jerarquía. Tal evaluación es siempre subjetiva, pero lo que no parece dudoso es que esta relación da una idea del enorme esfuerzo publicitario de Mañach y, además, tal vez ayude a especialistas interesados en el desarrollo de la cultura republicana de Cuba, por la que tanto se preocupó Mañach.

La relación que a continuación aparece es casi total en lo que se refiere al *Diario de la Marina,* pero deficiente en cuanto a *Bohemia, El País* y *Acción,* por estar incompletas las colecciones que me han sido accesibles. En todo caso, en la mayoría de las fichas hay un comentario, necesariamente brevísimo, que con los títulos contribuye a describir el contenido de cada trabajo.

ARTE

DIARIO DE LA MARINA

1922

"G. T. El culto de lo feo", mañana, Oct., 22, p. 17. Tendencia estética europea que ve extenderse a Cuba.

"G. T. Realismo y decadencia", mañana, Oct., 26, p. 13. Se puede hacer arte exquisito sin anormalidad.

"G. T. Los dos ambientes", mañana, Oct., 27, p. 13. Las musas son humildes. El *atelier* es algo incidental.

"G. T. Arte retrospectivo", mañana, Nov., 11, p. 13. Sobre una Exposición de Arte Retrospectivo.

"G. T. A propósito de los humoristas", mañana, Nov., 24, p. 13. Anuncia exposición y juzga la nueva caricatura.

"G. T. Ex-conventual", mañana, Dic., 4, p. 20. Exposición "Habana antigua" en ex convento de Santa Clara.

"G. T. El Salón de Humoristas", I, mañana, Dic., 8, p. 24. Crítica de la exposición de caricaturas.

"G. T. El Salón de Humoristas", II, mañana, Dic., 9, p. 24. Continúa la crítica.

"G. T. El Salón de Humoristas", III, mañana, Dic., 10, p. 28. Termina la crítica.

"G. T. La exposición Campo-Hermoso", tarde, Dic., 23, p. 1. Comenta la obra pictórica de Guillermo Campo-Hermoso.

"G. T. Crítica y criticados", tarde, Dic., 27, p. 1. Defiende sus recientes críticas. Habla sobre crítica y criticados.

1923

"G. T. Tres o cuatro botellas", tarde, En., 11, p. 1. Con dinero que iba a sinecuras se pagaron réplicas de Velázquez.

"G. T. Griego y Greco", tarde, En., 12, p. 1. Elogia copias del Greco en el Museo de Historia y Bellas Artes.

"G. Las flores de Elvira Melero", tarde, En., 19, p. 1. Exposición de pinturas de flores.

"G. Luis Graner y su obra", tarde, En., 23, p. 1. Sobre su exposición de pintura.

"G. Mimí Aguglia y su pelo", tarde, En., 24, p. 1. *Glosario*, 367-70. Su melena, símbolo espiritual de la artista.

"G. El paisajista Domingo Ramos", tarde, Mar., 2, p. 1. Juicio sobre sus pinturas de paisajes cubanos.

"G. Andrés Segovia", tarde, Mar., 21, p. 1. *Glosario*, 371-75. Oyéndole tocar la guitarra.

"G. La exposición Fabiano", tarde, Mar., 23, p. 1. Sobre la picardía y el chic en sus dibujos.

"G. El Salón de 1923. Generalidades", tarde, Mar., 27, p. 1. Exposición de la Asociación de Pintores y Escultores.

"G. Del esfuerzo estético", tarde, Mar., 31, p. 1. Visita de Pablo Casals, traído por la Sociedad de Conciertos.

"G. El Salón de 1923. Los nuevos valores", tarde, Ab., 3, p. 1. Amelia Peláez, María Pepa Lamarque y Adriano Baster.

"G. Becas, becables y becados", tarde, Ab., 11, p. 1. Más comentarios sobre el Salón de 1923.

"G. Urbanismo y barbarismo", tarde, Ab., 12, p. 1. Comentarios sobre la estética y el proletariado.

"G. Los tres Cristos", tarde, Ab., 13, p. 1. Sobre el "Cristo" de Ramón Mateu.

"G. Los estímulos interiores", tarde, Ab., 14, p. 1. Carta en que pide al Museo que compre pinturas de Emilio Velo.

"G. Juan Manén", tarde, Ab., 20, p. 1. *Glosario*, 363-66. Sobre el músico catalán.

"G. Roura Oxandaberro", tarde, Ab., 24, p. 1. Exposición de paisajes americanos, por ese pintor catalán.

"G. Argudín y su obra", I, tarde, mayo, 11, p. 1. Sobre la exposición del pintor cubano Pastor Argudín.

"G. Argudín y su obra", II, tarde, mayo, 12, p. 1. Continuación.

"G. Sambugnac de Yugoslavia", tarde, mayo, 15, p. 1. Sobre sus esculturas.

"G. Sobre unos principios", tarde, mayo, 25, p. 1. Declaraciones de la Confederación de Alumnos de la Esc. de Pintura.

"G. La revelación Loy", tarde, mayo, 29, p. 1. Sobre la pintura de Ramón Loy.

"G. La enorme esperanza", tarde, mayo, 30, p. 1. Más sobre la pintura de Loy.

"G. Adoquines del infierno", tarde, Jun., 6, p. 1. Sobre el edificio de la Academia de Pintura San Alejandro.

"G. Del niño prodigio", tarde, Jun., 21, p. 1. Exposición pictórica del niño Antonio Valdés y Romero.

"G. Una bárbara economía", tarde, Jun., 22, p. 1. Contra supresión de subvención municipal a la Asociación de Pintores.

"G. De la dicha economía", tarde, Jun., 23, p. 1. Sigue la defensa de la Asociación de Pintores y Escultores.

"G. Vender bellamente", tarde, Jul., 28, p. 1. Elogia "Las Galerías", casa de cuadros que auspicia exposiciones.

"G. Apolo-Febo (Epistolar)", tarde, Ag., 10, p. 1. Comenta varias actividades artísticas del momento.

"G. De la exposición Sabater", I, tarde, Ag., 22, p. 1. Nota sobre la exposición pictórica de Daniel Sabater.

"G. De la exposición Sabater", II, tarde, Ag., 23, p. 1. Sobre el filosofismo pictórico de Sabater.

"G. Manuel García", tarde, Sep., 5, p. 1. Sobre la exposición del joven Manuel García en "Las Galerías".

"G. El Rheims ideal", tarde, Sep., 11, p. 1. Elogio de las pinturas de José Segura y, en particular, una mancha.

"G. Las botijas del poeta", tarde, Nov., 9, p. 1. Exposición de botijas decorativas en la Asoc. de Pintores y Escultores.

"G. El Salón de Humoristas", tarde, Nov., 29, p. 1. Sobre el Salón de 1923.

"G. Los demás valores humoristas", tarde, Dic., 1, p. 1. Continuación.

"G. La exposición Sánchez Araujo", tarde, Dic., 18, p. 1. Sobre sus pinturas en la Asociación.

"G. De Cantero a... Sánchez Felipe", tarde, Dic., 27, p. 1. Un episodio sentimental y heroico.

"G. Sánchez Felipe en Prado 44", tarde, Dic., 28, p. 1. Sobre la exposición de ese artista.

1924

"G. Después de ver 'El organillo',", tarde, En., 3, p. 1. Carta de Manuel Aznar sobre un espectáculo ruso.

"G. La exposición de arte ruso", I, tarde, En. 4, p. 1. De la Compañía Duvan Tarzoff.

"G. Al margen de la exposición rusa", II, tarde, En. 9, p. 1. Presentada en el *Diario de la Marina.*

"G. Prado 44: González Darna", tarde, En. 15, p. 1. Paisajista.

"G. Nosotros y los rusos", tarde, En. 16, p. 1. Próximo concierto de balalaikas.

"G. Del fallo y de la falibilidad", tarde, En. 22, p. 1. Sobre proyecto de edificio del Centro Asturiano.

"G. El concurso del Centro Asturiano", tarde, En. 24, p. 1. Debate arquitectónico.

"G. Para terminar", tarde, En. 29, p. 1. (Conclusión).

"G. El Salón de 1924", tarde, Feb. 12, p. 1. Juzga sus propias pinturas severamente.

"G. El Salón de 1924. Valores cardinales", II, tarde, Feb. 13, p. 1. Augusto Oliva, Roberto Caballero...

"G. El Salón de 1924. Más valores cardinales", III, tarde, Feb. 14, p. 1. E. Caravia, M. J. Lamarque, A. Peláez, G. Tejedor.

"G. El Salón de 1924. Los menos nuevos", IV, tarde, Feb. 15, p. 1. Melero, Rod. Morey, Valderrama, Velo, Capdevila.

"G. El Salón de 1924. Los dibujantes", V, tarde, Feb. 16, p. 1. H. Portell Vilá, J. M. Acosta, P. Valer, etc.

"G. El Salón de 1924. Balance", VI, tarde, Feb. 19, p. 1.

"G. 'La convaleciente',", tarde, Mar. 8, p. 1. Una anécdota sobre el cuadro de Romañach.

"G. Romañach", tarde, Mar. 11, p. 1. Historia de su carrera.

"G. La reacción cordial", Mar. 18, p. 1. Sobre un homenaje a Leopoldo Romañach.

"G. María Josefa Lamarque", Mar. 20, p. 1. Crítica de su obra.

"G. Los paisajes de Amelia Peláez", Mar. 21, p. 1. Crítica.

"G. A propósito de Rogelio Dalmau", tarde, Mar. 25, p. 1. Exposición de dibujos.

"G. Drudis Biada et al.", tarde, Mar. 29, p. 1. Sobre sus paisajes.

"G. Manuel Mantilla", tarde, Ab. 3, p. 1. Exposición.

"G. La exposición Mantilla", tarde, Ab. 5, p. 1. Pinturas.

"G. Influjos: Arthur Freedlander", tarde, Ab. 16, p. 1. Pinturas.

"G. Prado 44: Canals Ripoll", tarde, mayo 14, p. 1. Lienzos de Hipólito Canals Ripoll.

"G. Prado 44: Ricardo Bernardo", tarde, mayo 24, p. 1. Pinturas.

"G. Del esfuerzo estétito", tarde, Jun. 8, p. 1. Pinturas de Miguel Angel Santana.

"G. del martes". Más sobre Eduardo Abela, tarde, Jun 24, p. 1. Se adhiere a los elogios de otros críticos de pintura.

"G. del martes. En la sobremesa de Ricardo Bernardo", tarde, Jul. 1, p. 1. Palabras de Mañach en homenaje al pintor.

"G. del martes. Heterocarpia", tarde, Sept. 23, p. 1. Comentarios artísticos variados.

"G. El Salón de Humoristas", I, tarde, Nov. 28, p. 1.

"G. El Salón de Humoristas", II, tarde, Nov. 29, p. 1. Conclusión.

"G. La exposición Tarazona", tarde, Dic. 6, p. 1. Oleos y acuarelas de Fernando Tarazona.

"G. Radda: un artículo de André Salmon", tarde, Dic. 19, p. 1. Traducción.

"G. Radda y la ingenuidad", tarde, Dic. 23, p. 1. Exposición.

"G. El arte de Radda", II, tarde, Dic. 27, p. 1. Pintora árabe modernista.

1925

"G. Acto de cortesía", tarde, En. 6, p. 1. Más sobre la exposición de Radda.

"G. Temperamentos: [Eugenio S.] Olivera", tarde, En. 13, p. 1. Compara su pintura con la de Joaquín Mir.

"G. Temperamentos: Joaquín Mir", tarde, En. 14, p. 1.

"G. El encanto de la cooperación, o viceversa", tarde, En. 20, p. 1. Ayuda de la tienda "El Encanto" a una exposición.

"G. Don Juan [Sanchis Yago] y lo impecable", tarde, En. 21, p. 1. Dibujos de cabezas de mujer.

"G. Réplica a [Joaquín] Aristigueta", tarde, En. 24, p. 1. Autor de un ensayo sobre la pintura en Cuba.

"G. Acaba la réplica a Aristigueta", tarde, En. 29, p. 1.

"G. Epístola a un legislador", tarde, En. 31, p. 1. A Clemente Vázquez Bello, en pro de la Asoc. de Pintores y Escultores.

"G. La visita de Zuloaga", tarde, Feb. 10, p. 1. Pro colecta para comprar un lienzo de Ignacio Zuloaga.

"G. Epístola a Armando Maribona", tarde, Feb. 25, p. 1. Al comentar el Salón de 1925, se dirigirá al dibujante.

"G. Epístola sobre el Salón", II, tarde, Mar. 4, p 1.

"G. Epístola sobre el Salón", III, tarde, Mar. 6, p. 1.

"G. Termina la carta sobre el Salón [de 1925], tarde, Mar. 10, p. 1.

"G. La exposición [Jesús] Corredoyra", tarde, Mar. 21, p. 1. Pintura.

"G. Los gallegos en Cuba", tarde, Ab. 4, p. 1. Colecta para donar un lienzo de Corredoyra al Museo Nacional.

"G. Carta abierta al Presidente del Centro Gallego", tarde, Ab. 16, p. 1. Ordena tres lienzos a Corredoyra.

"G. La exposición Mariano Miguel", tarde, mayo 22, p. 1. Pintura.

"G. Más sobre la exposición Mariano Miguel", tarde, mayo 29, p. 1. En el *Diario de la Marina.*

"G. Jaime Valls, o la imperturbable maestría", tarde, Jul. 21, p. 1. Comenta sus dibujos mercantiles.

"Ensayos breves. Rafael Blanco en el Salón de Humoristas", mañana, Dic. 21, p. 18.

"G. De la maternidad pascual", mañana, Dic. 24, p. 18. Su pintura es "como un dogma materializado".

1926

"Ensayos breves. La 'Exposición de Pintura Española' en el *Diario*", mañana, En. 11, p. 16.

"Ensayos breves. La 'Exposición de Pintura Española' en el *Diario*", mañana, En. 18, p. 16.

"Ensayos breves. Romañach en el Salón de 1926", I, mañana, Mar. 1, p. 16.

"Ensayos breves. El Salón de Bellas Artes de 1926", II, mañana, Mar. 2, p. 16.

"Ensayos breves. El Salón de 1926", III, mañana, Mar. 5, p. 16.

"Ensayos breves. El Salón de 1926", IV, mañana, Mar. 6, p. 16. Termina su crítica.

1945

"G. Novedad en una iglesia", Feb. 20, p. 4. Un lienzo de Escobedo para el altar mayor de los Salesianos.

"G. Kleiber-Ivette", Mar. 1, p. 4. La pianista Ivette Hernández en la Filarmónica dirigida por Eric Kleiber.

"G. El arte chino y la canción cubana", Mar. 15, p. 4. Sobre una exposición y el Día de la Canción Cubana.

"G. [Richard] Neutra y su estela", Mar. 20, p. 4. Conferencia del famoso arquitecto.

"G. Tres exposiciones y una crisis", Jun. 7, p. 4. La crisis es del "principio estético".

1946

"G. En defensa de nuestras piedras viejas", Mar. 17, p. 4. Pro conservación de la vieja Iglesia de Paula.

"G. La pintura de Wilfredo Lam", Ab. 19, p. 4.

"G. De arte viejo y nuevo", Jun. 7, p. 4.

"G. O matarlos, o entenderlos", Jun. 9, p. 4. Habla de los artistas nuevos.

"G. Elogio y elegía del Bobo", Jun. 30, p. 4. Personaje caricaturesco creado por Eduardo Abela.

"G. Palabras para el día de Francia", Jul. 14, p. 35. Recital de música francesa de cámara.

"G. Arte de Ricardo Marín", Ag. 4, p. 35. Exposición pictórica.

"G. Una restauración ejemplar", Sep. 13, p. 4. La de la Iglesia de Santa María del Rosario.

"G. Escobedo y [Fidelio] Ponce", Nov. 6, p. 4. Exposición.

"G. Vistazo a una exposición francesa", Dic. 31, p. 4. De pintura y escultura.

1947

"G. Postalitas de Navidad", Dic. 5, p. 4. Exposición de originales en el Lyceum.

1948

"G. Osvaldo en el Lyceum", En. 21, p. 4. Quince paisajes.

"G. Un libro fundamental", Mar. 19, p. 4. *El Pre Barroco en Cuba*, por Francisco Prat Puig.

"G. Más sobre un libro fundamental", Mar. 21, p. 36.

"G. La Sala Romañach", Jun. 16, p. 4. Lienzos que adquirirá el Museo Nacional.

"G. De la múltiple actualidad", Dic. 17, p. 4. Esculturas de Ernesto Navarro en el Lyceum.

1949

"G. Arte en el Capitolio", Feb. 18, p. 4. Exposición de pintura clásica.

"G. Sobre un homenaje a [Pastor] Argudín", Mar. 18, p. 4. "Veterano de la paleta criolla".

"G. [Jorge] Arche o los pequeños heroismos", mayo 4, p. 4. Exposición.

"G. La fe magnífica del señor [Oscar] Cintas", mayo 27, p. 4. Donará valiosas obras y un edificio para instalarlas.

"G. Para los 'amigos de lo bello',", Sep. 25, p. 56. Exposición pictórica de Sandu Darie.

1950

"G. Otra vez por Zenaida [González Manfugás]", En. 12, p. 4. Pianista.

"G. El arte y la sociabilidad", En. 25, p. 4. Sobre la "Donación Cintas".

"G. Una carta sobre la Donación Cintas", En. 27, p. 4. Del doctor José E. Gorrín.

"G. Más sobre la Donación Cintas", En. 28, p. 4. Contestación a Gorrín.

"G. Recuerdo de la pintura de Osborne", Jun. 14, p. 4. Exposición.

1951

"R. Ilustraciones de Rebeca Robés", Mar. 15, p. 4. Dibujos para libros.

"R. Angelitos negros", Mar. 30, p. 4. Exposición de María Luisa Ríos.

1952

"R. [Rolando] López Dirube o el disparate estupendo", Ab. 27, p. 62. Pinturas.

1953

"R. A propósito de una exposición", Ab. 12, p. 56. Pinturas de José Ignacio Bermúdez.
"R. En el centenario de [Vincent] Van Gogh", Jun. 10, p. 4.
"R. Sobre el arte de [Fidelio] Ponce", Jul. 23, p 4. Juicio sobre sus dibujos.
"R. La exposición [Marina] Núñez del Prado", Oct. 29, p. 4. Opina sobre sobre sus esculturas.
"R. El Greco en el Capitolio", Dic. 30, p. 4. Copias por Juan Alberto Roses.

1954

"R. Valores en la Bienal: Aguiar", Jun. 2, p. 4A. Pintor.
"R. *Idem.:* Vázquez Díaz", Jun. 5, p. 4A. "Gran pintor".
"R. Cerámica cubana en el Lyceum", Sep. 12, p. 4D. De René Portocarrero.
"R. Querella y convivencia", Oct. 6, p. 4A. Propone tregua entre los "académicos" y los de "izquierda".
"R. La Escuela de María Fernanda [Ladrón de Guevara]", Oct. 15, p. 4A. "Escuela Moderna de Arte Dramático".
"R. Mariano Miguel y sus imágenes", Oct. 17, p. 4D. Valora su obra con motivo de su muerte.
"R. Pintura de [Arturo] Souto en el Lyceum", Nov. 17, p. 4A.

1955

"R. La pintura de Natacha", Jun. 16, p. 4A. Primera exposición de pinturas de Natalia Bolívar y Aróstegui.

1956

"Aguja de marear. [René] Portocarrero", Feb. 4, p. 4A. Exposición de cuadros nuevos.
"R. En torno a los grabados de Goya", Feb. 5, p. 4A. Grabados y aguafuertes en el Museo.
"La opinión en marcha. El nuevo [Eduardo] Abela", Jul. 22, p. 1D.

1957

"Ultramarinas. Un siglo de arte español", Mar. 7, p. 4A. Exposición en el Retiro de Madrid.

1959

"R. [Eduardo] Abela vuelve a la infancia", mayo 31, p. 4A. Exposición.
"R. Lo que se puede hacer con las manos", Oct. 20, p. 4A. Exposición de
Isabel Chappotin.

REVISTA DE AVANCE

1928

"Goya: reivindicador", mayo 15, pp. 109-10. Lo esencial de Goya fue el
ser vocero de su tierra, su estirpe y él mismo.
"Almanaque", mayo 15, p. 133. Relación de exposiciones con motivo del
centenario de Goya.
"Las exposiciones de mayo", Jun. 15, p. 163. Del dibujante Hernández
Cárdenas y el escultor Alberto Sabas.
"Exposición Gisbert", Jul. 15, p. 196. Referencia corta.
"Una exposición fotográfica de arquitectura mexicana", Oct. 15, p. 293.

1929

"El VIII Salón de Humoristas. *Veinte dibujos mexicanos de Maroto*",
En. 15, p. 28. Dos comentarios en uno.
"Exposición José Segura", Feb. 15, p. 60-61.
"El cameraman", Mar. 15, p. 89. Sobre una película de Buster Keaton.
"Exposición [María Pepa] Lamarque", Jul. 15, p. 217-18.

1930

"Exposición [Conrado] Massaguer", Mar. 15, p. 93. Sobre sus caricaturas.
"El artista y sus imágenes (Jaime Valls)", Ab. 15, pp. 112-16. Análisis esté-
tico partiendo de la psicología del pintor.
"Exposiciones", Ab. 15, p. 128. Apuntes sobre las de Valls, Fernando Tara-
zona y Mario Roldán.
"Exposiciones", Jun. 15, pp. 190-91. De Crispín Herrera, Gabriel García
Maroto y Carlos Enríquez.
"La exposición Maroto", Sep. 15, pp. 280, 282. Cuadros cubanos del pintor
mexicano.
"Exposición Roberto Caballero", Sep. 15, p. 288. Póstuma.

BOHEMIA

1946

"(Comentarios al Salón) Pintura y escultura en el Capitolio", I, probablemente Mar. 17. No encontrado el ejemplar.

10.

"(Comentarios al Salón) Pintura y escultura en el Capitolio", II, Mar. 24, pp. 46-47. Saldo de su evaluación.

1949

"Ponce, los modernos y los clásicos. (Tres notas de pintura)". Feb. 27, pp. 47, 73. Muerte del pintor. Dos exposiciones.
"El milagro de Alicia Alonso", Oct. 30, pp. 57, 113-14. Con motivo de la actuación de su ballet en Nueva York.

1950

"Pintura cubana en el Women's Club", Feb. 5, pp. 57, 109. Muy variada representación de clásicos y modernos.
"Un gran maestro cubano; Leopoldo Romañach", Mar. 5, pp. 55, 111. En sus bodas de oro como maestro.
"El Romañach de los años patéticos", Mar. 12, pp. 86, 94. Comenta, entre otros, su cuadro "La convalesciente".
"Final sobre Romañach", Mar. 19, pp. 67, 87. "Toda su ejecutoria ha sido una larga exigencia de sí mismo".
"Imágenes de lo viejo cubano. (Carta a Anita Arroyo)", Mar. 26, pp. 88, 97. Sobre una exposición en el Capitolio.
"Ante el *Macbeth* de Orson. Welles (Palabras ante el Dep. de Cinematografía de la U. de La Habana)", Ab. 23, pp. 65, 94.
"Wilfredo Lam en el Parque Central", Oct. 15, p. 93.

1952

"La Orquesta Filarmónica de La Habana", En. 20, pp. 50-51, 78. Sobre su historia, éxitos y dificultades financieras.

1953

"El Palacio de Bellas Artes. Un sueño que se está realizando", Jul. 12, pp. 52-53, 94.
"Verdad, belleza y pornografía", Ag. 9, pp. 56, 81-82. Pornografía, dice, es el evidente halago de instintos bestiales.

1954

"Plástica cubana en el Lyceum", Feb. 7, pp. 77, 80. "A guisa de preludio".
"Algo más sobre la exposición del Lyceum", Feb. 14, pp. 57, 97-98. Conclusión.
"¿Es ese Patronato de Bellas Artes lo procedente?" Ab. 4, pp. 57, 96-98. Crítica a la Ley-Decreto 1.317.

1960

"Mexicanerías y cubanerías", Jun. 12, pp. 58-59, 77. Exposición de Arte y Artesanía en la Plaza Cívica.

PUBLICACIONES DIVERSAS

"Ante el Verlaine de Carrière", *Social*, VIII (Jun., 1923), 14. *Glosario*, 329-32. Pintura de alma y físico del poeta.

"El porvenir de la pintura en Cuba", *Social*, IX (Sep., 1924), 13, 76. Parte de lo dicho en el Club de Bellas Artes.

"[Xesús] Corredoyra en Norteamérica", *Social*, XI (Oct., 1926), 19, 80. Exitos del pintor gallego en New York.

"Actualidad artística", *Grafos*, XII (Oct., 1945), 18. Pintura de Servando Cabrera Moreno: cubana, sin tropicalismo.

COSTUMBRISMO

Diario de la Marina

1922

"Impresiones. San Cristóbal de La Habana", mañana, Oct. 13, p. 13. Arquitectura y monumentos habaneros.

"G. T. Demos Kratos", mañana, Oct. 20, p. 13. *Glosario*, 263-67. Excesiva familiaridad del cubano.

"G. T. Miss Cheché se pone de largo", mañana, Oct. 25, p. 13. *Glosario*, 207-11. Las adolescentes en "sociedad".

"G. T. B-02", mañana, Oct. 31, p. 13. *Glosario*, 273-77. Tiranía del teléfono.

"G. T. Contra el aguijón", mañana, Nov. 4, p. 13. Exceso de anglicismos en el habla cubana.

"G. T. De nada, señora...", mañana, Nov. 6, p. 11. Sobre encargos a los viajeros.

"G. T. El momento púber", mañana, Nov. 7, p. 13. *Glosario*, 213-18. Critica la excesiva represión.

"G. T. El frágil encanto", mañana, Nov. 8, p. 11. *Glosario*, 218-23. La educación práctica en la mujer.

"G. T. Vandalismo", mañana, Nov. 10, p. 13. *Glosario*, 171-75. Sobre un pequeño incidente.

"G. T. Con la mano derecha", mañana, Nov. 13, p. 11. Sobre las virtudes de los chinos.

"G. T. El mentir de las 'Estrellas'," mañana, Nov. 14, p. 13. Influencia del cine en el "flirt" de las americanas.

"G. T. Como la vieja farola", mañana, Nov. 15, p. 13. *Glosario*, 153-55. Sobre el Morro habanero como símbolo.

"G. T. El niño viejo", mañana, Nov. 16, p. 13. *Glosario*, 159-63. Sobre un joven misántropo dado a los libros.

"G. T. Juana la alocada", mañana, Nov. 18, p. 13. *Glosario*, 309-13. La tragedia de una niña enferma.

"G. T. Doblez y duplicidad", mañana, Nov. 20, p. 11. Sobre el Ejército de Salvación.

"G. T. El joven de sociedad", mañana, Nov. 21, p. 13. *Glosario*, 285-89. Crítica de ese tipo humano.

"G. T. El idiota y las cosquillas", mañana, Nov. 23, p. 13. Sobre la risa por motivos psicológicos y fisiológicos.

"G. T. Contra la actualidad palpitante", mañana, Nov. 28, p. 13. Sobre una niña inmolada por brujos.

"G. T La prestancia del *knock-out*", mañana, Nov. 29, p. 13. Elogio del boxeo.

"G. T. Animalización directa", mañana. Nov. 30, p. 13. Consideraciones sobre el uso y el abuso del atletismo.

"G. T. Benditos tiempos", mañana, Dic. 1, p. 13. Por qué idealizamos el pasado.

"G. T. Seda y estraza", mañana, Dic. 2, p. 24 Continúan las reflexiones del día anterior.

"G. T. El segundo espectáculo", mañana, Dic. 5, p. 12. Las tertulias a las salidas de los cines.

"G. T. Del discutir", mañana, Dic. 6, p. 12. Cómo lo hacen los cubanos.

"G. T. Utilidad de la sangre", mañana, Dic. 7, p. 14. Si las transfusiones mezclaran las idiosincracias...

"G. T. Clarita y la de Merlín", mañana, Dic. 12, p. 24. Daño de algunos maestros a la curiosidad infantil.

"G. T. Virulillología", tarde, Dic. 14, p. 1. *Glosario*, 279-83. Define y analiza a la mujer "virulilla".

"G. T. Lo diáfano del envase", tarde, Dic. 15, p 1. *Glosario*, 269-72. Los cubanos se conocen por la franqueza.

"G. T. Vox clamantis", tarde, Dic. 19, p. 1. La moral: tema periodístico y capilla de pobre.

"G. T. Danza y mudanza", tarde, Dic. 21, p. 1. Sobre el intelectual y la práctica del baile y el boxeo.

"G. T. Un conductor", tarde, Dic. 26, p. 1. Sobre un conductor de tranvía, civilísimo y pulquérrimo.

"G. T. Intransigencia", tarde, Dic. 30, p. 1. Sobre una noche, buena por la hartura y el escándalo.

1923

"G. T. Fuera de tono", tarde, En. 2, p. 1. Sobre la persistencia en el uso de la fecha del año anterior.

"G. T. Los duelos con bolitas de pan son menos", tarde, En. 4, p. 1. Sobre algunas ironías.

"G. T. Nuestro lunfardo", tarde, En. 5, p. 1. *Glosario*, 297-301. Sobre el habla del cubano.

"G. T. La indócil", tarde, En. 13, p. 1. *Glosario*, 32-25. Sobre el maltrato de una sirvienta.

"G. La sobremesa intelectual", tarde, En. 18, p. 1. *Glosario*, 257-61. Es más viperina que la de las comadres.

"G. La Liga de la Benedicencia", tarde, En. 20, p. 1. Debería crearse contra la maledicencia.

"G. La indignación ruborosa", tarde, En. 27, p. 1. Psicología de los que escriben anónimos.

"G. Luminoso esparcimiento", tarde, En. 30, p. 1. Sobre un amigo de eterna juventud que echa "canitas al aire".

"G. Franciscanismo y folk-lore", tarde, Feb. 7, p. 1. Apuntes sobre una relación inaparente pero real.

"G. Practicismo y quijotismo", tarde, Feb. 9, p. 1. Diferente sentido de "experiencia" en los EE. UU. y Cuba.

"G. Miscelánea literaria", tarde, Feb. 13, p. 1. Diferencias entre el "bluff" americano y el "tupir" cubano.

"G. Del carnaval", tarde, Feb. 17, p. 1. Tipicidades del cubano.

"G. De la varia ingenuidad", tarde, Feb. 23, p. 1. La femenina ingenuidad es un cuento con mucho de particular.

"G. La vacación de la censura", tarde, Mar. 6, p. 1. Eso es el carnaval.

"G. Del indumento", tarde, Mar. 13, p. 1. Alabando las camisas de rayas finas. Significación moral y social del vestir.

"G. De la lluvia", tarde, mayo 5, p. 1. Reflexiones sobre la envidia, la vanidad y el orgullo.

"G. Al margen de Castelao", tarde, mayo 17, p. 1. El gallego es parecido al irlandés. Comenta crónica de Castelao.

"G. La mesa de las 'chaperonas'", tarde, mayo 18, p. 1. *Glosario*, 303-308. Un espectáculo patético.

"G. De la hospitalidad", tarde, mayo 22, p. 1. Cualidades de la vieja hospitalidad.

"G. En torno a un sombrero", tarde, mayo 31, p. 1. Desagradable impresión dada por algunos cubanos en el buque "Cuba."

"G. Eskimo pie", tarde Jun. 8, p. 1. Se pregunta de dónde han salido los vendedores de ese producto.

"G. El ponche de leche", tarde, Jun. 26, p. 1. Dos clases de ese ponche: el social y el intelectual.

"G. Del ponche de leche intelectual", tarde, Jun. 28, p. 1. Resumen de las cursilerías de algunos intelectuales.

"G. Del pudor y del mito", tarde, Jun. 30, p. 1. Reflexiones fundadas en juicios propios y de notables autores.

"G. A Sopo Barreto, en Matanzas", tarde, Jul. 27, p. 1. Con motivo de su "Crónica sentimental", sobre Matanzas.

"G. Las cosas y los hombres", tarde, Sep. 25, p. 1. Notas sobre flores de restorán, Fords, precio fijo, etc.

"G. La fea intención y la bella frase", tarde, Sep. 26, p. 1. Sobre las finezas verbales.

"G. El encanto de la ironía, o viceversa", tarde, Sep. 28, p. 1. Con motivo de una carta de una casa comercial.

"G. *El caballero que ha perdido su señora*", tarde, Nov. 15, p. 3. Comenta esa obra de Emilio Roig de Leuchsenring.

"G. En torno a la botella", tarde, Nov. 24, p. 1. Sobre la entrada gratis en los espectáculos.

1924

"G. Postalitas de Año Nuevo", tarde, En. 2, p. 1. Meditaciones.

"G. De la villa. Las tiendas de frutas", tarde, Feb. 26, p. 1. En La Habana.

"G. Del carnaval", tarde, Mar. 4, p. 1.

"G. Otra suerte de mantillas", tarde, Ab. 8, p. 1. Atavío de Semana Santa.
"G. Una noche en España...", tarde, Ab. 19, p. 1 Festival.

1945

"G. A lo largo del Muro", Ab. 1. p. 4. Con mayúscula, es el del Malecón habanero.
"G. El hombre del Prado", Ab. 8, p. 4. Sobre un educador popular.

1946

"G. Fiestas in Havana", Ab. 5, p. 4. Comparsas en vez de carnavales.
"G. Bienvenida al Cardenal criollo", Ab. 28, p. 4. Manuel Arteaga, primer Cardenal cubano.
"G. Gente sin destino", Oct. 20, p. 35. ¿Por qué el cubano hoy no parece contento?
"G. Elogio del hombre mediocre", Oct. 27, p. 35. ¿No fue un poco cruel José Ingenieros?
"G. Hay que ir haciendo el Nacimiento", Dic. 20, p. 4. "Lo importante es no morir para el espíritu."
"G. The morning after... Santiago", Dic. 25, p. 4. Comentarios sobre la Nochebuena.
"G. El fin de año y las deudas", Dic. 27, p. 4. Recuento de propósitos fallidos.

1947

"G. Viernes Santo ... Y Varadero", Ab. 4, p. 4. Duelo religioso transformado en fiesta.

1948

"G. De la grosería en la pantalla", Jun. 18, p. 4. Contra la vulgaridad de algunos artistas.

1949

"G. El destino y el barbero", Mar. 16, p. 4. Efectos de la curiosidad criolla y la incuria oficial.
"G. El caos de la verdad a medias", Ab. 9, p. 4. Ventajas sociales de la verdad "toda".
"G. Divagaciones sobre el 'mofle'", Oct. 14, p. 4. El ruido innecesario como "símbolo de la vida cubana".

1950

"G. Nostalgias de las postalitas", Mar. 17, p. 4. De historia de Cuba, en cajetillas de cigarrillos.

1951

"R. La crisis de los reyes", En. 6, p. 4. Los Reyes Magos desplazados por Santa Claus.
"R. Sobre las 'zetas' y las 'ces'", Oct. 31, p. 4. Sobre pronunciación del español.
"R. Arbolito y nacimiento", Dic. 23, p. 50. Querella entre símbolos pascuales.

1952

"R. Diálogo de Reyes", En. 6, p. 34. ¿Deben creer los niños en los Reyes Magos?
"R. La nieve y el espíritu", Dic. 2, p. 4. Influencia del clima.
"R. La actualidad y la niña fea", Dic. 12, p. 4. Artículo sentimental.

1954

"R. Los velorios y otras cosas", Mar. 24, p. 4. Ambiente jocundo y de tertulia.

1956

"Aguja de marear. La canasta", Jul. 5, p. 4A. Comentarios humorísticos sobre ese juego.

1959

"Aguja de marear. Nosotros y los toros", Ab. 7, p. 4A.
"*Idem*. Verismo y humorismo", Jul. 11, p. 4A. Sobre la conveniencia del humorismo.

REVISTA DE AVANCE

1928

"Visión del Rugby: Cuarto Down", Oct. 15, p. 286. Descripción impresionista, con metáforas de vanguardia.

BOHEMIA

1947

"Elogio de la guayabera y vejamen de la chambrita", Jun. 15, pp. 35, 55. Por qué la guayabera es típica y elegante.

1949

"En torno al arbolito de Navidad. (Tarjetas de Pascua)", Dic. 18, pp. 118, 170. Jesús nació en un clima cálido.

1950

"Barú, Clavelito y Compañía", Ag. 24, pp. 54, 91. Sobre la popularidad de las supersticiones.

1954

"La Signora y el Bembé. (Una estampa de Cuba en una revista italiana)", mayo 23, pp. 60-61, 85.
"Dos cartas de Italia y una apostilla cubana", Jul. 18, pp. 76-77. Sobre el mismo tema folklórico.

CULTURA

DIARIO DE LA MARINA

1922

"G. T. Una sabandija al sol", mañana, Oct 29, p. 15. *Glosario*, 225-29. La cultura es tendencia a enterarse.
"G. T. Vulgarización científica", mañana, Nov. 27, p. 11. Una conferencia del Dr. José Ramón Xiqués.
"G. T. Por Cajal y por nosotros", tarde, Dic. 28, p. 1. Santiago Ramón y Cajal. Dr. Honoris Causa de México.
"G. T. ¿Asistiré?", tarde, Dic. 29, p. 1. Exhortación en favor de las funciones de ópera

1923

"G. El anuncio y los libros", tarde, Feb. 8, p. 1. Los editores deben publicar libros por su cuenta y riesgo.
"G. Aguilas y cotorras", tarde, Feb. 10, p. 1. *Glosario*, 189-193. Una experiencia con su discípulo, el capitán Burke.
"G. Precocidad y procacidad", tarde, Feb. 14, p. 1. Tendemos a confundir la información con la cultura.
"G. De la actitud gubernamental", tarde, Feb. 22, p. 1. El Rey de Siam ordena traducir Shakespeare al siamés.
"G. De la inadvertida primavera", tarde, Ab. 10, p. 1. *Glosario*, 231-35. Sobre la influencia del clima en la cultura.
"G. De los libreros", tarde, Ab. 25, p. 1. El librero en grande, el librero con conciencia y el librero en viejo.

"G. Del buen librero", tarde, Ab. 26, p. 1. Condiciones a que debe ajustarse el librero moderno.

"G. El empresario y Ultra", tarde, mayo 9, p. 1. Sobre el ambiente en el teatro Principal de la Comedia.

"G. Positivismo circunstancial", tarde, mayo 24, p. 1. Propone crear sociedad de intercambio cultural hispanocubano.

"G. La *Revista Mensual de Cuba*", tarde, Oct. 2, p. 1. Saluda su aparición.

"G. *Lectura*, tarde, Oct. 3, p. 1. Menudita publicación de Guillermo Martínez Márquez.

"G. Acordes de la tierra", tarde, Oct. 9, p. 1. Festival musical patriótico de Ernesto Lecuona y Gonzalo Roig.

"G. Del prelado amable", tarde, Oct. 30, p. 1. Visita a Monseñor Guerra, arzobispo de Santiago de Cuba.

"G. Las preseas de Val-flor", tarde, Dic. 8, p. 1. Exhibición de joyas de esos marqueses lusitanos.

"Diez minutos de charla con el Cardenal Benlloch. Veinte con su secretario", mañana, Dic. 14, p. 1. Una entrevista.

1924

"G. La *Revista de Occidente*", I, tarde, Feb. 20, p. 1. Recién fundada por José Ortega y Gasset en Madrid.

"G. Ortega y Gasset y su revista", II, tarde, Feb. 21, p. 1. Impronta del fundador.

"G. La sociología de la melena", tarde, Mar. 27, p. 1. Efectos sociales de esa moda.

"G. Pro Varona y Sanguily", tarde, Jun. 7, p. 1. Bustos.

"G. del martes. La reclamación y el reclamo", tarde, Sep. 2, p. 1. Pídenle consejos sobre lecturas.

"G. del martes. La intervención educativa", tarde, Sep. 16, p. 1. Efectos de la educación de cubanos "en el Norte".

1925

"G. Carta abierta al Presidente del Centro Asturiano", tarde, En. 9, p. 1. En favor de una Biblioteca Circulante.

"G. De lo intelectual y de los intelectuales", tarde, En. 17, p. 1. En defensa del vocablo "intelectual".

"G. *Repertorio Americano* de [Joaquín] García Monge", tarde, Jun. 6, p. 1. Valoración.

"G. Los remedios a la crisis de la cultura", I, tarde, Jun. 23, p. 1. Bosquejo de un programa.

"G. Algunos remedios a la crisis de la cultura", II, tarde, Jun. 24, p. 1.

"G. Estímulos a la cultura. El premio Minerva", tarde, Jun. 27, p. 1. Creado por la Librería Minerva.

"G. El regalo símbolo", tarde, Sep. 26, p. 1. Una poesía al Presidente de la República.

"G. La institución cultural española", tarde, Octubre. 3, p. 1. La propicia para llevar intelectuales hispanos a Cuba.

"G. Platicando con Don Pepe", tarde, Oct. 17, p. 1. Conversación con la estatua de Don José de la Luz y Caballero.

"G. Ramiro Guerra y su *Historia*", [*de Cuba*], mañana, Dic. 7, p. 16. Al aparecer el Tomo II.

1945

"G. [José María] Chacón y Calvo y su intuición de España", Mar. 4, p. 4. Su ingreso en la Academia de la Historia.

"G. La visita y su idioma", Mar. 11, p. 4. Bienvenida a misión cultural francesa.

"G. Franceses en la Universidad", Mar. 13, p. 4. Reproduce su discurso de saludo.

"G. Para el Día del Idioma", Ab. 22, p. 4.

"G. Política del lenguaje", Ab. 24, p. 4. Sobre su mal uso.

"G. Gazapos en el huerto", Ab. 26, p. 4. En sus *Glosas*.

1946

"G. Saludo a la Feria", Ab. 7, p. 4. La del Libro Mexicano.

"G. Democracia del libro", Ab. 12, p. 4. Palabras en la Feria.

"G. El historiador de Pinar del Río", Ab. 17, p. 4. Pide declaren a Emeterio Santovenia hijo eminente de esa provincia.

"G. Cura del Idioma", Ab. 24, p. 4. En el Día del Idioma.

"G. 'Gentleman' y 'Caballero'", Ab. 26, p. 4. Precisiones.

"G. Ganas de llorar", Jul. 31, p. 4. Sobre la Biblioteca Nacional.

"G. Sobre la Universidad Católica", Ag. 25, p. 35. Importancia cultural de la de Santo Tomás de Villanueva.

"G. Finlay o la gloria difícil", Ag. 23, p. 4. Con motivo de una tarja en Panamá al sabio cubano.

"G. La marcha del tiempo", Sep. 1, p. 35. Más sobre Carlos J. Finlay

"G. Camino sin retorno", Oct. 6, p. 35. Sobre la Ley de protección del libro cubano.

"G. Más sobre la protección del libro", Oct. 9, p. 4. Comenta el proyecto de Santovenia.

"G. Graduación en la Colina", Nov. 29, p. 4. Importancia de esa ceremonia universitaria.

1947

"G. Paréntesis frente a la Historia", En. 8, p. 4. Sobre absolutismo y relativismo.

"G. [José] Vasconcelos y [Salvador] Madariaga", En. 26, p. 35. Dos posiciones contrapuestas.

"G. Leyendo a [Charles] Péguy", Mar. 5, p. 4. Traducción de *Nuestra Juventud*.

"G. Por las Artes y las Letras", Mar. 26, p. 4. Sobre el Día de las Artes y las Letras.

"G. El idioma y la dignidad", Mar. 28, p. 4. Sobre el Día del Idioma.

"G. El decoro del hablar", Ab. 23, p. 4. Más sobre el Día del Idioma.

"G. Alguaciles alguacilados", Ab. 27, p. 4. Continuación.

"G. [Elías] Entralgo y el pesimismo", Mayo 3, p. 4. "Períoca sociográfica de la cubanidad."

"G. Un homenaje al Quijote", Mayo 14, p. 4. Cómo educar para leer el Quijote.

"G. Los homenajes, [Fermín] Peraza y la bibliografía", Dic. 17, p. 4. Por su Anuario Bibliográfico Cubano.

1948

"G. La [Sociedad] Económica [de Amigos del País]: aniversario y biología", En. 9, p. 4. Cumple 155 años.

"G. César Rodríguez y los libros", Feb. 11, p. 4. Lo elogia por su libro *Apuntes bibliográficos*.

"G. Santo Tomás [de Aquino] y la calle", Mar. 11, p. 4. Pro divulgación del pensamiento católico.

"G. [Manuel] Sanguily desde Coral Gables", Mar. 27, p. 4. Con motivo del centenario de su nacimiento.

"G. [José de la] Luz y 'El Salvador'", Mar. 28, p. 36. Forja patriótica mediante la educación.

"G. Preludio a *Mudos testigos*", Ab. 4, p. 36. De Ramiro Guerra. Cómo quedó Cuba tras la Guerra de Independencia.

"G. La capa de García Sánchez", Ab. 7, p. 4. Sobre el estilo de sus charlas.

"G. El centenario de [Enrique José] Varona", Ab. 9, p. 4. Reproduce su partida de bautismo.

"G. Más sobre *Mudos testigos*", Ab. 11, p. 36.

"G. En el "Día del idioma", Ab. 23, p. 4. Su función vital.

"G. Sobre 'La antipatía hacia España'", Oct. 8, p. 4. Comenta un artículo de Ramón Pérez de Ayala.

"G. Carta abierta a Rómulo Gallegos", Nov. 28, p. 36. Con motivo del golpe militar que lo destituyó.

1949

"G. La radio y la tarde del domingo", En. 9, p. 36. Reanuda la Universidad del Aire, que inauguró en 1933.

"G. Noche gallega", En. 27, p. 4. Exposición de libros gallegos.

"G. Si llegamos a tener Museo", Feb. 3, p. 4. Visita de Mr. Taylor, director del Metropolitano de Nueva York.

"G. Los veinte años del Lyceum", Feb. 20, p. 36. Significación cultural de asociación femenina.

"G. La asamblea de Cambridge", Ab. 10, p. 36. Congreso en M.I.T. sobre efectos sociales del progreso científico.

"G. Traslado sobre el pulso de nuestra cultura", Jun. 22, p. 4. Evaluación de la cultura cubana.

"G. *Trimestre*, o las voces de la cultura", Oct. 21, p. 4. Sobre la revista dirigida por Ramiro Guerra.

"G. *Lyceum* y lo femenino", Oct. 26, p. 4. Sobre la revista de esa asociación.
"G. Se está movilizando la conciencia cubana", Oct. 30, p. 34. Resonancia del curso de la Universidad del Aire en C.M.Q.

1950

"G. Pena y gloria del Libro", Ab. 22, p. 4. Créase el Día del Libro.
"G. En el día del libro". Jun. 7, p. 4. Celébrase en el nacimiento de Antonio Bachiller y Morales.
"La renuncia de Torres Bodet y la nebulosidad de la 'Unesco'," Jun. 16, p. 1.
"Una apelación a la espiritualidad de los músicos de la Filarmónica", Jun. 22, p. 1.

1951

"R. Los recortes de la gloria", En. 18, p. 4. En defensa del sabio cubano Carlos J. Finlay.
"R. El Dr. [Gustavo] Pittaluga y las mujeres", En. 21, p. 44. Premiado por *Diálogos sobre el Destino*.

1952

"R. Marquina y el consentimiento español", En. 27. p. 46. Autor de: *Alma y Vida de Marta Abreu*.
"R. La prodigalidad de Rafael Marquina", En. 30, p. 4.
"R. Rigor e indulgencia en la crítica", Feb. 2, p. 4. Final.
"R. Los principios y la fuerza", Mar. 23, p. 52. Sobre el golpe militar del 10 de marzo.

1953

"R. El proceso cultural y el Ateneo", Jun. 28, p. 38. Elogio al Ateneo de La Habana.
"R. Noticias de la Universidad del Aire", Nov. 1, p. 34. Curso de formación cultural.
"R. Mesa redonda sobre el Museo", Nov. 5, p. 4. Con motivo de la Exposición Hispanoamericana.
"R. La Universidad del Pueblo", Nov. 7, p. 4. Función del Museo Nacional.
"R. Memorias de [Alfonso] Hernández Catá", Nov. 11, p. 4. Importancia de honrar a los escritores.
"R. Nota pascual sobre [Christopher] Dawson", Dic. 27, p. 38. Por la versión al español de *Religión y Cultura*.

1954

"R. [Gustavo] Pittaluga: obra para Cuba", En. 21, p. 4. De su prólogo a *Diálogos sobre el Destino*.

"R. Destino como vocación", En. 22, p. 4. Continuación.
"R. Extroversión de Cuba", En. 23, p. 4. Continuación.
"R. La dotación natural e histórica", En. 27, p. 4. Final.
"R. En busca de los tiempos idos", Feb. 5, p. 4. Sobre las Reflexiones histórico-físico, etc. (1797), de Francisco Barrera.
"R. Un médico de antañazo", Feb. 11, p. 4. Más sobre las *Reflexiones* publicadas por Lydia Cabrera y María T. Rojas.
"R. Prehistoria cubana: españoles y criollos", Feb. 14, p. 40. Continuación.
"R. Claroscuro de un cuadro viejo", Feb. 17, p. 4. Continuación.
"R. La fundación del Lyceum", Mar. 7, p. 46. En los 25 años del Lyceum.
"R. Comunidad y 'figurao',", Mar. 14, p. 46. El Lyceum contra el "figurao".
"R. Deporte y cultura en el Lyceum", Mar. 10, p. 4. Su responsabilidad pública.
"R. Lección nacional del Lyceum", Mar. 18, p. 4. Ejemplo de liberalismo y democracia.
"R. Redescubrimiento de España", Ab. 9, p. 4. Dice que ya no es tabú cultural ni en la Universidad.
"R. [Guillermo] Francovich, [Franz] Tamayo, et al", Jul. 9, p. 4A. Ingreso de Francovich en Artes y Letras.

1955

"R. Lo que a Ramiro Guerra debemos", Feb. 2, p. 4A. Como educador, historiador y economista.
"R. Más sobre el homenaje a Ramiro Guerra", Feb. 4, p. 4A.
"R. Universidades y política", Mar. 13, p. 4D. Sobre militancia política de los intelectuales.
"R. Más sobre intelectuales y política", Mar. 24, p. 4D. El deber de intervenir en tiempos críticos.
"R. Las formas y la substancia", Mar. 27, p. 4D. Pro restauración de las instituciones y su substanciación.

1956

"R. La reforma educacional", Feb. 22, p. 4A.
"Aguja de marear. Legitimación", mayo 26, p. 4A. Del "seseo".

1958

"Soledad y solidaridad", Sep. 5, p. 4A. Pro reciprocidad cultural entre España e Hispanoamérica.

1959

"R. La subsistencia del intelectual", Ag. 5, p. 4A. Sobre una idea de Suárez Solís sobre ayuda económica.
"R. Del intelectual y sus alimentos", Ag. 7, p. 4A.
"R. Para terminar", Ag. 9, p. 4A. Sobre la asistencia a escritores y artistas.

"R. Por el nacionalismo verbal", Ag. 30, p. 4A. Campaña para depurar la lengua.

"R. Nuestra propia medicina", Dic. 11, p. 4A. Discrepancia de la nueva generación "con los que ya peinan canas".

REVISTA DE AVANCE

1927

"En el centenario del Poverello", Jun. 15, pp. 163-65, 177. Fragmento de una conferencia sobre San Francisco.

"Una conversación con [Enrique José] Varona", Sep. 15, pp. 288-91. "Medio siglo al servicio de la inteligencia".

1928

"*El mito del hispanoamericanismo*, por Domingo Quiroga", Ab. 15, p. 98. Sobre el Día de la Raza.

"*La agonía antillana*, por Luis Araquistain", Jun. 15, p. 159. Comentarios a un libro muy influyente en su época.

"Indagación del choteo", Oct. 15, pp. 276-78. Fragmentos: "El choteo en la jerarquía de la burla" y "El choteo y el orden".

"*Palabras socráticas a los estudiantes*, por Arturo Cancela", Oct. 15, páginas 288-89. Lo juzga realmente socrático.

1929

"Inauguración del Lyceum", Mar. 15, p. 90. En la fundación de esa sociedad cultural femenina.

"Crisis de la ilusión", Nov. 15, pp. 321-25, 348. Critica la influencia de Estados Unidos en la cultura y la política cubanas.

BOHEMIA

1946

"(Cómo organizar nuestra cultura). La producción moral", Ab. 7, pp. 20, 60-61. Hay que "producir" cultura moral.

1947

"Para un curso de lecturas formativas", probablemente, entre En. 5 y Feb. 16 se publicaron los artículos de I a VI.

"Idem., VII y penúltimo. El océano contemporáneo", Feb. 23, pp. 41, 54. Recomienda extensa nómina de autores.

"La vida de la cultura. El Museo y un elefante blanco", Sep. 21, pp. 42-43, 78. Sobre instalación del Nacional.
"Memoria a Cervantes," Oct. 12, pp. 27, 56.

1948

"'El Salvador', vivero de hombres", Ab. 4, pp. 24, 56. Centenario de la fundación del colegio de Luz y Caballero.
"Examen de una contienda", Jun. 13, pp. 39, 78. Elecciones.

1949

"La Universidad del Aire", En. 9, pp. 25, 88-89. La radio al servicio de la difusión cultural.
"Situación y destino de Puerto Rico. Una entrevista con [Luis] Muñoz Marín", En. 16, pp. 44, 71-72.
"La frivolidad y el centenario de Varona", Mar. 13, p. 48. Dice que los cubanos no están preparados para honrarlo.
"Actualidad y destino de Cuba. (Introducción a un nuevo curso de la Universidad del Aire)", Oct. 9, pp. 92, 142.
"Tres mapas de lo cubano", Dic. 4, pp. 51, 111. *Atlas de Cuba*, Canet; *Panorama de la cultura*, Lizaso; *Esquema*, F. de Castro.
"Sugerencias para una política del libro. (En torno a la Feria del Libro)", Dic. 11, pp. 69, 85.
"Más sobre el problema del libro en Cuba. (Derivaciones de la Feria)", Dic. 25, pp. 106-107.

1950

"La observancia de los derechos humanos", En. 8, pp. 85, 88.
"Mensaje de dignidad y liberación (Glosa para divulgar un gran ensayo de Camus)", Feb. 12, pp. 67, 109-10.
"Los intelectuales de Febrero", Feb. 26, pp. 54-55, 211. Los que contribuyeron a preparar la Guerra de Independencia.
"Imagen de un destino nacional. (Palabras de clausura [de un curso] de la Universidad del Aire)", Jul. 2, pp. 85, 96.
"Biografía del Hombre. (El nuevo curso de la Universidad del Aire)", Oct. 1, pp. 60, 90. Recuento y programa.
"Ese museo, Dr. [Carlos] Prío", Oct. 8, pp. 93, 98.
"El problema de Puerto Rico", No. 26, pp. 66-67, 93.

1951

"Honra y estrago del idioma", Ab. 29, pp. 37, 82.
"Discurso del 27 de noviembre. La Universidad y los estudiantes", Dic. 9, pp. 64, 96.

1952

"El proceso de nuestra cultura", mayo 4, pp. 53-54, 76.

1953

"[Félix] Varela, el primer revolucionario", Mar. 22, pp. 52, 74. Artículo que ganó el premio "José I. Rivero".

1954

"El trasfondo del Lyceum", Mar. 7, pp. 78-79. Obra cultural.
"Nuestra habla Cenicienta", Ab. 25, pp. 62-63, 96. Con motivo del Día del Idioma (abril 23).
"Coloquio para hoy sobre un libro de ayer", mayo 2, pp. 57, 80-81. Sobre *Utopía*, de Tomás Moro.
"Otro emparedado de lengua. (Con algunos embutidos)", mayo 16, pp. 6, 112-13. Sobre adulteración del idioma.
"Reportaje de Chile", Jul. 4, pp. 22, 110-11. Sobre el Congreso por la Libertad de la Cultura.
"Presencia y exilio de [Félix] Varela. (Evocación de ayer con sentido para hoy)", Dic. 26, pp. 44-45, 108.

1960

"Entre [Albert] Camus y Alfonso Reyes. (Diálogo post-mortem)", En. 17, pp. 44, 88-89. Dos visiones del mundo.
"El Templo y la Rampa", Feb. 28, pp. 47, 95. Dos aspectos de la cultura en Cuba.
"(En el Día de Cervantes). Sentido político del idioma", Ab. 24, pp. 50, 73. Como expresión de comunidad.
"El gran camino de los libros", Jul. 3, pp. 38, 79. Nuevo curso de la Universidad del Aire.

PUBLICACIONES DIVERSAS

"G. El trance de la pasión culta", *Acción*, Dic. 4, 1940, pp. 1, 7. Dice que reanudará sus "Glosas" literarias.
"G. de lo mismo y un ejemplo", *Acción*, Dic. 6, 1940, pp. 1, 7. Avidez intelectual juvenil, y ambiente refractario.
"El Mundo tiene que recobrar su voz verdadera, que es la voz del espíritu, la voz de la razón y de la cultura", *Acción*, Dic. 25, 1940, pp. 1, 7. Discurso en el homenaje que se le rinde al ingresar en el profesorado de la Universidad.
"G. Una carta y su respuesta", *Acción*, Mar. 20, 1941, pp. 1, 7. Sobre la cubanía de Domingo del Monte, José de la Luz y José A. Saco.

FILOSOFIA

DIARIO DE LA MARINA

1945

"G. Una cura de filosofía", Jun. 12, p. 4. Sobre recientes pláticas.

1948

"G. De nuestro querer filosófico", Nov. 14, p. 36. Palabras en la Sociedad de Filosofía.

1949

"G. ¿No era filósofo Varona?", Feb. 23, p. 4. Con motivo del centenario de su nacimiento.
"G. 'La filosofía de Varona'," Ab. 14, p. 4. Reproduce su conferencia en la Universidad de La Habana.
"G. El momento universal de Varona", II, Ab. 15, p. 4.
"G. Ubicación cubana de Varona", III, Ab. 16, p. 4.
"G. Temperamento y filosofía", Ab. 17, p. 36. Conclusión.
"G. La plenitud de Varona", Ab. 29, p. 4. Final de una evocación en la Academia de la Historia.
"G. El 'vivere' y el 'philosophari'," Nov. 9, p. 4. Subsidios para el III Congreso Internacional de Filosofía.

1950

"R. Palabras en la Sociedad de Filosofía", Oct. 18, p. 4. Al reanudar ésta sus actividades.

1952

"R. Preocupación de palabras", En. 13, p. 34. Con motivo del *Diccionario de Filosofía* de José Ferrater Mora.
"R. Marco para un perfil de [John] Dewey", Jul. 10, p. 4. Porción de una conferencia.
"R. Dewey y el espíritu americano", Jul. 12, p. 4. Conclusión.
"R. Reparos a propósito de Dewey", Jul. 29, p. 4. Contestando un artículo de Medardo Vitier.

1953

"R. Sobre la historia", Nov. 14, p. 4. Sobre "Idea de la Historia de la Filosofía".

"R. El hecho filosófico y su historia", II, Nov. 15, p. 34. Continuación.
"R. Valor, didáctica, estimación", III, Nov. 18, p. 4. Final.

1954

"R. La amistad a la cultura francesa", Feb. 26, p. 4. Sobre "Descartes y
el cartesianismo".
"R. Nota por San Agustín", Nov. 14, p. 4D. En los 1,600 años de su naci-
miento.
"R. La época de San Agustín", Nov. 28, p. 4D. Continuación.
"R. La crisis del mundo antiguo", Dic. 4, p. 4A. Influencia de su época en
su transformación espiritual.
"R. Resplandor de San Agustín", I, Dic. 19, p. 4D. Su mundo fue crítico,
como el nuestro.
"R. *Idem.*", II, Dic. 23, p. 4A. El testimonio de las *Confesiones:* conflicto
entre lo pasional y lo espiritual.
"R. *Idem.*", III, Dic. 30, p. 4A. Continuación.

1955

"R. Resplandor de San Agustín", IV, En. 7, p. 4A. Su conversión.
"R. Vuelta a las andadas agustinianas", V, En. 16, p. 4D.
"R. Resplandor de San Agustín", VI, En. 19, p. 4A.
"R. *Idem.*", VII, En. 22, p. 4A.
"R. *Idem.*", VIII, En. 26, p. 4A.
"R. *Idem.*", IX y final, En. 28, p. 4A.

REVISTA DE AVANCE

1929

"*La filosofía y las relaciones internacionales*", Jul. 15, p. 214. Obra de Co-
riolano Alberini.

1930

"Signos de Waldo Frank", En. 15, pp. 18-21, 32. Bases filosóficas de su
"visión" en *The Rediscovery of America.*
"Las conferencias de [José] Vasconcelos", Sep. 15, p. 286. Sobre su tesis
de una filosofía indoamericana.

BOHEMIA

1946

"¿Es necesaria una filosofía de la vida?", Jun. 23, pp. 35, 58. Reconstruye
conferencia en el Lyceum, Ag. 30, 1944.

"(¿Es necesaria una filosofía de la vida?), II. La vitalidad y su milagro", Jun. 30, pp. 27, 50.

1949

"La filosofía de Varona, (Conferencia en la Universidad)", I, Ab. 10, páginas 49, 90.
"La filosofía de Varona", II, Ab. 17, pp. 50, 94.
"La juventud de Varona", mayo 8, pp. 10, 124-25.

1954

"El Padre de la Democracia. (Diálogo en la Universidad del Aire)", Sep. 19, pp. 59, 82-85. Sobre John Locke.

1956

"Saldo de Ortega y Gasset", Mar. 18, pp. 13, 123. Analiza sus valores y deméritos literarios y filosóficos.

1960

"Una vieja voz por la Libertad", Mar. 6, pp. 47, 97-98. Sobre John Stuart Mill y su libro *On Liberty*.

LITERATURA

DIARIO DE LA MARINA

1922

"G. T. La sombra de Alejandro", mañana, Nov. 9, p. 13. Sobre el seudocinismo literario.
"G. T. Vindicación", mañana, Nov. 22, p. 13. Confusión cubana de la crítica con la difamación.

1923

"G. T. La endogamia del idioma", tarde, En. 6, p. 1. Aboga por su evolución según reglas de la propia lengua.
"G. T. Moda y modo", tarde, En. 9, p. 1. Conferencia de Jacinto Benavente sobre "La filosofía de la moda".
"G. T. Categorías de la incomprensión", tarde, En. 10, p. 1. Con motivo de la conferencia de Benavente.

"G. Se hace saber", tarde, En. 16, p. 1. Elogio al actor Sergio Acebal por su librillo *Casos y cosas*.

"G. El libro de Uncal", tarde, En. 25, p. 1. Sobre *El hombre de la pipa*, de José María Uncal.

"G. De la actualidad poética", tarde, Feb. 1, p. 1. Cómo Lizaso y Fdez. de Castro preparan una antología.

"G. Benavente y el Premio Nobel", tarde, Feb. 2, p. 1. Aprecia los méritos del dramaturgo español.

"G. La novedad de Benavente", tarde, Feb. 3, p. 1. Ha sido de expresión más que de fondo.

"G. Por Cyrano y por Crispín", tarde, Mar. 3, p. 1. Superioridad del personaje de Rostand.

"G. Del cubanismo en el teatro", tarde, Mar. 8, p. 1. Está en el espíritu de la obra, no en el autor o el tema.

"G. Item más", tarde, Mar. 14, p. 1. Contesta carta de Sergio Acebal sobre el cubanismo en el teatro.

"G. Al margen de *La comedia femenina*", tarde, Ab. 21, p. 1. Comenta la obra recién publicada por León Ichaso.

"G. El martirio del obeso", tarde, Ab. 27, p. 1. Comenta *Le martyre de l'obèse*, por Henri Béraud.

"G. El día de España o la España al día", tarde, mayo 8, p. 1. Propone crear "El día de Cervantes".

"G. Un perro, Vautel y la resignación", tarde, Jun. 19, p. 1. Sobre una crónica de Clément Vautel en París.

"G. *Hermanita*", tarde, Ag. 7, p. 1. Sobre el reciente libro de poemas de Agustín Acosta.

"G. *Hermanita*", II, tarde, Ag. 8, p. 1. Lo compara con *Ala*, anterior libro de Acosta.

"G. *Bronces de libertad*", tarde, Ag. 16, p. 1. Poemas de Ernesto Fernández Arrondo.

"G. *Perlas y piruetas*", tarde, Ag. 17, p. 1. Reciente libro de Ricardo A. Casado.

"G. Hombres-cohetes", tarde, Ag. 21, p. 1. Contesta tres cartas sobre una nota suya a un prólogo de Benavente.

"G. En torno al estilo", tarde, Sep. 20, p. 1. Critica las oraciones largas y el excesivo casticismo.

"G. En torno al estilo", II, tarde, Sep. 21, p. 1. Sobre los galicismos y neologismos.

"G. *Epistolario de gesta*", tarde, Oct. 5, p. 1. Sobre *Medio siglo de historia colonial de Cuba*, de F. de Castro.

"Hace de esto unas horas. Lo que piensa Blasco Ibáñez sobre esto y lo de más allá", mañana, Nov. 20, p. 1. Entrevista.

"G. Blasco y los estudiantes", tarde, Nov. 22, p. 1. Sobre negativa estudiantil a oír a Blasco Ibáñez.

"G. Ichaso, Cheché y yo", tarde, Dic. 4, p. 1. Diálogo sobre el libro de León Ichaso, *La comedia femenina*.

"G. *Hércules en Yolcos*", tarde, Dic. 5, p. 1. Reciente libro de Emilio Gaspar Rodríguez.

1924

"G. La elegía de sí mismo", tarde. En. 5, p. 1. Recital poético de Rogelio Sopo Barreto.

"G. Dos libros de mujer", tarde, En. 30, p. 1. *Girones del alma*, de María Catasús, y *El Relicario*, de Graciela Garbalosa.

"G. Lamar, Nietzsche, Zarathustra", tarde, Feb. 28, p. 1. Sobre *La palabra de Zarathustra*, de Alberto Lamar Schweyer.

"G. Preliminando un comentario", tarde, Mar. 13, p. 1. Sobre crítica literaria periodística.

"G. En torno a un ideario", tarde, Mar. 14, p. 1. Sobre *El surco de dos razas*, de Jorge Roa.

"G. Berta Singerman", tarde, mayo 6, p. 1. Sus recitaciones.

"G. La curiosa curiosidad", mañana, mayo 19, p. 24. Correspondencia con Isaac Goldberg.

"G. *Seis personajes en busca de un autor*", mañana, mayo 20, p. 3. Sobre la representación de la obra de Pirandello.

"G. *Los argonautas*", tarde, mayo 27, p. 1. Pláceme a José María Uncal por esa antología poética.

"G. Primaveral", tarde, mayo 29, p. 1. Sobre traducciones de Rudyard Kipling y Jean Sarment.

"G. De la oratoria y los géneros", tarde, Jun. 10, p. 1. Sobre un discurso de Mario García Kohly loando a Benavente.

"G. del martes. *Nuestra novela*, nuestro libro", tarde, Jul. 8, p. 1. Elogio de esa publicación periódica.

"G. del martes. Momentos de una excursión romántica", tarde, Ag. 12, p. 1. Visitan los "minoristas" a Agustín Acosta.

"G. del martes. En la sobremesa de [Andrés] Eloy Blanco", tarde, Ag. 19, p. 1. Homenaje al poeta.

"G. del martes. Un sumario de historia galaica", tarde, Sep. 9, p. 1. *Historia de Galicia*, por Ramón Marcote.

"G. Las multitudes y los iniciados", tarde, Dic. 2, p. 1. Polémica con Suárez Solís sobre apreciación artística.

"G. El nuevo idioma castellano", tarde, Dic. 13, p. 1. Carta de García Monge sobre otra de Ventura García Calderón.

1925

"G. La novela cubana", tarde, Feb. 7, p. 1. Qué debe ser.

"G. Más sobre la novela cubana", tarde, Feb. 14, p. 1. Polémica con Rafael Suárez Solís.

"G. *Teresa la de Urbervilles*", tarde, Feb. 18, p. 1. Sobre la traducción de la novela de Thomas Hardy.

"G. El ácido en la anca", tarde, Feb. 21, p. 1. Más sobre la novela cubana.

"G. Hergesheimer: un amador de Cuba", tarde, Feb. 28, p. 1. El autor de *San Cristóbal de La Habana* visita Cuba.

"G. *Los astros ilusorios* de Ramón Rubiera", tarde, Ab. 11, p. 1. Crítica.

"G. Doña Margarita de Alcahli", tarde, Ab. 18, p. 1. Novelista, poetisa y pintora valenciana, de visita en Cuba.

"G. *Los énfasis antiguos*, de [Rafael] Esténger", tarde, Ab. 25, p. 1. Elogioso comentario.

"G. *En nombre de la noche*, de [Arturo Alfonso] Roselló", tarde, mayo 2, p. 1. Crítica de su poesía.

"G. *Medallas*, de Francisco Izquierdo", tarde, mayo 13, p. 1. Comentario de esos versos.

"G. 'Algo' sobre las *Crónicas volanderas*", tarde, mayo 16, p. 1. Libro de Luis Somines.

"G. *Burla burlando*, de Alvarez Marrón", tarde, Jun. 13, p. 1. Comentario.

"G. Versos de Felipe Pichardo Moya", tarde, Jul. 4, p. 1. En *La ciudad de los espejos y otros poemas*.

"G. *La comedia masculina*, de [León] Ichaso", tarde, Ag. 13, p. 1. Complemento de *La comedia femenina*.

"G. Porfirio Barba Jacob", tarde, Oct. 24, p. 1. Le pide que recite en público.

"G. De Chesterton y su *San Francisco de Asís*", mañana, Dic. 1, p. 18. Comentarios.

"Ensayos breves. Mariano Brull: *Quelques poèmes*", mañana, Dic. 15, p. 18. Sobre la traducción de *Algunos poemas*.

"Ensayos breves. [Ventura] García Calderón: *Récit de la vie américaine*", I, mañana, Dic. 31, p. 18. Comentarios.

1926

"Ensayos breves. Narraciones sobre la vida americana", mañana, En. 5, p. 18. Termina comentario sobre García Calderón.

"Ensayos breves. Reflexiones sobre la poesía y su decadencia", I, mañana, En. 25, p. 14.

"Ensayos breves. De la poesía y su decadencia", II, mañana, Feb. 2, p. 16. Conclusión.

"Ensayos breves. El problema del libro indígena", mañana, Mar. 22, p. 16. Pro "Liga de Escritores de América".

1945

"G. Biografía de [Antonio] Maceo", Jun. 14, p. 4. Por L. Zarragoitia Ledesma.

"G. Acuse de recibo a Angel Lázaro", Jun. 21, p. 4. Carta al poeta con motivo de un recital.

"G. ...Y va de cuento", Jun. 28, p. 4. Otorgado el Premio Hernández Catá al cuentista Antonio Ortega.

"G. Valéry o la angustia de la inteligencia", Jul. 31, p. 4. Con motivo de su muerte.

"G. El P.E.N. Club", Sep 23, p. 4. Constituido el de Cuba.

"G. Convivencia y valoración", Oct. 5, p. 4. Palabras en el P.E.N. Club.

1946

"G. Con vistas a Oriente", Mar. 6, p. 4. Repercusión de las actividades del P.E.N. en Santiago de Cuba.

"G. Carta a Gayol Fernández", Mar. 15, p. 4. Sobre *Teoría literaria*, tomo II.
"G. Gabriela: alma y tierra", I, mayo 24, p. 4. Reproduce un artículo suyo en *R.H.M.*, en 1936.
"G. *Idem.*, II, mayo 25, p. 4.
"G. *Idem.*, III, mayo 26, p. 4.
"G. Aniversario del P.E.N.", Sep. 29, p. 35. Balance.
"G. Eminencias de antaño y responsabilidades de hoy", Sep. 4, p. 4. Sobre la Biblioteca de Autores Cubanos.
"G. Despedida de María Zambrano", Sep. 6, p. 4.
"G. de filosofía y humildad", Sep. 18, p. 4. Contestación a Rafael García Bárcena en relación con María Zambrano.
"G. Punto y aparte", Sep. 25, p. 4. Sobre *Historia y destino*, de Avelino Cañal.
"G. Las esencias criollas", Dic. 4, p. 4. Sobre *Trinidad de Cuba*, por Esteban de Varona.
"G. Libros. Yolanda y una tilde", Dic. 8, p. 35. Sobre *Murmure de l'aube*, versos de Y. Avilés Ramírez.
"G. *Zola y Rodin*", Dic. 29, p. 35. Libro de Mireille García de Franca.

1947

"G. La mujer-el Dr. [Gustavo] Pittaluga la descubre", En. 5, p. 4. Sobre su libro *Grandeza y servidumbre de la mujer*.
"G. Mrs. [Erna] Ferguson y la mirada ajena". En. 12, p. 35. Sobre su libro *Cuba*.
"G. Un proyecto y sus quiebras", Feb. 9, p. 4. Anuncia una serie de trabajos sobre historia literaria cubana.
"G. Fondo y legado", Feb. 16, p. 4. Explica cómo será la serie prometida.
"G. Perfil de nuestras letras, I-b): La conquista y los factores humanos", Feb. 23, p. 35.
"G. *Idem.*, I-C) Esquema de la evolución cultural", Mar. 2, p. 35.
"G. *Idem.*, II-A) La doble impronta inicial", Mar. 9, p. 4.
"G. *Idem.*, II-B) Las obras prototípicas", Mar. 16, p. 4.
"G. *Idem.*, II-C) El 'Espejo de paciencia',", Mar. 23, p. 4.
"G. *Idem.*, II-D) Más sobre el 'Espejo de paciencia',", Mar. 30, p. 4.
"G. *Idem.*, II-E) La primera lírica", Ab. 6, p. 4.
"G. *Idem.*, III-A) La factoría y sus gérmenes", Ab. 13, p. 4.
"G. *Idem.*, III-B) Imitación y formalismo", Ab. 20, p. 4.
"G. *Idem.*, III-C) Lo barroco y lo espontáneo", mayo 4, p. 4.
"G. *Idem.*, III-D) El villareño Surí", mayo 11, p. 4.
"G. *Idem.*, III-D) Transición a lo dieciochesco", mayo 18, p. 4.
"G. *Idem.*, III-E) El Padre Capacho", mayo 25, p. 4.
"G. *Idem.*, III-G) *El Príncipe jardinero*", Jun. 1, p. 4.
"G. *Idem.*, IV-A) Introducción al iluminismo", Jun. 8, p. 4.
"G. *Idem.*, IV-B) Los primeros historiadores", Jun. 15, p. 4.
"G. *Idem.*, IV-C) Urrutia y Valdés", Jun. 22, p. 4.
"G. *Idem.*, IV-D) La reforma ideológica y el Padre Caballero", Sep. 7, p. 4.
"G. *Idem.*, IV-E) El neoclasicismo", Sep. 14, p. 4.
"G. *Idem.*, IV-F) Zequeira (a)", Sep. 21, p. 4.
"G. *Idem.*, IV-F) Más sobre Zequeira y Arango", Sep. 28, p. 4.

"G. *Idem.*, IV-C) Rubalcava, poeta meditativo", Oct. 12, p. 4.
"G. *Idem.*, IV-I) Pérez y un soneto", Oct. 19, p. 4.
"G. *Idem.*, V-I) Didáctica del país", Oct. 26, p. 4.
"G. Filosofía del quijotismo", I, Oct. 31, p. 4. Serie sobre una conferencia dada en la Universidad de La Habana.
"G. II — El trasfondo de Don Quijote", Nov. 1, p. 4.
"G. 3 — Lo medieval y lo moderno", Nov. 2, p. 4.
"G. Las figuraciones de Don Quijote", Nov. 5, p. 4.
"G. La epopeya del engaño", Nov. 7, p. 4.
"G. Locura y personalidad", Nov. 9, p. 4.
"G. El ideal de Don Quijote", Nov. 12, p. 4.
"G. Dulcinea y el Honor", Nov. 14, p. 4.
"G. El Caballero y la bondad activa", Nov. 16, p. 4.
"G. X — La Justicia de Don Quijote", Nov. 19, p. 4.
"G. La ciudad de Dios en la tierra", Nov. 21, p. 4.
"G. XII — El demasiado querer", Nov. 23, p. 4.
"G. Las dos mitades humanas", Nov. 26, p. 4.
"G. XIV — Quijotismo: carácter e historia", Nov. 28, p. 4.
"G. XV — Ultimo sentido del Quijote", Nov. 30, p. 4.
"G. Perfil de nuestras letras. V-2) Romay, Arango y Parreño", Dic. 14, p. 37.
"G. *Idem.*, VI-I) La transición prerromántica", Dic. 21, p. 34.
"G. *Idem.*, VI-2) Varela: vida en perfil", Dic. 28, p. 36.
"G. Poética para fin de año", Dic. 31, p. 4. Contesta preguntas sobre poesía.

1948

"G. Perfil de nuestras letras, VI-3) El maestro Varela", En. 4, p. 36.
"G. *Idem.*, VI-4) La reforma vareliana", En. 11, p. 36.
"G. *Idem.*, VI-5) La enseñanza del pensar", En. 25, p. 36.
"G. *Idem.*, VI-6) Las posiciones doctrinales y su doble origen", Feb. 8, p. 36.
"G. *Idem.*, VI-7) Las lecciones de Varela", Feb. 29, p. 36.
"G. Sobre una tarea interrumpida", Jun. 20, p. 36. Promete reanudar "Perfil de nuestras letras".
"G. Epístola a [Medardo] Vitier y Miguel de Marcos", Jun. 24, p. 4. Por sus libros: *La filosofía en Cuba* y *Fotuto*.
"G. Perfil de nuestras letras, VI-7). Las lecciones de Varela (b)", Oct. 31, p. 36.
"G. Recuerdo de Gustavo Sánchez Galarraga", Nov. 5, p. 4. Comentarios sobre su poesía.

1949

"G. La ausente presencia de [Baldomero] Sanín Cano", En. 30, p. 36. Homenaje del Instituto de Literatura Iberoamericana.
"G. El prestigio y un Congreso", Feb. 9, p. 4. Pide ayuda para el IV Congreso del Inst. Int. de Lit. Iberoamericana.
"G. Carmina [Benguría] y la recitación", Mar. 23, p. 4. Sobre un recital.

"G. Sobre el menester crítico en Cuba", Oct. 12, p. 4. Señala que apenas hay crítica literaria.

"G. Labrador Ruiz: *Trailer de sueños*", Oct. 16, p. 34. Crítica.

"G. Breve réplica a Cintio Vitier", Oct. 28, p. 4. Sobre "cierta" poesía nueva en Cuba.

"G. [Ricardo A.] Latcham y nuestras letras", Dic. 6, p. 4. Sobre intercambio de obras literarias.

1950

"G. Prometeo en el parque", En. 15, p. 34. Representaciones populares de ese Grupo.

"G. Los 'mamotretos' de Ortega y Gasset", Feb. 11, p. 4. Comenta carta de Julián Marías sobre *La razón vital*, de Ortega.

"G. En la muerte de [Alberto] Gerchunoff", Mar. 5, p. 34.

"G. La Peregrina y las samaritanas", Mar. 22, p. 4. Día de las Artes y las Letras en el aniversario de la Avellaneda.

"G. La aventura crítica", Mar. 26, p. 34. Sobre *Manuel Sanguily: historia de un ciudadano*, de Octavio R. Costa.

"G. El ajeno disentimiento", Mar. 29, p. 4. César García Pons y O. R. Costa critican al crítico.

"G. Las cosas en su punto", Mar. 30, p. 4. Contestación a César García Pons.

"G. Una consulta literaria", Ab. 27, p. 4. Sobre traducción de un soneto de Edna Saint-Vincent Millay.

"R. Versos de [Ernesto] Fernández Arrondo", Sep. 27, p. 4. Comenta *Hacia mí mismo*.

1951

"R. ¿Qué es Poesía?", Ab. 15, p. 48. Comentarios sobre lo que es un poeta y lo que es poesía.

1953

"G. *Razón y pasión de Sor Juana*", Mar. 27, p. 4. Libro de Anita Arroyo.

"R. Nota sobre el teatro de [Rafael] Suárez Solís", Ab. 29, p. 4. Estreno de *Las Tocineras*.

"R. Poesía de Marta Vignier", Jun. 23, p. 4. *Gozo y dolor de ser* y *Canciones desde tu amor*.

1954

"R. Prólogo a *Patria Nueva*", En. 15, p. 4. Poemas de Israel Rodríguez González.

"R. El doctor [Raimundo] Lazo y las generaciones", Feb. 19, p. 4. Aplicación a la historia literaria.

"R. La generación del 25", Feb. 21, p. 42. Continuación.
"R. [Mariano] Brull y la traducibilidad de la poesía", Ab. 21, p. 4. Sobre *Bien que...*, traducción de un poemario suyo.
"R. Del claroscuro poético", Ab. 23, p. 4. Continuación.
"R. El nacimiento de América", Jul. 7, p. 4A. Comenta "A xesta de como a America nascen da melodia", del Padre Rubinos.
"R. Homenaje a Alfonso Reyes", Ag. 25, p. 4A. Uniéndose a la iniciativa de Félix Lizaso.
"R. Correspondencia con Alfonso Reyes", Sep. 8, p. 4A. Esclareciendo interpretaciones.
"R. [Max] Henríquez Ureña: el Modernismo", Sep. 19, p. 4D. Sobre *Breve historia del Modernismo*.
"R. Lo que a [Eugenio] D'Ors le debemos", Sep. 29, p. 4A. Con motivo de su muerte.
"R. En el centenario de [Federico] Schelling", Nov. 25, p. 4A.
"R. Té y simpatía —en otro sentido", Dic. 12, p. 4D. El cine es té y el teatro simpatía.

1955

"R. Universalidad de Alfonso Reyes", I, Dic. 4, p. 4C. En sus cincuenta años de escritor.
"R. *Idem.*", II, Dic. 7, p. 4A. Continuación.
"R. *Idem.*", III, Dic. 10, p. 4A. Continuación.
"R. *Idem.*", IV, Dic. 14, p. 4A. Continuación.
"R. *Idem.*", V, Dic. 17, p. 4A. Continuación.
"R. *Idem.*", VI, Dic. 18, p. 4C. Continuación.
"R. *Idem.*", VII, Dic. 21, p. 4A. Final.

1956

"R. El vacío de Ortega", En. 6, p. 4A. En la muerte de Ortega y Gasset.
"R. Los universales poéticos del P. Gaztelu", En. 11, p. 4A. Sobre el poemario *Gradual de laudes*.
"R. El urbanizador", En. 13, p. 4A. Sobre Ortega y Gasset.
"R. La música celestial del P. Gaztelu", En. 22, p. 4A.
"R. Ortega y la espontaneidad", En. 29, p. 4A. Continuación sobre Ortega.
"Aguja de marear. *El caballito verde*", Feb. 9, p. 4A. Cuentos de Anita Arroyo y Antonio Ortega.
"R. Dicciones y contradicciones", Mar. 27, p. 4A. Contestación a Miguel F. Márquez de la Serra.
"R. Ortega y el relativismo", Ab. 1, p. 4A. Continuación.
"R. Positivismo y metafísica en Ortega", Ab. 5, p. 4A. Continuación.
"Perfil de nuestras letras, VII-8). La miscelánea filosófica de Varela", mayo 6, p. 4C.
"Nuestras letras, 36) Varela en *El Habanero*", mayo 13, p. 4C.
"*Idem.*, 37) Varela en *El Habanero*", mayo 20, p. 4C. Continuación.
"*Idem.*, 38) Las *Cartas a Elpidio* (a)", mayo 27, p 4C.
"*Idem.*, 39) Política y religión en las *Cartas a Elpidio*", Jun. 3, p. 18C.
"*Idem.*, 40) Varela: impíos y creyentes", Jun. 10, p. 4C.

"*Idem.*, 41) Herejes y fanáticos", Jun. 17, p. 4C.
"*Idem.*, 42) Superstición y tolerancia", Jun. 24, p. 4C.
"*Idem.*, 43) Final sobre Varela", Jun. 27, p. 4A.
"*Idem.*, 44) Raíces de Heredia", Jul. 6, p. 4A.
"*Idem.*, 45) Heredia revolucionario y romántico", Jul. 12, p. 4A.
"*Idem.*, 46) El drama de Heredia", Jul. 20, p. 4A.
"*Idem.*, 47) La psicología romántica", Jul. 25, p. 4A.
"*Idem.*, 48) El amor romántico", Ag. 1, p. 4A. En Heredia.
"*Idem.*, 49) La poesía civil", Ag. 8, p. 4A. De Heredia.

1957

"Ultramarinas. Ensayo y estreno en Madrid", Mar. 13, p. 4A. Crónica sobre *La Estrella de Sevilla*.

1959

"R. De lo auténtico en poesía", Jun. 23, p. 4A. Autenticidad y originalidad.
"R. El último libro de [Rafael] Marquina", Jul. 9, p. 4A. *La mujer, alma del mundo*.
"R. Respuesta oblicua", Ag. 22, p. 4A. Correspondencia con el poeta José Guerra Flores.
"Aguja de marear. Antiguo y moderno", Ag. 26, p. 4A. Sobre *Cantigas de novo xeito*, del padre José Rubinos.
"R. *Un estilo de amor*", Sep. 5, p. 4A. Epistolario romántico de Luis Alejandro Baralt y Celis.

REVISTA DE AVANCE

1927

"Vanguardismo", I, Mar. 15, pp. 2-3. Tesis: *Ismo* es éxito. La cruzada de la vanguardia ya es escuela.
"*Idem.*, II, La fisonomía de las épocas", Mar. 30, pp. 18-20. Sobre el "imperativo categórico del tiempo".
"*Idem.*, III, El imperativo temporal", Ab. 15, pp. 42-44. Resumen: la mayor cantidad de actualidad en la menor de lenguaje.
"Grandeza y servidumbre del adjetivo", mayo 30, pp. 140-42. Sobre su función expresiva.
"*Girola*, de Antonio Marichalar", Jun. 15, pp. 176-77. "Divagaciones en torno al misterio de la estética actual".
"Un ensayista cubano. Francisco José Castellanos: Precursor", Ag. 15, pp. 215-20. Al publicarse *Ensayos y diálogos*.
"*Los comienzos literarios de Zenea*, J. M. Chacón", Ag. 15, p. 238. Comentario sobre el ensayo de Chacón y Calvo.
"*Reflejos*, por Xavier Villaurrutia", Ag. 30, pp. 264-65. "Percepción fugaz de los dobles de las cosas".

"*Revista del Grupo Minorista de Matanzas*", Ag. 30, p. 265. Dando cuenta de su aparición.
"*La nueva poesía en Cuba*, de Regino Boti", Oct. 30, p. 53. Elogio de ese ensayo crítico.
"Motivos del ¡ay! y del ¡hurra! (En el centenario del Romanticismo)". Nov. 30, pp. 89-95.

1928

"*Apuntes*, de Renée Méndez Capote de Solís", En. 15, p. 18. Nota de estímulo.
"*El último evangelio*, por Ricardo Pérez Alfonseca", En. 15, p. 27. Comentario impresionista.
"*Solares, cuentos cubanos*, por Librado Reina", Feb. 15, p. 58, 60. Comentario amable, pero no entusiasta.
"*Almanaque de las artes y las letras*, por Gabriel García Maroto", Feb. 15, p. 60, 62. Reseña informativa.
"Hay algo nuevo bajo el sol", Mar. 15, p. 43. Tesis: los nuevos temas son frutos de la nueva sensibilidad.
"*Palacio Salvo. Poemas*, por Juvenal Ortiz Saralegui", Jun. 15, pp. 161-62. Distinción entre poesía de moda y de modo.
"Márgenes al *Goya* de Ramón", Ag. 15, pp. 210-14. Analiza la greguería de Gómez de la Serna, aplicada a Goya.
"*Return Ticket*, por Salvador Novo", Nov. 15, p. 330. Crítica.
"*Dama de corazones*, por Xavier Villaurrutia", Nov. 15, p. 331.

1929

"Jorge Basadre, *Equivocaciones*", En. 15, p. 26. Elogia sus ensayos. (Publicado, en un volumen, con el siguiente de L.A.S.).
"Luis Alberto Sánchez, *Se han sublevado los indios, Esta novela peruana*", En. 15, p. 26. Comentado junto con el anterior.
"Crítica de: *El convidado de papel*, por Benjamín Jarnés", Feb. 15, pp. 58-59. Muy elogioso comentario.
"Letras", Mar. 15, pp. 86-87. Apuntes sobre *La revolución mexicana*, por Luis Araquistain; *Carlos Mérida*, por Luis Cardoza Aragón; *Del casco al gorro frigio*, por Gonzalo de Quesada; y *La arquitectura de la vida nueva*, de Miguel Angel Asturias.
"Vértice del gusto nuevo", mayo 15, pp. 130-38. Sobre el conflicto entre el arte puro y el comprometido.
"*La fleur au fusil*, por Jean Galtier-Boissière", mayo 15, p. 153. Sobre esta obra antibelicista.
"*El jayón*, por Concha Epina", mayo 15, p. 153. Sobre su reedición.
"*Le Voleur d'enfants*, de Jules Supervielle", Jun. 15, p. 184. Comentarios sobre su estructura y contenido.
"*El imperio mudo*, por Luis Rodríguez Embil", Jun. 15, p. 184. Sobre sus crónicas y comentarios de la guerra de 1914.
"*Doña Bárbara*, por Rómulo Gallegos", Ag. 15, p. 245. Advierte su importancia y predice su resonancia continental.

"*Le nègre*, por Philippe Soupaul", Sep. 15, p. 279. Apuntes sobre esa novela.
"*Littérature espagnole*, por Jean Cassou", Oct. 15, p. 310. Comentario muy elogioso de esa sinopsis.
"*Paula y Paulita*, por Benjamín Jarnés", Nov. 15, p. 343. La elogia por su técnica, sin protagonista.

1930

"*Santa Teresa y otros ensayos*, por Américo Castro", Feb. 15, pp. 57-58. En él la historia pasa de lo factual a lo lógico.
"*Volpone o El Zorro*, de Ben Jonson. Adaptación de Luis Araquistain", Feb. 15, p. 58. Araquistain, su traductor ideal.
"*Riesgo y ventura del Duque de Osuna*, por Antonio Marichalar", mayo 15, p. 155. Intento de tematizar un asunto.
"*La montagne ensorcelée*, por Francisco Contreras", mayo 15, p. 155. Gravitación de la Naturaleza sobre el Hombre.
"*The Weary Blues y Fine Clothes to the Jew*, por Langston Hughes", Jun. 15, pp. 187-88. Sutil análisis psicológico.
"*Versos y oraciones de caminantes*, por León Felipe", Jun. 15, p. 188. Poesía de "misticismo altivo, casi herético".
"*Lancelot 28º-7º*, por Agustín Espinosa", Jun. 15, p. 188. Le critica la "brillante oscuridad".
"*La literatura peruana*, por Luis Alberto Sánchez", Jul. 15, pp. 220-21. Libro de importancia peruana e interés americano.
"*Le forçat innocent*, por Jules Supervielle", Jul. 15, p. 221. "El misterio alucinador de la propia entraña selvática".
"*Leonela*, por Nicolás Heredia", Ag. 15, p. 251.

BOHEMIA

1945

"El P.E.N. Club y sus intenciones", Sep. 30, pp. 35, 41. Explica sus fines y posibilidades de servicio a Cuba.

1948

"*Cabezota* y la novela cubana", Oct. 3, pp. 43, 66-67. Obra de Ramón A. Rodea. Recomienda optimismo constructivo.
"Cartas sobre la mesa", Oct. 24, pp. 53, 74. Más sobre la novela cruda. Reflexiones sobre la crisis cultural.

1949

"Despedida a los letrados americanos", Ab. 24, pp. 53, 90, Del IV Congreso Internacional de Literatura Iberoamericana.

"El arcano de cierta poesía nueva. (Carta abierta al poeta José Lezama Lima)", Sep. 25, pp. 78, 90.
"Reacciones a un diálogo literario. (Algo más sobre poesía vieja y nueva)", Oct. 16, pp. 63, 107.
"Final sobre la comunicación poética", Oct. 23, pp. 56, 112-13. Las tres cartas son analizadas en el texto.

1950

"(El Premio Nobel de Literatura). La terna del idioma", Ab. 16, pp. 71, 91. Alfonso Reyes, Ortega y Gasset y R. Gallegos.

1954

"El gran suceso que fue *Doña Bárbara*", Ag. 8, pp. 55-56, 89. En los 25 años de la novela de Rómulo Gallegos.
"Carta a Agustín Acosta. (En el cincuentenario de sus primeros versos)", Dic. 5, pp. 38, 95-96.

1955

"Lo que se cuenta a los niños", Dic 25, pp. 57, 81-82. Sobre literatura infantil y la Editorial del Libro Cubano.

1956

"Regalo de Reyes y otros recuerdos", En. 8, pp. 55, 112. Sobre el cuento, así titulado, de O. Henry (William S. Porter).

1960

"El testamento de [Albert] Camus", En. 31, pp. 75, 82. Sobre sus ideas y la función del artista.

PUBLICACIONES DIVERSAS

"Los Minoristas sabáticos escuchan al gran Titta [Rufo]", *Social*, IX (Feb., 1924), 23, 47, 77.
"G. Política vs. Estética", *El País*, tarde, mayo 31, 1928, p. 3. Polémica entre Walter Lippmann y George J. Nathan.
"El congreso mundial del PEN Club", *La Voz*, New York, Jun. 7, 1939, p. 7.
"Acuse de recibo a Angel Lázaro", *Grafos*, XI (Jun., 1945), 12-13. Elogia su "poesía natural y sacramentada".

PERIODISMO

DIARIO DE LA MARINA

1922

"Glosas trashumantes", mañana, Nov. 2, p. 13. Explica por qué ha escogido ese título para su sección.
"G. T. Los ricos pobres", tarde, Dic. 13, p. 1. Sobre la misión cultural y moral del periodista.

1923

"Glosas", tarde, En. 17, p. 1. Explica por qué ha reducido el título de su sección a una palabra.
"G. De la prensa y del coloquio", tarde, Ab. 19, p. 1. Contra la truculencia. La mujer puede redimir el coloquio.
"G. El periodismo del interior y viceversa", tarde, Jul. 24, p. 1. Sobre *El periodismo en Artemisa*, por Armando Guerra.
"G. Aramburu", tarde, Sep. 15, p. 1. Elogio del periodista con motivo de su muerte.
"G. Ley de amor", mañana, Nov. 13, p. 3. Agradece comentarios sobre sus "Glosas" dedicadas a ciudades del interior.

1925

"G. El clima espiritual", tarde, Sep. 19, p. 1. Explica por qué su columna aparece poco en el periódico.

1945

"G. Recuerdo y programa", Feb. 11, p. 4. Anuncia su retorno al *Diario de la Marina.*
"G. En el homenaje a [Sergio] Carbó", Mar. 8, p. 4. Por el "Justo de Lara".
"G. Algo más sobre un premio", Ab. 10, p. 4. Acerca de si el "José I. Rivero" debe ser literario o periodístico.
"G. Aires de antaño y de hogaño", Jun. 5, p. 4. Explica por qué hace menos periodismo literario.
"G. [Eduardo] Abril [Amores] en Oriente", Jun. 19, p. 4. Sobre su libro de artículos en el *Diario de Cuba.*

1946

"G. Responsabilidad de la prensa", Mar. 1, p. 4. "La libertad no puede andar a la greña con la justicia".

"G. Más sobre el oficio y su responsabilidad", Mar. 3. p. 4. El periodista debe respetar la honra ajena.

"G. Sentimientos y resentimientos", Nov. 1, p. 4. Agradece apoyo a sus anteriores juicios.

1947

"G. Nuestra frustración", Ab. 2, p. 4. Niega que haya resentimiento en sus críticas de la vida pública.

1948

"G. Por entre las columnas", Ab. 22, p. 4. Bienvenida a Emilio Ballagas por su nueva sección "Peristilo", en el *Diario*.

1949

"G. Carta al Director", Jun. 19, p. 70. Solicita una sección dominical reservada para los jóvenes literatos.

1952

"R. En la sobremesa de César García Pons", Jun. 26, p. 4. Premio periodístico "José I. Rivero".

"R. Historia: continuidad y libertad", Jun. 27, p. 4. En el homenaje a García Pons.

1953

"R. Laudo a José R. Hernández Figueroa", Feb. 18, p. 4. Premio "Justo de Lara", por "Los insumergibles".

"R. El cuidador de ideas", Mar. 25, p. 4. Loa a Joaquín García Monge en los 33 años de *Repertorio Americano*.

"Premio 'José I. Rivero': Varela, el primer revolucionario", Jul. 1, p. 4. Reproducción de su artículo en *Bohemia*.

1954

"R. Bienvenida a Ernesto Ardura", Mar. 31, p. 4. Elogio por haber ganado el Premio "Justo de Lara".

"R. Duelo de periodistas", mayo 16, p. 50. En la muerte de Enrique H. Moreno.

1955

"R. El *Diario* y los jóvenes", Mar. 6, p. 4D. Espacio dominical para nuevos escritores: "Promesa de la juventud".

"R. De la cordialidad en el gremio", Mar. 17, p. 4A. En pro del diálogo amistoso.

1957

"Ultramarinas. La miga de Mingote", Mar. 17, p. 2D. Comentando sus caricaturas en el *ABC* de Madrid.

REVISTA DE AVANCE

1927

"Las de Voronoff en el *Diario*", mayo 15, p. 123. "Suplemento Literario" de J. A. Fdez. de Castro en el *D. de la Marina*.

BOHEMIA

1946

"Balance de una encuesta. En favor de los problemas", Sep. 15, pp. 41, 58, 65. El público pide temas nacionales.

1948

"*El Siglo* y la crisis cubana", Oct. 17, pp. 48, 89-90. Al cumplir 12 años el semanario cívico de Raimundo Menocal.

1953

"Discurso del Premio [José I.] Rivero", Jul. 5, pp. 79, 88-89. Por su artículo de *Bohemia* sobre Félix Varela.

PUBLICACIONES DIVERSAS

"El decenario de *Social*", *Social*, XI (Feb., 1926), 9. "Es una institución a la vez espiritual y sensual".
"Carta de Mañach a Franz Tamayo", *Repertorio Americano*, XVI (1928), 106-09. Problemas de la prensa hispanoamericana.
"Discurso a nombre del Retiro de Periodistas", en *El sesquicentenario del "Papel Periódico de La Havana"*, ed. Emilio Roig (La Habana, 1941), pp. 35-42. Sobre las ideas que inspiraban a esa publicación.

11.

SEMBLANZAS

DIARIO DE LA MARINA

1923

"G. Las cabezas blancas: Sanguily", tarde, En. 31, p. 1. Sobre el patriota y escritor Manuel Sanguily.

"G. Hasta la vuelta...", tarde, Feb. 6, p. 1. Muerte de Carlos Velasco, fundador de *Cuba Contemporánea.*

"G. Recordando a un maestro", tarde, Mar. 10, p. 1. Sobre el Prof. Henri Berthélemy, de la U. de París.

"G. El caso insólito de Juan Martín", tarde, Jun. 7, p. 1. Sobre el políglota Juan Luis Martín.

"G. Pierre Loti", tarde, Jun. 13, p. 1. *Glosario,* 377-80. Con motivo de su muerte.

"G. Hace de esto tres años", mañana, Nov. 18, p. 3. Cómo conoció a Vicente Blasco Ibáñez en Boston.

"G. Maurice Barrés", tarde, Dic. 11, p. 1. Con motivo de su muerte, analiza tres aspectos de su obra.

1924

"G. Lo ilustre secreto", tarde, Feb. 22, p. 1. Visita al P. Eguía, Colegio de Belén.

"G. del martes. El viejecito y la persistencia", tarde, Ag. 5, p. 1. Sobre el Dr. Carlos J. Finlay.

"G. La muerte de Joseph Conrad", tarde, Ag. 27, p. 1. Juicio sobre el escritor inglés.

"G. Las cabezas blancas. Una visita a Don Mariano Aramburo", tarde, Dic. 31, p. 1. El jurisconsulto.

1925

"G. In memoriam", tarde, En. 27, p. 1. De Manuel Sanguily, muerto el 24.

"G. La muerte de José Ingenieros", tarde, Nov. 7, p. 1.

1945

"G. Roosevelt", Ab. 15, p. 4. Con motivo de la muerte del Presidente.

1946

"G. Un caballero", Ab. 21, p. 4. En la muerte de Nicolás Rivero y Alonso.

"G. Un profeta ha muerto", mayo 3, p. 4. El conde Hermann Keyserling.

"G. [Joaquín] Xirau y don Pedro [Henríquez Ureña]", mayo 15, p. 4. En sus muertes
"G. [H. G.] Wells, gran testigo", Ag. 16, p. 4. En su muerte.
"G. Juan Clemente Zamora", Nov. 20, p. 4. En su muerte. Evocación de sus tiempos de Harvard.
"G. [Eduardo] Marquina: una manera de España", No. 24, p. 4. En su muerte: el hombre y el poeta.

1947

"G. Ana María Borrero", Mar. 19, p. 4. En su muerte.
"G. Pepín, luz y vigía", Ab. 1, p. 4. En el tercer aniversario de la muerte de Pepín Rivero.
"G. Don Secundino Baños", Sep. 3, p. 4. Semblanza de su suegro.
"G. Recuerdo de Max Jiménez", Oct. 29, p. 4. En la muerte del escritor y artista.
"G. María Muñoz, la hilandera", Dic. 19, p. 4. En la muerte de María Muñoz de Quevedo.

1948

"G. [Alfred North] Whitehead", En. 2, p. 4. Con motivo de su muerte en Cambridge.
"G. Ante la muerte de [Jan] Masaryk", Mar. 14, p. 36. Semblanza melancólica.
"G. [Alfredo M.] Aguayo, el juvenil anciano", mayo 5, p. 4. En la muerte del educador.
"G. Don Fed. cumple cien años", Sep. 15, p. 4. Habla de Don Federico Henríquez y Carvajal.
"G. Aquel limpio criollo de Regla", Nov. 26, p. 4. En la muerte del comandante Miguel Coyula.

1949

"G. [Maurice] Maeterlinck. Consignas del XIX. Plenitud y universalidad", mayo 8, p. 58. Con motivo de su muerte.
"G. Don Fernando [de los Ríos]", Jun. 3, p. 4. Con motivo de su muerte.
"G. Duelo por Don Juan [Centeno]", Sep. 16, p. 4. Director de la Escuela Española de Middlebury College.
"G. Silueta de Robert Frost", Sep. 18, p. 56. Con motivo de una conferenrencia del poeta.
"G. Enrique García Cabrera", Sep. 28, p. 4. En la muerte del artista.
"G. Recuerdo de un caballero cubano", Oct. 2, p. 56. Don Luis Baralt y Peoli.

1950

"G. Recuerdo del Dr. [Julio] Cantala", Feb. 8, p. 4. Con motivo de su muerte.

"G. Don Carlos o el candor sabio", Feb. 23, p. 4. En la muerte de don Carlos de la Torre.
"G. Pasión y muerte de [Harold] Laski", Ab. 5, p 4.
"G. Porfirio Franca", mayo 4, p. 4. Con motivo de su muerte.
"G. Luis de Soto y su obra", mayo 11, p. 4. Por la condecoración de la Orden de Carlos Manuel de Céspedes.
"G. La voz del guerrero [Rosendo] Collazo", Jun. 4, p. 34. Con motivo de su muerte.
"R. [Conde de] Romanones y su España", Sep. 14, p. 4. Con motivo de su muerte.

1951

"R. Aquél que se llamó [José Joaquín] Palma", Ab. 17, p. 4. Al llegar a Cuba las cenizas del poeta.
"R. El centenario de Sor Juana", Nov. 2, p. 4. En loor de Sor Juana Inés de la Cruz.
"R. La mujer ilustre y la madre ejemplar", Nov. 8, p. 4. Marta Abreu.
"R. Imagen de [Manuel] Curros [Enríquez]", Dic. 16, p. 50. En el centenario de su nacimiento.

1952

"R. Dos muertes en Santiago de Cuba", En. 25, p. 4. Dos figuras populares: Saulo de Tarso y Alfonso Menecier.
"R. Duelo por D. Federico Henríquez Carvajal", Feb. 7, p. 4.
"R. Pierre Abreu, cubano espléndido", Feb. 24, p. 52. Con motivo de su muerte.
"R. Recuerdo de Émile Bréhier", mayo 29, p. 4. En su muerte.
"R. Jorge Santayana", Oct. 12, p. 56. En su muerte.
"R. La genuina eminencia de [Rafael] Montoro", Oct. 19, p. 60. En su centenario.

1953

"R. Recuerdo del Padre [Mariano G. de] Andoín", Feb. 8, p. 56. En la muerte del escritor vasco.
"R. Titta Rufo y el 'Minorismo',", Jul. 8, p. 4. Con motivo de su muerte en Milán.
"R. Recuerdo de [Carlos] González Palacios", Dic. 2, p. 4. En el primer aniversario de su muerte.
"R. [Antonio] Maceo y la calidad humana", Dic. 6, p. 50. Comparación con Benito Juárez.

1954

"R. [Luis] Rodríguez Embil", mayo 9, p. 44. En la muerte del novelista.
"R. El cirujano de la Historia", Jun. 23, p. 4A. En la muerte del médico e historiador Benigno Souza.

"R. Recuerdo de Don Juan", Jul. 11, p. 4D. En el centenario de Juan Gualberto Gómez.

"R. [Jacinto] Benavente y sus dimensiones", Jul. 17, p. 4A. En su muerte. Poesía y frivolidad en su obra.

"R. El 'jeito' de [Getulio] Vargas", Ag. 27, p. 4A. Con motivo de su suicidio.

"R. [Guy] Pérez Cisneros: olvidos y recuerdos", Sep. 5, p. 4D. Al año de muerto el crítico de arte.

"R. *Júbilo y fuga* de [Emilio] Ballagas", Sep. 15, p. 4A. Tributo en su muerte.

1955

"R. Luis de Soto", Feb. 16, p. 4A. En la muerte del profesor de Historia del Arte.

"R. Andrés Eloy Blanco", mayo 29, p. 4D. En la muerte del poeta.

1956

"R. Mi amigo [Henry L.] Mencken", Feb. 12, p. 4A. Con motivo de su muerte.

"R. [Gustavo] Pittaluga", Ab. 29, p. 4C. En su muerte.

"Ante la muerte de Don Cosme [de la Torriente]", Dic. 30, p. 2D. Patriota, escritor y demócrata.

1959

"R. En la muerte de [José] Vasconcelos", Jul. 5, p. 4A.

"R. Recuerdos de [Luis] Araquistain", Ag. 13, p. 4A. En su muerte.

"R. Recuerdos de Araquistain", II, Ag. 15, p. 4A. Conclusión.

"R. El viejo [Víctor Andrés] Belaúnde", Sep. 17, p. 4A. Ex compañero de Harvard, electo Presidente de la ONU.

"R. Dos americanos", Dic. 13, p. 4A. Necrologías de Ventura García Calderón y Felipe Sassone.

REVISTA DE AVANCE

1929

"Las muertes cubanas: Miguel de Carrión", Ag. 15, p. 248. Novelista: *El milagro, Las honradas, Las impuras.*

1930

"La palabra sola", Jun. 15, pp. 176-78. Cálido elogio de José Carlos Mariátegui, con motivo de su muerte.

BOHEMIA

1947

"(La vida literaria: Pepín y Luis Felipe Rodríguez) Necrología de los dos Rodríguez", Sep. 14, pp. 35, 65-66.

"La vida de la cultura. Severo [García Pérez], cubano de Las Villas", Sep. 28, pp. 33, 56-57. En su muerte.

1948

"La estela de las Borrero", Mar. 14, pp. 43, 63-64. Juana y Dulce María, poetisas; Ana María, prosista.

"Imagen de [Manuel] Sanguily", Mar. 28, pp. 34, 57-58. En el centenario de su nacimiento.

"Homenaje a un hombre de conciencia", Nov. 28, pp. 49, 90. A José Russinyol, en sus 25 años de educador.

1949

"Evocación de la maestra amada", Oct. 2, pp. 57, 88. Elizabeth Flanders, de la Escuela Superior de Cambridge.

"[Miguel] Coyula en su aniversario", Nov. 27, pp. 63, 109. Su significación como ciudadano ejemplarmente cívico.

1950

"Recuerdos de [Pedro] Albizu Campos", I, Nov. 12, pp. 89-90. De los días de estudio en Harvard.

"Recuerdos de Albizu Campos", II, Nov. 19, pp. 73, 88-89. Estudio de su personalidad.

1951

"Estampa de Pedro Salinas", Dic. 30, pp. 73, 77. Al morir el poeta, recuerda sus tiempos de Middlebury College.

1954

"El mambí de la confianza", Feb. 21, pp. 51, 90. Estampa de Emilio Giró Odio y su actuación el 24 de febrero del 95.

"Tributo a Joseph Hergesheimer", Jun. 6, pp. 61, 76-77. En la muerte del escritor que fue "un enamorado de Cuba".

1955

"La sonrisa de Miguel de Marcos", En. 9, pp. 51, 74. En su muerte. Analiza su lenguaje de humorista y costumbrista.
"El revolucionario Rafael Blanco", Sep. 4, pp. 59, 94. Al morir, elogia su espíritu de seriedad artística.

1956

"Discurso en elogio de [Cosme de la] Torriente, I, El mambí", Jul. 15, pp. 39, 88. En el homenaje del Liceo de Guanabacoa.
"Final del discurso por Torriente, II, El república", Jul. 22, pp. 50, 81.

1959

"Evocación de [Eduardo R.] Chibás", Ag. 23, pp. 51, 114. En el octavo aniversario de su muerte.

1960

"Duelo por Medardo Vitier", Mar. 21, pp. 52, 78. En la muerte del profesor de Filosofía y ensayista.
"Silueta del Dr. [Gregorio] Marañón", Ab. 10, pp. 41, 96-97. En su muerte. Recuerda su visita a Cuba en 1927.
"Una gloria extranjera de Cuba", mayo 8, pp. 43, 87. En el centenario del Dr. Joaquín Albarrán.

PUBLICACIONES DIVERSAS

"Sanguily", en "Homenaje a [Manuel] Sanguily", *Social*, X (Feb., 1925), 16.
"El mílite caído: Edwin Elmore", *Social*, X (Dic. 1925), 18. Al ser muerto.
"Duelo de José Antonio Ramos", *Revista Cubana*, XXI (1946), 131-41. Significación de sus novelas, ensayos y teatro.
"[Jorge] Santayana y [Eugenio] D'Ors", *Cuadernos Americanos* LXXXVIII (Sep.-Oct., 1955), 77-101.

VIAJES

DIARIO DE LA MARINA

1922

"G. T. Alemania", mañana, Oct. 16, p. 11. Notas de su diario de viaje en 1921.
"G. T. El mito de París", mañana, Oct. 17, p. 13. *Glosario*, 23-28. Sobre el aburrimiento de divertirse.

"G. T. De los tranvías y del 'esprit' madrileño", mañana, Oct. 18, p. 13. Compara el *esprit* francés con el español.

"G. T. Château Thierry", mañana, Oct. 24, p. 13. *Glosario,* 35-40. Escapada lírica a las tierras de tragedia.

"G. T. Chantilly", mañana, Nov. 1, p. 13. *Glosario,* 29-33. Visita al palacio, y una ilusión cinematográfica.

"G. T. De la tierra roja", mañana, Nov. 12, p. 15. *Glosario,* 59-62. Impresiones de una fiesta campesina.

1923

"G. De la gran ciudad", tarde, Mar. 1, p. 1. *Glosario,* 41-46. Por qué se suele difamar a New York.

"G. De Matanzas", tarde, Ab. 4, p. 1. *Glosario,* 77-82. Visión de esa ciudad cubana.

"G. Habana-Coruña", tarde, Jun. 15, p. 1. Comentarios sobre una excursión e importancia del guioncillo.

"G. Sagua la máxima", tarde, Jul. 10, p. 1. *Glosario,* 63-67. Retorno a su ciudad natal después de 16 años.

"G. Tierra del sol amada", tarde, Jul. 13, p. 1. *Glosario,* 69-72. Más impresiones sobre Sagua la Grande.

"G. La aldea a flor de agua", tarde, Jul. 14, p. 1. *Glosario,* 73-76. Impresiones de Isabela de Sagua.

"G. El gran simpático", tarde, Jul. 31, p. 1. Crónica de una visita de sagüeros a la ciudad de Cárdenas.

"G. Cárdenas-Sagua", tarde, Oct. 16, p. 1. Comparaciones históricas y culturales.

"G. El Ateneo de Sagua", tarde, Oct. 17, p. 1. Sobre esa asociación cultural.

"G. Elogio de los coches provincianos", tarde, Oct. 18, p. 1. *Glosario,* 93-97. Habla de Santa Clara.

"G. El parque y la integridad", tarde, Oct. 23, p. 1. *Glosario,* 87-91. Más sobre Santa Clara.

"G. Santa Clara-Camagüey", tarde, Oct. 25, p. 1. *Glosario,* 99-103. Primeras impresiones de Camagüey.

"G. Con gusarapo", tarde, Oct. 26, p. 1. *Glosario,* 105-109. Elogia a Camagüey, critica al gobierno.

"G. La ciudad sedienta", tarde, Oct. 27, p. 1. *Glosario,* 111-115. Impresiones de Santiago de Cuba.

"G. La ruta del santuario", tarde, Nov. 1, p. 1. *Glosario,* 117-122. Visita el de la Caridad del Cobre.

"G. La villa taciturna y heroica", tarde, Nov. 2, p. 1. *Glosario,* 123-128. Impresiones de Bayamo.

"G. La ruta de Trinidad", tarde, Nov. 6, p. 1. *Glosario,* 129-133. Crónica del viaje a esa ciudad.

"G. La marca de España", tarde, Nov. 7, p. 1. *Glosario,* 135-139. "Trinidad es un *souvenir* español."

"G. De la andanza trinitaria", tarde, Nov. 8, p. 1. *Glosario,* 141-145. Recorrido de Trinidad.

"G. Representación espirituana", tarde, Dic. 14, p. 1. *Glosario,* 147-152. Impresiones de Sancti Spiritus.

1924

"G. Max, el Alcalde y yo", tarde, Jul. 22, p. 1. Visita al Caney con Max Henríquez Ureña.

"G. De la andanza neoyorquina", tarde, Oct. 23, p. 1. Impresiones de viaje.

"G. El caer de las hojas", tarde, Nov. 8, p. 1. Añoranzas de Boston.

"G. Prohibiolandia", tarde, Nov. 13, p. 1. "Este pueblo no sabe a dónde va."

1945

"G. El encuentro en Bayamo", Ab. 3, p. 4. Semana Santa en Oriente.

"G. Un lugar como hay muchos", Jul. 10, p. 4. Ensenada de Mora, en Oriente

"G. Un poco más y nada más", Ag. 2, p. 4. Excursión a Oriente.

"G. Del heroísmo del tren", Ag. 5, p. 1. "Un tren cubano es siempre una cosa frenética."

"G. Soledad de Baracoa", Ag. 12, p. 4. Falta de caminos.

"G. Perplejidad del campo", Ag. 16, p. 4. Peregrinación por el norte

"G. Estragos en el bosque", Ag. 19, p. 4. Tala de pinos en Mayarí.

"G. La Victoria en Tunas", Ag. 21, p. 4. Necesidades locales.

"G. Una lanza por Cueto", Ag. 23, p. 4. Pueblo de Oriente.

"G. Jornada de las islas", Oct. 28, p. 4. Camino de Francia.

"G. de viaje. Entrada en el Brasil", Oct. 31, p. 4.

"G. de viaje. Traza y alma de Río", Nov. 2, p. 4. Observaciones de viaje.

"G. de viaje. 'Don Getulio'", Nov. 7, p. 4. Una visita al Presidente del Brasil.

"G. de viaje. La ciudad imperial", Nov. 11, p. 4. Impresiones de Río.

"G. Brasil y el Futuro", Nov. 14, p. 4. Tierra del mañana.

"G. de viaje. Cómo se salvó el 'Leonel de Marmier'", Nov. 16, p. 4. Historia del accidente de su avión.

"G. de viaje. París-Otoño", Nov. 19, p. 4. Impresiones al llegar.

"G. de viaje. Niebla y política", Dic. 5, p. 4. El espíritu del momento.

"G. de viaje. El reencuentro", Dic. 12, p. 4. La llegada a París.

"G. de viaje. Estela de la guerra", Dic. 21, p. 4. El París de posguerra.

"G. de viaje. Port-Royal", Dic. 23, p. 4. Visita la casa en que vivió como estudiante.

"G. de viaje. Una entrevista con el General de Gaulle", Dic. 28, p. 4.

"G. de viaje. Rouen", Dic. 20, p. 4. Panorama posbélico.

1946

"G. de viaje. El Havre y Bayeux", En. 2, p. 4.

"G. de viaje. Tierras de invasión", En. 4, p. 4. Normandía.

"G. de viaje. Las *Midinettes*. [André] Malraux", En. 6, p. 4. Día de Santa Catalina. Con el Ministro de Información.

"G. de viaje. Touchagues y unos guantes", En. 9, p. 4. Visita al dibujante y decorador.

"G. de viaje. Memoria de [Joaquín] Albarrán", En. 11, p. 4. Visita su tumba.

"G. de viaje. Cuba en París", En. 13, p. 4. Visita la Casa de Cuba, construida por el cubano Pierre Abreu.

"G. de viaje. Paréntesis sobre la tolerancia", En. 16, p. 4. "Voluntad de concordia" en Francia.

"G. de viaje. Libertad y sociedad", En. 18, p. 4. Continuación.

"G. de viaje. Respeto al hombre", En. 20, p. 4. Conclusión.

"G. de viaje. El cuadro francés", En. 23, p. 4. Al renunciar de Gaulle.

"G. de viaje. Silueta de Monsieur Gouin", En. 25, p. 4. Nuevo Presidente de Francia.

"G. de viaje. La crisis del Racionalismo", En. 29, p. 4. Ambiente intelectual francés.

"G. de viaje. *Idem*, II, En. 30, p. 4.

"G. de viaje. El profesor [Émile] Bréhier", Feb. 2, p. 4. Y la crisis del racionalismo.

"G. de viaje. Un día en el *quartier*", Febre. 3, p 4. Palabras del Rector de la Universidad de París.

"G. de viaje. [François] Mauriac en su celda", Feb. 6, p. 4. Lo visita en su casa.

"G. de viaje. Una cubana en París", Feb. 8, p. 4. Experiencias de la guerra.

"G. de viaje. Tres heterodoxos brasileños", Feb. 10, p. 4. Silvio Julio, Ascasio Franca y Oswaldo Aranha.

"G. de viaje. Final sobre un puente posible", Feb 13, p. 4. Inventario de sus impresiones francesas.

"G. Las barbas de Ponce de León", Oct. 30, p. 4. Huella hispana en Tampa.

"G. Visita a Morón", Dic. 1, p. 4. Cuba.

1947

"G. Cura de campo", Sep. 5, p. 4. Un verano en Middlebury.

"G. Alerta en la provincia", Dic. 10, p. 4. Sobre la conciencia cubana del interior.

1948

"G. Impresión de Venezuela", Feb. 26, p. 4. En la toma de posesión del presidente Rómulo Gallegos.

1949

"G. Fiesta en Puerto Rico", En. 7, p. 4. Asiste a la toma de posesión del primer Gobernador nativo, Luis Muñoz Marín.

"G. Postal de Fernandina", Sep. 4, p. 70. "Testigo sin memoria de un gran momento de la historia cubana."

1951

"R. Impresión de Inglaterra", Ag. 26, p. 48. Reportaje de novedades en los viejos escenarios.
"R. Los tres parises", Ag. 29, p. 4. El íntimo, el oficial y el turístico.
"R. Un poco más sobre el París del bimilenario", Ag. 31, p. 4.
"R. El paraíso tranquilo", Sep. 5, p. 4. Ginebra.
"R. Tristeza de Viena", Sep. 8, p. 4.
"R. Las imágenes y el tiempo", Sep. 12, p. 4.
"R. Lealtad y herejía en Venecia", Sep. 14, p. 4.
"R. Florencia, la del grave señorío", Sep. 19, p. 4.
"R. Estratos de Roma", Sep. 21, p. 4.
"R. Nápoles, la fiesta y el mar", Sep. 26, p. 4.
"R. Entrada en Madrid", Sep. 29, p. 4. *Visitas españolas*, 13-18.
"R. Prado y chufas", Oct. 4, p. 4. *Visitas*, 19-23. Madrid en verano.
"R. Mirada a Toledo", Oct. 6, p. 4.
"R. Encuentro de la sangre", Oct. 12, p. 4. *Visitas*, 24-28.
"R. Aire de la Coruña", Oct. 16, p. 4. *Visitas*, 29-33.
"R. Avila de los Caballeros", Oct. 21, p. 48. *Visitas*, 45-49.

1956

"Tierras del poeta", Dic. 18, p. 4A. *Visitas*, 103-108. En el homenaje a Juan Ramón Jiménez en Moguer.

1957

"Carta a Antonio Barreras", En. 24. p. 4A. Explica por qué no manda crónicas desde España.
"Mudanza y esencia de Madrid", Feb. 15, p. 4A. Versión periodística de sus andanzas.
"Excursión a los castillos", Feb. 20, p. 4A. *Visitas*, 74-79.

1958

"Estar en España", Feb. 5, p. 4A. *Visitas*, 109-14. Reproducción de su primer artículo en el *ABC* de Madrid.

1959

"R. Talante en España", Ab. 30, p. 4A. "Un pueblo dramático, pero no angustiado."

REVISTA DE AVANCE

1927

"Tres estampas de Castilla", Jun. 30, pp. 183-85. Recordación, con metáforas y símiles vanguardistas, de un viaje en tren.

1928

"*Ecuador. Journal de voyage*, por Henri Michaux", Dic. 15, p. 373.

BOHEMIA

1945

"(El pulso de la Isla) Villaclara", Ag. 5, pp. 37-38. Alude a próceres, como Marta Abreu, y elogia la ciudad.

"(*Idem*). (No he hallado los números de Ag. 12, 19 y 26, en donde posiblemente habla de su paso por Camagüey).

"(*Idem*) Tierras de Oriente", Sep. 2, pp. 27, 40, 42. Habla de Santiago, Baracoa, Tánamo, Preston, Mayarí, etc.

"(*Idem*) Frontera, bateyes, Arcadia", Sep. 0, p. 20. Habla de Cueto, Contramaestre, Banes, San Germán y Holguín.

"(*Idem*) Paisajes de alma y tierra", Sep. 16, pp. 34, 40. Velasco, Chaparra, Manatí, Tunas, Bayamo, Yara, Manzanillo.

"(*Idem*) La juventud vacía", Sep. 23, Sup. G, Sup. H, 40. Hace falta un ideal fuera de lo político.

"(*Idem*) La juventud y sus ideales", Oct. 7, pp. 39-40, 46-47. Contrapone ideales colectivos e ideales individuales.

1948

"Billete de ida y vuelta", Sep. 12, pp. 54, 74-75. Sobre el fácil acceso del cubano a los EE. UU., y sus efectos.

1950

"El Yunque invertido", Ab. 9, pp. 69, 93. Sobre una visita a la playa de Duaba, donde desembarcó Antonio Maceo en 1895.

1960

"Dos centenarios sagüeros. (La Iglesia [parroquial] y [Joaquín] Albarrán)", Feb. 21, pp. 46-47, 98.

PUBLICACIONES DIVERSAS

"Mi visita a Puerto Rico, *Crónica*, La Habana, I, Mar. 15, 1040, pp. 5-6. Al ser Gobernador D. Luis Muñoz Marín.

V. JOSE MARTI

Los dos libros, *Martí, el Apóstol* (1933) y *Espíritu de Martí* (1973), están fichados en el acápite *I. Libros.* Y los dos folletos, *El pensamiento político y social de Martí* (1941) y *José Martí* (1960), en el acápite *II. Folletos.*

DIARIO DE LA MARINA

1922

"G. T. El Apóstol y el habitante", mañana, Nov. 5, p. 15. Sobre la estatua de Martí en el Parque Central habanero.

"G. T. Honrando a Martí", mañana, Dic. 17, p. 3. Nombran Leonor Pérez (madre de Martí) a la calle Paula.

1923

"G. Recordación vital", tarde, Feb. 21, p. 1. *Glosario,* 195-200. Proyecto de estatua a Martí en Nueva York.

"G. La obra de Néstor Carbonell", tarde, mayo 2, p. 1. Trata del libro *Martí: su vida y su obra.*

1924

"G. La hermana de Martí", tarde, En. 11, p. 1. Entrevista con Amelia Martí

"G. La hermana de Martí", II, tarde, En. 12, p. 1. Lamenta el olvido oficial que padece.

1945

"G. El cincuentenario de Martí", Ab. 12, p. 4. El 19 de mayo.

"G. Sugerencias para el Cincuentenario", Ab. 17, p. 4.

"G. Los días de mayo", mayo 20, p. 4. Un 19 murió Martí y un 20 nació la República.

"G. La humanización de Martí", Oct. 3, p. 4. *Martí escritor,* de Andrés Iduarte y *El Martí que yo conocí,* de Blanca Baralt.

1946

"G. Martí: obra y gloria", Feb. 24, p. 4. Sobre *Obras completas* de José Martí, por Editorial Lex.

"G. Presencia de Andrés Iduarte", Ag. 18, p. 35. Comenta su *Martí, escritor.*

1947

"G. Superación de la cena martiana", En. 15, p. 4.
"G. Réplica para Manzanillo", Feb. 13, p. 4. Más sobre la cena martiana.
"G. Más sobre la honra martiana", Feb. 14, p. 4.
"G. Lo mexicano y Martí", Mayo 9, p. 4. Conferencia del Embajador de México, Lcdo. Ceniceros.

1948

"G. Del modo de recordar a Martí", En. 28, p. 4. Imitando su vida ejemplar.
"G. Martí y la crítica política", Mayo 20, p. 4. Su lección para el 20 de mayo.

1949

"G. Obras y palabras", En. 28, p. 4. Pide silencio hasta que las obras autoricen el homenaje verbal al Maestro.
"G. Final de un cursillo martiano", Feb. 6, p. 36. Lo organizó en el Lyceum para la formación de la niñez cubana.
"G. La estimación de los próceres", mayo 20, p. 4. Evocación de Martí en la Academia de Artes y Letras.

1950

"G. El imperialismo sentimental en Martí", En. 29, p. 34. Sobre la traducción de sus versos por Cecil Charles.
"G. Los martianos y el erotismo de Martí", Feb. 1, p. 4. Carta de Gonzalo de Quesada y Miranda.
"G. No hay que desvestir a un santo", Mar. 12, p. 34. Ante la idea de cambiar el nombre de La Habana por Martí.

1951

"R. Integridad de Martí", En. 28, p. 46. Su grandeza está en la energía espiritual que puso al servicio de sus ideas.
"Exordio en la Colina", I, En. 31, p. 1. Primera clase del curso "El espíritu de Martí", en la Universidad de La Habana.
"R. El espíritu de Martí, II, Sobre el conocimiento martiano", Feb. 2, p. 4.
"R. *Idem.*, III, Naturaleza e integridad", Feb. 4, p. 46.
"R. *Idem.*, IV, Los primogénitos del mundo", Feb. 7, p. 4.
"R. El alma española", Feb. 14, p. 4. Publicará del curso lo que sea periodístico
"R. Lo español y lo americano en Martí", Feb. 16, p. 4.
"R. Martí y lo cubano", Feb. 21, p. 4.

"R. Martí y lo cubano", Feb. 23, p. 4. Conclusión.
"R. La vocación de pueblo", Mar. 4, p. 46.
"R. El patetismo y la dimensión del amor", Mar. 8, p. 4.
"R. El desdoblamiento en Martí", Mar. 18, p. 50.
"R. La teoría del amor", Ab. 1, p. 46.
"R. La derivación del amor", Ab. 8, p. 48.
"R. Fragmento sobre la poesía de Martí", mayo 20, p. 48.
"R. Fragmento sobre el 'Ismaelillo'", mayo 27, p. 48.

1952

"R. En el umbral del Centenario [de Martí], I, ¿Qué es pensar?", Ag. 3,
    p. 62. Inicio de una serie sobre Martí.
"R. *Idem.*, II, Pensamiento y poesía", Ag. 6, p. 4.
"R. *Idem.*, III, Mentalidad y doctrina", Ag. 8, p. 4.
"R. *Idem.*, IV, Filosofía, ciencia, poesía", Ag. 10, p. 62.
"R. *Idem.*, V, Filósofos y pensadores", Ag. 14, p. 4.
"R. *Idem.*, VI, El pensador en Martí", Ag. 17, p. 60.
"R. *Idem.*, VII, Lo místico en Martí", Ag. 20, p. 4.
"R. *Idem.*, VIII, La 'oscuridad' en el pensamiento martiano", Ag. 22, p. 4.
"R. *Idem.*, IX, El naturalismo martiano", Ag. 24, p. 60.
"R. *Idem.*, X, La iniciación ideológica", Ag. 28, p. 4.
"R. *Idem.*, XI, Semillas de doctrina", Ag. 30, p. 4.
"R. *Idem.*, XII, Filosofía ante España", Sep. 3, p. 4.
"R. *Idem.*, XIII, Las influencias iniciales", Sep. 5, p. 4.
"R. *Idem.*, XIV, La tradición clásica española", Sep. 7, p. 58.
"R. *Idem.*, La corriente liberal", Sep. 11, p. 4.
"R. *Idem.*, XVI, El Krausismo", Sep. 14, p. 56.
"R. *Idem.*, Carlyle y Martí", Nov. 21, p. 4.

1953

"Martí, escritor generoso", En. 28, p. 4.
"R. El Partido Radical argentino y Martí", Ab. 19, p. 56. Homenaje en
    su centenario.
"R. Dulce María [Loynaz], Carmina [Benguría], Martí", Jun. 14, p. 38.
    Recital poético.

1954

"R. Ahora, dejémosle descansar", En. 29, p. 4. Pasado el centenario de
    Martí.
"R. España descubre a Martí", Ab. 11, p. 50. Sobre un artículo de Gamallo
    Fierro en *Mundo Hispánico*.
"R. *Ambito de Martí*", Ab. 28, p. 4. Juicio sobre la obra de Guillermo de
    Zéndegui.

1956

"Aguja de marear. ¿Martí ecuestre?", En. 21, p. 4A. Sobre un proyecto
    escultórico para la Plaza de las Américas.

1959

"R. La apelación indefraudable", Jun. 14, p. 4A. A Manuel Pedro González para una edición de libros martianos.

REVISTA DE AVANCE

1929

"El pensador en Martí", Feb. 15, pp. 40-42, 62. El filósofo investiga lo eterno, y el pensador vive en lo histórico.

1930

"*L'ultimo liberatore d'America: José Martí*, por Pietro Pillepich", Feb. 15, p. 59. Estudia al hombre y al escritor.

BOHEMIA

1949

"Si Martí levantara la cabeza", En. 30, pp. 44, 66. Contrasta la austeridad martiana con la corrupción republicana.

1950

"El sentido de la cubanidad en Martí. (Meditaciones del 28 de Enero)", En. 29, pp. 59, 114.

1952

"Discurso de la víspera martiana", Feb. 10, pp. 47, 83-85. Reconstruye uno pronunciado el 27 de enero de ese año.

1953

"La República ante el legado de Martí", Feb. 15, pp. 59, 80. Sobre la significación del centenario de su nacimiento.
"El monumento a Martí", mayo 24, pp. 64, 98. Sobre la desestimación del proyecto de Aquiles Maza y José Sicre.
"Pasión y muerte de Martí", Ag. 2, pp. 42, 103. Su desinterés y presentimiento de cercana muerte.

1954

"Un juicio sobre 'La Rosa Blanca'", Ag. 22, pp. 50, 98. Crítica de una película cubana sobre José Martí.

1960

"Mensaje martiano al Ateneo Cubano de Nueva York". En. 24, pp. 51, 82.

PUBLICACIONES DIVERSAS

"Perfil de Martí", I, *Acción*, Ag. 12, 1940, p. 3. Fragmento de un discurso en el Ateneo de La Habana.

"Perfil de Martí", II, *Acción*, Ag. 13, 1940, p. 3. Continuación. (El discurso no termina ahí, pero no he hallado los números siguientes del periódico. Fue reimpreso en 1953.)

"Martí, ala y raíz", *Cuadernos Americanos*, IV (Mayo-Jun., 1945), 157. Valor vital de esos símbolos martianos.

"José Martí", *Revista Cubana*, La Habana, XXIV (En.-Jun., 1949), 399-423. Análisis de su personalidad.

"José Martí", *Anales de la Academia Nacional de Artes y Letras*. La Habana, XXIX (1949), 109-29. Impreso en folleto en 1960.

"El espíritu de Martí", Cátedra Martiana, curso de 1951. La Habana, Cooperativa Estudiantil E. J. Varona, s. f. [1951]. Edición mimeografiada.

"Martí, legado y posteridad", en *Pensamiento y acción de José Martí*. (Santiago de Cuba: Universidad de Oriente, 1953), pp. 71-101.

"Significación del centenario martiano", *Revista Lyceum*, IX (Feb.-Mar., 1953), 5-31. Hacienda, Moral y Cultura.

"Perfil de Martí", *Anales de la Universidad de Chile*, III (1er. trimestre, 1953), 55-71.

"Las direcciones del pensamiento de Martí", *Boletín de la Academia Cubana de la Lengua*, III (Jul.-Dic., 1954), 124-41. Parte de un análisis de su estilo de pensar.

"José Martí: rompeolas de América", *Combate*, San José, C. R., 14 (En.-Feb., 1961), 70-73. Su proyección continental.

"Espíritu de Martí", *Revista Cubana*, Nueva York, I, 2 (Jul.-Dic., 1968), 289-305. Fragmento del libro entonces inédito.

"Martí, legado y posteridad", en Jorge Mañach. *Homenaje de la Nación Cubana* (San Juan, P. R.: Editorial San Juan, 1972), pp. 75-108. Reproducción.

"José Martí: rompeolas de América", en *Homenaje de la Nación Cubana*, pp. 109-17. Reimpresión.

VI. DIBUJOS

"José Manuel Acosta", *Social*, IX, (Jul., 1924), 15.

"José Z. Tallet", *Social*, IX (Ag., 1924), 35.

"Francisco José Castellanos", *Revista de Avance*, Ag., 15, 1927, p. 215.
"Alfonso Hernández Catá", *R.A.*, Sep. 15, 1927, p. 284.
"Fernando de los Ríos", *R.A.*, Sep. 30, 1927, p. 303.
"Ramiro Guerra", *R.A.*, Oct. 15, 1927, p. 11.
"José Martí", *R.A.*, Oct. 30, 1927, p. 40.
"Goya", *R.A.*, Mayo 15, 1928, p. 109.
"Jaime Torres Bodet", *R.A.*, Mayo 15, 1928, p. 111.
"Ricardo Güiraldes", *R.A.*, Mayo 15, 1928, p. 119.
"Regino Pedroso", *R.A.*, Jun. 15, 1928, p. 172.
"Amadeo Roldán", *R.A.*, Sep. 15, 1928, p. 244.
"Juan Marinello", *R.A.*, Oct. 15, 1928, p. 280.
"Francisco Ichaso", *R.A.*, Mar. 15, 1929, p. 66.
"Carlos Montenegro", *R.A.*, Ab. 15, 1929, p. 104.
"Eugenio Florit", *R.A.*, Ab. 15, 1929, p. 109.

BIBLIOGRAFIA PASIVA CONSULTADA

Alfonso Roselló, Arturo. "El Cuarto Salón de Humoristas, Interview con un crítico", *Carteles*, Dic. 7, 1924, pp. 10, 22.
Alzaga de Romañach, Florinda Carta, Miami, Nov. 27, 1966.
Ardura, Ernesto. "Un recuerdo para Jorge Mañach", *El Mundo en el Exilio*, Jul. 15, 1961, p. A5.
Arredondo, Alberto. "Veinticuatro horas de la vida de Jorge Mañach", *Bohemia*, Mayo 26, 1946, pp. 42-47, 49, 56-58, 64-66.
Baquero, Gastón. "Jorge Mañach: o la tragedia de la inteligencia en la América Hispana", *Cuba Nueva*, Sep. 1, 1962, pp. 18-30.
Benítez, Jaime. "Circular No. 25 Al claustro y al estudiantado universitario". Río Piedras, Jun. 26, 1961.
———. "Jorge Mañach en la Universidad de Puerto Rico", en Jorge Mañach, *Homenaje de la Nación Cubana* (San Juan, 1972), pp. 35-40.
Boti, Regino E. "Letras hispánicas. Baedeker ilusionado. *Estampas de San Cristóbal*. Editorial Minerva. La Habana, 1926. Ilustraciones de Rafael Blanco", *Revista de Avance*, Ab. 30, 1927, pp. 88-89.
Braschi, Wilfredo. "Jorge Mañach y su paso por Puerto Rico", en *Homenaje*, pp. 137-40.
Camino, Juan del. "Digamos a la gente nueva de puestra América: 'Ya tiene José Martí el relato de su vida'." *Repertorio Americano*, Dic. 2, 1933, pp. 328-32.
Cano, José Luis. "El mundo de los libros. Mañach, Jorge. *Visitas españolas*. Editorial Revista de Occidente. Madrid, 1960", *Insula*, XV (Jul.-Ag., 1960), 17.
———. "Jorge Mañach", *Insula*, XVI (Jul.-Ag., 1961), 2.
———. "Jorge Mañach, en Madrid", *Insula*, XII, En. 15, 1957, p. 10.
Costa, Octavio R. *Diez cubanos*. La Habana, 1945.
———. "Una entrevista sincera con Jorge Mañach", *Diario de la Marina*, Dic. 5, 1954, p. 1C.
Cuba. Ministerio de Estado. "Senador doctor Jorge Mañach Robato", *Boletín Oficial del Ministerio de Estado de la República de Cuba* (Marzo 1944), 97-98.

Chacón y Calvo, José María. "En la tarde del domingo", *Diario de la Marina*, En. 11, 1949, p. 4.

————. "Hechos y comentarios. El Ateneo en la cultura cubana", *Diario de la Marina*, Jun. 30, 1953, p. 4.

————. "*Idem*. La palabra de Mañach en Madrid", I, *Diario de la Marina*, Nov. 17, 1957, p. 4A.

————. "*Idem*. La palabra de Mañach en Madrid", II, *Diario de la Marina*, Nov. 23, 1957, p. 4A.

————. "*Historia y estilo*, por Jorge Mañach", *Revista Cubana*, XVIII (1944), 183-86.

Elmore, Edwin. "Indice de lecturas. *La crisis de la alta cultura en Cuba*", *Social*, XI (En., 1926), 82.

"Entregado el premio 'José Ignacio Rivero' de 1953 al doctor Jorge Mañach", *Diario de la Marina*, Jul. 1, 1953, p. 1.

Fiol, Rafael [Anita Arroyo]. "Tributo a Jorge Mañach", *Diario Las Américas*, Sep. 6, 1961, p. 7.

García Galán, Gabriel. "Sección pedagógica. Interesante conferencia", *Bohemia*, Jul. 28, 1925, p. 21.

Gay Calbó, Enrique. "Bibliografía. Jorge Mañach", *Cuba Contemporánea*, XV (Ab., 1927), 358-69.

Gayol Fernández, Manuel. "Mañach, jerarca de la cultura", *Diario de la Marina*, Oct. 19, 1945, p. 4.

Gómez Reinoso, Manuel. "Mañach y el periodismo", *Diario de la Marina*, Feb. 28, 1959, p. 4A.

Gutiérrez Delgado, Luis. "El mundo de los libros", *Diario de la Marina*, Jul. 22, 1956, p. 6D.

Holmes, Henri A. *Contemporary Spanish Americans*. New York, 1942.

Hosman Manrara, Jorge L. "Pulso y presencia de Jorge Mañach en su *Historia y estilo*", *Grafos*, XI (Ab., 1945), 8.

Ichaso, Francisco. "Acotaciones. Sobre quijotismo", *Diario de la Marina*, Oct. 30, 1947, p. 4.

————. "*Idem*. Un gran suceso literario: la versión del *Martí* de Mañach", *Diario de la Marina*, Jun. 25, 1950, p. 48.

————. "Aguja de marear. Decir bien las cosas", *Diario de la Marina*, Mar. 9, 1956, p. 4A.

————. "Literatura y periodismo. Con motivo del *Glosario* de Jorge Mañach", *Diario de la Marina*, tarde, Mar. 13, 1924, p. 1.

"Jorge Mañach en el *Diario de la Marina*", *Diario de la Marina*, Feb. 10, 1945, p. 1.

"Jorge Mañach ha muerto", *Cuadernos*, 53 (Oct., 1961), 2.

Lezama Lima, José. "Carta abierta a Jorge Mañach. Respuesta y nuevas interrogaciones", *Bohemia*, Oct. 2, 1949, p. 77.

Lles, Fernando. "La obra perdurable de un ensayista cubano, *Estampas de San Cristóbal*", *Social*, XII (Ab., 1927), 35, 66.

Marinello, Juan. "Notas sobre la *Revista de Avance*", en *Indice de Revistas Cubanas*. (La Habana, 1969), I, 11-18.

————. "Sobre Mañach y su *Glosario*", *Social*, IX (Ab., 1924), 20, 70, 76.

Márquez de la Cerra, Miquel F. "En el aniversario de Jules Dubois. Prensa y libertad", *Diario Las Américas*, Ag. 10, 1969, p. 5.

————. "Mañach no está de paseante en Cortes", *Diario de la Marina*, Feb. 7, 1957, p. 4A.

————. "Paréntesis: Mañach: imán de la vocación y de la fe del cubano", *Diario de la Marina*, Ab. 24, 1955, p. 4D.

————. "Retratos. Estar en Cuba", *Diario de la Marina*, Feb. 13, 1958, p. 4A.

————. "Retratos. Ortega y Gasset visto por Mañach", I, *Diario de la Marina*, Mar. 20, 1956, p. 4A.

————. "Retratos. Ortega y Gasset visto por Mañach", II, *Diario de la Marina*, Mar. 25, 1956, p. 4A.

————. "Retratos. Mañach y la fluoroscopía de Ortega", *Diario de la Marina*, Ab. 4, 1956, p. 4A.

————. "Retratos. El bautizo de Ortega y Gasset", *Diario de la Marina*, Ab. 8, 1956, p. 4A.

Martí, Jorge L. "Mañach y su legado cívico", en Jorge Mañach, *Homenaje de la Nación Cubana* (San Juan, 1972), pp. 21-33.

————. "El periodismo literario de Jorge Mañach", tesis doctoral inédita. State University of New York at Buffalo, 1970.

————. "Una bío-bibliografía de Jorge Mañach", tesis de maestría, inédita. State University of New York at Buffalo, 1966.

Massaguer, Conrado. "Notas de la Dirección", *Social*, VIII (Dic., 1923), 5.

————. "Nuestros amigos, los colaboradores de *Social*", *Social*, VII (Ag., 1923), 5.

Medrano, Humberto. "Padrenuestro cubano", *Diario Las Américas*, Jun. 24, 1963, p. 4.

Meléndez, Concha. "Jorge Mañach en su última frontera", *La Torre*, 65 (Jul.-Sep., 1969), 11-27.

————. "Jorge Mañach y la inquietud cubana", en *Signos de Iberoamérica* (México, 1936), pp. 153-65.

Mistral, Gabriela "Algo sobre el *Marti* de Jorge Mañach", *Archivo José Martí*, V (Jul.-Dic., 1952), 250-52.

————. "Algo sobre Jorge Mañach", *Revista de América* (Jul.-Ag., 1948), 33-36.

"Notas del Director Literario. Los nuevos. Jorge Mañach", *Social*, X (Nov., 1925), 7-8.

Ortega, Antonio. "Raíz y ala de Jorge Mañach", *Bohemia Libre*, Jul. 16, 1961, pp. 42-43, 65-66. En *Homenaje de la Nación*, pp. 129-36.

Peraza, Fermín. "Mañach y Robato, Jorge", *Personalidades cubanas* (La Habana, 1958), IV, 45-46.

Puerto Rico, Universidad de. "Facultad de Humanidades. Personal docente. Jorge Mañach Robato". Río Piedras, s. f.

Riaño Jauma, Ricardo. "Jorge Mañach", *Revista Cubana* (Jul.-Dic., 1945), 99-111.

Rubiera, Ramón. "Polémica y otras cosas", *Bohemia*, Ab. 28, 1929, p. 29.

Sánchez, Luis Alberto. *Breve historia de la literatura americana*. Santiago de Chile, 1937.

————. *Escritores representativos de América*, segunda serie, III. Madrid, 1964.

————. "Recuerdo de Jorge Mañach", en *Homenaje*, pp. 63-64.

Sánchez de Bustamante y Montoro, Antonio. "Contestación al discurso de ingreso del Académico Dr. Jorge Mañach y Robato", *Anales de la Academia Nacional de Artes y Letras* (1944), 90-98.

Santovenia, Emeterio S. *Discursos en la recepción pública del Dr. Jorge Mañach en la Academia de la Historia de Cuba.* La Habana, 1943.

"Sección en Cuba", *Bohemia*, Mar. 12, 1944, p. 29.

Suarée, Octavio de la. Carta. Miami Beach, Ab. 14, 1969.

——. "El caso Mañach", I, *El Día*, La Habana, 1925. Xeroxcopia, s. p., s. f.

Suárez Solís, Rafael. "Crónica. Ahora o nunca", *Diario de la Marina*, mañana, Feb. 10, 1925, p. 28.

——. "De las letras y de las artes. Jorge Mañach en el 'Pepín Rivero'," *Diario de la Marina*, mayo 29, 1953, p. 4.

Tamargo, Agustín. "Mañach: una inteligencia que sirvió sin rebajarse", *Bohemia Libre*, Jul. 9, 1961, pp. 44-46. En *Homenaje*, pp. 121-27.

Valle, Rafael Heliodoro. "Diálogo con Jorge Mañach", *Universidad de México*, IV (Dic., 1950), 19-21.

Villoldo, Julio. "Bibliografía. Jorge Mañach. *Glosario*. Ricardo Veloso, editor. Habana, 1924. 8vo., 380 págs. Con caricatura del autor, por Carlos." *Cuba contemporánea*, XII (Ag., 1924), 357-58.

Vitier, Cintio. "Jorge Mañach", poema. *Asomante*, XXI (En.-Mar., 1965), 47.

Vitier, Medardo. *Apuntaciones literarias*. La Habana, 1935.

——. "Valoraciones. La Universidad del Aire", *Diario de la Marina*, Sep. 21, 1952, p. 58.

——. "*Idem*. Mañach en la Universidad Central de Las Villas", *Diario de la Marina*, Feb. 3, 1955, p. 4A.

——. "*Idem*. Más sobre el discurso de Mañach", *Diario de la Marina*, Feb. 18, 1955, p. 4A.

——. "*Idem*. Sobre Dewey", *Diario de la Marina*, Jul. 24, 1952, p. 4.

——. "*Idem*. Sobre la conferencia de Mañach", *Diario de la Marina*, Ag. 5, 1952, p. 4.

——. "*Idem*. Un juicio del Dr. Mañach", *Diario de la Marina*, Jun. 13, 1952, p. 4.

——. "*Idem*. Un juicio del Dr. Mañach", *Diario de la Marina*, Feb. 27, 1955, p. 4D.

——. "*Idem*. Un libro de Jorge Mañach", *Diario de la Marina*, Jun. 17, 1951, p. 50.

——. "*Idem*. Un libro de Mañacr", *Diario de la Marina*, Oct. 24, 1950, p. 4.

Zavala, Luis de. "La ilusión del Dr. Mañach", *Lectura*, Mar. 15, 1951, pp. 50-60.

Zum Felde, Alberto. *Indice crítico de la literatura hispanoamericana*. I, *Los ensayistas*. México, 1954.

Nota: A la hora de enviar este libro a la Editorial Universitaria de la Universidad de Puerto Rico, he recibido cuatro *Memorias de los Trabajos Premiados* en los Concursos Literarios en honor de Jorge Mañach (1972-75), auspiciados por el Municipio de Sagua la Grande en el Exilio, amablemente enviados por el señor Raoul García. No he podido consultarlos.

REFERENCIAS

Abbot, James H. "Azorín and Taine's Determinism", *Hispania*, XLVI (Septiembre 1963), 476-79.

ABC. *Al Pueblo de Cuba. Manifiesto Programa*. La Habana, 1932.

Alonso, Amado. *Materia y forma en poesía*. Madrid, 1960.

Alonso, Dámaso. *Poesía española. Ensayo de métodos y límites estilísticos*. Madrid, 1966.

Alonso, Martín. *Ciencia del lenguaje y arte del estilo*. Madrid, 1966.

——. *Enciclopedia del idioma*. 3 vols. Madrid, 1958.

Anderson Imbert, Enrique. *Historia de la literatura hispanoamericana*. 2 vols. México, 1966.

—— y Florit, Eugenio. *Literatura hispanoamericana. Antología e introducción histórica*. New York, 1960.

Atwood. L. Erwin. "Effects of Source and Message Credibility on Writing Style", *Journalism Quarterly*, 43 (Autumn, 1966), 464-68.

Bojórquez, Juan de Dios. "Los Minoristas de Cuba", *Social*, XII, 6 (Jun., 1927), 35.

Bonald, vicomte de. *Législation primitive, considerée dès les derniers temps par les seules lumières de la raison, suivie de divers traités et discours politiques*. 3e. ed. revue et corrigée. Paris, 1829.

——. *Mélanges littéraires, politiques et philosophiques*. 3e. ed. Paris, 1852.

Bousoño, Carlos. *Teoría de la expresión poética*. Madrid, 1966.

Brucker, Herbert. "What's Wrong with Objectivity?" *Saturday Review*, Oct. 11, 1969, pp. 77-79.

Bueno, Salvador. *Medio siglo de literatura cubana (1902-1952)*. La Habana, 1953.

Carlut, Charles. *La correspondence de Flaubert. Étude et répertoire critique*. Columbus, Ohio U. P., 1968.

Casanova, Martín. *Orbita de la "Revista de Avance"*. La Habana, 1965.

Castro Arenas, Mario. *El periodismo y la novela contemporánea*. Caracas, 1969.

Cid Pérez, José. *Teatro cubano contemporáneo*. Madrid, 1962.

Chacón y Calvo, José María. "En la tarde del domingo", *Diario de la Marina*. En. 11, 1949, p. 4.

"Declaración del Grupo Minorista", *Social*, XIII, 6 (Jun. 1927), 7.

Denes, Peter B. y Eliot N. Pinson. *The Physics and Biology of Spoken Language*, 1963, rpt. New York, 1970.

Descartes, René. *Oeuvres philosophiques*. 2 vols. París, 1963.

Eastman, Max. *Journalism versus Art*. New York, 1916.

Emery, Edwin. *The Press and America. An Interpretative History of Journalism*. Englewood Cliffs, N. J., 1962.

Enciso Recio, Luis Miguel. *Nipho y el periodismo español del siglo XVIII*. Madrid, 1956.

"Expone el 'Movimiento de la Nación' puntos básicos de su programa", *Diario de la Marina*, Ab. 8, 1955, pp. 1, 14B.

Fernández Retamar, Roberto. *La poesía contemporánea en Cuba (1927-1953)*. La Habana, 1954.

Gil y Gaya, Samuel. *Curso superior de sintaxis española*. Barcelona, 1964.

Giraud, Víctor. *Essai sur Taine, son oeuvre et son influence*. D'après des documents inédits avec des extraits de quarante articles de Taine non recueuillis dans ses oeuvres, 7me. ed. Paris, s. f. [1926].

Gómez Carrillo, Enrique. *El modernismo*. Madrid, s. f.

Guiral Moreno, Mario. *Auge y decadencia del vanguardismo literario en Cuba*. La Habana, 1942.

"Hacen resaltar el significado de la sesión cameral de anoche", *El Mundo*, Nov. 9, 1951, pp. 1, 12.

Hapgood, Hutchins, "The Interview as a New Literary Form", *Current Literature*, 39. (Jul. 1905), 43-44.

Hatin, Eugène. *Histoire politique et littéraire de la presse en France*, I. Paris, 1859.

Hegel, G W F. *Vorlesungen über die Philosophie der Geschichte*. Mit einem Vorwort von Edward Gans und Karl Hegel. Stuttgart, 1961.

Henríquez Ureña, Max. *Panorama histórico de la literatura cubana, 1492-1952*. 2 vols. Puerto Rico, 1963.

Hergesheimer, Joseph. "La visión de Carlos Abbot", trad. Jorge Mañach. *Social*, X, 5 (Mayo, 1925), 16, 84.

―――――. *San Cristóbal de La Habana*, New York, 1920.

Hughes, Hellen MacGill. *News and the Human Interest Story*. Chicago, 1940.

Ichaso, Francisco. "Acotaciones. Generación y degeneración", *Diario de la Marina*, Ab. 8, 1947, p. 4.

Infiesta, Ramón. "Nación y Patria: un debate", *El Avance Criollo*, Mayo 4, 1962, pp. 20, 60.

Institut International de Coopération Intellectuelle. *Le Rôle Intellectuel de la presse*. Paris, 1933.

Iraizós, Antonio. *La crítica en la literatura cubana*. La Habana, 1930.

Juran, Robert A. "The decline and fall? of objectivity", *Quill*, LVI, 8 (Ag. 1968), 22-24.

Kaminski, Jack. *Hegel on Art. An interpretation of Hegel's Aesthetics*. New York, 1962

Kayser, Wolfgang. *Interpretación y análisis de la obra literaria*. Madrid, 1961.

Kearl, Bryant. "Journalism-What is it? A Re-definition", *Journalism Quarterly* (Mar. 1943), 40-44.

Kelly, Celso. *As novas dimensões do Jornalismo*. Río de Janeiro, 1966.

Lizaso, Félix. "*La Revista de Avance*", *Boletín de la Academia Cubana de la Lengua*, X, iii-iv (Jul.-Dic., 1961), 19-43.

―――――. "Un homenaje continental a Alfonso Reyes", *El Mundo*, Ag. 24, 1954, p. A6.

MacDougall, Curtis D. *Interpretative Reporting*. New York, 1968.

MacLeish, Archibald. *Poetry and Journalism*. Minneapolis, 1958.

Marcos, Miguel de. *Fotuto*. La Habana, 1948.

Martí, Jorge L. "El periodismo como instrumento de política internacional", *Sociedad Cubana de Derecho Internacional. Anuario, 1947*. La Habana, 18 (Ab. 1947), 319-40.

―――――. "The Press in Cuba, Its 'Rebirth' since 1942", *Journalism Quarterly*, XXII, 2 (Jun. 1945), 124-29.

―――――. *Una utopía para la democracia y otros ensayos*. La Habana, 1959.

Moore, John W. *Historical Notes on Printers and Printing, 1420 to 1886*, reedition by Burt Franklin. New York, 1968.

Mott, Frank Luther. *American Journalism. A History: 1690-1960*. New York, 1962.

Mottana, Giorgio. *Il mestiere del giornalista*. Milano, 1967.

O'Cherony, Rosalyn K. "The Critical Essays of Jorge Mañach", tesis doctoral inédita. Northwestern University, Evanston, Ill., 1970.

Ortega y Gasset, José. *La deshumanización del arte y otros ensayos estéticos.* Madrid, 1964.

Otero, Gustavo Adolfo. *La cultura y el periodismo en América,* Quito, 1953.

Pollock, Thomas Clark. *The Nature of Literature.* New York, 1965.

Portell Vilá, Herminio. *Medio siglo de "El Mundo": historia de un gran periódico,* La Habana, 1951.

Portuondo, José A. "La crítica literaria en el 'Papel Periódico',", en *El sesquicentenario del Papel Periódico de la Havana,* ed. Emilio Roig de Leuchsenring, Cuadernos de Historia Habanera, 20 (La Habana, 1941), pp. 63-70.

Quiroga, Horacio. *Los perseguidos y otros cuentos.* Vol. VII, *Obras de Horacio Quiroga.* Montevideo, s. f.

Reding, atherine. "Influence of Oliver Goldsmith's *Citizen of the World* upon *Cartas Marruecas* of Cadalso", *Hispanic Review,* II (1934), 226-34.

Renan, Ernest. *Discours et conférences,* 3e. ed., Paris, 1887.

Ríos, Edgardo Henry. "Literatura y periodismo", *Atenea,* XLIII, 144 (1966), 205-14.

Ripoll, Carlos. "Andrés Valdespino, *Jorge Mañach y su generación en las letras cubanas.* Miami. Fla., Ediciones Universal, 1971", *Revista Iberoamericana,* 78 (En.-Mar., 1972), 173-76.

————. *La generación del 23 en Cuba y otros apuntes sobre el vanguardismo.* New York, 1968.

Rodó, José Enrique. *Obras completas,* ed. Emir Rodríguez Monegal. Madrid, 1957.

Rodríguez Herrera, Esteban. *Léxico mayor de Cuba,* 2 vols. La Habana, 1958-59.

Roig de Leuchsenring, Emilio. *El sesquicentenario del 'Papel Periódico' de la Havana.* La Habana, 1941.

Rosca, D. D. *L'Influence de Hegel sur Taine théoricien de la connaissance et de l'art.* Paris, 1928.

Sainte-Beuve, Charles-Augustin. *Premiers lundis,* Nouvelle édition. Paris, 1885.

Saínz de Robles, Federico Carlos. *Ensayo de un diccionario de literatura,* II. Madrid, 1953.

Sanguily, Manuel. *Literatura Universal. Páginas de crítica.* Biblioteca Andrés Bello, Vol. III. Madrid, s. f.

Santamaría, Francisco J. *Diccionario general de americanismos.* 3 vols. México, 1942.

Secades, Eladio. *Estampas de la época.* La Habana, 1958.

Schulte, Henry F. *The Spanish Press. 1470-1966.* Urbana, 1968.

Sherwood, Hugh C. *The Journalistic Interview.* New York, 1969.

Soto Paz, Rafael. *Antología de periodistas cubanos.* La Habana, 1943.

Staël, Madame de. *De la littérature considerée dans ses rapports avec les institutions sociales.* Edition critique sur la seconde édition revue, corrigée et augmentée, par Paul van Tieghem. Genève, 1959.

Suarée, Octavio de la. *Moralética del periodismo.* La Habana, 1946.

————. *Socioperiodismo.* La Habana, 1948.

Suárez Solís, Rafael. "Crónica. La novela cubana", *Diario de la Marina*, mañana, Feb. 5, 1925, p. 28.

————. "Crónica La novela cubana", *Diario de la Marina*, mañana, Feb. 11, 1925, p. 28.

Symon, J. D. *The Press and Its Story*. London, 1914.

Taine, Hippolyte. *Histoire de la littérature anglaise*. París, 1863.

————. *Philosophie de l'art*. París, 1865.

————. *Philosophie de l'art*. París, 1882.

Torre Revello, José. *El libro, la imprenta y el periodismo en América durante la dominación española*. Buenos Aires, 1940.

Turnbull, George S. "Some Notes on the History of the Interview". *Journalism Quarterly*, XIII (Sep. 1946), 272-79.

Valdespino, Andrés. *Jorge Mañach y su generación en las letras cubanas*. Miami, 1971.

Valera, Juan. *Obras completas*. 3 vols. Madrid, 1958.

Varona, Enrique José. *Violetas y ortigas*. Biblioteca Andrés Bello, 36. Madrid, s. f.

Vitier, Cintio. *Lo cubano en la poesía*. Universidad Central Las Villas, 1958.

Voyenne, Bernard. *La Presse dans la société contemporaine*, París, 1962.

Weill, Georges. *Le Journal. Origines, évolution et rôle de la presse periodique*. París, 1934.

Wellek, René. *Historia de la crítica moderna (1750-1950)*. 2 vols. Madrid, 1959-62.

————. y Warren, Austin. *Teoría literaria*. Madrid, 1966.

Whitmore, Charles E. "The Field of Essay", *Publications of the Modern Language Association*, XXXIV (Dic. 1921), 551-64.

Wiggins, James Russell. "The Press in an Age of Controversy", *Quill*, LVII, 4 (Ab. 1969), 8-14.

Williams, D. C. ed. *The Arts as Communication*. Toronto, 1961.

INDICE ONOMASTICO

Este libro se terminó de imprimir
el día 12 de septiembre de 1977, en los
Talleres Gráficos de Manuel Pareja
Montaña, 16 - Barcelona - España